문화와
사회를 읽는
키워드

레이먼드 윌리엄스 선집

Raymond Williams

레이먼드 윌리엄스(1921~1988)는 웨일스 경계지 시골의 노동 계급 집안 출신으로 케임브리지대학교 교수가 되었다. 2차 세계 대전 때는 전차부대 지휘관으로 복무했다. 1950년대에는 성인 교육에 종사했고, 대표작인《문화와 사회, 1780~1950*Culture and Society 1780–1950*》(1958)을 출간했다. 그는 수많은 학술서를 출간했지만,《경계지 시골*Border Country*》(1960)과《2세대*Second Generation*》(1964)를 비롯한 소설과 희곡 작품도 썼다. 윌리엄스는 1950년대부터 1980년대 말 때 이른 죽음을 맞이할 때까지 영국에서 주도적인 사회주의 지식인이었고, 피에르 부르디외나 위르겐 하버마스와 같은 유럽 대륙의 이론가들에 버금가는 위대한 사상가로 꼽혔다. 윌리엄스의 저작은 인문학에서 사회과학, 특히 사회학으로 영역을 넓히면서 점차 학제적 성격을 더 강하게 띠게 되었다. 그는 문화연구와 미디어 연구의 발전에도 큰 지적 영감을 주었다. 후기작에서 특히 주목할 만한 저술로는《텔레비전: 테크놀로지와 문화 형태*Television — Technology and Cultural Form*》(1974),《키워드*Keywords*》(1976),《시골과 도시*The Country and the City*》(1975),《마르크스주의와 문학*Marxism and Literature*》(1977),《문화*Culture*》(1981),《2000년을 향해*Towards 2000*》(1983) 등이 있다. 윌리엄스는 현대 문화와 사회를 바라보는 자신의 독특한 시각을 '문화적 유물론'으로 규정했고, 오늘날 그의 시각을 따르는 사람은 전 세계에 퍼져 있다.

문화와 사회를 읽는 키워드

RAYMOND WILLIAMS

레이먼드 윌리엄스 지음 | 짐 맥기건 엮음 | 임영호 옮김

컬처룩 총서 006

레이먼드 윌리엄스 선집

on Culture and Society

culture look

컬처룩 총서 006
문화와 사회를 읽는 키워드
레이먼드 윌리엄스 선집

지은이 레이먼드 윌리엄스
엮은이 제임스 맥기건
옮긴이 임영호
펴낸이 이리라

책임편집 이여진
편집 하이픈
표지 디자인 엄혜리

2023년 2월 28일 1판 1쇄 펴냄
2025년 9월 30일 1판 2쇄 펴냄

펴낸곳 컬처룩
등록 번호 제2011-000149
주소 03993 서울시 마포구 동교로 27길 12 씨티빌딩 302호
전화 02.322.7019 | 팩스 070.8257.7019 | culturelook@daum.net
www.culturelook.net

Raymond Williams on Culture and Society edited by Jim McGuigan

ISBN 979-11-92090-14-6 94300
ISBN 979-11-85521-17-6 (세트)

culturelook

차례

일러두기

- 한글 전용을 원칙으로 하되, 필요한 경우 원어나 한자를 병기하였다.
- 한글 맞춤법은 '한글 맞춤법' 및 '표준어 규정'(1988), '표준어 모음'(1990)을 적용하였다.
- 외국의 인명, 지명 등은 국립국어원의 외래어 표기법을 따랐으며, 관례로 굳어진 경우는 예외를 두었다.
- 사용된 기호는 다음과 같다.

  신문 및 잡지 등 정기 간행물, 영화, TV 프로그램 제목 등: 〈 〉

  책(단행본): 《 》

옮긴이의 말

문화연구에 관심 있는 사람에게 레이먼드 윌리엄스는 별도 소개가 필요 없을 정도로 중요한 인물이다. 이미 그의 주요 저서가 상당 부분 국내에 번역되었고, 수많은 글에서 윌리엄스는 단골처럼 인용된다. 그런데 역설적으로 윌리엄스는 필요에 따라 인용되거나 부분적으로 읽힐 뿐 그 면모가 제대로 소개되지 않은 불운의 이론가이기도 하다. 우연의 일치일 수도 있으나 그의 두꺼운 저작은 다수 번역되었으나 유감스럽게도 입문자용으로 그의 사상을 개괄할 수 있는 책이 국내에는 아직 나와 있지 않다.

윌리엄스는 문학 비평가이자 문화 이론가의 측면을 동시에 갖고 있다. 짐 맥기건이 편집한 이 책은 윌리엄스가 문화와 사회에 관해 쓴 다양한 저작 중에서 선별하고 발췌해서 소개했다는 점에서 새로운 시도였다. 독자는 이 책을 통해 윌리엄스가 문화 이론가로서 지닌 전체적인 면모를 파악할 수 있다. 물론 이 편집서의 여러 장은 긴 저술에서 발췌한 글이어서, 원래 책의 맥락을 모르면 이해하기 다소 까다로울 수도 있다. 하지만 이 책이 그의 사상과 이론에 관심을 갖는 계기가 된다면 편집자와 번역자의 취지는 달성된 것이나 마찬가지다.

윌리엄스는 글을 길고 난해하게 서술하는 편이어서 번역은 쉽지 않았다. 암호문처럼 늘어지는 장문의 문장이 이어지다가, 때로는 선문선답 같은 은유적 표현으로 글 배후의 생각을 추론하기가 난감할 때도 없지 않았다. 전후 영국 사회의 구체적인 맥락을 염두에 두고 쓴 부분은 시간과 공간이 다른 한국의 독자에게는 파악하기 어려울 때도 종종 있다. 번역자로서는 원문의 색깔을 훼손하지 않으면서도 가능하면 현대의 한국인이 이해하기 쉬운 글로 재탄생시킬 수 있도록 적절한 타협안을 찾아야 하는 난제를 극복해야만 했다. 윌리엄스가 이처럼 독자에게 친절하지 않게 글을 쓰는 것처럼 느껴지는 이유는 그의 집필 활동이 단순히 학술적 작업의 산물이 아니라 유기적 지식인으로서 당대 영국 사회의 문제에 대한 선언이자 현실 참여이기도 했기 때문이다.

이제는 문화연구의 고전이 된 윌리엄스의 글을 뒤늦게 번역하는 과정은 힘들기도 했지만 동시에 보람 있는 시간이었다. 남들보다 조금 더 일찍 영국 문화연구를 접한 사람으로서 젊은 독자층이 그간의 시행착오를 줄이고, 한국 사회에서 이론과 현실의 간극을 극복하는 데 도움이 되기를 바란다. 책의 가치를 알아보고 출판을 결정해 주었을 뿐 아니라 난해한 원고를 좋은 책으로 다듬어 준 컬처룩 출판사에 감사드린다.

임영호

감사의 말

나는 학부생 시절 문학 강의에서 《문화와 사회》라는 위대한 책을 읽은 것을 계기로 레이먼드 윌리엄스를 처음 만나게 됐다. 하지만 1970년대 중반 리즈대학교에서 사회학 연구 학위를 위해서 공부하게 됐을 때야 그의 저작이 사회학적 작업에 갖는 중요성을 진정으로 깨닫게 됐다. 이러한 측면에서 나에게 영감을 불어넣은 사람은 동료 대학원생인 스티브 라이언과 데릭 '맥' 맥키어넌이었다. 나와 달리 두 사람은 대학에서 실제로 문학을 공부하지는 않았지만 윌리엄스의 엄청난 지지자였다. 비슷한 시기에 나는 톰 스틸도 만나게 됐는데, 그는 노동자교육협회에서 근무하고 있었고 열렬한 윌리엄스 추종자이기도 했다. 톰은 맥과 스티브, 그리고 나를 채용해 커뮤니케이션과 문화에 관한 야간 강좌를 맡겼다. 나는 리즈의 이 오랜 친구들이 일찍부터 윌리엄스에 관심을 두도록 격려해 준 데 대해 아직도 감사함을 느낀다. 그 후 1970년대에 나는 영광스럽게도 레이먼드 윌리엄스를 직접 만나게 됐다. 내가 경험하기로 윌리엄스는 아주 붙임성이 좋고 예외적일 정도로 대화를 나누기에 흥미로운 사람이었다.

나는 문화연구가 내 영역이라고 생각하지만, 여러 해 동안 사회과학 학과에서 사회학을 가르쳤는데, 그곳에서는 유감스럽게도 문화연구가 다소 주변적 위치에 있었다. 그 결과 윌리엄스의 저작과 그 저작이 문화 연구뿐 아니라 사회학에 주는 의미에 관해 가르치기는 상당히 어려웠다. 그래서 윌리엄스의 가장 '사회학적'인 글을 편집해 다소나마 광범위한 교훈을 줄 수 있도록 활용한다면, 윌리엄스가 문화와 사회 연구에 지속해서 갖는 관련성에 관해 사회과학 전반에 일깨워 줄 수 있을 뿐 아니라 이러한 맥락에서 그의 이론을 가르칠 수도 있을지 모른다는 결론에 도달하게 됐다. 이 프로젝트를 지원해 준 윌리엄스의 딸 데린과, 텍스트 선별 과정에서 확인 작업을 해 준 맥과 메리 모란에게도 감사드려야 할 것 같다. 그리고 이번 윌리엄스 프로젝트의 가치를 확신하고는 세이지 출판사가 출판하도록 도와준 데 대해 크리스 로젝에게도 다시 한번 감사를 표한다.

2013년 4월 리밍턴에서

짐 맥기건

서론

짐 맥기건

레이먼드 윌리엄스는 문화연구와 사회학에 어떤 기여를 했는가

레이먼드 윌리엄스는 현대 영국의 가장 뛰어난 문화 이론가였다. 하지만 의미심장하게도 윌리엄스는 '웨일스계 유럽인'으로 자처했는데, 이를 통해 자신이 어떤 민족적, 대륙적 정체성을 지녔는지 암시했다.[1] 1921년 웨일스의 경계지 시골Welsh Border Country•에서 태어난 그는 2차 세계 대전 종전 이후 시기에 특히 1958년 《문화와 사회, 1780~1950*Culture and Society 1780–1950*》을 출간해 크게 주목받았고 이를 계기로 명성을 떨치게

• 'Border Country'는 1960년 윌리엄스가 출간한 자전적 소설 제목에서 유래했다. 이 소설은 오래전 고향을 떠난 대학 교수가 남부 웨일스 시골 마을에 병든 부친을 방문하면서 시작하는데, 1920년대와 1930년의 총파업과 대공황 시절을 회상하는 형식으로 이야기가 전개된다. 윌리엄스는 문학 이론에서처럼 사회 계급, 공동체, 정체성 등의 주제를 소설에서 다루었다. 실제로 윌리엄스는 잉글랜드 경계 부근에 있는 웨일스 시골 마을에서 철도원의 아들로 태어났다. 이곳은 노동당 성향이 강했고 영어를 사용하긴 하지만 웨일스인으로서 정체성이 뚜렷한 마을이었다. — 옮긴이

되었다.[2] 윌리엄스의 교육 배경과 학계에서 공식적 소속은 문학이었다. 개인적 전문 분야는 가장 사회적 문학 형태인 희곡 형식의 역사였다. 그는 1952년에 《입센에서 엘리엇까지의 희곡*Drama form Ibsen to Eliot*》을 출간했고 1968년에는 이를 개정해 《입센에서 브레히트까지의 희곡*Drama from Ibsen to Brecht*》으로 내놓았다. 윌리엄스가 보기에 희곡에 관한 연구는 문자 텍스트에 국한할 수 없으며 그보다는 연기에서 구현되는 양상을 통해 이해해야만 하는 것이었다. 그가 1954년에 출간한 《연기로 구현된 희곡*Drama in Performance*》 역시 1968년 개정판으로 나오면서 범위가 확장되어 연극 외에 영화와 텔레비전까지 포괄했다. 윌리엄스가 1970년대에 케임브리지대학교 연극학 교수로 취임할 때 강연 제목이 "드라마화한 사회에서 희곡"이었는데(이 책의 10장), 이 역시 그가 문화와 사회의 관계를 강조했음을 시사한다.

윌리엄스의 연구 관심사는 학문적 전문가라는 측면에서의 문학 연구자 범위를 훌쩍 넘어섰다. 그의 관심사는 늘 사회적으로나 정치적으로 해박한 연구 과제였기에 결국 사회학이라는 학문 자체와 맞닥뜨리게 된다. 이 점은 1975년 영국사회학회에서 윌리엄스가 한 기조연설 "문화사회학의 전개 양상"(이 책의 12장)에서 잘 예시된다. 그는 또한 커뮤니케이션 연구, 문화연구, 미디어 연구 등 다양한 이름으로 불리는 새로운 연구 분야를 형성하는 데도 기여했다. 그 결과 윌리엄스의 저작에서는 사회과학적 전환이 일어났는데, 이 책은 그의 저작 중 선별 작업을 통해 바로 이 점을 보여 주는 데 목적을 둔다.

1988년 윌리엄스가 사망한 후에는 주로 문학 연구자들이 그의 저작을 기억하면서 거기서 지속해서 영향을 받았다. 예컨대 1989년 옥스퍼드 잉글리시사Oxford English Limited의 〈주변부 뉴스*News from Nowhere*〉라는 잡지는 토니 핑크니Tony Pinkney가 편집한 윌리엄스의 문학 비평 작품 특별호를 발간했다.[3] 흥미롭게도 핑크니가 이 특별호에 기고한 글 제목이 "레이먼드 윌리엄스의 텔레비전론"이었다. 윌리엄스는 방송 잡지인 〈청취자*The Listener*〉의 칼럼니스트로 활동했다.[4] 1960년대와 1970년대 문학 연구자로서는 이례적으로 윌리엄스는 텔레비전을 진지하게 받아들였고 '수상기'용으로 제작된 우수한 작품의 가치를 높이 평가했다(예를 들면, 14장을 보라). 윌리엄스는 심지어 텔레비전에 관해 《텔레비전: 테크놀로지와 문화 형태*Television: Technology and Cultural Form*》를 집필하기도 했는데, 아마 이는 그의 모든 저작 중에서도 가장 '사회과학적' 글일 것이다. 핑크니는 또한 윌리엄스가 사망한 이듬해 문화와 사회와 관련된 다양한 이슈를 다룬 미출간 에세이를 편집해 《모더니즘의 정치*The Politics of Modernism*》를 출간했다.

레이먼드 윌리엄스의 전기로서 지금까지 나온 책으로는 프레드 잉글리스Fred Inglis의 《레이먼드 윌리엄스*Raymond Williams*》(1995)[5]와 데이 스미스Dai Smith의 《레이먼드 윌리엄스: 투사 이야기*Raymond Williams: A Warrior's Tale*》[6] 두 권이 있는데, 이 두 책의 관심사는 주로 문학적 측면에 맞추어져 있다. 그러나 윌리엄스에 대한 잉글리스의 해석은 윌리엄스 연구자 사이에서 큰 논란을 일으켰다. 스미스의 전기는 1961년에 나온 《기나긴 혁명*The Long Revolution*》으로 끝을 맺었으니 아마 2부 출간으로 이어질 가능성이 클 듯하다. 윌리엄스는 소설을 많이 남겼고 이 원고 중 상당 분량은 스완지대학교에 소장되어 있는데, 스미스의 전기는 주로 이 소설의 내용 요약과 평가에 지면을 할애한다. 아마 윌리엄스 자신도 문화 이론가보다는 소설가(그리고 극작가)로 기억되는 편을 선호했을 가능성도 다분하다.[7] 실제로 윌리엄스는 여러 편의 소설을 출간해 비평계의 호의적 반응을 얻기는 했지만 아쉽게도 극찬받을 정도에는 미치지 못했다. 이 책은 윌리엄스의 사회, 문화 이론에 초점을 두었고 지면의 한계도 있어서 그의 창의적 글쓰기에 관해 더 언급하는 것은 부적절한 일일 것이다.

레이먼드윌리엄스협회The Raymond Williams Society와 연간 간행물 〈키워드*Keywords*〉는 윌리엄스의 지적 유산을 계승하고 확산하는 데 중추적 역할을 했다. 그렇지만 이 훌륭한 작업을 꾸준히 수행한 사람은 주로 문학 연구자였다. 이들의 작업은 사회주의 정치와 연계를 맺긴 했지만, 사회과학적 요소는 상대적으로 거의 반영하지 못했다.

그러니까 1950년대에서 1980년대 후반 저작에 이르기까지 이 책에서 독특한 기준에 따라 선별한 저작은, 최근 그다지 주목받지 못했지만 문화연구와 사회학의 교육과 연구에 지속적으로 관련성을 지니는 부분을 강조해 윌리엄스의 명성에서 불균형을 바로 잡는 데 목적을 둔다. 문화연구는 인문학과 사회과학의 경계를 넘어서는 비교적 새로운 학제적 연구 분야인데, 물론 윌리엄스는 이 문화연구의 설립자로 널리 인정받고 있다. 윌리엄스가 스스로 '문화적 유물론cultural materialism'이라 이름 붙이게 된 독특한 시각은 대개 이 분야의 '패러다임' 중 하나로 통한다. 하지만 이와 동시에 윌리엄스가 폭넓게 종합적으로 기여한 부분은 사실상 너무나 당연시되는 경향이 있어 사람들은 그의 접근 방식이 오늘날 문화 분석의 기본 절차를 구성하는 요소가 되었다는 사실을 거의 깨닫지 못했다. 리처드 호가트Richard Hoggart, 스튜어트 홀Stuart Hall과 더불어 레이먼드 윌리엄스는 영국 문화연구에서 초창기의 전범을 제시했고 국제적으로도 그 분야 발전에 상당한 영향을 미쳤다. 더구나 윌리엄스도 여러 혁신적 개념을 고안해 냈는데, 내가 보기에 가장 주목할 만한 개념으로는 그중에서도 특히 '감정 구조structure of feeling'와 '이동성 사유화mobile privatisation'를 들고 싶다. 이 개념들은 21세기 초 수십 년 동안 문화와 사회 간의 감당하기 어려울 정도로 복잡한 관계를 파악하는 데 여전히 가치 있는 탐색 도구 구실을 하고 있다.

지적, 정치적 형성 과정

윌리엄스와 그의 저작은 쉽사리 정리, 분류할 수가 없다. 하지만 그가 성장, 성숙하는 과정에서 어떤 지적, 정치적 형성 과정을 거쳤는지는 명확하다. 즉 '영국식English' 문화 비평의 전통[8]과 1950년대 말이 가까워지면서 등장한 '뉴 레프트New Left'[9]다. 환원론적 마르크스주의는 1930년대 좌파 지식인 문화의 특징을 이루었고 국제 공산주의 운동에서 스탈린주의의 승리와도 연계되었는데, 윌리엄스는 《문화와 사회》에서 여기에 의문을 제기했다. 대숙청과 집단 강제 수용소the Gulag의 실태 폭로, 그리고 마지막으로는 1956년 헝가리 혁명을 소련이 강제 진압한 사건은 모두 '실제로 현존하는' 양식의 공산주의에 대한 환멸을 조성하는 데 기여했다(윌리엄스는 10대 시절 잠깐 공산당 당원이었던 적이 있다). 일부는 우파로 전향했고, 다른 이들은 이런저런 부류의 사회민주주의자로 바뀌었다. 윌리엄스처럼 소수는 1945~1951년 클레멘트 애틀리Clement Attlee 정권의 복지국가 설립을 열렬하게 지지했지만, 영국 노동당이 타협에 안주하고 자본주의 관리에 몰두하는 모습을 보고 실망했다. 그래서 이후 이들은 때로는 노동당과 보조를 맞추고 때로는 맞서면서 경제, 정치, 문화에 대한 더 철저하고 근본적인 사회주의 개혁을 계속해서 추구했다.

1939~1945년 사이의 전시에 전차 부대 지휘관으로 복무한 기간을 제외하고 젊은 문학 지망생으로서 윌리엄스는 케임브리지대학교 영문학과에서 '부르주아' 문화에 대한 정통 공산주의 비평을 거부하는 대안적 접근에서 영향을 받으면서 공부했다 그는 이곳에서 이단자적 문학 비평가인 F. R. 리비스F. R. Leavis에게서 강한 영향을 받았다. 리비스는 영국 문학의 '위대한 전통the Great Tradition'[10]에 속하는 텍스트를 치밀하고 긍정적으로 읽으면서 경험의 사회적, 정서적 성격에 세심하게 주목

하는 작업의 중요성을 강조했다. 치밀한 읽기와 경험적 감정은 윌리엄스의 비평 활동에서도 두드러진 특징이 되었지만, 윌리엄스는 리비스의 엘리트주의와 비정치적 성향과 결별했다.[11] 하지만 윌리엄스의 제자였던 테리 이글턴Terry Eagleton은 1970년대에 윌리엄스를 '좌파 리비스주의Left Leavisism'라며 비판한다.[12] 이후 이글턴은 이 비판을 취소했다.[13]

1940년대 말 케임브리지대학교를 졸업한 후 윌리엄스는 성인 교육에 뛰어들어 잉글랜드 남부에서 옥스퍼드대학교의 비정규 일반인 강좌를 가르치면서 노동자교육협회Workers Educational Association와도 긴밀한 관계를 맺게 된다. 실제로 문화연구는 일종의 대중 교육이자 이상적으로는 노동 계급 교육 형태로 탄생했다고 윌리엄스를 비롯한 여러 사람이 주장하게 된 것은 바로 이러한 맥락에서였다.[14] 윌리엄스는 자신의 문학 전문 분야를 가르쳤고 커뮤니케이션과 관련된 정치 이슈도 다루었는데, 커뮤니케이션이란 제목의 책은 바로 이 강의를 기반으로 작성되었다(5장). 1950년대에 나온 윌리엄스의 대단히 유명한 글인 "문화는 일상적이다"(1장)는 그의 비판적 대중주의를 멋지게 표현한다.

《문화와 사회》(1958)에서 윌리엄스는 영국 낭만주의 전통을 추적하고 대중 사회 사상을 비판했는데,《기나긴 혁명》은 바로 그 후속작에 해당한다. 이 두 책은 윌리엄스의 저작이 압도적으로 문학적 성향을 추구하던 데서 문화와 사회에 대한 좀 더 폭넓은 분석으로 옮아가는 과도기에 해당한다. 2차 세계 대전 이후 장기간에 걸쳐 진행된 민주적 해방 과정으로 윌리엄스가 파악한 '기나긴 혁명'이라는 바로 그 개념은 이 역사적 계기를 예리하게 포착한다. 윌리엄스는 일찍이 '선별적 전통selective tradition'과 '감정 구조'의 공식을 제시한 것을 비롯해 문화 분석의 틀을 마련했다. 그뿐 아니라 교육, 읽기와 글쓰기에서 전개된 일련의 역사적 전개 양상도 추적했는데, 여기에는 언론의 성장, 문학의 추이, 영어의 용례

등이 포함된다. 윌리엄스는 《기나긴 혁명》을 "1960년대의 영국"이라는 긴 에세이로 결론지었는데, 이 글은 1983년 《2000년을 향해*Towards 2000*》라는 책의 서론으로 다시 실리게 된다. 그 후 윌리엄스는 여성의 해방은 '가장 기나긴 혁명'이라는 줄리아 미첼Julia Mitchell의 주장에 동의한다.[15]

13년 동안 보수당이 집권한 후 1964년 노동당은 다시 선거에서 승리했다. 하지만 윌리엄스와 다른 신좌파 인사들은 곧 해럴드 윌슨Harold Wilson 정부에게 실망하게 된다. 운동가 중에서도 마이클 배럿 브라운Michael Barrett Brown, 테리 이글턴, 스튜어트 홀, 에드워드 톰슨Edward Thompson 등과 협력해 윌리엄스는 1967년 〈노동절 선언May Day Manifesto〉을 발표했는데, 이 문서는 1968년에 펭귄 특별판으로 재출간되었다.[16] 1968년은 예컨대 파리 거리의 학생들과 디트로이트의 흑인들이 대규모 저항의 표시로 봉기해 혁명의 전망이 떠오른 해였다.

영국 신좌파의 〈노동절 선언〉은 자본주의 사회에 대한 훨씬 더 급진적 분석을 제기하고 1960년대 노동당 정권 지도부가 상상한 수준을 훨씬 뛰어넘는 혁명적 개혁 강령을 마련하였다. 윌리엄스는 그 후 생애 내내 주류 노동당주의 좌파보다 훨씬 더 급진적 입장을 고수한다. 이러한 측면에서 그의 입장은 1970년대와 1980년대 영국 사회주의자에게는 전혀 이례적이지 않은 것이다.

비슷한 무렵에 후기 구조주의와 포스트모더니즘을 비롯해 문화 이론에서의 다양한 진전과 더불어 서구 마르크스주의 사상이 부활을 맞이했는데, 윌리엄스는 이러한 사상과 씨름하면서 자신만의 독특한 문화적 유물론의 입장을 고안하게 된다. 윌리엄스가 이 단계에서 내놓은 작업으로는 1973년 출간한 "마르크스주의 문화 이론에서 토대와 상부구조"라는 논문(8장)이 대단히 중요하다. 논문에서 드러나듯이 문화와 사회를 파악하는 윌리엄스의 총체론적 접근 방식과 안토니오 그람시

Antonio Gramsci의 헤게모니 개념 사이에는 유사성이 뚜렷하게 존재했다. 이 헤게모니 개념은 영국 문화연구의 발전에서 또 다른 주요 인물인 스튜어트 홀의 저작에서도 채택되어 생산적인 결과를 낳았다.[17]

문화적 유물론

윌리엄스는 정통 마르크스주의의 토대-상부구조 모델을 거부했는데, 이는 이 모델이 사회를 개념화하는 방식이 철저하게 유물론적이지 못하다고 보았기 때문이다. 마르크스주의자는 흔히 정치, 법, 이데올로기, 문화 등의 상부구조 제도가 모두 경제적 세력과 이해관계에 의해 결정된다고 가정하고는 모든 것을 경제적, 즉 물질적 요인으로 환원시킨다고 알려져 있다. 그 점을 감안하면 [마르크스주의는 철저하게 유물론적이지 못하다는] 이 주장은 역설적으로 보일 수도 있다. 21세기 초의 시점에서 보자면 이는 아주 친숙한 상투적 구절이다. 하지만 이 주장은 좌파가 아니라 우파의 사상에서 유래한다. 이는 신자유주의의 성향에서 근본을 이루는 시각으로, 여기에 따르면 사회적, 문화적 활동은 가차 없이 시장의 규율에 맡겨지고 모든 것이 화폐의 관점에서 파악된다.

그렇지만 유물론 철학은 오로지 경제학에 관한 것도 아니고, 화폐와 상품 획득을 사람과의 관계보다 더 중요시하는 윤리적 실패작이라는 식의 상식적인 '유물론' 개념과 혼동해서도 안 된다. 철학에서 유물론은 관념론과 대비된다. 관념론은 관념만이 세상에서 결정적 세력이라고 여기는 데 반해, 유물론은 감각적 인간 활동이야말로 행동이 실제로 존재하는 곳이라며 반박한다. 이 점은 예컨대 윌리엄스의 핵심 개념 중 하나인 **감정 구조**와, 지금도 상식적 용어로 어느 정도 통용되는 독일 관념론의 **시대정신**Zeitgeist 개념을 비교해 보면 잘 드러난다. 이러한 측면에서 보면, '시장'은 시대정신이지만 시장을 일종의 변명이나 핑계로 이용하는 정치-경제적 세력을 은폐하고 위장한다는 점에서 이데올로기적이긴 해도 결코 정신적이지는 않다.

프레드릭 제임슨Fredric Jameson은 포스트모더니즘을 '후기 자본주의의 문화적 논리'로 파악한 유명한 글에서 지배적인 감정 구조라는 윌리엄스의 개념화를 후기 자본주의의 특징을 규정하는 데 활용했다. 이 시각에서 보면 포스트모더니즘은 단지 하나의 관념 무리에 그치지 않는다. 그보다는 인간 주체를 현혹하는 정서성과 실천의 틀짓기 방식으로서 초국적, 하이테크 자본주의와 변증법적 관련을 맺고 있다.[18]

윌리엄스는 《마르크스주의와 문학*Marxism and Literature*》(1977: 128~135)에서 감정 구조를 개념적으로 규명하는 데 한 절을 할애했다. 구체적인 예를 제시하기 위해 윌리엄스는 《기나긴 혁명》의 "문화 분석"이라는 장(이 책 3장)에서 1840년대 영국 문학에서 감정 구조가 등장하는 과정을 추적했는데, 이 감정 구조는 바로 에밀리 브론테Emily Brontë의 《폭풍의 언덕*Wuthering Heigts*》에서 가장 뚜렷이 표현된다고 보았다. 또한 이 장에서 윌리엄스는 어떤 선별 과정이 구체적인 역사적 상황에서 문화적 전통이나 '유산'을 어떻게 적극적으로 구성하는지도 보여 준다. 이 전통은 사회적으로 생산되어 시간이 지나면서 수정될 가능성이 크며 결코 확고부동한 존재가 아니다. 이러한 선별은 지배적인 태도와 이해관계에 따라 이루어진다. 예를 들면 《폭풍의 언덕》은 출간 당대에 중요성을 인정받기에는 너무 시대를 앞서간 책이었다. 《폭풍의 언덕》은 후대에 이르러 그 책이 대변한 감정 구조가 더 널리 확산하고 나서야 선별적 전통의 전범 반열에 올랐다.

윌리엄스는 문화가 마치 물질적 중요성이 없고 단지 관념적이어서 부수적인 현상에 불과한 것처럼 취급하는 데 반대했다. 그가 보기에 의미 작용 실천signifying practices, 즉 형성 중인 문화는 사실상 물질적 실천이며 인간 창의성의 산물을 실제로 생산하는 제도적 장치와 생산 관계 속에 내장되어 있다. 1970년대에 윌리엄스가 자그레브에서 발표한 논문인 "생산 수단으로서의 커뮤니케이션 수단"(이 책 15장)은 문화 활동의 이러한 물질성을 체계적으로 규명했다. 여기서 제시된 주장은 윌리엄스 자신이 다음과 같이 공식적으로 내린 문화적 유물론의 정의와 관련지을 수 있다. "문화적 유물론은 의미 작용을 생산하는 실제 수단과 조건 내에서 이루어지는 모든 의미 작용 형태에 대한 분석이며, 상당히 핵심적 부분으로는 글쓰기가 여기에 포함된다."[19] 윌리엄스가 케임브리지대학교 영문학과에서 문학적 배경을 갖추었고, 그 학과에서 '이론'을 둘러싸고 벌어진 격렬한 공개 토론 상황에서 이 정의가 유래했다는 점을 감안하면, "상당히 핵심적 부분으로는 글쓰기가 여기에 포함된다"라고 언급할 수밖에 없었다는 점은 놀랍지 않다. 그리고 그의 발언이 스스로 '문화적 유물론'이라 이름 붙인 정치화된 문학사의 흐름을 정당화한 것은 분명했다.[20] 하지만 그렇게 글쓰기의 중심성을 강조한 것은 **사회학적** 방법론으로서 문화적 유물론의 범위를 심각하게 축소시키고 말았다. 이 발언은 사회과학에서 문화적 유물론의 잠재적 적용 범위를 인위적으로 제한하는 불행한 결과를 초래했다. 윌리엄스는 미디어와 사회 전반에서 기술결정론을 비판하면서 우리 '디지털 시대'의 역학을 이해하는 데 단초를 제공했는데, 바로 이 점을 참고해 보면 그러한 한계가 어떤 결과를 낳는지 시의적절하게 예시할 수 있을 것이다.

윌리엄스의 문화적 유물론은 더글러스 켈너Douglas Kellner가 옹호한 다차원적 문화 분석과 비슷하다.[21] 그러한 접근 방식은 구체적인 사회적, 역사적 맥락에서 생산과 소비 조건이 텍스트 의미와 맺게 되는 상호 작용을 구체적으로 규명하려 한다. 신자유주의 정치경제학과 더불어 기술결정론은 오늘날 세계 전역의 이데올로기 지배에서 가장 두드러진 특징을 이루는데, 윌리엄스의 관점은 그러한 결정론의 근본적 결함인 일차원적이고 단일 원인 중심의 인과적 설명을 사실상 거부한다.

미디어가 등장하고 의미 생산적 속성을 갖게 된 것은 흔히 과학적 발견의 직접적 산물로서 필연적으로 유익한 결과를 낳을 수밖에 없는 기술 혁신으로 바로 환원할 수 있다고들 한다. 더구나 (대개 오늘날에는 구체적으로 정보 커뮤니케이션 테크놀로지를 의미하는) '테크놀로지'야말로 의미 있는 사회 변화를 추동하는 주된 그리고 아마도 유일한 세력이자 상상할 수 있는 모든 문제점에 대한 해결책이라고들 하는데, 이는 거의 영적인 수준의 믿음으로 통한다. 이와 반대로 커뮤니케이션 테크놀로지와 그 적용 양상의 발전은 문화적, 경제적, 정치적 세력을 포함해 복합적 범위의 결정에서 나온 결과이며, 그러한 발전의 역사적 산물은 결코 엄격한 필연성을 띠지 않는다는 사실을 윌리엄스는 보여 주었다(9장을 보라). 윌리엄스의 문화적 유물론적 담론에서 **결정**은 **결정론**의 단순하고 단선적인 인과 관계라기보다는 인간 활동에 압력을 행사하고 한계를 설정하는 것을 지칭한다. 인간 행위자가 중요성을 띠고 테크놀로지 관련 변화에는 **의도**intention가 늘 개입되는데, 이 점은 어떤 주어진 상황에서든 대안적 목적과 다양한 결과의 가능성이 존재한다는 사실을 시사한다.

21세기 윌리엄스

1980년대 초 레이먼드 윌리엄스는 문화 분석에 관한 생각을《문화 *Culture*》(1981)라는 단순한 제목의 교과서로 체계화했다. 윌리엄스가 제시한 개념과 분석 절차의 틀은 초학제적 학문을 처음 접하는 사람에게 문화적 유물론 방법을 소개하는 데 유용한 입문이 될 뿐 아니라 사회과학 연구에도 특히 유익한 존재로 남아 있다.

1980년대에 그가 내놓은 다른 주요 저작은 사실 실제로는 21세기 초반에 대한 비판적 전망인데도 아마도 《2000년을 향해》라는 잘못 붙인 제목 때문에 그보다는 단지 세기말에 관한 책인 것 같은 인상을 주었다. 그 책의 일부는 이 책에 실려 있는데, 여기서 윌리엄스는 '탈산업' 사회라는 개념 자체를 단호하게 비판하고(16장), 국민성nationhood과 세계화라는 지속적으로 중요한 질문과 씨름한다(17장). 그리고 오늘날 '신자유주의'라 할 만한 현상과 관련된 가장 두드러진 이슈, 이 이념에 대한 가장 유망한 저항의 원천, 특히 21세기 사회주의에서 필수 불가결한 특징으로서 환경 보호와 생태 정치 전반을 위해 시급한 조치 등에 초점을 맞춘다(18장).

이 자료에서 언급한 내용 중 가장 예리하고 심오한 개념 두 가지는 '플랜 X'와 '이동성 사유화'다. **플랜 X**는 전략적이고, 이에 덧붙이자면 경쟁력 있는 비교 우위를 추구하는 냉혹한 정치를 지칭한다. 이는 특히 1980년대 미국의 로널드 레이건Ronald Reagan 대통령 임기 동안 전개된 군비 경쟁으로 대표되지만, 좀 더 일반적으로는 1970년대의 위기에 대한 자본주의의 대응으로 지난 30년 동안 나타난 현상으로 구현되었다. 이러한 대응은 복지 국가 해체와 '사회적 임금social wage'* 잠식을 초래했고, 전 세계적으로는 북서 지역의 탈산업화와 더불어 특히 착취율이 가혹할 정도로 높은 동부 지역의 값싼 노동 시장으로 제조업과 중공업 이전을 가져왔으며, 교묘한 반대 주장과는 달리 전 세계적으로 불평등 규

* 경제학의 원리에 따르면 임금은 노동에 대한 수요와 공급에 의해 결정되는데, 이를 '시장 임금'이라고 한다. 하지만 노동자가 인간적 삶의 수준을 유지하도록 하기 위해 국가 복지 정책 차원에서 인위적으로 이보다 높은 임금을 보전해 주기도 하는데, 이를 '사회적 임금'이라 한다. 재원은 세금을 비롯해 공적 자금에서 마련되도록 제도화된다. — 옮긴이

모의 확대를 비롯해 여러 가지 문제점을 낳았다.[22]

윌리엄스는 일찍이 1964년 출판한 소설에서 대략 질서정연한 모양을 이루면서 공적 공간을 관통하는 교통의 흐름 속에서 자동차를 운전하는 동안 경험했던 개인적 고립감에 관한 구절을 언급했는데, 이후 **이동성 사유화**라 부르게 되는 현상을 이 구절에서 처음으로 암시했다고 17장에서 주장한다.[23] 현대적 교통 형태는 사람들의 이동성을 이미 크게 확대했으며, 이는 특히 19세기 이래로 다양한 이민 물결로 나타났다. 윌리엄스는《텔레비전》이란 책에서 새로운 커뮤니케이션 테크놀로지 발전에서 나타난 혁신과 기업의 지배력에 관해 예언가적 관찰을 제시했을 뿐 아니라 그 후 고도로 매개화되고 점차 자본주의화한 세계에서 이동성 사유화야말로 사실상 **가장** 대표적인 사회성 양식이라고 규정했다. 20세기 중반에 이르면 방송 — 처음에는 라디오, 그다음엔 텔레비전 — 이 등장함에 따라 소규모 도시의 산업 노동력 가구는 온 나라와 더 나아가 전 지구의 정보와 재현을 접할 수 있게 됐다. 1960년대에는 위성 커뮤니케이션이 도입됨에 따라 사람들은 집안에 앉아 지구 반대편에서 일어나는 사건을 실시간으로 목격할 수 있게 됐다. 이제 사람들은 개인용 컴퓨터, 인터넷, 휴대전화와 온갖 유사 장비를 갖추게 됐다.

1980년대 워크맨에서 1990년대 2G 휴대전화, 2000년대 다목적 모바일 커뮤니케이션 장치의 결합된 기능까지 이르는 동안 윌리엄스가 '이동성 사유화'라고 이름 붙인 사회성 양식은 점차 보편화했다. 공개된 장소의 개인적 폐쇄 공간에 틀어박혀 먼 곳의 지인과 끊임없이 상품화된 소통을 계속하는 이동성 강한 젊은이는 이제 자본주의적 삶의 방식에서 이상적 인물상이 되었다.

이 책 후반에 실린 여러 글은 문화 정책과 문화연구에 관한 윌리엄스의 결론적 관찰 내용에서 따온 것이다. 19장에서 윌리엄스는 **적절한**

문화 정책과 **시범용 문화 정책**이라 할 만한 구분을 제시했다. 국민 국가는 어떤 부류든 공개적 보여 주기를 통해 스스로 확장을 달성하고 문화 정책을 협소하게 경제적인 고려 사항으로 환원시키려는 경향이 있으며, 이 때문에 문화가 사회적으로 의미 있는 커뮤니케이션으로서 지니는 특수한 가치를 간과하게 된다고 말했다. 또한 국지적/광역적, 국제적 측면에서 문화와 관련된 핵심 이슈를 다루기에 국민 국가란 너무 거대하면서 너무 규모가 작기도 하다는 사실을 깨달았다. 마지막으로 20장에서 윌리엄스는 도구주의와 상품화의 거침없는 압력에 맞서 문화 교육이 갖추어야 할 비판적, 민주적 가치를 확인했다. 이러한 압력은 실제로 윌리엄스의 시절 이래로 더욱더 커지고 있다.

문화와 사회에 관한 레이먼드 윌리엄스의 주요 저작 목록[24]

Drama in Performance, London: Frederick Muller, 1954 (revised and extended in 1968, London: C.A. Watts).

Culture and Society 1780–1950, London: Chatto & Windus, 1958. [나영균 옮김, 《문화와 사회 1780~1950》, 이화여자대학교출판부, 1988].

The Long Revolution, London: Chatto & Windus, 1961. [성은애 옮김, 《기나긴 혁명》, 문학동네, 2007/2021].

Communications, Harmondsworth: Penguin, 1962. (revised and updated in 1966 and 1976).

Drama from Ibsen to Brecht, London: Chatto & Windus, 1968. (originally published as *Drama from Ibsen to Eliot* in 1952).

The Country and the City, London: Chatto & Windus, 1973. [이현석 옮김, 《시골과 도시》, 나남, 2013].

Television: Technology and Cultural Form, London: Fontana, 1974. [박효숙 옮김, 《텔레비전론》, 현대미학사, 1996].

Keywords: A Vocabulary of Culture and Society, London: Fontana, 1976 (revised and expanded 1983). [김성기 옮김, 《키워드》, 민음사, 2010].

Marxism and Literature, Oxford: Oxford University Press, 1977. [박만준 옮김, 《마르크스주의와 문학》, 지식을만드는지식, 2009].

Culture, London: Fontana, 1981. [설준규 · 송승철 옮김, 《문화사회학》, 까치, 1984].

Towards 2000, London: Chatto & Windus, 1983.

The Politics of Modernism: Against the New Conformists, edited by Tony Pinkney, London & New York: Verso, 1989.

Raymond Williams on Television: Selected Writings, edited by Alan O'Connor, London & New York: Routledge, 1989.

주

1. Raymond Williams, *Who Speaks for Wales? — Nation, Culture, Identity*, edited by Daniel Williams, Cardiff: University of Wales Press, 2003을 보라. 이 책은 '정체성,' '국민성,' 그리고 그가 가장 즐겨 다룬 주제인 '공동체' 등의 문제에 관한 윌리엄스의 성찰을 담은 미발표작을 사후에 모아 편집한 것이다.

2. 여기서 인용했지만 각주에 밝히지 않은 윌리엄스의 책에 관한 자세한 서지 사항은 이 서론 뒤에 있는 문화와 사회에 관한 선별적 저작 목록에 포함했다.

3. "Raymond Williams: Third Generation," *News From Nowhere*, no. 6, Oxford: Oxford English

Limited, February, 1989.

4. Alan O'Connor, ed., *Raymond Williams on Television*, London and New York: Routledge, 1989를 보라.

5. Fred Inglis, *Raymond Williams*, London and New York: Routledge, 1994.

6. Dai Smith, *Raymond Williams: A Warrior's Tale*, Cardigan: Parthian, 2008.

7. 윌리엄스의 전기에 관해 대단히 유용한 자료는 1970년대 말에 〈뉴 레프트 리뷰*New Left Review*〉 편집자들이 그와 한 인터뷰다. Raymond Williams, *Politics and Letter: Interviews with New Left Review*, London: Verso, 1979.

8. Francis Mulhern, *The Moment of 'Scrutiny,'* London: New Left Books, 1979.

9. Michael Kenny, *The First New Left: British Intellectuals After Stalin*, London: Lawrence & Wishart 1995를 보라.

10. F. R. Leavis, *The Great Tradition*, Harmondsworth: Penguin, 1962 [1948].

11. 윌리엄스의 《디킨스에서 로런스까지의 영국 소설*The English Novel from Dickens to Lawrence*》(London: Chatto & Windus, 1970)은 리비스가 《위대한 전통*the Great Tradition*》에서 제시한 해석을 사회학적 시각에 근거해 반박한 것이다. 이와 비슷하게 윌리엄스의 《시골과 도시*The Country and the City*》(Chatto & Windus)는 그 대신에 영국 글쓰기의 특정한 전통을 사회적으로 또 역사적으로 자리매김한다.

12. Terry Eagleton, *Criticism and Ideology: A Study in Marxist Literary Theory*, London: New Left Books, 1976. 이 책은 이론적 '올바름'을 근거로 유감스럽게도 이글턴이 윌리엄스와 거리를 둔 시기에 해당한다.

13. 윌리엄스가 사망한 이듬해 이글턴은 정신적 스승을 우호적으로 평가하는 다음 논문집을 편집했다. *Raymond Williams: Critical Perspectives*, Cambridge: Polity, 1989.

14. Tom Steele, *The Emergence of Cultural Studies: Cultural Politics, Adult Education and the 'English' Question*, London: Lawrence & Wishart, 1997.

15. Juliet Mitchell, "Women: The Longest Revolution," *New Left Review,* 40, 1966, pp.11~37, 그리고 미첼의 이후 글인 *Women's Estate*, Harmondsworth: Penguin, 1971을 보라.

16. Raymond Williams, ed., *May Day Manifest 1968*, Harmondsworth: Penguin, 1968.

17. 예컨대 Stuart Hall, *The Hard Road to Renewal: Thatcherism and the Crisis of the Left*, London: Verso, 1988을 보라.

18. Fredric Jameson, *Postmodernism, or, the Cultural Logic of Late Capitalism*, London & New York: Verso, 1991, p.xiv.

19. Raymond Williams, "Marxism, Structuralism and Literary Analysis," *New Left Review*, 129, September-October 1981, pp.64~65.

20. Jonathan Dollimore & Alan Sinfield, eds, *Political Shakespeare: New Essays in Cultural Materialism*, Manchester: Manchester University Press, 1985를 보라.

21. Douglas Kellner, "Critical Theory and Cultural Studies: The Missed Articulation," in McGuigan, J. ed., *Cultural Methodologies*, London, Thousand Oaks & New Dehli: Sage, 1997, pp.12~41.

22. Richard Wilkinson & Kate Pickett, *The Spirit Level: Why More Equal Societies Almost Always Do Better*, London: Allen Lane, 2009는 윌리엄스의 심오한 사회학적 관심사와 미래에 대한 우려에 공감을 표한다.

23. Raymond Williams, *Second Generation*, London: Chatto & Windus, 1964는 자신의 자전적 소설인 《경계지 시골*Border Country*》(Chatto & Windus, 1960)과 보완 관계에 있는 저작이다.

24. 레이먼드 윌리엄스의 책 제목 중 하필이면 이렇게 13편을 고른 취지는 사회과학, 특히 문화연구와 사회학에 윌리엄스가 가장 크게 기여한 부분을 지적하는 데 있다. 이는 윌리엄스가 남긴 무수하고 다채로운 글을 모두 포괄하는 목록은 결코 아니다.

RAYMOND
WILLIAMS

1

문화는 일상적이다

1958

과거에는 문화를 오직 고등 교육을 받은 소수에게만 의미 있는 작품으로 파악했는데, 레이먼드 윌리엄스의 이 초기 에세이는 그러한 배타적 문화 개념을 비판하기 위해 작성한 것이 분명하다. 어떤 면에서 이 글은 문화의 사회성에 관해 그냥 진부하고 실로 오래전에 정착된 인류학적 주장을 제시하는데, 말하자면 문화란 사회 내에서 사람들 사이에서 이루어지는 커뮤니케이션 과정이라는 것이다. 하지만 윌리엄스의 글에서 독창적인 부분은 이 인류학적 문화 개념을 배타적 개념과 대립시키고, 어떤 것이 문화에 속하며 교육과 학습에서 문화의 가치를 어떻게 평가할 것인지에 관한 엘리트주의식 사고에 의문을 제기한다는 것이다.

Culture Is Ordinary

버스 정류장은 성당 바깥에 있었다. 나는 천국에서 여러 강이 흘러나오는 장면이 그려진 중세 고지도Mappa Mundi와 쇠사슬이 채워진 도서관을 구경하고 있었다. 성직자 한 무리는 도서관에 자유롭게 드나들었지만 나는 쇠사슬로 차단된 지점에 도달하기까지 이미 한 시간을 기다리면서 교회당 지기의 비위를 맞춰 주고 있었다. 이제 거리 맞은편 영화관에는 〈6시 5분 스페셜*Six-Five Special*〉* 프로그램과 〈걸리버 여행기〉 만화 영화 광고판이 걸려 있었다. 버스가 도착했는데, 운전기사와 여자 차장은 마주 보고 대화에만 몰두하고 있었다. 버스는 교외로 나가 오래된 다리를 건넜고 과수원과 푸른 풀밭, 쟁기로 갈아엎어 붉은 흙이 드러난 벌판을 지나갔다. 눈앞에 블랙산맥이 나타났다. 우리는 산을 올라 가파른 벌판 끝에 회색빛 울타리가 펼쳐진 광경을 바라보았는데, 담 위로는 고사리, 관목과 야생화가 기어오르고 있었다. 동쪽으로는 산등성이를 따라 노르만 시대의 회색빛 성채가 줄지어 서 있었고, 서쪽으론 산맥의 깎아지른 절벽이 요새처럼 버티고 있었다. 산을 오르는 동안 발밑에는 암석 종류가 바뀌었다. 이제 우리 앞에는 석회암과 함께 가파른 비탈을 따라 오래된 철제 구조물이 늘어서 있었다. 비탈 아래로는 하얀색 주택이 여기저기 흩어져 있는 농경지 계곡이 뻗어 있었다. 우리 앞에는 계곡이 점점 더 좁아지면서, 철강 압연 설비, 가스 공장, 회색 테라스, 채광 구덩이가 눈에 띄었다. 버스가 멈춰 서고 운전기사와 여자 차장이 내렸는데, 두 사람은 여전히 대화에 열중하고 있었다. 두 사람은 이 길을 하도 자주 다닌지라 모든 풍경이 이미 시큰둥했다. 이 길은 사실 우리도 어떤

* 〈6시 5분 스페셜〉은 영국 BBC에서 1957년부터 방영하고 있는 프로그램이다. 당시에는 텔레비전과 로큰롤 모두 초창기였는데, 이 TV 프로그램은 로큰롤을 소재로 다뤘다. 토요일 저녁 6시 5분에 방영한다고 해서 그런 이름이 붙었다. — 옮긴이

형태로든 다녀본 적이 있다.

나는 이 버스 노선 중간 어디쯤에선가 태어나서 자랐다. 비록 북쪽으로 가는 대형 트럭 운행을 위해 길을 확장하고 직선화하긴 했어도 내가 살던 곳은 여전히 농업에 종사하는 골짜기 동네였다. 그리 오래전 일도 아니지만 할아버지가 농사짓던 오두막에서 쫓겨나 50대에 도로 공사장 인부로 전업하기 전에만 해도 우리 집안은 대대로 품팔이 농사꾼으로 일했다. 할아버지의 아들은 모두 열서너 살이 되면 농사 일을 시작했고, 딸은 잡다한 노역에 뛰어들었다. 셋째 아들인 아버지는 열다섯 살에 농장을 떠나 철도에서 짐꾼으로 일했고 마침내 철도 신호수가 되어 평생 이 계곡 초소에서 근무했다. 나는 인근 마을 학교에 진학했다. 이 학교에서는 커튼을 쳐서 학생을 두 반으로 나누었는데, 하나는 여덟 살이나 아홉 살까지, 다른 한 반은 열넷 살까지 수용했다. 열한 살 되던 해 나는 부근에 있는 대학 진학 준비 학교에 진학했고 그 후 케임브리지대학교에 입학했다.

문화는 일상적인 것이다. 우리는 바로 여기서 출발해야 한다. 어떤 나라에서 성장하면 어떤 문화의 형상과 더불어 그 문화의 변화 양식을 목격하게 된다. 나는 산 위에 서서 북쪽의 농가와 성당을 바라볼 수도 있고, 남쪽을 향해 서서 마치 두 번째 석양을 만들어 내듯이 이글거리는 화로의 불꽃과 연기를 쳐다볼 수도 있다. 특정한 가정에서 성장하면 사고가 형성되는 과정, 즉 새로운 기술 습득, 관계 변화, 다양한 언어와 생각의 등장을 목격하게 된다. 할아버지는 체구가 크고 부지런한 노동자였는데, 원래 살던 오두막집에서 쫓겨난 일에 대해 교구 모임에서 세세하면서도 격앙된 채 언급하면서 눈물을 흘렸다. 아버지는 돌아가시기 얼마 전 나지막하고 유쾌한 목소리로 마을에서 노동조합 지부와 노동당 모임을 시작했던 시절의 이야기를 들려주었고 새로 정치판에 '포섭된 인물들'에 관해서도 담담하게 이야기했다. 나 역시 사용하는 단어는 다르지만 이처럼 똑같은 일을 떠올린다.

문화는 일상적인 것이다. 바로 이 점이 첫 번째 사실이다. 모든 인간 사회는 나름대로 형태, 목적, 의미를 지닌다. 모든 인간 사회는 이를 제도로, 예술과 교육으로 표현한다. 어떤 사회의 형성은 공통된 의미와 방향을 발견하는 것이고, 사회의 성장은 경험과 접촉, 발견이 주는 압력하에 적극적으로 토론과 수정을 하면서 스스로 토양 속에 각인시키는 과정이다. 사회는 이미 성장하면서 존재하고 있지만 모든 개개인의 정신 속에서도 형성되고 재형성된다. 정신의 형성은 첫째 노동, 관찰, 커뮤니케이션이 가능하도록 형태, 목적, 의미를 서서히 학습하는 과정이다. 두 번째이자 이와 똑같이 중요한 점은 이러한 형태, 목적, 의미를 경험 속에서 검증해 보고 새로운 관찰, 비교, 의미를 형성하는 것이다. 어떤 문화는 두 가지 측면을 지닌다. 하나는 사회 구성원이 이미 학습해서 알고 있는 의미와 방향이다. 다른 하나는 사람들에게 주어지고 검증 대상이 되는 새로운 관찰과 의미다. 이것들은 인간 사회와 인간 정신의 일상적 과정을 이루며 이를 통해 우리는 문화의 속성을 간파한다. 즉 문화는 항상 전통적이면서도 창의적이라는 사실, 가장 일상화되고 공유된 의미이면서도 가장 뛰어난 개별적 의미라는 사실이다. 우리는 문화라는 단어를 이 두 가지 의미에서 사용한다. 하나는 삶의 방식 전체, 즉 공유된 의미를 뜻하고, 다른 하나는 예술과 교육, 즉 발견과 창작 노력이라는 특별한 과정을 의미한다. 일부 학자들은 이 단어를 이 두 가지 의미에서 어느 한쪽에만 적용하는데, 나는 두 가지를 다 사용해야 한다고 주장하며 두 의미의 결합 역시 중요하다고 본다. 내가 우리 문화에 대해 제기하는 질문은 우리의 일반적이고 공통된 목적에 관한 질문이면서도 철저하게 개인적인 의미에 관한 질문이기도 하다. 문화는 모든 사회에서, 모든 정신에서 일상적인 것이다.

그런데 문화에는 내가 알면서도 수용을 거부하는 두 가지 의미, 즉 그 단어에 부가된 두 가지 색깔이 있다. 이 중 첫 번째는 내가 케임브리지에 있는 동안 찻집에서 발견한 것이다. 어쨌든 나는 케임브리지에서 기가 죽지는 않았다. 고풍스러운 건물에도 주눅 들지 않았는데, 나는 2,000년 역사가 토양에 가시적으로 아로새겨져 있는 동네 출신이기 때문이다. 튜더 시대의 뜰에서 산책하는 것을 즐겼지만 거기서 가슴이 쓰라리다는 느낌을 받지는 않았다. 학문의 전당이라는 존재에서도 그다지 감명받진 않았다. 성당은 이미 나에겐 익숙했고, 지금 옥스퍼드에서 공부하는 자리 주변의 서가는 쇠사슬로 차단된 도서관과 똑같은 디자인으로 되어 있었다. 우리 집안에서는 학문을 한다는 사실이 기이할 정도로 특이한 일은 아니었다. 장학금을 받고 케임브리지에 진학하긴 했어도 나는 막 기회를 잡은 새로운 부류의 출세 지향적 인간도 아니었다. 학습은 일상적인 것이었다. 우리는 할 수 있다면 어디서든 배움을 얻었다. 그곳에 흩어져 있는 하얀 주택의 마을에서는 집을 떠나 학자, 시인, 교사가 되는 길은 언제 봐도 합리적 선택이었다. 그렇지만 우리 중에서는 당장 눈앞에 닥친 노동에서 해방될 여유를 얻을 수 있는 사람이 거의 없었다. 이러한 부류의 학습에는 비용이 드는데, 이는 우리가 개인적으로 감당할 수 있는 범위를 훨씬 더 초과했다. 그런데 공동의 비용으로 감당할 수 있게 된 덕분에 만족스럽고 일상적 삶을 누릴 수 있었다.

나는 대학교에서 주눅이 들지는 않았지만, 찻집은 전혀 다른 문제였다. 찻집은 마치 더 유서 깊고 품위 있는 부서 중 하나인 것처럼 보였다. 여기에는 문화가 있었는데 내가 아는 그런 의미의 문화가 아니라 특별한 의미에서 문화였다. 바로 특별한 부류 사람, 교양 있는 사람이라는 사실을 드러내놓고 강력하게 가시적으로 보여 주는 기호였다. 이들은, 적어도 이 가운데 대다수는 특히 학식이 높지도 않았고 예술을 행하는 사람도 거의 없었다. 그러나 이들은 그러한 자질을 보유했고 보유했다는 사실도 드러냈다. 비록 성난 젊은이angry young men[•] — 얼마나 위안이 되는 이름표인가! — 라 불리는 일부 학자와 작가에게서 들려오는 무례한 외부 잡음을 들었음이 분명한데도 내가 보기에 이들은 거기에 존재하면서 여전히 그러한 자질을 드러내 과시한다. 사실 무례한 태도를 보일 필요도 없다. 만약 그런 것이 문화라면 그냥 우리에겐 필요 없다는 것이다. 우리는 다른 사람들이 살아가는 방식을 이미 봤기 때문이다.

그러나 물론 그런 것은 문화가 아니다. 내 동료 중 찻집을 싫어하는 사람들은 문화를 설명하면서 마치 금기어인 양 여기는데, 이는 잘못된 것이다. 만약 찻집을 좋아하는 사람들이 문화란 사소한 행동거지의 차이, 언어 습관의 미세한 차이를 의미한다고 계속 우긴다면 말릴 수야 없겠지만 무시해 버려도 된다. 문화를 원래 속한 곳에서 파악한다면 이런 일이야 그다지 중요치 않다.

하지만 당시 내가 읽어 본 작가 중에서도 아마 찻집을 똑같이 싫어하는 듯하면서도 내가 생각하는 똑같은 범주에 속하는 사람도 있다. 클라이브 벨Clive Bell의 《문명*Civilization*》 같은 책을 읽어 보면 의견 차이라기보다는 멍청함이라는 느낌을 받는다. 그는 이처럼 사소한 것을 대단한 일인 양 시시콜콜하게 따지면서 이 중 어떤 부분을 거창하게 문화로 부르기로 정하고는 마치 공원 담벼락으로 차단하듯이 그것들을 보통

• '성난 젊은이'는 1950년대 영국에서 노동계급이나 중간 계급 출신으로 두각을 나타낸 여러 극작자와 소설가를 지칭하는 표현이다. 로열코트극장Royal Court Theatre의 홍보 책임자가 1956년 존 오스본John Osborne의 작품 〈성난 얼굴로 돌아보라*Look Back in Anger*〉 홍보용으로 만들어 낸 구절에서 유래한다. — 옮긴이

사람이나 평범한 노동과 구분한다. 그렇게 해서 만들어진 부류가 도대체 삶이라고 할 수 있을지 궁금하다. 우리는 집안에 모여 곡을 연주하고 듣기도 하고 시를 암송하거나 암송에 귀 기울이기도 하며 멋진 표현에 감탄하곤 했다. 그 후에도 나는 더 좋은 음악과 시를 들으면서 살았다. 그런 곳이야말로 우리가 기대서 살아가는 세상이다. 그러나 가장 평범한 경험에 비추어 보더라도 그곳에는 [문화에 대한] 흥미도 있고 [문화를 누릴 수 있는] 역량도 있다. 물론 앞서 언급한 버스 노선을 따라가면서 보니 그러한 일이 이루어지던 장소인 오래된 사회 조직은 이미 허물어져 버렸다. 사람들은 쫓겨나 새로운 부류의 노동과 새로운 종류의 관계를 찾아 몰려갔다. 그런데 그러한 노동은 공원 담벼락과 공원 내 건물을 건설했고, 찻집 사람들이야 한결같이 질색하는 일이긴 하지만 마침내 이 사람들 자신에게도 깨끗하고 품위 있고 잘 갖춰진 삶을 선사했다. 문화는 일상적인 것이다. 어떤 변화를 겪든 바로 그 점은 끝까지 고수하자.

내가 수용을 거부하는 또 다른 측면, 즉 색채는 이와 아주 다르다. 영어 단어 중에서는 오직 두 가지만 문화와 운율이 맞는데 공교롭게도 무덤sepulture과 약탈자vulture다. 우리는 아직 박물관이나 미술관, 혹은 심지어 대학을 문화 무덤culture-sepulture이라 부르진 않지만, 최근 들어 부쩍 (운율을 맞춰야 하니) 문화약탈자culture-vulture 이야기도 자주 듣는다. 똑같은 북대서양식 은어로 표현하자면 공상적 개혁론자, 잘난 체하는 지식인, 고위 성직자 이야기도 들린다. 이제 나는 찻집도 싫고 이런 식의 음료를 홀짝이는 데도 싫지만, 예술과 학문을 이해할 만한 감각이 없는 사람도 있다는 사실은 알고 선함과 신성함 간의 차이도 안다. 이러한 언어가 확산하면서 점차 갖게 되는 함의, 즉 정말 새로운 부류의 악당이 등장했다고 외치는 위선적 말투를 나는 절대적으로 거부한다. 왜냐하면 솔직히 말해 이처럼 새로 등장한 이례적으로 자기 위안적 태도에 '순진한 사회 개혁가' 같은 단어를 쓸 수가 있을까? 어떻게 교육이나 예술에 대한 애착에 이처럼 부적절한 새 단어를 사용해야 하는 상황으로 후퇴할 수가 있을까? 위선이나 허세(이는 본질적으로 이중성을 지니는 단어다)에 대한 감정으로 시작했을지도 모르는 태도라도 정작 무엇이든 진지한 기준이 거론되자마자 거의 죄의식에 근거한 듯한 발작으로 변하게 된다는 사실은 분명하다. 그리고 '문화'란 단어는 이러한 조건화에 크게 영향을 받아서 변질했다. 헤르만 괴링Hermann Göring•은 무력을 추구했고 많은 사람은 돈을 얻기 위해 노력하지만, 이제는 점점 더 많은 사람이 집단 내부의 최신 언어를 익히려 노력한다.

이러한 집단 내에서 '훌륭함'이라는 단어는 애초의 윤리적 내용을 배제하고 순전히 기술적 기준을 강조하는 식으로 해서 원래 의미를 상당 부분 상실했다. 훌륭한 일을 하는 것이 훌륭한 인물이 되는 편보다 낫다. 그러나 어떤 사기꾼도 자기 나름의 기준으로는 훌륭한 일을 할 수 있다는 사실을 굳이 환기시킬 필요가 있을까? 아무리 기술적으로 효율성이 좋다고 그럴듯한 말로 장담해도 긍정적인 인간적 준거 전체를 대체할 수는 없다. 하지만 한때 이러한 준거에 부합하던 인물, 작가나 학자였거나 그렇게 되고 **싶어 하던** 사람은 이제 광고업 종사자나 홍보 전문가, 통속적 신문에 등장하는 이름이 되었는데, 이들은 어느 면으로 보나 이에 만족하는 듯하다. 이들은 이제 아주 뻔뻔스럽게도 순진한 보통 사람들을 착취하는 돈벌이에 도움이 되는 기술을 갖추었고 그러한 일에 애착도 갖게 됐다. 이 은어를 발명하고 전파한 것은 이 사람들, 즉 이 위험한 신흥계급이다. 보통 사람들은 진짜 노동에 종사하기에 자신이 아는 분야에

• 헤르만 괴링(1893~1946)은 2차 세계 대전 때 나치의 핵심 인사로 비밀경찰 조직인 게슈타포를 세운 인물이다. — 옮긴이

서 통용되는 진짜 기준을 갖고 있다. 그렇지만 이 위험한 계급은 자신들도 알면서 폐기해 버린 현장의 진짜 기준 대신에 원하는 방향으로 보통 사람들에 영향을 미치기 위해 그러한 은어를 발명하고 전파한다. 과거의 잡상인은 여전히 시장에서 영업하면서 시골 사람들의 푼돈을 갈취해, 말하자면 금반지나 시계 다발 위에 축적하고 있다. 이 장사꾼은 자신의 어리숙한 고객이 굼뜨고 무지한 군중에 불과하다고 착각하지만, 이 상인이 좌판 뒤에서 헛기침이나 하는 동안 이 고객들은 삶을 영위하고 농사 일에 종사한다. 새로운 잡상인들은 현대적 장식으로 꾸민 사무실에서 앉아서 스스로 대중적 사고에 불과하다고 여기는 고객층에게 영향을 미치기 위해 허접한 언어학, 심리학, 사회학 나부랭이나 구사한다. 하지만 이 사람들 역시 뜻한 대로 얻지는 못할 것이다. 어쨌든 우리가 그의 상투어에 속아 넘어가지 않을 것이기 때문이다. 우리는 그냥 그 은어의 수용을 거부해 버릴 수도 있다. 문화는 일상적인 것이다. 교육이나 예술에 흥미를 갖는 것은 솔직하고 즐거우면서도 자연스러운 일이다. 최선의 지식을 갖추고자 하고 훌륭한 일을 하고 싶어 하는 욕망은 모두 인간의 긍정적인 본성이다. 외부 잡음이 두려워 이러한 일을 그만둘 수는 없다. 우리 문화에서 잘못된 점은 여러 가지 유형이 있다. 지금까지 나는 그저 문화 자체를 진지하게 받아들이기 어렵게 방해하는 잔해물을 치우려고 노력했다. 나는 케임브리지에 진학한 후 내 사고에 아주 인상적 영향을 미친 두 가지 진지한 경험을 했다. 첫째는 마르크스주의고, 두 번째는 리비스의 가르침이었다. 이후에 내가 동의할 수 없었던 그 모든 부분에도 불구하고 나는 여전히 이 둘에 대한 존경심을 갖고 있다.

마르크스주의자들은 여러 가지 주장을 폈지만, 이 중 중요한 부분은 세 가지였다. 첫째, 이들은 문화란 궁극적으로 그 저변을 흐르는 생산 체제와 관련지어 해석해야 한다고 말했다. 나는 이미 다른 곳에서도 이 점을 이론적으로 주장하긴 했지만 — 이 개념은 겉으로 보기보다는 훨씬 어려운 문제다 — 이들이 강조한 부분을 여전히 수용하고 있다. 저 경계지 시골에서 성장하면서 겪은 그 모든 경험 덕분에 나는 이러한 강조점에 동의하게 됐다. 문화는 삶의 방식 전체이며 예술은 분명 경제적 변화에서 근본적으로 영향을 받는 사회 조직의 일부일 뿐이다. 나는 굳이 가르침을 받지 않아도 기존의 경제 체제에 불만을 품게 되었지만, 이후 우리 문화를 둘러싸고 발생하는 질문들이 이러한 관점에서는 명쾌하게 설명되지 않았다. 바로 계급 지배 문화가 대중을 무지 상태에 방치한 채 의도적으로 공동의 유산을 소수 계급에게만 제한적으로 제공한다고들 했다. 그러한 제약이 작용한다는 사실에는 나도 공감했는데, 오로지 **자격을 갖춘** 빈민층만 충분한 교육 기회를 얻는다는 점은 여전히 자명했기 때문이다. 그러나 케임브리지대학교를 돌아다니면서 내가 그러한 자격을 인정받았다는 데 기뻐할 기분은 들지 않았다. 나는 고향 사람 중에서 특별히 더 뛰어나지도 부족하지도 않은 사람이었다. 반면에 친구들이 무지한 대중을 거론할 때는 바로 이 점 때문에 화가 치밀었다. 어떤 부류의 공산주의자 친구는 늘 이런 식으로 이야기하곤 했다. 그가 포즈난•과 부다페스트•• 사례를 목격하고는 원하는 대로 답을 얻었듯

• 포즈난은 폴란드의 도시로 1956년 6월 공산주의의 억압적 통제 체제에 항의해 시민 시위가 발생한 곳이다. '포즈난의 6월'로 불리기도 하는 이 항쟁은 금속 공장 노동자들이 노동 여건 개선을 요구하는 시위에서 시작해 대규모 시민 항쟁으로 번졌다. 폴란드와 소련의 군대가 무력 진압에 나서 많은 사상자를 내고 실패했으나, 이 시위를 계기로 그해 10월 비교적 온건한 폴란드 정부가 수립되었다. — 옮긴이

•• 1956년 10월 23일 소련의 지원을 받는 폴란드 공산당의 폭압 정치에 저항해 부다페스트에서 대대적인 시민 시위가 일어났다. 그러나 소련군이 투입되어 시위를 유혈 진압하면서 많은 사상자를 남긴 채 17일 만에 혁명은 좌절되었다. 이 시위는 12년 뒤 체코슬로바키아에서 발생한 '프라하의 봄'에 역사적 선례가 되었다. — 옮긴이

이, 제국주의자들도 똑같은 가정에 근거해 인도, 인도차이나, 아프리카를 보면서 그와 비슷한 해답에 도달했을 것이다. 영국 부르주아 문화는 강력한 교육, 문학, 사회 제도를 갖추고 실제 권력의 중심과도 밀접한 관계를 유지하면서 존재한다. 끊임없이 압력이 가해진 덕분에 서서히 문호가 열리고 있긴 하지만 대다수 노동 계급이 여기서 배제된다는 사실은 자명하다. 그렇지만 한술 더 떠 노동 계급이 영국 문화에서 배제되고 있다고 주장하는 것은 말도 안 된다. 노동 계급도 나름대로 자신들의 제도를 발전시키고 있고, 엄격하게 부르주아적 문화 중 상당수는 어쨌든 노동 계급 측에서도 달가워하지 않을 것이다. 영국식 삶의 방식과 영국의 예술과 교육 중 상당 부분은 그 어떤 납득할 만한 의미에서도 부르주아적이지 않다. 오로지 상업적 중간 계급만의 산물이라고 결코 말할 수 없는 제도와 공유된 의미도 존재한다. 수많은 온갖 부류의 사람들이 생산한 예술과 학문, 영국의 공유 유산도 존재하는데, 이를 생산한 사람 중에는 그러한 문화 소비에 자부심을 느끼는 바로 그 계급과 체제를 혐오하는 사람도 다수 포함된다. 부르주아는 편협하지만 현실적인 도덕성 체제를 포함해 많은 것을 우리에게 남겨 주었다. 이는 적어도 궁정을 차지하던 이전 계급[귀족]보다는 낫다. 부르주아가 성취한 여가는 우리에게 문화적 가치가 있는 많은 것을 가져다주었다. 그러나 그렇다고 해서 현대 문화가 부르주아 문화라는 뜻은 아니다. 보수주의자에서 마르크스주의자에 이르기까지 모든 사람이 그런 실수를 범하는 듯하다. 독특한 노동 계급식 삶의 방식도 존재하는데, 내가 그 가치를 옹호하는 것은 그곳에서 자라났기 때문만이 아니라 어떤 점에서는 [부르주아 문화와는] 다른 방식으로 삶을 영위하기 때문이기도 하다. 이러한 삶의 방식은 위대한 노동 계급식 정치, 산업 제도에서 표현되듯이 주민 공동체, 상호 의무, 공동의 발전을 강조하는데, 사실상 영국 사회의 어떤 미래를 꿈꾸든 그 사회에 최선의 토대가 된다. 예술과 학문으로 말할 것 같으면 이는 진정 국가적 유산으로 모든 사람에게 제공될 수 있으며 그렇게 되어야 한다. 따라서 우리는 죽어 가는 문화 속에 살고 있으며 대중은 무지하다고 말하는 마르크스주의자에게 이전에 나는 도대체 당신들은 이 세상 어디서 살다 왔느냐고 따졌는데 지금도 그렇게 따질 수밖에 없다. 죽어 가는 문화, 무지한 대중은 내가 지금까지 알고 있고 목격한 바와는 다르다.

그렇다면 내가 지금까지 마르크스주의자들에게서 배운 바는 문화와 생산이 서로 관련이 있고, 교육에는 제약이 있다는 점이었다. 그들의 다음과 같은 세 번째 주장에 대해 그랬듯이 나는 다른 부분은 거부했다. 이들의 얼토당토아니한 주장에 따르면 문화와 생산은 서로 관련이 있어, 대안적 생산 체제의 옹호는 어떤 식으로든 문화에도 적용되는 지침이므로 새로운 삶의 방식뿐 아니라 새로운 예술과 학문도 필요하다는 것이다. 나는 공산당원이던 18개월 동안 약간의 집필 활동을 하면서 사소한 부분이긴 하지만 영국과 유럽의 다른 지식인들이 발견한 좀 더 심각한 사항, 즉 이러한 부류의 이론적 오류가 어떤 실제적 결과를 낳는지 깨닫게 되었다. 이러한 측면에서 미래를 예측해 보니 말도 안 되는 일이 벌어졌다. 마르크스주의식 문화 해석은 이처럼 강제 지침적 요소를 유지할 필요가 없는데도 그렇게 하고 있고, 솔직히 말해 사회주의를 원한다면 어떤 사전에 정해 준 대로 글을 쓰고 생각하고 공부해야 한다고 우겨 대는데, 그런 식의 해석은 결코 받아들일 수가 없다. 문화란 공통된 의미이자 모든 사람의 산물이고 개인마다의 의미도 지니며 인간이 헌신하는 총체적인 개인적, 사회적 경험의 산물이다. 이 의미의 일부라도 어떤 식으로든 사전에 정해 줄 수 있다고 여긴다면 어리석을 뿐 아니라 오만한 생각일 뿐이다. 이 의미는 우리가 사전에 알 수 없는 방식으로 삶에 의해 규정되고 형성되며 재형성된다. 미래로 훌쩍 비약해 어떤 식으로든 마치 이것이 미래**인 것처럼** 주장하는 일은 확실히 정신 나간 짓이다. 예측은 전혀 다른 문제이자 제안된 의미에 불과하다. 하지만 앞으로 생산 수단을 사회화한 영국의 문화에 관해 유일하게 장담할 수 있는 부분은, 우리가 미리 알 수는 없고 실제 삶을 살아가면서 부분적으로만 알 수 있는 실제 삶 전체에 대한 의식과 의미를 부여할 수 있도록 모든 표현과 커뮤니케이션 채널의 장애물을 제거하고 개방해야 한다는 사실뿐이다.

어떤 면에서는 안 된 일이지만 리비스는 마르크스주의자를 전혀 좋아하지 않았다. 마르크스주의자들이 현대 영국 사회와 영국의 최근 역사에 관해 리비스보다 더 잘 파악하고 있기 때문이다. 반면에 리비스는 내가 만나 본 그 어떤 마르크스주의자보다 예술과 경험의 진정한 관계에 관해서 더 해박하다. 우리는 모두 이 점에서 리비스에게서 많은 가르침을 얻었고 그가 파악한 영국 문화의 문제점도 알게 되었다. 리비스의 진단은 급진적이며 빠르게 정통 교리로 변해 가고 있다. 한때 위대한 가치를 지닌 전통문화를 갖추고 주로 농업 국가인 영국이 존재했다. 이 영국은 현대적이고 조직화하고 산업화한 국가로 대체되었다. 이 국가에 특징적 제도들은 우리의 타고난 인간적 반응을 의도적으로 타락시키고 예술과 문학을 처절한 생존자와 증인으로 전락시킨 반면, 그 대신 새로운 기계화된 속물근성이 대대적으로 권력의 중심을 장악하고 있다. 유일한 방어 장치는 교육에 있는데, 교육은 적어도 일부 자산만이라도 지켜 낼 것이기 때문이다. 또한 교육은 사태가 어떻게 돌아가는지 파악하고 가장 뛰어난 개인적 가치를 유지할 수 있는 사고와 감정 양식의 역량을 적어도 소수에게나마 개발해 줄 것이기 때문이다. 리비스 자신의 공이 아직 충분히 인정받지도 못한 상태에서 이런 식의 진단이 어느 정도 널리 공감을 얻었는지 덧붙여 설명할 필요는 없다. 나 역시 리비스의 진단에 큰 감명을 받았는데, 결국 그의 입장을 거부하고 난 후 수년 동안 개인적 위기를 겪을 정도로 감동은 강렬했다.

왜냐하면 리비스의 진단은 분명히 내 경험에 상당 부분 부합하는 듯했기 때문이다. 리비스는 우리 아버지와 할아버지가 무식한 임금 노예였다고 말하지 않았다. 세련되고 번잡한 상업 문화(나는 이 상업 문화를 접하고는 마치 이방인처럼 느꼈는데, 그 경험이 너무나 강렬해 수년 동안 런던 시내를 통과하거나 지하철 광고와 석간신문을 볼 때마다 심한 두통을 겪었다)야말로 내가 따라잡아야 할 대상이라고 리비스는 이야기하지 않았다. 심지어 늘 그랬듯이 강의 시간에 오늘날 '이웃'의 의미가 윌리엄 셰익스피어William Shakespeare 시절과는 다르다는 이야기를 듣고는 나에게는 지금도 그렇다고 — 정말이다! — 말했다가 웃음거리가 됐거나 바보가 됐다고 느끼기도 했다. (올해 부친의 임종이 임박했을 때 어떤 사람은 와서 정원을 손봐 주었고, 또 다른 사람은 땔감용 침목을 한 차 실어서 배달해 주었고, 또 어떤 사람은 와서 침목을 장작용으로 패 주었으며, 이름도 밝히지 않아서 누군지는 모르지만 어떤 사람은 뒷문 앞에 감자 한 보따리를 두고 갔다. 어떤 아주머니는 우리 집에 와서 빨랫감 한 바구니를 갖고 갔다.) 그러나 이런 것조차도 설명할 수는 있는 부분이었다. 나는 어느 정도는 옛날 동네 출신이지만 나의 미래는 [교외 신도시인] 서비튼•이었다. (서비튼이라는 장소를 알게 되고 실제로 구경해 보는 데 수년이 걸렸지만, 이곳은 많은 사람에게 하나의 상징 역할을 했다. 거기서 살아보지 못해서 과연 그런지 제대로 판단을 내리지는 못하겠다.) 그래서 그곳에 가 보았는데 모든 것이 잘 들어맞는 듯했다.

하지만 모두 그런 것은 아니었다. 그곳을 떠나 생각해 보니 사실 뭔가 제대로 들어맞지 않았다. 우선 나에게 이 점은 분명했다. 우리는 사적

• 서비튼은 런던 남서쪽에 있는 유서 깊은 교외 주거 지역이다. 특히 영국 텔레비전에서는 대표적인 교외 주거 지역의 아이콘처럼 등장한다. — 옮긴이

으로는 산업 혁명과 그 혁명이 가져온 사회적, 정치적 변화에 만족했다. 이 점은 사실이다. 우리는 아주 아름다운 농업 지대에 살았는데, 우리 눈에 띄는 석회석 너머 계곡은 흉물스러웠다. 그러나 이를 상쇄하는 한 가지 선물이 있었는데 우리가 어떤 대가를 치르든 수용하려 하는 것이다. 바로 육체노동에 종사하는 노동자에게는 전부나 마찬가지인 동력이라는 선물이다. 이 선물은 서서히 우리에게 다가와서 엄청난 효과를 미쳤는데, 증기 동력, 석유 엔진, 전기, 그런 것과 이를 통해 상품과 서비스화한 수많은 산물을 우리는 가능한 한 재빨리 받아들였고 거기에 만족했다. 나는 이 모든 선물이 활용되는 것을 목격했고 이것들이 과거의 어떤 것을 대체했는지 보았다. 나는 이 선물들에 대해 줄줄이 나오는 신랄한 비판을 참을성 있게 듣고 싶지 않다. 배관, 자동차, 아스피린, 피임약, 통조림 등에 대한 냉소적 태도는 모두 잘 알 것이다. 그러나 이 위선적 바리새인들에게는 이렇게 말해 주고 싶다. 더러운 물, 손으로 물 퍼내기, 4마일을 도보로 출근하기, 두통, 여성의 망가진 인생, 굶주림과 단조로운 식사 등을 생각해 보라. 도시든 시골이든 할 것 없이 노동 계급 사람들은 이런 것이 진보가 아니라고 우리 사회를 설명하는 주장에는 귀를 기울이지 않을 것이며 나 역시 이들에게 공감한다. 이것들은 단지 기계적이고 외적인 진보가 아니라 삶에 정말로 도움이 된다. 더구나 새로운 여건에서는 삶을 마음대로 영위할 수 있는 진정한 자유도 늘어났고, 개인마다 의미 있게 여기는 부분에 대한 통제의 여지도, 발언권도 실제로 더 확대됐다. 명시적으로든 암시적으로든 산업 사회의 가치를 부정하는 식으로 우리 문화를 설명하는 것은 정말 현실성이 없다. 설혹 100만 년이 지난들 우리에게 이 동력을 포기하라고 할 수는 없을 것이다.

그렇다면 그 주장의 사회적 근거는 수용할 수 없다고 친다고 해도, 작가나 학자, 교사가 되고자 하면서 새로운 문화적 속물근성에 대한 비판조차도 과연 무시할 수 있을까? 상하수도, 트랙터와 의약품 때문에 통속적 신문, 급증하는 싸구려 상품, 요란한 잡동사니의 문제를 무시할 수 있을까? 우선순위를 매기자면 꼭 필요할 경우 그럴 수도 있다. 그러나 사람들의 반응이 저질스러운 것이 동력이 저렴해진 데 따른 결과였을까? 그렇게 보인다는 점은 알겠지만 정말 이렇게밖에 결론을 내릴 수 없는가? 앞으로 다가올 50년 동안 우리 사회에 남은 핵심 문제는 우리의 새로운 자원을 훌륭한 공동 문화를 구축하는 데 활용하는 것, 또한 우리가 이미 구상하고 있는 선하고 풍요로운 경제 실현의 수단으로 삼는 것이다. 훌륭한 공동 문화는 구축할 수 있다고 생각하지만 이에 본격적으로 착수하기 전에 대단히 편의적인 비판가들이 남긴 유산을 먼저 제거해야 한다. 이 유산은 두 가지 잘못된 등식과 한 가지 잘못된 비유, 한 가지 잘못된 명제로 이루어져 있다.

잘못된 명제는 손쉽게 처리할 수 있다. 새로운 동력이 흉물스러움을 초래한 것은 사실이다. 석탄은 오염을 초래했고 공장은 인구 과밀을, 커뮤니케이션은 뒤엉킨 전선을 낳았다. 그러나 흉물스러움은 경제적 동력에 대해 우리가 치러야 하거나 지불을 거부할 대가라는 명제는 더는 사실로 받아들일 필요가 없다. 새로운 동력원, 새로운 생산 방법, 개선된 교통과 커뮤니케이션 체계는 아주 실질적으로 영국을 더 청정하고 쾌적한 곳으로 되돌리지만 소요되는 동력은 줄어들기는커녕 훨씬 더 늘어날 수도 있다. 새롭게 흉물스러움이 늘어난다면 이는 어리석음, 무관심, 혹은 그냥 조율 미숙의 산물일 뿐이다. 동력은 필연적으로 시끄럽고 더럽고 흉측스러울 수밖에 없다고 여기지 않는다면 이 문제에 대처하기 더 쉬워질 것이다.

잘못된 등식은 더 어려운 문제다. 이 중 하나는 대중 교육과 새로운 상업 문화 간의 등식, 즉 상업 문화는 대중 교육의 불가피한 산물이라는 것이다. 대중을 받아들이면 어쩔 수 없이 얻게 되는 결과라고들 한다. 그런데 이것이 어려운 문제임에는 분명하지만 나는 두 가지 이유로 이 등식을 인정할 수 없다. 첫째는 신념의 문제다. 통상적으로 대중은 취향과 습관이 저질이고 지엽적이라고 묘사하는데, 나는 평범한 사람들이 사실 이러한 묘사에 부합한다고 믿지 않는다. 달리 표현하자면 사실 대중이란 존재하지 않으며 사람들을 대중으로 간주하는 시선만 존재할 뿐이다. 산업화가 도래하면서 과거의 사회 조직은 상당 부분 해체됐고, 우리가 모르는 사람을 지속해서 파악하는 것은 어려운 개인적 경험 문제가 되어 버렸다. 그래서 이 사람들을 우리 생각 속에서 뭉뚱그려 '타자'로 구성하는 것은 유혹을 느낄 만한 선택이다. 게다가 산업 도시에서는 사람들이 물리적으로도 밀집됐고 새로운 계급 구조가 실질적으로 부과됐다(우리 사회의 계급에 대한 이름, 이러한 의미에서 '계급'이라는 단어 자체도 산업 혁명 시기에 이르러서야 생겨났다). 커뮤니케이션이 개선되고 특히 다수의 뉴스와 오락을 내보내는 새로운 전송 형태가 발전하면서 송신자와 수용자 사이에는 메울 수 없는 균열이 조성됐고, 이 때문에 수용자는 미지의 대중으로 해석되게 되었다. 대중은 어중이떠중이mob를 대체하는 새로운 단어가 됐다. 바로 타자, 미지의 존재, 하층민, 우리 너머 존재하는 군중을 의미한다. 다른 사람을 파악하는 방안으로 이 공식은 분명 말도 안 되지만 새로운 여건에서는 효과적인 공식일 뿐 아니라 유일하게 가능한 대안으로 보였다. 분명 이는 돈만 있으면 새로운 커뮤니케이션 기술을 활용할 수 있게 된 사람들이 사용하는 공식이었다. 취향과 습관의 저급함은 인간이 다른 인간에게 손쉽게 부여하는 속성이 되어 군중과 저급함 양자를 잇는 교량처럼 간주됐다. 새로운 문화는 이 공식을 근거로 구축되었다. 만약 내가 이 공식을 거부하고 이 저급함은 평범한 사람들에 내재한 속성이 아니라고 계속 주장할 경우 내 주장을 무시할 수는 있겠지만 나는 그 주장을 고수할 것이다. 경험을 통해서 파악한 바로는 공식이 바뀌면 반응도 근본적으로 달라지기 마련이다.

내가 제시하는 두 번째 이유는 역사적인 것이다. 대중 교육과 상업 문화가 원인과 결과라는 주장을 나는 거부하며 이렇게 거부하는 이유를 입증할 수도 있다. 1870년에 통과된 교육법Education Act의 결과로 교육받은 아이들이 늘어났고 이에 따라 저렴하고 저급한 신문이 등장했다고 하는 신화가 통용되는데, 이 신화는 실로 신화에 불과하다고 나는 다른 곳에서 이미 주장한 바 있다. 1870년 훨씬 이전에도 저렴한 신문을 지탱하기에 충분할 정도로 문해력이 보급되었고, 사실 1870년의 법이 채 알려지기도 전에 저렴하고 정말로 질이 낮은 신문은 대량으로 판매되었다. 새로운 저질 상업 문화는 대중 교육의 결과가 아니라 산업주의의 사회적 혼란과 그 혼란 속에서 '대중' 공식이 성공한 데서 유래했다. 앨프리드 노스클리프Alfred Northcliffe•가 이 신화를 퍼뜨리기 시작한 것은 더할 바 없는 잘못이었다. 저질 문화와 산업주의의 사회적 혼란 간의 연계는 중요한 것이지만, 이 문화와 대중 교육 간 연계는 악의적이기 때문이다. 그런데 저렴한 대중 신문 제작은 노스클리프 이전에도 성공한 사례가 많다. 노스클리프 혁명은 저렴한 대중 신문 제작보다는 1890년대 등장한 대량 광고라는 새로운 부류의 수입원에 근거해 신문의 재정적 구조를 바꾸어 놓았다는 점에서 급진적인 변화였다. 그러나 나는 이 주장을 반복하는 일이 지겨울 정도다. 모든 사람은 노스클리프가 그리 했다고 믿고 싶어 한다. 하지만 아주 쉽게 구할 수 있는 신문 역사책조

• 앨프리드 노스클리프(1865~1922)는 19세기 영국의 신문 재벌이다. 특히 1896년 〈데일리 메일〉 창간을 시작으로 신문 사업에 크게 성공해 영국에서 저렴하고 대중적 내용을 특징으로 하는 대중지 시대를 열었다. — 옮긴이

차 읽어 보는 사람이 없다는 말인가(이는 심지어 왕립언론위원회도 마찬가지다)? 사람들이 역사책을 읽어 본다면 대중 교육과 상업 문화 간의 잘못된 등식은 영원히 사라질 것이다. 대중 교육은 다른 진영의 산물이며 아주 정반대 효과를 낳았다.

두 번째 잘못된 등식은 이렇다. 즉 널리 보급된 대중문화에서 관찰할 수 있는 저질스러움은 그 소비자의 사고와 감정 상태, 그들의 삶의 본질적인 질적 수준을 보여 주는 진정한 지침이라는 것이다. 훌륭한 사람들 사이에서도 이런 주장이 너무 많이 나왔기에 이 주장을 가볍게 넘겨 버릴 수야 없지만, 증거를 근거로 판단할 때 이는 여전히 수용할 수가 없다. 인쇄물과 영화, 텔레비전을 근거로 두려움과 경악을 자아내는 값싼 감상과 멍청한 주장을 긁어모으기는 쉽다. 여기서 한 걸음 더 나가 이 때문에 우리 동시대 사람들의 실제 삶이 심각하게 타락했다는 식의 주장을 당연시하기 쉽다. 하지만 **우리가** 사람들을 만나 보면 이 주장이 옳다는 사실을 확인할 수 있는가? 물론 바로 이 부분에서 '대중'이 다시 등장한다. **우리가** 만나는 사람들은 속물 같지 않지만, 맙소사, 부틀과 서비튼과 애스턴*을 떠올려 보라. 나는 이 중 어느 곳에서도 살아보진 못했는데 여러분도 그런가? 그러나 몇 주 전에 나는 어떤 집에서 영업사원, 트럭 운전기사, 벽돌공, 여성 점원, 정비공, 신호수, 나일론 기술자, 가정부(이 사람은 아마 여러분도 너무나 사랑스럽게 여길 만한 사람일 것이다)와 함께 한 적이 있다. 이 사람들을 이런 식으로 묘사하고 싶진 않다. 왜냐하면 사실 이들은 내 가족이자 가족 친구들이기 때문이다. 이제 이들은 뭔가

* 이 세 도시는 소재지는 다르지만 2차 세계 대전 이후 도시 계획에 따른 재개발 사업을 통해 대규모 공공 주택 단지가 들어섰다는 공통점이 있다. 특히 서비튼은 런던 남서부의 위성 도시로서 대중문화에서도 교외 주거지의 대명사로 통한다. — 옮긴이

읽고 텔레비전을 시청하기도 하며 직장 이야기도 한다. 이 중 일부는 아주 비판적으로 읽거나 시청하고 다른 이들은 상당히 즐거워하면서 그리한다. 물론 나는 읽는 글도 다르고 시청하는 오락물도 다르지만 왜 그들이 더 나은지 잘 안다. 그러나 내가 그 집에 앉아 있으면서 앞서 제시된 이 등식을 적용할 수 있을까? 민망해서 그렇게 하지 못하는 것은 아니라는 사실은 여러분도 알 것이다. 감사하게도 나는 올바르게 처신하는 법을 배웠다. 그러나 내 가족이나 친구와, 말하자면 우리 삶과 주변 사람들, 감정에 관해 대화하면서 우리가 화제로 삼는 이러한 자질이 사실 이들에게 결여됐음을 발견할 수 있을까? 솔직히 말해 과연 그런지 살펴보았고 그동안 받은 훈련 덕분에 그리할 수는 있었다. 내가 그 어디서든 얻은 경험의 범위 안에서 보면 이들은 다른 이와 똑같이 자연스럽게 훌륭한 감정, 재빠른 분별력, 명확한 개념적 이해력을 갖추었다고 말할 수밖에 없다. 정말로 뜻밖의 일은 아니었지만, 왜 그런지는 나도 전혀 이해할 수가 없다. 활자와 이미지의 심리학에는 우리 중 그 누구도 아직 잘 깨닫지 못한 무엇인가 존재하는 게 분명하다. 왜냐하면 그 등식은 그럴듯해 보이는데도 — 달리 검증할 방도가 없으니 — 경험에서 검증해 보면 맞지 않기 때문이다. 비판적이고 지적인 해독 능력이 갖는 방어력은 이해가 간다. 예를 들면 내 아버지는 〈데일리 헤럴드*Daily Herald*〉 정도만 읽는 데 만족하는 사람이었다. 그런데 내가 두세 편의 학술 논문에서 정리해서 파악한 사항을 아버지는 그냥 기업 관련 기사만 읽고도 기업 이름에 근거해 영국 산업 내의 결합과 교차 소유의 급속한 전개 양상을 명확하게 파악해서 알려 주곤 했다. 더 나아가 이러한 사실을 산업 소유에 관한 수많은 기사의 의견에 비추어 파악하곤 했다. 내가 이해하기에 이는 아무리 부분적인 훈련에 그쳤다고 해도 단연코 지적 능력이다. 그러나 더 나아가 이처럼 놀랄 만한 다른 사실도 있는데, 정작 개인적 삶의 질적 수준이 높은 사람들은 인쇄물에 실린 감정과 의견의 저급한 품질에 만족하는 것 같다는 점이다. 사실 이 중 다수는 여전히 놀랄 정도로 폐쇄적인 개인의 세계 안에서 살고 있는데, 그 정도가 나보다도 훨씬 더 심하고, 이들이 개인적으로 관찰한 일부 내용은 그럴수록 더 그럴듯해진다. 아마 이 정도만 해도 충분한 설명이 되겠지만, 어쨌든 관찰할 수 있는 사실에 부합하려면 새로운 등식이 필요하다는 점에 나도 동의한다.

이제 잘못된 비유 문제가 있는데 이 역시 거부해야만 한다. 이는 문화에 관한 논의에서 '일종의 그레셤의 법칙'으로 알려져 있다. 악화가 양화를 구축하듯이 저질 문화가 좋은 문화를 몰아내며 이러한 일은 그동안 실제로 일어났다고들 한다. 만약 이 비유의 결함이 바로 눈에 띄지 않는다면 여러분이 제시할 해답 역시 역사성을 띠어야 한다는 사실 역시 마찬가지로 유효하다. 왜냐하면 당연히 그러한 일은 사실상 발생하지 않았기 때문이다. 주변에는 이보다 더 나쁜, 훨씬 더 나쁜 문화도 존재한다. 이제는 그러한 문화를 퍼뜨리기가 훨씬 쉬워졌고 그 문화를 수용할 여가도 더 많아졌다. 그러나 이를 여러분이 원하는 어떤 분야에든 적용해 이 변화로 우리가 모두 훌륭하다고 의견을 모을 수 있는 것들의 소비가 위축되었는지 살펴보라. 훌륭한 문학 판본은 이전보다 훨씬 더 늘어났고, 훌륭한 음악 청취자도 이전보다 더 많아졌으며, 훌륭한 시각 예술 관람객 수는 이전의 그 어느 때보다도 더 많다. 만약 일종의 그레셤의 법칙에 따라 나쁜 신문이 좋은 신문을 몰아낸다면, 인구 증가를 감안하더라도 신문이 사실상 독점이던 1850년대보다 〈더 타임스*The Times*〉가 지금 거의 세 배나 되는 부수를 판매하는 것은 어찌 된 일일까? 내가 의문을 제기하는 것은 사실 전반의 심각성이 아니라 법칙에 대해서다. 이제는 정통처럼 자리 잡은 디스토피아적 악몽putropian nightmare•에 사람들이 잠을 설치도록 하는 일종의 그레셤의 법칙 대신에 실제 사실에 맞춰 다른 식으로 표현해 보자. 즉 우리는 확장하는 문화 속에서 살고 있으며, 이 문화에서 모든 요소는 스스로 확장하고 있다. 여기서 출발한다면 비로소 진정한 질문을 던질 수가 있다. 확장의 상대적 비율, 이를 통해 제기된 사회적·경제적 문제점, 사회적·경제적 해답 등이 그 예다. 지금 나는《문화와 사회》후속작으로 책을 집필하는 중인데, 우리가 경험하는 부류의 확장 중인 문화의 속성과 조건을 이 책에서 역사적으로 또 이론적으로 해석하려 한다. 마르크스주의자와 리비스에게서 가르침을 얻지 않았다면 이 작업을 시작할 수 없었을 것이다. 하지만 이들을 비롯해 여러 사람이 우리에게 남긴 일부 아이디어를 근본적으로 수정하지 않는다면 이 작업을 완성할 수가 없다.

지금 호수 위의 백조를 쳐다보면서 한 마리당 하나씩 모두 세 가지 소원을 빈다. 나는 우리 노동 계급 운동의 기풍을 구성하는 그러한 것들을 바란다. 그러한 정신을 구현하기에 충분할 정도로 우리가 강하고 인간적이기를 빈다. 당연히 나의 관심 분야에 대해서도 바라는 바가 있다.

첫째, 교육은 일상적이라는 점을 깨달았으면 한다. 교육이란 무엇보다도 평범한 사회 구성원에게 완전한 공통의 의미와 더불어, 자신의 개인적 경험과 공동의 경험에 비추어 이 의미를 수정할 수 있는 기술을 갖추어 주는 과정이다. 만일 여기서 출발한다면 나머지 제약은 제거하고 필요한 수정도 할 수 있다. 금전적 제약만을 의미하는 것은 아니다. 물론 금전적 제약 역시 터무니없는 제약으로 반드시 없어져야 한다. 나는 정신

• 윌리엄스는 디스토피아라는 일상적 단어 대신에 퓨트로피아putropia라는 용어를 사용하는데, 유토피아적인 낭만이 20세기에 특징적인 방식으로 타락한 형태를 말한다. 이를 표현한 대표 작품으로는 조지 오웰의《1984》가 있다. — 옮긴이

적 제약이라는 의미도 염두에 둔다. 예컨대 정말로 대학 교육, 혹은 대학 진학 준비 학교 교육, 기초 학문 교육 전 과정의 혜택을 입을 수 있는 최대 숫자 — 전체 인구 중 극소수 — 에는 엄연한 제한이 있다는 주장이 그 예다. 이는 이른바 개인적 선호 문제가 아니라 생물학이나 심리학에서 보여 주듯이 인간 지능이란 엄연하고 부인할 수 없는 사실의 문제라고들 한다. 그러나 이 문제에 대해 솔직히 말해 보자. 미국과 소련에서는 (각기 어떤 엄격한 계급 구분이 아니라 확장을 추구하므로) 훨씬 더 많은 숫자, 훨씬 더 높은 비율이 [영국에] 상응하는 교육 단계를 통과하는데, 이 두 나라에서는 생물학과 심리학이 다른가? 아니면 그냥 영국인이 지능 순위에서 뒤떨어지는 것인가? 나 스스로 생각하기에는 황금 비율을 강조하는 우리 교육 체제는 우연 일치라 하기에는 우리 사회 체제 — 꼭대기 층엔 지도자가, 중간층에는 관리자가, 큰 바닥층엔 실무자가 존재하는 구조 — 와 너무나 닮았다. 교육은 직업 훈련장이라거나 쓸모 있는 (즉 이 체제에 맞는) 시민을 길러내는 데 있다는 사실을 인정할 수가 없다. 교육이란 인간에게 어떤 사회가 공유하는 의미를 강화해 주고 수정할 수 있는 기술을 갖춰 주는 것이다. 이러한 강화 과정에서 일자리는 생겨난다. 목적이 먼저이고 그 다음에 노동 기술인 셈이다. 우리는 고도로 훈련된 전문가가 훨씬 더 많이 필요한 경제로 접어들고 있다. 바로 이러한 이유로 나는 우리 사회에 결속력을 부여하는 교육, 사회가 일련의 전문가 부문으로 해체되고 국가가 기업으로 변하지 않도록 해 줄 공통의 교육을 원한다.

그러나 그렇다고 해서 특정한 부류의 교육에 진입하는 방식을 재편해야 한다는 이야기만은 아니다. 물론 이 부문에서도 실험을 환영하며 또 지켜볼 것이다. 훨씬 더 중요한 콘텐츠에 대해서도 생각을 바꾸어야 한다고 본다. 나는 영광스럽게도 아주 실제적으로 노동자가 영국의 대학 교육 과정을 수정할 수 있도록 한 조직에 근무한 적이 있다. 이 조직은 지금도 당시와 똑같은 모습으로 존재한다. 즉 이 조직의 결함은 교육에 포함한 부분이 아니라 배제한 부분에 있다. 앞으로 다가올 세대에는 과연 우리 교육 과정을 인간에게 완전히 의미가 있고 인간이 완벽하게 통제할 수 있는 수준까지 재설계할 수 있을 것인가 하는 문제는 우리가 문화를 어느 정도 진지하게 여기는지 평가하는 척도가 될 것이다. 이 문제에 관해 작업하고 결론을 내주는 집단이 나왔으면 한다. 왜냐하면 변화를 두려워할 필요는 없기 때문이다. 연륜이란 중요할 수도 중요하지 않을 수도 있다. 나는 연륜이 오래된 장소 출신이다. 만약 어떤 사람이 자기 가문은 노르만족과 함께 영국에 건너왔다고 말한다면, "아, 흥미롭네요. 이곳이 마음에 드세요?"라고 이야기해 주겠다. 연륜은 상대적인 것이다. 영국의 태곳적 전통 중 상당수는 19세기에 이르러 갑자기 발명되었다. 그 중요한 세기에 영국이 필요에 따라 그리했다면 현 세기에도 그렇게 할 수가 있다. 우리 역시 마찬가지로 진정한 20세기의 교과 과정을 고안할 수 있다. 이는 단지 테크놀로지가 더 필요하다는 뜻이 아니다. 우리 사회 모든 이에게 완벽한 기초 학문 교육을 제공하고 그다음에 우리 삶을 어떻게 꾸려갈 것인지 고려해 밥벌이용 전문 훈련을 완벽하게 시키는 것이다. 우리의 전문주의는 공유 문화와 구별되기보다는 공유 문화에서 파생될 때 더 빛을 발할 것이다. 우리 문화에는 점차 양극화의 조짐이 커지고 있는데, 어떤 대가를 치르든 이를 피해야 한다. 예외적인 교육 기회 부여에 직접 비례해 문해력 수준이 높은 층은 확대하고 있으며, 이처럼 높은 문해력과 공통의 문해력 간의 격차는 더 확대될 수도 있다. 이 격차는 양자에게 모두 큰 해가 될 뿐 아니라 이에 따라 긴장도 매우 높아지게 될 것이다. 우리는 사다리가 아니라 공용 고속도로를 강조해야 한다. 모든 사람의 무지는 나를 위축시키지만 모든 사람이 숙련도를 갖춘다면 모두 숨을 돌릴 수 있게 될 것이기 때문이다.

나의 두 번째 소원은 앞의 소원을 보완하는 것인데, 바로 예술과 성인 교육에 대해 적극적인 공적 지원을 점점 더 늘리는 것이다. 우리는 지금 모든 도서관, 박물관, 미술관, 오케스트라, 예술평의회Arts Council, 그리고 모든 형태의 성인 교육에 연간 2,000만 파운드를 지출한다. 이와 동시에 광고에는 연간 3억 6,500만 파운드를 쓴다. 이 두 수치를 역전시킨다면 어느 정도 비율과 가치 감각을 갖추었다고 주장할 수가 있다. 이러한 역전이 달성될 때까지는 기득권 체제가 '이 사람들은 이런 식으로 사네. 자기 꼴 좀 보라고 해'라는 식으로 늘어놓는 유물론 타령은 없어야 할 것이다. (그러나 이 기득권층은 이를 부끄러워하지 않는다. 이들은 오래전부터 자기 자식은 멀리 학교에 보내 놓고는 노동 계급 어머니들에게 가정생활의 덕목에 관해 훈계를 늘어놓곤 했다. 이것 역시 유사한 사례다.)

나는 세 가지 전제 조건하에서 지원 확대를 원한다. 소비 진작을 위한 위장책이 아니라 그 자체를 위한 조치여야 한다. 지난 노동당 정권에서 각료 한 사람은 영화 산업에서 어떤 천재도 바라지 않는다고 말했다. 추정컨대 그냥 입장객 수만 유지되길 바란 듯했다. 이에 대해 간단한 대답을 제시하자면 우리는 노동당 지도부에 어떤 문화산업 사상가도 원치 않는다. 이러한 종류의 문화 경제에 관해서는 문제 해결사가 아니라 사회의 지도자를 원한다.

두 번째 조건은 분명 위대한 국가적 제도를 보존하고 확장해야 하긴 하지만 우리 문화에서 이 부분의 집중을 역전시키기 위해 무슨 조치를 취해야만 한다는 것이다. 지역에서 등장하고 있는 새로운 기반 조성의 움직임을 환영하고 권장하며 육성해야 한다. 왜냐하면 문화란 일상적인 것이므로 문화를 찾으려면 런던에 가야만 하는 일은 없어야 하기 때문이다.

세 번째 조건은 논란의 여지가 있다. 우리는 기성품 문화를 무지몽

매한 대중에게 보급하려 해서는 안 된다. 우리 문화를 확장한다면 이는 곧 이 문화를 변화시키게 될 것이라는 사실을 솔직하게 받아들여야 한다. 즉 제시한 일부는 거부당할 것이고, 다른 부분은 근본적으로 비판받을 것이다. 그러니까 우리 문화는 아무런 도전을 받지 않은 채 영원히 지속될 만한 처지에 있지 않기에 당연히 그렇게 되어야 한다. 훌륭한 작품도 많고, 조잡한 작품도 있으며, 만약 영국 전체에 완전히 공개되면 전혀 수용되지 못할 만한 가치에 근거한 작품도 있다. 우리 예술을 새로운 수용자에게 제시한다면 수많은 측면에서 그 예술이 변질될 것이라는 사실은 아주 확실하다. 단언컨대 나는 이 점이 두렵지는 않다. 적절하고 끈기 있는 준비 후에 제시해도 수용할 수 없는 작품을 영국의 노동 계급이 지지할 것이라 기대하지는 않겠다. 진정한 성장은 완만하고 불균등하게 이루어지겠지만, 솔직히 국가 지원은 고정되고 완성된 부분적 문화의 보존에 공적 자금을 돌리는 수단이 되지 말고 이 방향으로 성장해야 한다. 이와 동시에 만약 문화적 성장이 무엇인지 이해한다면, 그것은 공동의 수용을 위한 지속적인 제공이라는 사실도 깨닫게 될 것이다. 그러므로 어떤 것을 제공해야 할지 미리 판단하려 해서는 안 되고 채널의 장애물을 제거하고 모든 제공이 가능하도록 조치해야 한다. 그래서 단지 오래된 규칙의 더 광범위한 강화가 아니라 진짜 성장이 이루어질 수 있도록, 어렵더라도 원본대로 제시하는 데 필요한 전체 공간과 시간을 제공하게 배려해야 한다.

물론 손실을 본 채로 지원을 제공해서는 안 된다는 오래된 외침을 이제 우리는 듣게 될 것이다. 다시 말해 이는 국가이지 기업이 아니다. 의회 자체도 우리에게 필요하므로 손실을 감수한 채 운영된다. 만약 더 큰 손실을 보아야 더 나아진다면 나를 비롯해 다른 사람들도 기꺼이 비용을 지불할 용의가 있다. 그러나 왜 하필 **내가** 수많은 의심스러운 예술가를 지원해야 하는가 하고 조지 매먼 경은 묻는다. 왜 무책임하고 감사할 줄도 모르는 국가 장학생을 교육하는 데 **내** 부담으로 많은 돈을 지불해야 하는가 하고 밍크 여사는 반박한다. 두 사람의 의문에 대한 대답은 **당신들이** 지불하는 게 아니라는 것이다. 당신은 자력으로는 — 주제 파악을 하시라 — 실질적으로 아무것도 할 수 없을 것이다. 우리가 이야기하는 것은 공동의 서비스에 대한 공동 지불 방식이다. 우리 역시 돈을 지불하게 될 것이다.

내 세 번째 소원은 관련 분야에 관한 것인데, 바로 지금 '대중문화' 기관들이 지배하는 분야다. 손실을 감수한 채 운영한다고 불평하는 것은 흔히 이들 기관의 수장 자리에 있는 사람들이다. 그러나 위대한 대중 신문은 신문으로서 손실을 감수한 채 운영된다. 독립 텔레비전 기업은 손실을 본 채 운영하도록 계획되어 있다. 일시적 지원금 제공이 아니라 그러한 기관의 재정을 조달하는 토대 전체를 말하는 것이다. 신문은 막대한 손실을 보며 운영되지만 광고에서 얻은 돈으로 손실을 보충한다. 말하자면 우리 공유 산업의 산물 일부를 특정한 방식으로 이용하는 셈이다. 손실을 감수한 채 운영하고 이러한 부류의 수입으로 보충하는 방식은 이 부류의 문화 기관의 본질에 해당하며, 이는 우리가 아는 부류의 자본주의 사회에서 전형적인 특징을 이룬다. 막강한 대중문화 기관 무리 전체가 바로 광고 수입이라는 중추적 토대를 갖고 있다. 손실 규모는 더 적지만 공동 산물의 다른 부분에서 벌충하는 다른 문화 기관을 보고는 이들이 더는 자기만족에 빠지지 못하도록 하자.

그렇다면 내가 바라는 부분은 무엇인가? 이 중추적 토대를 제거하는 것? 아니, 전혀 그런 것이 아니다. 단지 우리의 현재 대중문화 조직이 자본주의 사회의 조직과 너무나 밀접하게 연루되어 있어 한쪽의 미래는 다른 쪽의 미래 측면과 분리해서는 파악할 수 없다는 사실을 지적하고

자 한다. 현대 광고의 상당 부분은 우리가 지금 처한 경제의 종류라는 측면에서만 필요하다고 생각한다. 즉 현대의 광고는 공적 통지라는 일상적 형태의 진짜 광고보다는 흔히 무관한 장치에 의해 특정 상품과 기업이 원하는 방향으로 소비를 자극한다. 나를 비롯해 여러 사람이 원하는 사회주의 경제에서는 이 사이비 광고 전체가 불필요해질 것이다. 그러나 그러기 위해서는 무엇을 해야 하나? 신문처럼 필요한 것이라면 진짜 손실이라도 무릅쓰고 운용되어 앞서 말한 식으로 발생할 문제점을 해결할 수 있게 되기를 나는 바란다. 그렇게 되면 통상적 수단으로 신문에 가격을 매길 필요도 없고, 통제와 규격화의 위험에 신문을 노출시킬 필요도 없을 것이다. (왜냐하면 자유와 다양성이 부족한 신문이 아니라 더 자유롭고 더 다양한 신문을 원하기 때문이다.) 이는 몹시 어려운 일이 되겠지만 우리는 암울한 두 가지 대안만 서로 보여 주는 신세가 될 정도로 그리 어리석다고 믿지는 않는다. 그러한 암울한 대안 중 하나는 지금처럼 정신 나간 장사꾼 노릇을 계속해 뉴스와 의견이 시장의 외침과 밀접하게 연계되고 그 결과 개인의 인간성을 팔아먹는 새로운 노예 짓거리와 매춘 행위를 초래하는 것이다. 아니면 지루하고 천편일률적이며 통제된 체제가 되어 뉴스와 의견이 지배 정당의 소관하에 놓이게 되는 것이다. 이제는 실질적으로 서비스를 제공하는 사람에게 제대로 된 자유를 보장하고 정치적이든 재정적이든 권력을 휘두르는 소수에 대항해 그들과 우리를 보호해 줄 수 있는 방향으로 공동 서비스 운영 비용을 지불할 방안을 구상해 보아야 한다. 만약 우리가 진정으로 민주주의를 믿는다면 방안은 존재한다고 생각한다.

그러나 마지막 질문이 남아 있다. 즉 우리 중 진짜로 민주주의를 믿는 사람이 얼마나 될까? 자본가들은 그런 것을 믿지 않는다. 이들은 의회 정권 교체에도 불구하고 존속할 수 있도록 권력을 공고화하고 있다.

노동당의 수많은 계획 수립자들도 그렇게 믿지 않는다. 이들은 민주주의란 공익이라 불리는 추상적 원칙을 위해 전문가가 운용하는 사회라고 해석한다. 찻집에 있는 사람들도 믿지 않는다. 이들은 그렇게 되면 그리 좋지 않을 것이라고 확신한다. 또 다른 사람들로는 새로운 저항운동가들? 당연한 지지자들 사이에 민주적 이상을 변질시키고 그 지지자들을 분노에 찬 자기 유배로 내몰았다는 점에서는 다음과 같이 평범하면서도 압도적인 문화 이슈만 한 것이 없다. 즉 우리 문화가 한편으로는 우아하고 기품 있는 취향을 정교하게 갖춘 층과 다른 한편으로는 어리석은 대중으로 외관상 분열된 듯이 보인다는 것이다. 그렇다면 누가 민주주의를 믿는단 말인가? 해답은 정말 아주 단순하다. 노동하고 느끼는 공간에서 아직 민주주의를 쟁취하지 못한 수백만의 영국인이다. 늘 그렇듯이 변혁의 에너지는 존재하고, 사회주의 지식인이 할 일은 지금까지 늘 해온 일과 같다. 즉 우선 노사 관계, 행정, 교육에서 그 에너지에 대한 족쇄를 공격하고, 자기 분야에서 그러한 에너지가 일단 풀려나면 그것을 결집해 풍성한 결실을 맺을 방안을 마련하는 것이다. [이를 실행할] 기술적 수단만으로도 이미 매우 까다롭지만, 가장 큰 난관은 이 수단의 근간이 되는 가치를 우리 사고 깊숙이 수용하는 데 있다. 다시 말해 평범한 사람들이 지배해야 한다는 사실, 문화와 교육은 일상적인 것이라는 사실, 우리가 구원하고 포획하고 지도할 대중이란 존재하지 않으며, 그들의 삶이 이례적으로 급속하고 혼란스럽게 확장되는 과정에서 이렇게 밀집된 사람들만 존재한다는 사실이다. 작가의 임무는 개인적 의미에 있지만 이 의미를 공동의 의미로 만드는 데도 있다. 필연적 변화가 토양 속에 각인되고 언어는 변하더라도 목소리는 여전히 그대로 남아 있는 여정을 추구할 때 비로소 나는 이러한 의미가 확장된다고 본다.

2

대중(적), 대중과 매스 커뮤니케이션

1958

레이먼드 윌리엄스의 저작 중 찬사를 받은 데다 대단히 유명한 책이기도 한《문화와 사회》에서 발췌한 이 글에서 그는 초창기에 '대중'이란 용어가 지닌 의미를 지적한다. 그가 보기에 당시 이 단어는 사실상 '어중이떠중이'인 인간 집단을 지칭했는데, 말하자면 이들은 19세기에 새롭게 정착된 부르주아 사회 질서를 흔들어 놓고 아마도 전복시킬 잠재력까지 갖춘 위험하고 불순한 군중을 의미했다. '대중적mass'과 '대중masses'이란 단어가 갖는 부정적인 함축적 의미는 현대의 미디어를 '매스(대중적) 커뮤니케이션'으로 이름 붙인 데도 흔적이 남아 있다고 그는 주장한다. 이 주장은 윌리엄스의 저작에서 두 가지 중요한 특징을 예시해 준다. 첫째, 단어가 역사성을 띠며, 시간 경과에 따라 이 단어는 누적된 의미를 갖게 된다고 강조했다는 점이다. 이 주장은 윌리엄스가 영국 문학에 나타난 문화와 사회의 전통을 연구하면서 발전시킨 저서《키워드*Keywords*》(1976/1983)에서 더 자세하게 예시된다. 둘째, 그는 새로운 연구 분야를 '매스 커뮤니케이션 연구'라고 명명한 데 대해 비판적이었다. 이들 주장은 엄청난 영향을 미쳐, 결국 분야의 이름을 좀 더 중립적인 '커뮤니케이션 연구,' '문화연구,' '미디어 연구' 등으로 바꾸는 결과를 낳았다.

대중(적)과 대중

오늘날 '대중'이란 개념과 거기서 파생된 '대중 문명mass-civilization,' '대중 민주주의mass-democracy,' '매스 커뮤니케이션mass-communication' 등의 개념을 예사로 사용한다. 나는 무엇보다도 수정이 필요한 핵심적이고도 아주 까다로운 문제가 바로 여기에 있다고 생각한다.

대중은 어중이떠중이를 뜻하는 새로운 단어였고 여전히 아주 중요한 단어이기도 하다. 아마 세 가지 사회적 경향이 결합해서 이 단어의 의미를 확정했을 가능성이 있어 보인다. 첫째, 산업 도시에 인구가 집결되었다. 이는 총인구의 급격한 증가가 촉발한 인구의 물리적 집결 현상이었는데, 지속적 도시화와 더불어 꾸준히 지속됐다. 둘째, 공장 지대에 노동자가 집중됐는데, 이 역시 기계 생산으로 불가피해진 물리적 결집 현상이다. 이 현상은 또한 대규모 집단 생산의 발전으로 불가피해진 노동 관계의 사회적 결집이었다. 셋째, 그 결과 조직화하고 자발적으로 조직된 노동 계급이 발전했는데, 이는 바로 사회 정치적 결집이었다. 실제로 대중은 이러한 특정한 집단 중 하나였고 앞의 경향은 서로 연계되어 있었기에 어느 정도 통일된 개념으로 위 용어를 사용할 수 있었다. 그 후 각 경향에 근거해 파생한 개념이 등장했다. 도시화에서는 대중 집회mass-meeting가, 공장에서는 부분적으로는 노동자와 관련이 있지만 주로 생산품과 관련해 대량 생산mass-production이, 노동 계급에서는 집단 행동mass-action이라는 단어가 나타났다. 그렇지만 대중은 어중이떠중이를 지칭하는 새로운 단어였고, 어중이떠중이가 지닌 전통적 특징은 단어의 의미 속에 유지되었다. 어리숙함, 변덕스러움, 집단 편견, 저급한 취향과 습관 등이 그러한 의미였다. 이러한 증거 위에서 대중은 문화에 대해 영원히 위험을 제기하는 존재로 구성됐다. 집단 사고, 집단 암시, 집단 편견은 사려 깊은 개인의 사고와 감정을 압도할 우려가 있었다. 고전적, 자유주의적 명망을 갖고 있던 민주주의조차도 대중 민주주의가 되면 매력을 잃게 될 것이다.

이 마지막 예를 들자면 대중 민주주의는 관찰을 통해 나온 결과일 수도 있고 편견에 불과할 수도 있다. 때에 따라 이는 실제로 둘 다가 되기도 한다. 관찰된 현상으로서의 이 용어는 초창기 주창자들이 예견할 수 없었던 현대 민주주의 사회의 어떤 문제점을 우리에게 환기시킨다. 엄청나게 강력한 매스 커뮤니케이션 미디어의 존재는 이 문제점의 중심을 차지한다. 왜냐하면 그동안 관찰한 바에 따르면, 이 미디어는 흔히 미심쩍은 목적을 위해 미심쩍은 수단으로 여론을 형성하고 주도했기 때문이다. 이 이슈는 새로운 커뮤니케이션 수단과 관련해 별도도 논의할 것이다.

그러나 분명 대중 민주주의라는 용어는 편견이기도 하다. 우리 영국인이 해석하기로는 민주주의란 다수의 지배다. 이 목적을 달성하는 수단, 즉 대의제와 표현 자유는 일반적 동의를 얻고 있다. 그러나 만약 대중의 존재를 우리가 믿는다면 보통 선거에 의한 다수의 지배는 대중 지배mass-rule로 바뀌고 말 것이다. 더 나아가 만약 대중이 본질적으로 어중이떠중이에 불과하다면 민주주의는 어중이떠중이의 지배가 될 것이다. 이렇게 되면 결코 훌륭한 정부나 훌륭한 사회가 존재할 수가 없다. 그보다는 저급함이나 용렬함의 지배가 되고 말 것이다. 어떤 사상가들은 이러한 결론에 도달하게 된 데 아주 흡족해하겠지만, 여기서 다시 다음과 같은 질문을 던져볼 필요가 있다. 대중이란 누구인가? 실제로 우리 사회에서 그리고 이 맥락에서 이들은 노동 계급 이외의 존재가 되기 어렵다. 그러나 만약 그렇다면 여기서 생각할 문제는 분명히 어리숙함, 변덕스러움, 집단 편견이나 취향과 습관의 저속함에 그치지 않는다. 이는 공개된 기록으로 판단하자면 과거 투표권을 독점하던 층이 완강하게 거부하는 방향으로 사회의 수많은 측면을 개조하겠다는 취지를 노동 계급 사람들이 선언했다는 점과도 관련이 있다. 이 점을 감안하면 내가 보기에 의문의 대상이 된 것은 대중 민주주의가 아니라 민주주의인 듯하다. 이러한 변화를 선호하는 방향으로 다수를 확보한다면 민주주의의 기준은 충족한 것이다. 그러나 만일 변화를 반대한다면 그다지 바람직한 존재라 할 수 없는 대중 민주주의라는 새로운 범주를 고안하는 방식을 취해 민주주의 자체에 대한 공개적 반대를 피할 수도 있어 보인다. 여기서 드러나지 않은 반대말은 계급 민주주의로, 여기서 민주주의란 지배 계급이 지배를 마음대로 주무르는 과정을 기술하는 데 그칠 것이다. 하지만 20세기의 영국에서 해석되는 바로는 민주주의란 그런 뜻이 아니다. 따라서 만약 심각한 피해를 줘 도저히 수용할 수 없는 지경까지 변화가 이른다면, 민주주의를 부정하거나 아니면 새로운 불명예스러운 용어로 피신해야만 할 것이다. 이처럼 이슈를 혼동하는 일을 용납할 수 없음은 분명하다. 대중 = 다수라는 등식을 대중 = 어중이떠중이라는 등식으로 구변 좋게 둘러댈 수는 없는 노릇이다.

여기서 대중이라는 개념 자체에서 근본적인 난점이 발생한다. 여기서 가장 시급하게 해야 할 일은 의미를 경험으로 되돌리는 것이다. 통상적으로 개별적 인간에 대해 우리가 공적으로 지닌 인식은 예컨대 '길거리에서 흔히 만나는 인간'이다. 그러나 자신이 오직 길거리에서 흔히 만나는 평범한 인간일 뿐이라고 느끼는 사람은 없다. 우리 모두 자신에 대해 그보다는 훨씬 더 많이 알고 있다. 길거리에서 흔히 만나는 사람은 어떤 집단적 이미지이지만, 우리는 항상 자신이 그러한 존재와 어떤 차이가 있는지 알고 있다. 이 점은 우리를 포함하면서도 우리가 아닌 '공중'에 대해서도 똑같이 적용된다. '대중'은 이보다 좀 더 복잡하면서도 비슷하다. 나는 친척, 친구, 이웃, 동료, 지인을 대중으로 여기지 않는다. 우리 중 그 누구도 그리할 수 없고 그렇게 하지도 않는다. 대중이란 항상 우리가 알지 못하고 알 수도 없는 타자다. 하지만 오늘날 우리가 사는 부류의 사회에서 이 타자들은 무수하게 변형된 형태로 늘 존재하며 물리적으로 바로 우리 옆에도 서 있다. 이들은 여기 존재하고 우리는 여기서 그들과 함께 있다. 물론 우리가 그들과 함께 있다는 점이 바로 핵심 요지다. 다른 사람들에게는 우리 역시 대중에 불과하다. 대중이란 다른 사람들을 뜻한다.

사실 대중이란 존재하지 않는다. 오직 사람들을 대중으로 간주하는 시선만 존재할 뿐이다. 도시화한 산업 사회에서는 대상을 그런 식으로 바라보는 기회가 무수하게 있다. 여기서 요점은 [대중이 존재하는] 객관적 조건을 다시 언급하고자 하는 게 아니라 개인적으로 또 집단적으로 이러한 시선이 우리 사고에 어떤 영향을 미쳤는지 살펴보는 데 있다. 분명한 사실은 우리 사회에서 특징이 되어 버린 타자에 대한 시선은 정치적, 혹은 문화적 착취 목적으로 악용되었다는 것이다. 우리가 중립적으로 볼 때 눈에 들어오는 것은 다른 사람들, 수많은 다른 이들, 우리가 잘 알지 못하는 사람들뿐이다. 우리는 실제로는 어떤 편리한 공식에 따라 이들을 덩어리 짓고 해석한다. 이 틀 안에서 보면 공식은 그럴듯하게 보일 것이다. 하지만 정말로 살펴보아야 할 것은 대중이 아니라 공식이다. 다른 사람들도 늘 우리를 덩어리 지어서 본다는 사실을 유념하면 이렇게 하는 데 도움이 될 수도 있을 것이다. 이 공식이 우리에게 맞지 않는다고 생각해야만 타자에게도 똑같이 낯선 이들을 인정하는 친절을 베풀 수 있기를 기대할 수 있다.

나는 어떤 정치적 공식에 의해 우리 동료인 대다수 인간을 대중으로 전환시키고 이를 통해 증오와 공포의 대상으로 조작할 수 있게 되는지 언급했다. 다음은 매스 커뮤니케이션이라는 개념의 저변을 흐르는 또 다른 공식을 살펴보고자 한다.

매스 커뮤니케이션

새로운 커뮤니케이션 수단은 엄청난 기술적 진보에 해당한다. 여러 중요한 기술적 변화를 겪긴 했지만 가장 오래되고 여전히 가장 중요한 것은 인쇄술이다. 이러한 기술로는 특히 1811년 증기 동력 인쇄기의 시작과 1815년 이보다 더 빠른 원통 회전형 인쇄기의 발전을 들 수 있다. 도로, 철도, 바다, 하늘에서의 교통에서 이루어진 획기적인 발전 자체도 인쇄술에 큰 영향을 미쳤다. 즉 이를 통해 뉴스 수집뿐 아니라 인쇄물의 광범위하고 빠른 배포가 가능해졌다. 케이블, 전신, 전화 서비스의 발전은 뉴스 수집을 더욱더 원활하게 하는 데 기여했다. 그다음엔 음성 방송, 영화, 텔레비전이 새로운 미디어로 등장했다.

'매스 커뮤니케이션'이란 개념은 이러한 기술 발전의 산물인데, 이 개념을 제대로 검토할 수 있도록 하려면 이 익숙한 사실적 요소들을 살펴볼 필요가 있다. 요컨대 이러한 변화는 대개 더 풍부할 뿐 아니라 더 값싼 서적, 잡지, 신문 등을 우리에게 가져다주었다. 더 많은 광고와 포스터, 방송과 텔레비전 프로그램, 다양한 종류의 영화도 선사했다. 이것들은 모두 나름대로 제 가치를 평가해 볼 필요가 있긴 하지만, 이 모든 아주 다양한 산물에 대해 단순하고 확실한 가치 판단을 내리기는 어려울 것으로 생각한다. 내가 제기하는 질문은 과연 '매스 커뮤니케이션'이라는 개념이 이를 위해 도움이 되는 공식인가 하는 것이다.

잠정적으로 두 가지 사항은 분명하게 지적할 수 있다. 첫째, 사람들은 대체로 기술 자체와 어떤 사회에서 그 기술의 용도를 혼동하는 경향이 있다. 둘째, 이러한 용도를 검토할 때 우리가 제시하는 주장은 흔히 선별적이며 때로는 그 선별이 극단적으로 이루어지기도 한다.

내가 보기에 기술은 기껏해야 중립적일 뿐이다. 이 기술에 대해 사람들이 유일하게 갖는 상당한 거부감은 똑같은 용도의 과거 기술에 비해 상대적으로 비인격적이라는 점뿐이다. 연극이 연기자를 보여 준다면, 영화는 연기자의 영상을 보여 준다. 대면 모임에서는 발언하는 사람을 볼 수 있는 반면에, 무선은 목소리를, 텔레비전은 목소리와 영상을 보여 준다. 이러한 부류의 특징이 맞긴 하지만, 이를 지적할 때는 조심할 필요가 있다. 흔히 그런 비교를 하긴 하지만, 텔레비전을 시청하며 보내는 저녁 시간과 대화하면서 보내는 시간을 비교하는 것은 말이 안 된다. 이러한 기술[텔레비전]의 사용이 이전의 사회 활동 형태를 대체하게 됐다고 믿는다. [이전의 활동을 대체하는] 대안을 추가한다 해도 기껏해야 [과거의] 특정한 활동에 부여되던 시간에서 강조점이 바뀌게 되었을 뿐이다. 그러나 이 변화가 기술 차이뿐 아니라 주로 공동생활의 환경 전체에 의해 조건 지어진다는 사실은 분명하다. 기술이 비인격성을 갖는다는 주장은 흔히 우스꽝스러운 부가 의미를 포함하게 된다. 예를 들면 무선으로 하는 대화나 토론을 청취하는 것을 거부하면 발언자에게 답변할 수 없게 된다고들 여긴다. 그러나 이 상황은 어떤 독자에게든 거의 모두 적용된다. 따지고 보면 인쇄술도 최초의 거대한 비인격적 미디어였다. 방송 송신자나 신문 편집인에게 답장을 보내는 일은 오늘날의 저자에게 답변하는 것과 난이도가 비슷하다. 양자 모두 아리스토텔레스Aristoteles, 케네스 버크Kenneth Burke, 카를 마르크스Karl Marx의 질문에 대답하는 것보다는 훨씬 더 쉽다. 이 문제에서 우리가 커뮤니케이션이라 부르는 현상 자체의 상당 부분은 본질적으로 송신, 즉 일방적 전달에 불과할 수밖에 없다. 커뮤니케이션을 완결짓는 수용과 반응은 기술 외의 다른 요인에 의존한다.

이러한 기술 발전에서 하나의 사실로 관찰할 수 있는 부분은 말하자면 **다중 송신**multiple transmission의 꾸준한 성장이라고 제안하고자 한다. 인쇄된 서적이 이 모델에서 가장 두드러진 최초의 사례이며 다른 기술 역시 비슷한 경로를 밟았다. 우리 사회에서 새로운 요인은 그러한 송신이 대상으로 삼는 잠재적 수용자가 엄청나게 확장됐다는 점인데, 이 점이 너무나 두드러져 새로운 부류의 문제점을 제기하게 됐을 정도다. 하지만 적어도 우리가 어떤 다소 독특한 정치를 추구하고자 하지 않는다면 타당한 논리로는 이러한 확장을 거부할 수 없다는 사실은 분명하다. 수용자 확대는 두 가지 요인 때문이다. 첫째는 일반적인 교육 수준 증가로 민주주의가 성장했다는 사실이다. 둘째로는 기술적 개선 자체 때문이다. '대중'에 관한 이전의 논의에 비추어 보면 이러한 확대가 '매스 커뮤니케이션'이란 구절로 해석되었다는 사실은 흥미롭다.

한정된 수용자를 대상으로 삼는 한 발언자나 작성자는 흔히 직접적인 사적 관계를 느낄 수 있을 정도로 이 수용자를 잘 알 수도 있는데, 이 점은 그의 말 걸기 양식에도 영향을 미칠 수 있다. 서적에서 텔레비전 방영용 언어 게임parlour game•에 이르기까지 모든 미디어에서 그랬듯이 일단 이 수용자가 확장되고 나면 그러한 사적 관계는 분명 불가능해진다. 그렇지만 이 변화가 필연적으로 발언자와 수용자에게 모두 불리할 것이라고 단정하면 오산일 것이다. 어떤 말 걸기 유형, 주요한 예로는 고급 예술, 논증, 학술 발표 등은 실로 비인격성이라는 자질을 특징으로 삼는 듯하며, 이 특징 덕분에 흔히 즉각적인 제시 순간을 넘어서 생명력을 유지할 수 있게 된다. 이 궁극적인 비인격성이 즉각적인 친밀한 관계에 어느 정도 의존할 수 있을 것인지는 사실 평가하기가 매우 어렵다. 그러나 언제든 그러한 발언자나 작성자가 커뮤니케이션 모델로서 '대중'과 같은 조잡한 개념을 사용하게 될 가능성은 희박하다. 매스 커뮤니케

• 언어 게임은 영국 빅토리아 시대에 유행하던 게임의 일종으로, 참가자들이 실내에서 도구를 사용하지 않고 말로 주고받는 유희 형태를 띤다. — 옮긴이

이션 개념은 적용한 특정 기술보다는 발언자나 작성자의 의도에 훨씬 더 의존하는 것처럼 보인다.

발언 당시의 시점에 자신의 메시지가 거의 즉각적으로 수백만 명에게 도달할 것임을 아는 발언자나 작성자라면 분명 해석이라는 어려운 문제에 봉착하게 된다. 하지만 어떤 어려움이 있든 간에 훌륭한 발언자나 작성자라면 커뮤니케이션 대상이 되는 문제에 대해 자신이 지는 직접적인 책임을 의식할 것이다. 실로 이 사람은 자신을 특정한 송신 행위의 출처로 의식하는 한 달리 느낄 여지가 없다. 그의 임무는 감정이든 의견이든 정보든 이 출처를 적절하게 표현하는 것이다. 그는 이 표현을 위해 자신의 특수한 숙련도를 최대한 발휘해 공통된 언어를 활용할 것이다. 그리고 이 표현이 다중 송신 대상이 되는 것은 송신자 자신이 의식할 수는 있어도 본질상 출처에 영향을 미칠 수 없는 그다음 단계의 문제다. 이 출처를 표현하는 데서 발생하는 난점 — 즉 공통된 경험, 관습, 언어의 어려움 — 이야말로 늘 그의 관심사라는 점은 분명하다. 그러나 출처는 어떤 경우에든 부정할 수 없는데, 그렇게 되면 송신자가 자신을 부정하는 격이 되기 때문이다.

그런데 이처럼 고질적인 커뮤니케이션의 문제점에 대중이란 개념을 적용하면 우리의 시각이 근본적으로 바뀌게 된다. 대중으로서의 인간들이라는 개념은 이들을 알지 못한다는 사실에서가 아니라 이들을 어떤 공식에 비추어 해석하는 데서 생겨난다. 여기서 송신 의도라는 질문이 결정적으로 부활하게 된다. 우리의 공식은 우리 언어를 구사하는 합리적 존재라는 공식이 될 수도 있고, 공통된 경험을 공유하는 관련 당사자의 공식이 될 수도 있다. 아니면 어중이떠중이의 공식이 될 수도 있는데, 어리숙하고 변덕스럽고 부화뇌동하고 취향과 습관이 저급한 존재인 '대중'은 바로 여기서 작동한다. 사실 공식은 우리의 의도에서 출발하게 될 것이다. 우리 목적이 예술, 교육, 정보나 의견 제공이라면 우리 해석은 합리적이고 이해 당사자라는 존재의 측면에서 이루어질 것이다. 반면에 우리 목적이 조작, 즉 대규모 사람들이 특정한 방식으로 행동하고 느끼고 사고하고 지각하도록 설득하는 행위라면 대중이란 공식이 편리할 것이다.

여기서는 출처와 행위자 간의 구분이 중요하다. 의견이나 제안, 감정을 제시하는 사람은 으레 다른 사람도 당연히 이를 수용하거나 자신이 규정한 방식대로 행동하거나 느낄 것이라 희망한다. 하지만 그러한 사람은 출처라고 기술해야 마땅하며 행위자와는 구분된다. 행위자는 표현이 비록 명확히 밝히지는 않더라도 자신의 의도를 따르는 것이 특징이다. 이 사람은 다른 데 의도가 있기 때문에 출처가 아니라 행위자다. 사회적 관점에서 보면 통상 행위자는 정부, 상업적 기업이나 신문 소유주의 사실상 하수인이 될 것이다. 단순한 의미에서 수행 기구는 어떤 복잡한 행정에서든 필요하다. 그러나 그 기능과 의도를 공개적으로 명시할 뿐 아니라 공동의 승인과 통제를 받지 않는다면 그러한 기구는 늘 위험해지기 마련이다. 만일 그렇다면 행위자는 집단적 출처가 된다. 그가 반드시 송신해야 하는 내용을 전적으로 수긍하고 수용하여 독자적으로 소화할 수 있을 정도가 된다면 그러한 표현의 기준을 준수하게 될 것이다. 따라서 그 내용을 스스로 용납할 수가 없고 그것이 다른 사람 — 특히 자신보다 열등한 사람들 — 에게 적합한 형태라고 믿으며 단지 그것이 다른 사람들에게 효과적으로 도달하도록 하는 데만 관심을 두어야겠다고 확신하게 되면 그는 나쁜 의미에서 행위자가 된다. 그가 하는 일은 가장 조잡한 부류의 출처가 하는 것보다 열등한 일이 되고 만다. 확신과 커뮤니케이션, 경험과 표현 사이의 관계를 실질적으로 부인하면 개인에게나 공동의 언어에나 모두 도덕적인 폐해를 입히게 된다.

하지만 우리 사회에서는 영리한 다수를 포함해서 수많은 사람이 좋은 뜻에서든 나쁜 뜻에서든 아주 의심스러운 역할과 행동을 수용하는 것도 분명히 사실이다. 우리는 아직 이 필수적인 공동의 통제 문제를 해결하는 방안까지 이르지는 못했지만, 나쁜 취지에서 이루어지는 수용은 법의 문제가 된다. 반면에 선한 취지에서의 수용은 문화의 문제다. 구성원 대다수를 어중이떠중이의 지위로 규정하는 사회 개념에 의해 승인되지 않는다면 이는 분명 불가능한 일로 보인다. 대중이란 개념은 이러한 관념의 표현이며, 매스 커뮤니케이션 개념은 그러한 관념이 기능하는 방식에 대한 견해다. 이는 단지 효과적이고 강력한 다중 송신 수단의 존재를 가리키는 게 아니라 민주주의에 대한 진정한 위험에 해당한다. 이는 민주주의의 산물이라기보다는 민주주의의 부정, 우리의 존재가 속하게 된 반쪽짜리 감정의 세계에서 유래하는 것이다. 민주주의를 수용하긴 했으나 민주주의의 완전하고 적극적인 실천을 두려워하는 사회에서는 인간의 사고를 수동적인 묵인으로 유도하게 된다. 그러한 묵인조차도 아직 완벽하지 못하기 때문에 변덕스러운 양식, 방어적 역설조차 끼어들 수가 없다. 우리는 이렇게 말하게 될지도 모른다. “민주주의라면 모두 괜찮아. …… 실제 사람들에게 도움이 되지 않는다 해도 그건 실로 우리가 개인적으로 바랄 일이야. 그러니 가능하다면 좋은 취지의 일에서, 안 된다면 다른 취지의 일에서, 우리는 그간 경험하고 훈련받은 바에 따르면 열등한 수준에 불과한 커뮤니케이션에 그저 만족하며 지내려 할 것이다. 사람이란 원래 변하지 않으니 그 정도로도 충분할 것이다.” 그러나 그렇게 되면 우리가 하는 일은 사실상 우리 경험을 비하하고 공동의 언어를 타락시키는 것이나 마찬가지라는 사실 역시 직시하게 된다.

3

감정 구조와 선별적 전통

1961

레이먼드 윌리엄스는 유명한 두 번째 저서인《기나긴 혁명》의 '문화 분석'이란 장에서 문화의 세 가지 의미를 구분한다. 첫 번째는 이상이고, 두 번째는 기록이며, 세 번째는 사회성이다. 요즘 보편적 문화의 이상화는 유행에 상당히 뒤처진 것이긴 하지만 세 가지 모두 가치가 있다. 문헌, 사진, 건축 등 과거로부터 전수된 기록은 우리가 해석을 통해 역사 감각을 구축하는 데 수단이 된다. 사회적 정의는 삶의 방식을 지칭한다. 윌리엄스는 문화를 총체적으로 분석하는 데 관심을 둔다. 이 문화는 "총체적 삶의 방식에서 구성 요소 간의 관계"를 말하는데, 여기서 문화란 전적으로는 아니지만 주로 어떤 국가의 삶 방식으로 이해된다.

윌리엄스는 또한 두 가지 대단히 유용한 개념을 도입하는데, 바로 감정 구조와 선별적 전통을 문화 분석의 레퍼토리에 포함한 것이다. 윌리엄스는 관념론의 시대 정신 개념에 대한 대안으로 감정 구조를 제시했다. "이는 '구조'가 시사하는 만큼이나 확고하고 확정적이면서도, 우리 행동에서 가장 섬세하고 덜 가시적인 부분으로 작동한다"라고 윌리엄스는 말한다.

여기서 '선별적 전통'은 문화의 전범이 시간 경과에 따라 구축되는 방식을 지칭한다. 가장 두드러진 예로 교육 과정은 과거와 현재의 문화에서 선별된 부분을 포함하며, 이에 따라 설혹 과거에는 가치가 있었더라도 이제는 무가치하다고 간주하는 작품도 포함하기에 배제와도 관련이 있다. 이는 더 나아가 교육과 연구에서 선별적 전통에 의문을 제기하고 새로운 전통을 창조하려는 페미니스트와 흑인의 문화 프로젝트와도 관련이 있다. 그러한 프로젝트에서는 당시에는 주변화하거나 아마 더러는 잊힌 작품을 다시 선별하는 작업이 이루어지기에, 이는 사실상 '밑으로부터의' 문화사에 해당한다.

문화 분석

I

문화의 정의에서는 일반적으로 세 가지 범주가 존재한다. 첫째는 '이상'으로서 어떤 절대적 혹은 보편적 가치 측면에서 인간의 완성 상태나 과정을 의미한다. 이 정의를 받아들인다면 문화 분석은 본질적으로 삶과 작품 속에서 시간을 초월한 질서를 구현한다든지 보편적인 인간 조건과 영구적으로 관련을 맺는 것처럼 보이는 가치를 발견하고 기술하는 것이다. 그다음 두 번째로는 '기록'이라는 정의인데, 여기서 문화란 인간의 다양한 사고와 경험을 세밀하게 기록한 지적이고 상상력이 담긴 작품 전체다. 이 정의에 따르면 문화 분석은 사고와 경험의 속성, 그리고 그러한 사고와 경험이 작동할 때 취하는 언어, 형태, 관습의 세부 사항을 기술하고 가치를 평가하는 비평 활동이다. 그러한 비평은 '이상'의 분석과 아주 유사한 과정, 즉 '이 세상에서 사고와 글을 통해 남은 최상의 작품' 발견에서 시작해, 전통에 관심을 두면서도 연구 대상이 되는 특정 작품을 일차적으로 강조하는 과정(여기서는 그 작품을 명확히 규명하고 가치를 평가하는 일이 주된 가시적 목표가 된다)을 거쳐, 특정한 작품 분석 후에는 그 분석을 작품이 등장한 특정 전통이나 사회와 관련지으려 하는 일종의 역사 비평에 이르기까지 다양한 부류로 존재한다. 세 번째이자 마지막으로는 문화의 '사회적' 정의가 있다. 여기서 문화는 예술과 학문뿐 아니라 제도와 일상 행동에서 어떤 의미와 가치를 표현하는 특정한 삶의 방식에 관한 기술이 된다. 그러한 정의에 비추어 보면 문화 분석이란 특정한 삶의 방식, 특정한 문화에서 함축적이거나 명시적으로 나타나는 의미와 가치를 규명하는 일이다. 그러한 분석에는 앞서 이미 언급한 역사적 비평, 즉 지적이고 상상력이 깃든 작품을 특정한 전통, 사회와 관련지어 분석하는 작업뿐 아니라 다른 정의 추종자가 보기엔 전혀 '문화'가 아니겠지만 삶의 방식을 구성하는 요소의 분석까지도 포함하게 될 것이다. 즉 생산 조직, 가족 구조, 사회관계를 표현하거나 지배하는 제도의 구조, 그리고 사회 구성원 간 커뮤니케이션 수단의 독특한 형태가 그러한 예다. 그러한 분석은 아주 다양한 형태로 나타날 수도 있다. 말하자면 '이상'의 분석, 즉 어떤 절대적이거나 보편적, 혹은 적어도 더 고차원적이거나 더 저급한 의미와 가치의 발견이 될 수도 있고 '기록'에 대한 강조, 즉 특정한 삶의 방식 규명을 주된 가시적 목표로 삼기도 한다. 아니면 특정한 의미와 가치 발견에서 시작해 어떤 잣대에 의한 평가 방안으로서 서로 비교하는 데 주력하기보다는 그 변화 양식을 연구해 어떤 일반적 '법칙'과 '경향'을 발견하고 이를 통해 사회, 문화적 발전 전반을 더 잘 파악하고자 하는 형태도 있다.

내가 보기에 이 각각의 정의 유형은 모두 나름대로 가치가 있다. 왜냐하면 예술과 지적 작업뿐 아니라 제도와 행위 형태에서도 의미와 가치, 창의적 인간 활동의 기록을 찾아낼 필요가 있다는 사실은 분명해 보이기 때문이다. 이와 동시에 수많은 과거 사회와 우리 사회의 지나간 단계에 관해 우리가 지닌 지식이 여전히 상당한 커뮤니케이션 위력을 보유한 지적, 창의적 작품에 의존하는 게 사실이라면, 문화를 이러한 관점에서 기술하는 것이 완벽하진 않더라도 적어도 합리적이다. '사회'를 광범위한 의미로 기술한 만큼 '문화'는 이처럼 좀 더 한정된 의미로 제한할 수 있다는 주장도 실로 가능하다. 하지만 '이상'으로 문화를 파악하는 정의에서는 더 광범위한 의미의 유지를 선호하는 요소가 있는데, 내가 보기에는 이 역시 가치가 있다. 이미 나온 수많은 비교 연구를 살펴보고 느낀 바로는, 통념적으로 으레 규정하듯이 인간의 완성 과정을 '절대적' 가치의 발견과 동일시하기가 매우 어렵다. 이 가치란 보통 특정한 전통이나 사회의 가치를 확장한 데 불과하다는 비판에 나는 동의한다. 하지만 만약 이 과정을 우리의 추구 대상으로 이미 알려진 이상을 함축하는 의미에서 인간의 완성이 아니라 인간 진화, 즉 하나의 종족으로서 인간의 일반적 성장 과정을 뜻한다고 본다면 다른 정의에서는 배제할 수도 있는 사실의 영역을 인식할 수 있게 된다. 왜냐하면 내가 보기에 어떤 의미와 가치는 특정한 사회에서 특정한 개인에 의해 발견되고 사회 계승에 의해, 또한 특정한 작품 유형에 구현되어 유지되면서 보편성을 입증한 것이 사실이기 때문이다. 이러한 보편성은 어떤 특정한 상황에서 그러한 의미와 가치를 학습하고 나면 인간이 자기 삶을 풍요롭게 하고 사회를 조절하며 환경을 통제할 수 있는 역량의 성장에 근본적으로 도움이 될 수 있다는 측면에서 그렇다. 우리는 의학, 생산과 커뮤니케이션에서 특정한 기술 형태로 존재하는 이러한 요소를 잘 파악하고 있다. 그러나 이러한 요소가 경험의 창의적 재구성을 통해 단련되어야 하는 좀 더 순수하게 지적인 지식 영역에 의존한다는 사실은 분명하다. 또한 이 지적 영역 자체도 어떤 기본적인 윤리적 가정이나 어떤 주요 예술 형태와 더불어 수많은 변형과 갈등을 거쳐 스스로 공동의 성장 노선을 나타내는 일반 전통으로 결합할 수 있다는 사실도 입증됐다. 이 전통은 일반적인 인간 문화라고 불러도 무방할 듯한데, 다만 이 전통은 특정 사회 내에서 지금처럼 좀 더 국지적이고 일시적 체제에 의해 형성될 때만 작동할 수 있다는 점은 덧붙여야겠다.

문화를 하나의 용어로 사용하는 과정에서 의미와 지칭 대상의 다양한 변종이 나타나는 것은 단지 엄정하고 혼선의 여지가 없는 정의를 방해하는 불리한 특징이 아니라 오히려 문화가 경험 속 실제 요소에 상응하여 진정한 복합성을 띠는 현상으로 간주해야 한다고 주장하고 싶다. 세 주요 부류의 정의에는 각기 의미 있는 지칭 대상이 있는데, 만약 그렇다면 특히 주목해야 하는 부분은 바로 그것들 사이의 관계다. 내가 보기에 문화에 관해 적절한 이론을 구축하려 한다면 이 정의들이 지칭하는 세 가지 사실 영역을 포함해야만 하며, 반대로 이 범주 중 어떤 특정한 정의든 다른 정의와의 관계를 배제하는 것은 타당하지 않다. 따라서 '이상'이라는 정의에 근거해 과정을 기술하면서 그 이상의 자세한 구현 양상과 특정한 사회가 미치는 영향을 추상화해 버리려 한다면, 다시 말해 인간의 이상적 발전 과정을 인간의 '동물적 속성,' 혹은 물질적 욕구 충족과 분리해서 혹은 심지어 그러한 속성과 대립된 존재로 간주한다면 도저히 용납할 수 없는 일로 보인다. '기록'의 정의에 입각한 작업이 오로지 글과 그림으로 남은 기록에서만 가치를 찾고 이 영역을 사회 내에서 다른 인간의 삶으로부터 분리해서 본다면 이 역시 마찬가지로 용납할 수 없는 일이다. 또한 '사회적' 정의가 일반적 과정이나 예술과 학문 전체를 사회의 물질적인 이해관계의 단순한 부산물이나 수동적 반영으로만 취급한다면 내가 보기에 이 역시 마찬가지로 잘못된 것이다. 실행하기가 아무리 어렵다고 하더라도 과정 전체를 파악해야 하고, 비록 실제의 복잡한 조직을 명시적으로 궁극적인 준거로 삼지는 않더라도 우리의 특정한 연구를 적어도 그러한 실제 조직과 관련지으려 노력해야 한다.

이 점을 예시하기 위해 분석 방법에서 예를 들어 보자. 만약 특정한 예술 작품, 이를테면 소포클레스Sophocles의 《안티고네*Antigone*》를 다룬다면 이상의 관점에서 분석해 어떤 절대적인 가치의 발견을 추구할 수도 있고, 아니면 기록의 관점에서 어떤 예술 수단으로 특정한 가치의 소통이 이루어지는지를 분석할 수도 있다. 이 중 어떤 분석을 시도하든 풍부한 결과를 얻을 수 있을 것이다. 왜냐하면 첫 번째 분석은 죽은 자에게 경의를 표할 만한 절대적 가치를 밝혀 줄 것이고, 두 번째 방법은 코러스와 이중의 코모스Kommos*가 지니는 특정한 극 형식과 운문이 지니는 독특한 강렬함을 통해 인간의 원초적 긴장 관계가 어떻게 표현되는지 보여 줄 것이다. 하지만 이 중 어떤 분석도 완벽하지 않다는 사실은 분명하다. 이 극에서 절대 가치로서의 경의는 특수한 친족 체제와 그 체제의 관습적 의무라는 틀에 의해 제한된다. 즉 안티고네는 오빠를 위해서는 이를 수행하겠지만 남편을 위해서는 하지 않을 것이다. 마찬가지로 운문의 운율이란 극 형식은 그 배후의 예술 전통과 수많은 사람의 작품에 근거할 뿐 아니라 경험이 요구하는 바와 더불어 극적 전통이 발전하면서 거친 구체적인 사회 형태에 의해서도 만들어진 것으로 볼 수 있다. 우리의 원래 분석을 그런 식으로 확장해도 무방하지만, 한술 더 떠 그러한 확장 때문에 경의의 가치나 극 형식과 구체적인 운문이 우리가 부여한 맥락 안에서만 의미를 지닌다고 주장한다면 이는 용납할 수 없다. 그처럼 강렬한 사례를 통해 경의의 감정을 배우는 것은 그 맥락을 뛰어넘어 인간 의식의 전반적 성장까지 도달한다. 극 형식은 원래의 맥락을 뛰어넘어 전혀 다른 사회에서 중요하면서 일반적인 극적 전통의 한 요소가 되기도 한다. 특수한 커뮤니케이션으로서 극 자체는 그것을 만들어 내는 데 기여한 사회와 종교보다 더 오래 살아남아 의도치 않는 수용자에게 직접 소구력을 갖도록 재창조될 수도 있다. 따라서 이상의 가치나 구체적인 문서를 추상화해 버려서는 안 되지만, 이 둘을 특정한 문화라는 국지적 틀 안의 설명으로 환원해서도 안 된다. 어떤 실제 분석에서든 실제 관계를 연구해 보면 우리가 구체적인 사례 안에서 일반적 조직을 연구하고 있으며, 이 일반적 조직에서는 우리가 추상화해서 나머지로부터 분리할 수 있

* 코모스는 그리스 시대 연극에서 주연 배우와 합창단이 주고받는 형식으로 부르는 노래를 말한다. — 옮긴이

는 요소란 존재하지 않는다는 사실을 어느 순간 깨닫게 된다. 가치나 예술 작품을 그것들이 표현되는 맥락인 구체적인 사회에 비추어 보지 않고도 제대로 연구할 수 있다고 단정한 것은 분명 잘못이지만, 사회적 설명이 결정적이라든지 가치와 작품은 단지 부산물에 불과하다고 단정한 것 역시 마찬가지로 잘못이었다. 어떤 작품이나 가치가 그것들이 표현되는 맥락인 총체적 상황에 의해 어떻게 철저하게 결정될 수 있는지도 깨달았기에, 우리는 이 관계에 관해 다음과 같이 표준화된 형태로 질문해보는 습관을 갖게 됐다. 즉 '이 예술이 이 사회와 어떤 관계를 맺고 있는가?' 그러나 이 질문에서 '사회'란 허울뿐인 총체에 불과하다. 만약 예술이 사회의 일부라면, 우리가 제기한 질문의 형식에 따라 예술 외부에는 우선권을 부여할 굳건한 총체란 존재하지 않게 된다. 예술이란 생산, 상업, 정치, 가족 양육과 더불어 하나의 활동으로 존재한다. 이 관계를 적절하게 연구하려면 모든 활동을 인간 에너지의 구체적이고 현대적인 형태들로 간주하면서 그것들을 적극적으로 파고들어야 한다. 이 활동 중 어떤 것을 살펴보든 그 속에는 다른 수많은 활동이 전체 조직의 속성에 따라 다양한 방식으로 반영되어 있음을 발견할 수 있다. 또한 특정한 구체적 목적에 봉사하는 어떤 특정한 활동을 구분할 수 있다는 바로 그 사실은, 이 활동이 없었다면 그 시공간의 인간 조직 전체가 실현될 수도 없었을 것임을 시사하는 듯하다. 따라서 예술은 분명 다른 활동들과 관련되어 있긴 하지만 — 그 조직의 틀에서는 이렇게 표현될 수밖에 없는 — 조직 내의 어떤 요소들을 표현한다고 볼 수 있다. 그렇다면 이는 예술을 사회와 어떻게 관련지을 것인가 하는 문제가 아니라 모든 활동과 상호관련성을 그중 우리 마음대로 추상해 버릴 수 있는 어떤 요소에 우선권을 부여하지 않으면서도 모두 탐구하는 문제가 된다. 흔히 그렇듯이 만약 특정한 활동이 전체 조직을 근본적으로 변화시키게 된다고 해도 여전히 다른 모든 활동을 이 활동과 관련지어야 한다고 할 수는 없다. 변화하는 조직 내부에서 특정한 여러 활동과 그 활동 간의 상호관련성이 영향을 받게 되는 다양한 방식을 연구할 수 있을 따름이다. 더구나 특정한 활동은 다양하고 때로는 서로 상충하는 목적에 봉사할 것이기 때문에, 우리가 살펴보아야 할 변화는 좀처럼 단순한 부류가 되기 어려울 것이다. 구체적인 활동에든 전체 조직에든 인내, 적응, 무의식적 동화, 적극적 저항, 대안적 노력 등의 요소는 으레 존재할 것이다.

기록이라는 의미에서 문화 분석은 그것이 표현되는 맥락이 되는 전체 조직에 관한 구체적 증거를 산출하기 때문에 대단히 중요하다. 사회의 특정한 형태나 시기에 관해 잘 안다면 그 사회의 예술과 이론이 사회와 어떤 관련이 있는지 파악할 수 있다고 할 수는 없다. 왜냐하면 그것들을 알기 전에는 사실 사회를 안다고 주장할 수 없기 때문이다. 이는 방법 문제인데, 여기서 이를 언급하는 이유는 역사의 상당 부분이 사실상 다음과 같은 가정에 근거해 작성되기 때문이다. 즉 이는 사회의 토대, 즉 사회의 정치적, 경제적, '사회적' 제도는 사실의 중요한 핵심을 이루며 그 후 예술과 이론을 지엽적인 예시나 '상관관계'용으로 제시할 수 있다는 가정이다. 문학, 예술, 과학, 철학의 역사에서는 이 과정을 정확하게 반대로 뒤집은 입장도 있었는데, 여기서는 문학이나 예술 따위가 자체적 법칙에 따라 발전하는 것처럼 기술하고 그 후에 (일반 역사에서는 중요한 핵심인) 이른바 '배경'에 해당하는 부분을 채워 넣는다. 분명히 논증에서는 특정한 활동을 선별해 강조할 필요가 있고, 특정한 발전 노선을 일시적으로 따로 떼어내 추적하는 것도 충분히 합리적이다. 그러나 그처럼 특정한 저작으로부터 서서히 구축된 문화의 역사는, 적극적인 관계를 복원하고 여러 활동을 진정하게 동등한 위치에 놓고 파악할 때야 비로소 작성할 수 있다. 문화사는 특정한 역사의 합 이상의 것이어야 한다. 문화사가 특히 관심을 두는 부분은 그 역사들 간의 관계, 전체 조직의 특수한 형태이기 때문이다. 그래서 나는 문화의 이론을 총체적인 삶의 방식을 이루는 구성 요소 간의 관계에 관한 연구로 정의하고자 한다. 문화 분석은 이들 관계의 복합체인 조직의 속성을 발견해 내려는 시도다. 특정한 작품이나 제도 분석은 이러한 맥락에서 보면 그것들이 속한 핵심적 조직의 종류, 작품이나 제도가 총체적인 조직 일부로 구현하는 관계에 관한 분석이다. 그러한 분석에서 핵심어는 패턴이다. 그 어떤 유용한 문화 분석이든 바로 특징적 부류의 패턴 발견에서 시작한다. 또한 일반적 문화 분석이 관심을 두는 부분은 지금까지 서로 별개로 간주하던 활동에서 간혹 예기치 않은 일치나 상응 관계를 보여 주기도 하고, 때로는 예상치 못한 부류의 불연속성을 드러내기도 하는 이들 패턴 간의 관계다.

일반적 조직 형태를 어느 정도라도 파악할 수 있을 것이라 기대할 수 있는 곳은 오직 이 시대, 이곳뿐이다. 다른 장소와 시간대의 삶에 관해 많은 지식을 얻을 수는 있지만 내가 보기에 어떤 요소들은 결코 복구할 수가 없다. 심지어 복구가 가능한 부분조차도 추상화된 상태로만 복구할 수 있는데, 이 점은 특히 중요하다. 우리는 각 요소를 마치 침전물 같은 결과물로만 파악하게 되지만, 당시 삶의 경험은 용액처럼 유동적 상태, 즉 복합적 총체에서 분리할 수 없는 일부로 존재했다. 어떤 과거 시기를 연구할 때 가장 파악하기 어려운 부분은 특정한 공간과 시간에서의 삶에 대한 질적 체감, 즉 특정한 활동들이 결합해 사고와 삶의 방식으로 만들어지는 방식에 대한 감각이다. 특정한 삶의 조직의 얼개를 복원하는 데는 어느 정도 성공할 수도 있다. 심지어 에리히 프롬Erich Fromm이 '사회적 캐릭터social character'라고 부르는 것, 혹은 루스 베네딕트Ruth Benedict가 '문화의 패턴'이라 부르는 것도 복구할 수 있다. 사회적 캐릭터 — 즉 가치를 인정받는 행태와 태도 체제 — 는 공식적으로도 비공식적으로도 학습된다. 이는 이상이자 양식이기도 하다. '문화의 패턴'은 독특한 조직, 즉 '삶의 방식'을 낳는 관심과 활동의 선별과 형상화, 그러한 것들에 대한 특수한 가치 부여 방식이다. 하지만 심지어 그런 것들조차 우리가 복원하는 과정에서 대개 추상화된다. 하지만 우리는 아마 캐릭터도 패턴도 아니면서 말하자면 이런 것을 삶에서 접할 때 겪게 되는 실질적 경험에 해당하는, 추가적 공통 요소에 대한 감각을 얻게 될 수도 있다. 이는 잠재적으로 대단한 중요성을 지닐 수도 있는 부분인데, 사실 우리는 어떤 시대의 예술에서 그러한 접촉에 대해 가장 잘 의식하게 된다고 생각한다. 이것들을 그 시기의 외부적 특징에 비추어 평가해 보면서 개별적 편차의 여지를 허용한다고 해도 여전히 우리가 쉽사리 확인할 수 없는 어떤 중요한 공통 요소는 존재한다. 우리 자신이 공유하는 삶의 방식에 대한 비슷한 분석을 떠올린다면 이 점을 가장 잘 이해할 수 있다고 생각한다. 여기에는 거의 표현할 필요조차 없는 특정한 삶의 감각, 특정한 경험 공동체가 존재하면서 삶의 방식에 구체적이고 개성 있는 색깔을 부여하는데도 불구하고, 외부 분석가가 묘사하는 우리 삶 방식의 특징은 어떤 식으로든 이를 포착하지 못할 수도 있기 때문이다. 우리는 대개 결코 '동일한 언어'를 구사하지 않는 세대들 간의 극명한 대비를 발견할 때 이 점을 잘 깨닫게 된다. 아니면 공동체 외부인이 우리 삶에 관해 쓴 설명을 읽거나 우리 방식을 익히긴 했으나 그 속에서 자라나지 않은 사람의 말이나 행동 스타일에서 사소한 차이를 목격할 때도 그렇다. 거의 모든 공식적 묘사는 너무나 엉성해서 이처럼 특수하고 태생적인 스타일에 대한 독특한 감각을 표현할 수 없을 것이다. 만약 그렇다면 우리가 익숙할 정도로 잘 아는 삶의 방식에서는 우리 자신이 방문자, 학습자, 다른 세대에 속하는 손님 위치에 있을 때도 분명 그럴 것이다. 사실 우리는 과거 어떤 시기를 연구할 때든 모두 그런 위치에 처하게 된다. 이 연구가 지엽적인 설명으로 전락할 수도 있겠지만 그러한 특징을 구성하는 사실은 지엽적이지도 주변적이지도 않다. 오히려 아주 핵심적인 것처럼 느껴진다.

이 점을 기술하기 위해 내가 제안하려는 용어는 **감정 구조**다. 이는 '구조'가 시사하는 것처럼 확고하고 명확하면서도 우리 활동에서 가장 섬세하고 가장 덜 가시적인 부분으로 작동한다. 어떤 측면에서 이 감정 구조는 어떤 시기의 문화다. 즉 전반적 조직의 모든 구성 요소가 낳는 특수한 살아 있는 결과물이다. 주장의 특징적인 접근 방식과 기조를 포함해 어떤 시기의 예술이 바로 이러한 측면에서 대단히 중요하다. 다름 아니라 바로 여기서 이러한 특징이 표현될 가능성이 크기 때문이다. 이는 흔히 의식적으로 그렇게 하진 않더라도 오직 바로 여기, 그 보유자보다 훨씬 오래 살아남은 기록된 커뮤니케이션 사례에서만 생생한 실제 감각, 즉 커뮤니케이션을 가능케 하는 심층적인 공동체를 자연스레 활용하게 된다는 사실 때문에 그렇다. 사회적 캐릭터가 그렇듯이 감정 구조 역시 공동체의 수많은 개인이 똑같은 방식으로 공유한다는 뜻은 아니다. 그러나 모든 실제 공동체는 감정 구조를 아주 심층적이면서 대단히 광범위하게 보유하는데, 커뮤니케이션이란 바로 감정 구조에 의존하기 때문이다. 특히 흥미로운 부분은 감정 구조가 어떤 공식적인 의미에서도 학습되지는 않는다는 점인 듯하다. 어떤 한 세대는 사회적 캐릭터나 일반적 문화 패턴을 그 계승자에게 나름대로 성공적으로 훈련시킬 수 있을지 몰라도, 새로운 세대는 그 어디서도 '유래'하지 않은 듯한 자신 나름의 감정 구조를 갖게 될 것이다. 변화하는 조직은 바로 여기서 유기체 속에 가장 뚜렷하게 실행되기 때문이다. 새로운 세대는 자신이 계승한 독특한 세계에 나름대로 방식으로 대응하는데, 근원을 추적할 수 있는 수많은 연속적 요소를 수용하고 개별적으로 묘사가 가능한 조직의 수많은 측면을 재생산하기도 한다. 하지만 그러면서도 자기 삶 전체를 어떤 차별화된 방식으로 느끼며 자신의 창의적 대응을 새로운 감정 구조로 형성하게 된다.

일단 그러한 구조의 실행자가 사망하고 나면 우리가 이처럼 핵심적 요소에 가장 근접하게 접근할 수 있는 부분이 바로 시에서 건축물과 옷의 유행에까지 이르는 기록 문화인데, 바로 이러한 관계야말로 기록이라는 측면의 문화라는 정의에 중요성을 부여한다. 그렇다고 해서 기록이 자율성을 띤다는 뜻은 결코 아니다. 앞서도 주장했듯이 단지 어떤 활동의 의미는 별개 부분의 합 이상인 전체 조직의 관점에서 찾아야 한다는 뜻이다. 우리가 항상 찾고자 하는 것은 전체 조직이 표현하고자 하는 실제 삶이다. 기록 문화의 두드러진 중요성은 다른 그 무엇보다도 생생한 증인이 침묵할 때 그 삶을 우리에게 직접 표현해 준다는 데 있다. 동시에 우리가 감정 구조의 속성에 관해 숙고해 볼 때, 심지어 현대 예술을 포함해서 방대한 자료를 손 앞에 두고 감정 구조와 밀접하게 접촉하며 지낸 사람들조차 완벽하게 그 감정 구조를 이해하지 못한다는 사실을 볼 때, 어떤 채널을 활용하든 그 구조에 접근을 시도하는 정도나 근사치를 얻는 것 이상을 기대해서는 안 될 것이다.

심지어 일반적 정의에서도 문화의 세 가지 수준은 구분할 필요가 있다. 우선 특정한 시공간에 속하는 체험된 문화lived culture가 있는데, 이는 그 시간과 공간 속에 사는 사람들만이 완벽하게 접근할 수 있다. 그리고 예술에서 가장 일상적인 사실에 이르기까지 모든 부류의 기록된 문화가 있으며, 이는 한 시대의 문화다. 또한 체험된 문화와 시대의 문화를 연계해 주는 요인으로서 선별적 전통의 문화가 있다.

문화가 더는 체험되지 못하고 더 협소하게 기록 형태로만 남아 있는 경우, 그 문화의 문화적 저작, 사회적 캐릭터, 일반적인 활동과 가치의 패턴, 또한 부분적으로는 그 감정 구조 등에 대해 대략적으로나마 파악할 때까지 한 시대의 문화를 아주 세심하게 연구할 수는 있다. 하지만 이렇게 남아 있는 문화는 그 당시의 시대 자체가 아니라 점진적으로 전통을 구성하게 되는 이후의 새로운 시대에 의해 지배된다. 전문가라 할지라도 대부분 어떤 시기에 대해서는 기록 일부밖에 알지 못한다. 예를 들면 19세기 소설에 대해서는 아는 사람이 아무도 없다고 자신 있게 말할 수 있다. 인쇄된 책에서 시작해 1페니짜리 분책分冊에 이르기까지 전 범위에 걸친 사례를 모두 읽은 사람도 없었고 읽었을 리도 없다. 물론 얼마나 잘 알든 모두 해당 주제에 관해 뚜렷한 견해는 있겠지만, 진짜 전문가라고 해도 수백 권 정도 알 것이고 일반 전문가는 이보다 다소 적게 읽었을 것이며 교육 수준이 높은 독자라면 읽은 양이 그보다 더 적을 것이다. 아주 엄격한 선별 과정은 분명히 존재하며 이 점은 모든 활동 분야에서 그렇다. 물론 이와 마찬가지로 19세기의 어떤 독자든 모든 소설을 읽지는 않았을 것이다. 사회 내에서 어떤 개개인도 사실 중 선별적 부분 이상은 알지 못했을 것이다. 그러나 당대를 살던 모든 사람은 후대의 어떤 개개인도 완전히 복원할 수 없는 무엇인가 갖고 있었을 것이라고 나는 이미 주장한 바 있다. 이는 바로 당대 소설이 작성되는 배경이자 우리가 지금 나름대로 선별된 부분을 통해 접근하는 삶의 감각이다. 어떤 시대는 이론적으로는 기록된다. 하지만 실제로 이 기록은 선별적 전통 속에 흡수되고, 기록이든 선별적 전통이든 모두 원래 체험된 문화와 다르기 마련이다.

선별적 전통의 작동 방식을 이해하는 것은 대단히 중요하다. 이 선별은 어느 정도는 해당 시대 자체에서 시작된다. 모든 활동의 총체에서 일부는 선별되어 가치를 부여받고 강조된다. 물론 해당 시대에 부여한 가치와 강조가 후대에도 인정받는 것은 아니지만 일반적으로 이 선별은 해당 시대 전체의 구조를 반영한다. 과거 시대의 사례에서 이 점을 아주 뚜렷하게 볼 수 있지만 우리 자신의 시대에 대해서는 정말 그럴 것이라 믿지 않는다. 10년 전 나온 소설에서 예를 들어 보자. 1950년대에 나온 영국 소설을 모두 읽은 사람은 없다. 최고 속도로 책을 읽는 사람이 하루 20시간을 이 활동에만 투자한다고 해도 그리할 수는 없을 것이다. 하지만 출판이든 교육이든 이 시대의 소설에 일반적인 어떤 특징은 규정되었을 뿐 아니라 어떤 것이 가장 뛰어나고 의미 있는 작품인지에 대해 대체로 합의된 짧은 목록이 만들어졌다는 사실은 분명하다. 만약 이 목록에 아마 작품 30편이 들어가 있다고 한다면(실로 이조차도 상당히 엄격한 선별 결과다), 50년이 지난 후 1950년대 소설 전문가라면 이 30편을 모두 알 것이고 일반 독자라도 아마 대여섯 편은 알 것으로 추정해도 좋을 것이다. 하지만 일단 1950년대가 지나고 나면 또 다른 선별 과정이 시작될 것이라는 점은 확신할 수 있다. 이 새로운 과정에서는 작품 숫자가 더 줄어들 뿐 아니라 어떤 경우에는 작품에 대해 표현된 평가 자체도 급격하게 바뀔 것이다. 50년이 지났다면 어느 정도 영구적인 평가가 달성될 가능성이 크지만, 사실은 이 평가 역시 부침을 거듭할 수도 있다. 하지만 이 기나긴 과정을 거치면서 살아온 사람이라면 우리에게 중요한 요소들이 간과되었다고 줄곧 느낄 수도 있다. 우리는 낙담한 노인네 투로 "이 젊은이들은 왜 이 책을 더는 읽지 않는지 이해가 안 되네"라고 말할 것이며, 때로는 좀 더 단호하게 "아냐, 정말 옛날에는 그러지 않았어. 그건 자네 입장일 뿐이야"라고 할 수도 있다. 어떤 시대든 적어도 세 개의 세대가 공존하기 때문에 우리는 늘 이러한 상황의 예를 보게 된다. 이 상황을 좀 더 복합하게 만드는 한 가지 요인은 다음과 같이 우리에게 가장 중요한 시기에서조차 그 누구도 가만히 제자리에 머물러 있지 않다는 사실이다. 우리는 수많은 조정 과정에 저항할 수 없고 무수한 생략,

왜곡, 재해석을 수용해야 하거나 심지어 그런 변화를 깨닫지도 못한다. 이는 우리 자신이 그 모든 것을 초래한 변화의 한 부분이기도 하기 때문이다. 그러나 살아 있는 증인이 사라지고 나면 또 다른 변화가 일어나게 된다. 체험된 문화는 단지 선별적 기록으로 축소되는 데 그치지 않는다. 축소된 형태의 체험된 문화는 부분적으로는 인류 성장의 일반적 과정에 (필연적으로 아주 미세하게나마) 기여하도록 활용되고, 부분적으로는 역사적 재구성을 위해 이용되기도 하며, 부분적으로는 이제 우리와 무관한 과거의 특정 단계에 새로운 이름과 위상을 부여하는 방안으로 활용되기도 할 것이다. 따라서 선별적 전통은 한 가지 수준에서는 일반적인 인류 문화를 창조하고, 또 다른 수준에서는 특정 사회의 역사 기록을 남기며, 수용하고 평가하기 가장 어려운 세 번째 수준에서는 한때 체험된 문화이던 영역의 상당 부분을 거부하는 작업을 수행한다.

어떤 사회 내에서 선별은 계급 이익을 비롯해 수많은 종류의 특수 이익에 의해 지배될 것이다. 실제 사회 상황이 대략 당대의 선별 과정을 지배하게 되는 것처럼 사회 발전, 역사적 변동 과정이 대체로 선별적 전통을 결정할 것이다. 어떤 사회의 전통문화는 작품이란 절대적 실체가 아니라 지속적 선별과 해석에 해당하기 때문에 항상 **당대** 이해관계와 가치 체계에 상응하는 경향을 보일 것이다. 이론적으로, 또한 어느 정도는 실제로도 전통을 살아 있는 존재로 공식적으로 유지하는 일을 맡는 제도(특히 교육과 학술 기관)는 당시 자기 이해관계에 따라 전통에서 선별된 일부에 집착하지 않고 전통 전체에 헌신한다. 이러한 헌신의 중요성은 대단히 크다. 선별적 전통의 작동 과정에서는 뒤집기, 재발견, 언뜻 용도 폐기됐다고 여기던 작품으로 회귀 등을 거듭 발견할 수 있기 때문이다. 이는 분명 과거 문화의 방대한 영역을 생생하게 유지하지는 못하더라도 적어도 보존하는 일을 맡는 제도가 존재할 때만 가능하다. 선별적 전통이 어떤 사회의 성장 노선을 따라가야 하는 것은 자연스럽고 불가피한 일이다. 그러나 그러한 성장은 복잡하고 연속적이기 때문에 미래의 어떤 상황에서 과거 작품이 관련성을 갖게 될지는 예측할 수가 없다. 사회의 성장 노선을 따르라는 압력이 학술 제도에 가해지는 것은 당연하다. 그러나 현명한 사회라면 이러한 부류의 관련성을 유지하면서도 일상적인 보존 작업에 충분한 자원을 할애하고 이 활동 중 상당 부분이 무의미하고 쓸모없다는 비판 — 어떤 특정한 시기에는 아주 확신을 갖고 그러한 비판을 가할 수도 있다 — 을 거부하도록 유도할 것이다. 아주 많은 학술 기관이 상당한 정도로 자기 영속적이고 변화를 거부하기도 하는데, 이는 종종 사회 발전에 장애가 되기도 한다. 필요하다면 새로운 제도에서 변화를 추진해야 한다. 하지만 선별적 전통의 과정을 제대로 이해하고 충분히 긴 시간에 걸쳐 살펴보면서 역사적 변화와 부침을 정말로 간파한다면, 그러한 영속화에 상응하는 가치도 인정하게 될 것이다.

사회 전반에서, 그리고 모든 구체적 사회 활동에서 문화적 전통은 조상을 대상으로 한 지속적인 선별과 재선별로 볼 수 있다. 종종 특정한 노선이 무려 한 세기 이상 설정되어 지속하다가 갑자기 성장에서 어떤 새로운 단계 출현과 더불어 이들 노선이 소멸하거나 약화하고 새로운 노선이 출현하게 될 것이다. 당대 문화 분석에서는 기존의 선별적 전통의 상태가 대단히 중요하다. 이는 과거와 새로운 노선으로 연계되거나 기존 노선과 단절하고 기존 노선을 재구획하는 식으로 이 전통에서 일어나는 어떤 변화가 **당대**의 변화로는 급진적 부류인 것이 종종 사실이기 때문이다. 우리는 문화 전통이 선별일 뿐 아니라 해석의 성격을 띠게 되는 정도를 과소평가하는 경향이 있다. 우리는 대다수의 과거 작품을 우리 경험을 통해 파악하며 심지어 그것을 원래의 틀 같은 데 비추어 파악하려는 노력조차 하지 않는 적도 있다. 분석이 할 수 있는 일이란 이를 뒤집어 어떤 작품을 당대로 되돌리는 것이라기보다는 역사적 대안을 제시해 그 해석을 의식하게 해 주는 데 있다. 또한 이 해석을 그 작품이 근거한 당대의 특정한 가치와 관련짓거나 작품의 실제 패턴을 탐구해 우리가 내리는 선택의 진정한 속성과 직면할 수 있도록 해 주는 데도 있다. 어떤 경우는 어떤 작품이 문화적 성장에 진정으로 기여하기 때문에 작품의 생명을 유지하게 될 수도 있다. 또 다른 경우는 우리 자신의 목적 때문에 어떤 작품을 특정한 방식으로 활용하게 될 수도 있는데, 이 경우 '위대한 평가자인 시간'이라는 신비주의에 빠져들기보다는 이 점을 인식하는 게 더 낫다. 우리 자신의 적극적 선택에 대한 책임을 추상화된 존재에 불과한 시간에 전가하는 것은 우리 경험의 핵심 부분을 억압하는 격이 된다. 모든 문화 작품을 작품이 표현되는 맥락인 전체 조직이나, 활용되는 동시대의 조직과 더 적극적으로 관련지을 수 있게 될수록 그 진정한 가치를 더 뚜렷하게 깨달을 수 있을 것이다. 이렇게 해서 '기록 차원의' 분석은 '사회적' 분석으로 이르게 되는데, 이는 과거 시대의 체험된 문화에서의 분석이거나 아니면 그 자체로 사회 조직에 해당하는 선별적 전통 측면에서의 분석이 될 수도 있다. 만약 이 수준의 과정을 인간의 완성(결정된 가치를 지향하는 움직임)이 아니라 수많은 개인과 집단이 기여하게 되는 일반적인 인간 진화의 일부로 파악할 경우, 영구적 기여에 대한 발견은 일반적 분석과 똑같은 부류의 작업이 될 수도 있다. 우리가 분석하는 모든 요소는 이러한 의미에서는 역동적 성격을 띨 것이다. 즉 이 요소는 어떤 실제 관계 속에서, 또 수많은 다양한 수준에서 살펴보게 될 것이다. 이 관계들을 기술하는 과정에서 실제 문화 과정은 전모를 드러낼 것이다.

II

문화 분석을 이론적으로 설명하려면 반드시 실제 분석 과정에서 검증을 거쳐야만 한다. 나는 영국의 1840년대라는 한 시기를 예로 삼아 지금까지 논의한 이론적 방법과 개념을 그 시대 문화의 맥락에서 검토해 보고자 한다.

1840년대 연구에 직접 뛰어들기로 하면서 깨닫게 되는 첫 번째이자 가장 인상적인 사실은 선별적 전통이 그 시대에 엄청나게 작동했다는 점이다. 단순한 한 가지 예를 신문 분야에서 볼 수 있다. 왜냐하면 〈더 타임스〉가 마치 그 시대를 특징짓는 신문인 것처럼 간주하고 그 신문의 관행에서 초기 빅토리아 시대 저널리즘을 우리 나름대로 파악하는 게 일반적 관습이기 때문이다. 분명 〈더 타임스〉가 주도적인 일간 신문이긴 했지만 이 시기에 가장 널리 읽힌 신문은 〈디스패치*Dispatch*〉, 〈크로니클*Chronicle*〉, 〈주간 로이드*Lloyd's Weekly*〉, 〈뉴스 오브 더 월드*News of the World*〉 같은 일요 신문이었다. 이 신문들은 오늘날 우리가 '일요 신문' 특유의 뉴스 선별 방식으로 인식하는 특징을 지녔다. 〈벨의 페니 디스패치*Bell's Penny Dispatch*〉(1842)에는 "스포츠와 정치 가제트 및 로맨스 전문 신문"이라는 부제가 붙어 있었고 이 신문에 특징적인 기사 제목은 "대담무쌍한 음모와 범행 시도" 같은 것이었는데, 큼지막한 목판 일러스트레이션을 더하고 자세한 기사 내용이 뒤따랐다. 1840년대 말 일간지의 총 부수가 6만 부에 불과한 데 비해, 이러한 부류의 신문 총 부수는 약 27만 5,000부였다. 물론 〈더 타임스〉는 고고한 정치 전통 내에서 꾸준히 차지하는 중요성 덕분에 현재 위치에 도달했다. 하지만 당시의 실제 문화를 검토하려면 〈더 타임스〉를 별도의 존재로 떼놓고 파악하는 데서 시작하기보다는 바로 앞서 언급한 사실에서 출발해야 한다.

문학에서도 선별적 전통의 작동은 이와 비슷하게 두드러진다. 우리는 당시를 고상한 소설 수준에서는 찰스 디킨스Charles Dickens, 윌리엄

메이크피스 새커리William Makepeace Thackeray, 샬럿 브론테Charlotte Brontë와 에밀리 브론테의 시대이자 주변적인 범위에서는 엘리자베스 개스켈Elizabeth Gaskell, 찰스 킹슬리Charles Kingsley, 벤저민 디즈레일리Benjamin Disraeli의 시대로 간주한다. 또한 그 '시대'의 작가로는 에드워드 불워 리튼Edward Bulwer Lytton, 프레데릭 매리엇Frederick Marryat, 찰스 리드Charles Reade도 알려져 있다. 물론 디킨스는 당시에 아주 널리 읽혔다. 한 가지 예를 들자면 정기간행물 〈픽윅*Pickwick*〉은 한 호로만 4만 부가 팔렸고, 이후 호는 7만 부를 돌파했다. 그렇지만 당시에 가장 널리 읽힌 다른 작가를 살펴본다면 다음과 같이 열거할 수 있다. 1848년 문을 연 W. H. 스미스 서점 판매량을 기준으로 인기도순으로 보면 리튼, 매리엇, 조지 P. R. 제임스George P. R. James, 제임스 그랜트James Grant, 싱클레어 양, 헤일버튼, 프랜시스 트롤로프Frances Trollope 여사, 찰스 J. 리버Charles J. Lever, 개스켈 여사, 제인 오스틴Jane Austen 등이 있었다. 가장 대중적인 저렴한 소설 시리즈인 팔러문고•와 철도문고••(각기 1847년과 1849년에 시작)는 조지 P. R. 제임스(47종), 리튼(19종), 앤 마시Anne Marsh 여사(16종), 매리엇(15종), 윌리엄 해리슨 애인스워스William Harrison Ainsworth(14종), 캐서린 고어Catherine Gore 여사(10종), 그랜트(8종), 헨리 플런킷 그래턴Henry Plunkett Grattan(8종), 윌리엄 해밀턴 맥스웰William Hamilton Maxwell(7종), 트롤로프

• 팔러문고는 1847년에 벨파스트의 심즈와 매킨타이어Simmms and McIntyre사가 시작한 저렴한 소설 시리즈물을 말한다. 초록색 표지로 된 값싼 문고판 도서는 '모든 사람'을 위한 책을 표방하면서 저렴하고 대중적인 책이 유행하는 계기를 마련했다. — 옮긴이

•• 당시 급속히 확장되던 철도 이용자를 대상으로 팔기 시작한 대중 소설 시리즈를 말한다. 특히 런던 유스턴역에서 W. H. 스미스 서점 개장과 시기를 같이 하면서, 보급판 소설의 전성기를 여는 계기가 됐다. 1848년부터 1899년까지 루틀리지 출판사가 간행한 서적은 거의 1,300종에 달했다. 노란색 표지에 저렴한 가격으로 기존에 출판된 소설을 재간행하는 형식으로 판매되었다. — 옮긴이.

여사(7종), 엠마 로빈슨Emma Robinson(6종), 메인 레이드Mayne Reid(6종), W. 칼튼W. Carleton(6종), 제인 오스틴(6종), 엘리자베스 그레이Elizabeth Grey 여사(6종) 등의 작품을 주로 수록했다. 이 작가들이 쓴 다음 작품의 제목 목록을 보면 수록 범위를 짐작할 수 있다. 《아쟁쿠르*Agincourt*》, 《폼페이 최후의 날*Last Days of Pompei*》, 《항해사 이지*Midshipman Easy*》, 《런던 타워*Tower of London*》, 《전쟁의 로맨스*Romance of War*》, 《브뤼헤의 상속녀*Heiress of Bruges*》, 《워털루 이야기*Stories from Waterloo*》, 《미국의 피난민*Refugee in America*》, 《머리 가죽 사냥꾼*Scalp Hunters*》, 《방랑자 로디*Rody the Rover*》, 《오만과 편견*Pride and Prejudice*》, 《어린 아내*The Little Wife*》 등이 그 제목이다. 1851년 〈더 타임스〉는 이렇게 논평했다.

> 기존 작품 목록에 대한 모든 추가 작품은 철도문고 독자의 다수를 이루는 상위 계급 구성원도 역에 들어서는 순간 자신에게 익숙한 취향을 잃어버리게 될 것이라는 가정하에 적극적으로 선별되었다.

비록 그렇다고 할지라도 앞서 언급한 소설은 저급한 빈민층의 독서용에 그치지 않고 적어도 철도 여행용으로는 '상위 계급 구성원'의 취향이기도 했다는 사실은 분명하다. 만약 독자층 전체 범위를 거론하자면 아직 언급하지 않은 작가도 포함해야 할 것이다. 조지 W. M. 레이놀즈George W. M. Reynolds가 그러한 인물이다. 〈북셀러*The Bookseller*〉는 그에 대해 이전에는 디킨스보다 책을 훨씬 더 많이 썼을 뿐 아니라 판매량도 더 많이 올렸다고 했고, 사후에는 "우리 시대의 가장 대중적인 작가"라고 언급했다. 레이놀즈는 1840년대 전성기에는 새로운 대중적 정기간행물인 〈런던 저널*London Journal*〉과 자신이 발간한 〈레이놀즈 수필*Reynolds' Miscellany*〉에 작품을 발표하곤 했는데, 《종교재판소의 비밀*Mysteries of the*

Inquisition》, 《런던 궁정의 비밀*Mysteries of the Court of London*》 같은 전형적 작품이 이 잡지에 실렸다. 당시의 이 독서 목록 외에도 '홀리웰 거리의 허름한 지하실'에서 불법으로 제작되어 배포된 이른바 포르노 서적의 '대대적인 거래'도 추가해야겠다. 그 외에도 위대한 철학, 역사, 종교, 시 작품 가운데서 선별된 토머스 칼라일Thomas Carlyle, 존 러스킨John Ruskin, 토머스 매콜리Thomas Macaulay, 존 스튜어트 밀John Stuart Mill, 토머스 아널드Thomas Arnold, 아우구스투스 푸긴Augustus Pugin의 저작, 그리고 앨프리드 테니슨Alfred Tennyson, 로버트 브라우닝Robert Browning, 아서 휴 클러프Arthur Hugh Clough, 매슈 아널드Matthew Arnold, 단테 가브리엘 로세티Dante Gabriel Rossetti의 저작도 포함해야 한다. 오늘날 특정 작품을 이처럼 그 시대를 특징짓는 작품으로 규정하는 데는 선별적 전통이 작동하고 있음을 굳이 강조할 필요도 없다.

기록을 살펴보면서 우리는 이미 필연적으로 그 시대의 사회사에 이르게 되었다. 우리는 문화 제도에서 발생한 어떤 중대한 변화를 목격하게 된다. 즉 우선 대중적인 일요 신문이 저널리즘에서 사실상 가장 성공적 요소로 자리 잡았다. 이전 시기의 좀 더 진지한 '대중 교육' 저널과 달리 선정적이고 낭만적인 픽션을 요리법, 살림의 지혜, 편지 상담과 결합한 새로운 부류의 간행물이 성장했다(〈페니 매거진*Penny Magazine*〉은 새로운 유형의 〈런던 저널〉이 창간된 1845년에 폐간됐다). 한편으로는 1841년부터 활발해진 '싸구려 출판물penny dreadful'과, 다른 한편으로는 반 크라운과 1실링짜리 팔러문고와 철도문고 시리즈 등의 저렴한 소설이 등장했다. 극장에서도 중요한 변화가 일어났다. 1843년에는 허가제 극장Patent Theatre•의

• 영국에서는 1660년 왕정복고로 찰스 2세가 즉위한 후 '구두 공연'에 허가제를 도입해 통제했다. '진지한' 연극은 오직 허가받은 극장만이 공연할 수 있도록 했고, 사설 극장은 코미디,

독점이 폐지되고 소규모 극장이 발전했으며, 1849년부터는 음악 공연장 music-hall이 등장했다. 더구나 제도적 수준인 배포에서 일어난 이 변화는 넓게는 그 시기의 전체 역사와 이어지는 다양한 원인과 관련이 있다. 따라서 기술 변화(신문에서는 증기 동력 인쇄와 윤전 인쇄기의 발전, 책에서는 목판 직물 인쇄술)는 부분적으로 인쇄물 팽창의 토대를 마련해 주었다. 철도의 유행은 새로운 독서 수요를 조성했고 좀 더 중요하게는 새로운 유통 거점을 낳았다. 하지만 이와 마찬가지로 이러한 기술적 기회를 활용한 사람들의 부류에도 주목해야 한다. 이 시기에는 이 수익성 높은 사업에 뛰어든 순수한 투기업자도 눈에 띄게 늘어났다. 신문과 잡지 사업에서 에드워드 로이드Edward Lloyd와 티머시 벨Timothy Bell은 일반화된 급진주의와 예리한 상업적 본능을 결합했다(이 부분에서는 레이놀즈가 좀 더 진지했다). 극장 분야에서는 본질적으로 연극에는 직접 관심이 없으나 극장을 건설해 배우 매니저와 극단에 임대하는 데서 상업적 기회를 포착한 사람들이 극장을 소유하기 시작했는데, 이 방식은 영국의 연극 발전에도 엄청난 영향을 미쳤다. 또한 저렴한 정기간행물을 출간하고자 하는 동력은 상당 부분 노동 계급 의견의 성장을 통제하고자 하는 욕망에서 나왔는데, 여기서는 대중적 교육 잡지에서 가족 잡지(이는 우리 시대 여성 잡지의 직계 조상 격이다)로 주목할 만한 이동이 일어났다는 사실이 중요하다. 도덕과 가정의 개선이라는 고상한 기획은 기존 계급 사회의 이익에 부합하도록 특정한 사회적 가치를 가르치고 은밀히 주입하려는 의도와 밀접하게 얽히게 됐다. 광범위한 분야에서 일어난 이 변화는 우리가 살펴보아야 할 진짜 문화 과정에 필수적인 부분이다.

팬터마임, 멜로드라마 등의 가볍고 대중적 내용만 다룰 수 있었다. 이 조치는 1843년 극장법 the Theatre Act에 의해 폐지되었다. — 옮긴이 이처럼 더 광범위한 분야로 진입해서 보면 물론 선별적 전통은 기록에서와 마찬가지로 여기서도 작동하는 것을 보게 된다. 앞서 언급한 제도적 진전 사항은 대중문화의 상업적 조직화에서 핵심적 단계에 해당하는 것으로 우리가 여기에 관심을 두는 이유는 주로 이것들이 이후의 중요한 추이와 관련이 있기 때문이다. 똑같은 분야에서 일어난 또 다른 진전도 마찬가지다. 공공 박물관(1845년에 제한적인 도입 법안 통과), 공공 도서관(1850년에 일부 도입), 공원(1847년부터 세금을 투입한 사업으로 도입됨) 등이 그러한 새로운 추이다. 이러한 혁신을 둘러싸고 벌어진 치열한 논쟁은 (과도한 낭비라는 비판에서 노동 계급도 '교화'되어야 한다는 간절한 탄원에 이르기까지) 이후의 해석이 변해 감에 따라 우리 사고에서도 잊혀 가는 경향이 있다. 문화 제도 분야에서 파악해야 할 문제는 상당히 복잡한데, 바로 이 시기에 문화의 상업적 이용, 그 문화의 가치 있는 대중적 팽창, 계몽성 공적 공급 등에서 중요한 발전이 이루어졌다는 것이다. 선별적 전통의 다양한 갈래는 늘 단일한 발전 노선만을 추구하면서 바로 이 현실을 축소하는 경향이 있다.

이 점은 그 시기의 일반적인 정치사와 사회사에서도 마찬가지다. 내가 보기에 이 시기는 일곱 가지 특징에 의해 지배된다. 우선 1846년 곡물법the Corn Laws* 폐지로 자유 무역이 승리를 거두었다는 점이 중요하

* 곡물법은 1815년 영국에서 국내 농업 보호를 명분으로 곡물 수입 제한과 관세 부과를 위해 도입된 법이다. 당시 영국에서 'corn'이란 옥수수뿐 아니라 모든 곡물을 지칭하는 용어였다. 이 법은 대지주의 영향력이 크던 중상주의 시절 영국의 정치 지형을 반영하는 제도였는데, 노동자의 생활비를 상승시키는 효과로 다른 경제 부분, 특히 산업에는 큰 부담으로 작용했다. 그러나 1845년 시작된 아일랜드 대기근을 계기로 도시민의 강한 저항에 부딪혀 1846년에 폐지되었다. 이 조치는 영국 자본주의의 기조가 보호 무역에서 자유 무역으로의 전환을 상징하는 사건으로 통한다. — 옮긴이

다. 디즈레일리의 추진하에 새로운 스타일로 사실상 재창당된 토리당이 등장했는데, 이는 젊은 잉글랜드Young England• 운동의 사상에서 어느 정도 영향을 받았다. 차티즘 운동도 전개되었고 특히 노동 계급 정치의식 발전에서 획기적 도약이 일어났다. 공장 입법도 활발해져 결국 1847년에 10시간 노동법Ten Hours Act••이 도입되었다. 징벌적 빈민법 운영 방식을 놓고 1844년과 1847년에 이루어진 개정 시도와 관련해 복잡한 상황도 전개되었다. 이 상황은 1848년 공중보건법Public Health Act••• 제정을 위해 에드윈 채드윅Edwin Chadwick이 주도한 투쟁과도 연계되어 있었다. 방식은 다양했지만 교회가 사회 갈등에 다시 관여하게 된 것도 중요한 변화였다. 중공업과 자본 투자, 특히 철도 부문의 투자가 대대적으로 확장되었다. 다른 요인도 손쉽게 언급할 수는 있겠지만 이미 이러한 사항만으로도 분석에서 두 가지 중요 사항을 확인할 수 있다. 첫째, 이 '요인들'은 비록 대단히 복잡하고 갈등을 포함한 것이긴 해도 단일한 이야기를 구성한다는 사실이다. 그 가운데 몇몇은 분명 서로 연계되어 있고 그 시기의 실제 삶에서 그 어떤 것도 별도로 떼놓고서는 파악할 수가

• 젊은 잉글랜드는 빅토리아 시대의 정치 집단으로 주로 토리 성향의 귀족이 추구하던 이념에 근거한다. 절대 군주제, 강력한 교회, 박애 활동을 통한 노블레스 오블리주 구현 등의 가치에 입각한 이상화된 봉건주의를 추구했다. — 옮긴이

•• 1847년 공장법Factory Act 1847은 흔히 10시간 노동법으로 불렸는데, 직물 공장에 종사하는 여성과 미성년자(13~18세)의 노동 시간을 하루 10시간으로 제한하는 조치를 담았다. 물론 노동자 보호라는 측면에서 제한적인 개혁 조치이긴 하나 15년에 걸친 개혁 운동의 성과라는 점에서 의미가 있었다. — 옮긴이

••• 공중보건법은 당시 수도, 하수도, 거리 청소 등을 전담하는 기구 설립 관련 조항을 담은 법인데, 집권당인 휘그당이 통과시킨 대표적인 개혁 법이다. 에드윈 채드윅(1800~1890)은 이 법안 외에도 빈민법 개정을 위해 투쟁한 대표적인 사회개혁가였다. 그는 제러미 벤담의 공리주의 철학에 따라 다양한 주제의 사회 개혁을 추진했다. — 옮긴이

없다. 둘째, 각 요소는 이후 전개된 방향과 입장에 따라 대단히 선별적인 해석의 여지가 있다는 것이다. 차티즘의 사례가 가장 두드러진 예다. 당시에는 이를 위험하고 사악한 존재로 여기는 견해가 널리 퍼져 있었지만, 지금은 그렇게 보는 사람이 거의 없을 것이다. 예컨대 매콜리는 보통 선거가 "문명이란 존재 바로 그 자체와 양립할 수 없다"라고 주장했는데, 차티즘의 원칙 중 너무나 많은 부분이 이후에 '영국식 삶의 방식'에 포섭되었기에 그의 주장에 공개적으로 선뜻 동조하기는 어렵다. 하지만 차티즘 운동에 대한 다른 선별적 이미지는 여전히 강력하게 남아 있다. 즉 1926년의 총파업처럼 이 운동은 '변화를 이룩하는 옳지 못한 방식'의 비극적 예이며, 옳은 방식은 그 이후 단계에 와서야 뒤이어 등장했다는 인식이 그렇다. 아니면 이 운동은 지지층이 오합지졸 식으로 이질적인 데다 그냥 아무런 주목도 받지 못한 대규모 청원 등의 이유로 혼란스러운 데다 심지어 우스꽝스럽기까지 했다는 인상도 그렇다. 그러나 사실 우리는 차티즘의 역사를 제대로 알지 못한다. 선별적 전통에 의해 제시된 단편적인 버전을 근거로 그 역사를 대체하는 이야기만 알고 있을 뿐이다. 또한 여기서는 선별적 전통이 작동하는 한 가지 측면을 이론적으로 관찰하는 것이 얼마나 중요한지 알 수 있다. 즉 선별적 전통은 이후에 일어난 주된 성장 노선에 의해 영향을 받고 심지어 지배되기도 할 뿐 아니라 이후에 일어난 변화 측면에서, 말하자면 변화된 형태로 소급해서 파악하게 된다는 것이다. 19세기 노동 계급 운동의 성장에 우리가 지금 부여하는 중요성은 1880년의 시점에서는 얼토당토않은 일로 보였을 것이다. 현재 이 시각은 자료 자체에 의해 지배된다기보다는 그 운동의 결실, 혹은 그 운동에 대한 헌신에 대해 우리가 가진 지식에 지배된다. 경제사에 대한 강조 역시 이와 비슷하게 우리가 소급해서 파악한 과거의 변화에 근거한다.

문학의 사례에서 선별적 전통이 어떻게 작동했는지는 별도로 살펴볼 필요가 있다. 우리가 지금 아는 1840년대 작품이 그 시기에는 최고 수준이었다는 점은 상당 부분 사실이다. 즉 다양한 상황에서 반복된 독서를 통해 덜 훌륭한 작품이나 조잡한 작품이 뒤섞인 가운데에서 뛰어난 작품이 선별되었다. 하지만 다른 요인도 있다. 개스켈 여사와 아마도 디즈레일리까지도 이 기준에 의해 살아남게 되었겠지만, 두 사례에서 모두 선별에 영향을 미친 다른 요인도 있었다. 개스켈 여사의 작품에서는 이 시기의 주 관심사였던 사회사에 유용한 기록 측면에 초점을 두었다는 점이다. 디즈레일리의 작품에서는 그가 이후에 정치적 명성을 얻었다는 사실이 중요했다. 내가 보기에 킹슬리의 소설은 문학적 장점만으로는 살아남을 가능성이 없었겠지만, 이 역시 기록 측면에서 중요성을 갖고 있으며 기독교 사회주의 지성사에 기여한 부분이 있었다는 점에서도 중요성을 인정받았다. 새커리, 디킨스, 샬럿 브론테는 엄격하게 문학적 장점만으로도 살아남을 만하지만, 이들의 대표작에는 다른 작가라면 잊혔을 만한 열등한 작품도 포함되어 있었다. 오늘날 많은 비평가는 에밀리 브론테가 그 시기에 가장 뛰어난 소설가라 부를지 모르나, 오랫동안《폭풍의 언덕》은 샬럿의 명성 덕분에 소멸하지 않고 유지됐을 뿐이다. 또한 20세기 문학은 그 책 집필 당시의 주류 소설 전통에서 벗어나《폭풍의 언덕》과 유사한 주제와 언어를 추구하는 방향으로 변화했는데,《폭풍의 언덕》은 주로 최근 일어난 그러한 변화와 관련이 있다는 점에서 중요성을 인정받았다. 운문 분야에서 우리는 테니슨과 브라우닝을 — 비록 이들의 명성은 급격한 부침을 겪기는 했지만 — 작품 고유의 흥미성 때문에 읽는다. 그러나 매슈 아널드가 이후에 다른 부류의 명성을 얻지 않았더라면 그가 1849년에 쓴 시를 반드시 읽을 필요는 없게 되었으리라 생각한다. 지금도 칼라일, 러스킨과 밀을 읽는 이유는 이들이 분명한 오류를 범했음에도 불구하고 중요한 저술가이기도 하고 아울러 지금도 살아 있는 지적 전통에 속하기 때문이기도 하다. 그러나 우리가 토머스 아널드를 읽는 것은 그가 교육적으로 중요한 인물이기 때문이다. 푸긴을 읽을 때는 예술과 사회 간의 관계에 우리 나름대로 초점을 두는 식으로 중요한 부분을 재구성해야만 했다. 매콜리를 읽을 때는 아마 흥미가 좀 떨어지게 마련일 텐데, 이는 그의 능력이 부족하기 때문이 아니라 그의 사고방식이 오늘날 점차 의미를 잃어가고 있기 때문이다. 따라서 선별적 전통은 계속해서 변하게 될 것이라 확신할 수 있다. 이 선별적 전통은 부분적으로는 일반적 가치를 지니는 작품에서 특히 강조되는 부분이기도 하고, 부분적으로는 우리 자신의 성장이라는 측면에서 과거의 작품을 활용한다는 뜻이기도 하다. 의식적으로 연구해 보면 그 시기의 문화가 체험된 문화와 필연적으로 다를 수밖에 없는 것과 마찬가지로 이 시기와 관련된 선별적 전통은 그 시기 자체와는 다르기 마련이다.

의식적 재구성과 선별적 전통의 작업은 다양한 부류의 활동에서 전문화를 조장한다. 이제는 이들 활동이 관계를 맺는 영역을 살펴보고 그러한 관계에 대한 우리의 이론적 묘사가 타당한지 확인해야 한다. 우리는 이미 문화 제도 분야에서 한 가지 중요한 부류의 관계를 살펴본 바 있다. 계급 상황(특히 저항적 노동 계급에 대한 중간 계급 태도의 범위), 산업 경제 성장에서 유래한 기술적 확장, 그러한 경제에 따르기 마련인 소유와 분배 유형 같은 사회 요인은 신문, 서적 출판, 연극 같은 제도에 영향을 미친 것을 볼 수 있다. 이러한 제도의 형태는 그 제도가 표명한 목적과 더불어 일부 문화 작품에도 가시적인 영향을 미쳤다. 저널리즘의 새로운 스타일, 분책 출판에 따른 소설의 변화, 새로운 표적 공중에 맞춘 자료 각색 등이 그러한 변화다. 우리는 이러한 부류의 상호관련성에 비교적 친숙하지만 이것만이 유일한 종류는 아니다.

일단 사회를 파악하고 나서 과연 사회가 이 시기의 문화 작품에 직접 반영되었는지 확인해 볼 두 번째 부류는 아주 분명하다. 1840년대의 정치 사회사에서 찾아내 앞서 열거한 일곱 가지 일반적 특징은 모두 오늘날의 문학, 특히 소설에 널리 반영되어 있다. 《메리 바튼*Mary Barton*》, 《시빌*Sybil*》, 《커닝즈비*Coningsby*》, 《돔비 부자*Dombey and Son*》, 《이스트*Yeast*》, 《올튼 로크*Alton Locke*》, 《과거와 현재*Past and Present*》 등만 읽어 봐도 우리는 차티즘, 공장법 제정, 빈민법, 철도, 교회의 현실 개입(이 시기에는 종교적 신앙과 소속 교파의 위기를 다룬 소설이 여럿 나왔다), 자유 무역과 젊은 잉글랜드 단체의 정치 등의 세계로 단숨에 뛰어드는 듯한 느낌을 받게 된다. 이들 간의 상호관련성은 중요하긴 하지만 이것만이 유일한 종류는 아니다. 또한 실로 이처럼 직접 서술하고 논의한 부분으로만 이 상호 관계를 한정한다면 이 작품들조차 제대로 평가하기 어렵게 될 것이다.

이제 추가로 살펴볼 관계 영역은 사회적 캐릭터와 감정 구조와 같은 개념으로 기술하고 해석한 것이다. 그 시기에 지배적이던 사회적 캐릭터는 간결하게 정리할 수 있다. 우선 작품의 가치에 대한 믿음이 있는데, 이 가치는 이러한 방식으로 달성한 성공에 대한 강한 집착과 더불어 개인적 노력과의 관련 속에서 이해된다. 계급 사회는 당연시되지만 사회적 지위는 점차 혈통보다는 실제 지위에 의해 규정된다. 빈민층은 자기 결함에서 비롯된 희생자로 간주되고, 빈민 중에서도 뛰어난 사람이라면 소속 계급에서 벗어날 것이라는 믿음은 확고했다. 노력을 자극하려면 징벌적 빈민법은 필요하다. 만약 가족과 별거, 최소한의 생계, 채석장 노동이나 단순 노역(뱃밥 만들기) 같은 노동 형태라는 심각한 곤경 없이 구호에 의존할 수 있게 된다면 자력갱생하는 데 필요한 노력을 기울이지 않을 것이다. 이 분야와 더 광범위한 분야에서 고통은 겸손과 용기를 가르치고 의무에 대한 강한 헌신을 유도한다는 측면에서 어떤 점에서는 고귀한 행위다. 절약, 금주, 경건함은 주요한 덕목이며, 가족은 그들에게 가장 중요한 제도다. 결혼의 신성함은 절대적이며 간통과 간음은 용납될 수 없다. 도움이 나약함을 부추기는 부류의 행위가 아닌 한, 인간의 의무에는 약자를 돕는 행위도 포함된다. 이러한 정의에 따르면 성적 잘못을 묵과하거나 가난한 자에게 영합하는 것은 약점에 속한다. 지배적 덕목을 따르게 하는 훈련은 반드시 엄격해야 하며 그러한 훈련 제도를 강화하도록 할 의무도 존재한다.

당시 법의 특징, 주장의 근거가 된 관점, 공적인 글과 발언에서 지배적인 내용, 가장 존경받는 인물의 성격 등을 살펴볼 때 이상의 속성을 이 시대의 지배적인 사회적 캐릭터로 불러도 무방하다. 그렇지만 이는 물론 사회적 캐릭터로서 실제로 전파되는 정도에서는 상당한 편차가 있고 개인별 차이도 컸다. 그 시기를 좀 더 자세히 들여다보면 사실 대안적 캐릭터도 작동하고 있었고 당시의 삶 전체에 상당한 정도로 영향을 미쳤다는 사실을 깨닫게 된다. 이에 따라 좀 더 심각한 어려움도 발생하게 된다. 사회적 캐릭터란 지배 집단에서 추상화한 속성인데, 이렇게 기술된 캐릭터 — 즉 산업과 상업 종사 중간 계급에서 발전된 도덕성 형태 — 가 당시 가장 강력한 존재였다는 점에는 의심의 여지가 없다. 이와 동시에 사회 내에 상당한 기반을 확보한 다른 사회적 캐릭터도 있었다. 귀족적 캐릭터는 눈에 띄게 약화하고 있었지만, 그 변종은 당시의 실천에서는 모두 살아 있었고 이론에서도 여전히 일부 남아 있었다. 돈보다는 혈통이 중요하다든지, 노동만이 유일한 사회적 가치가 아니며 문명에는 놀이도 포함된다든지, 금주와 정절은 적어도 젊은이에게는 지고의 덕목이 아니며 열등함이나 매력 없음의 표시일 때도 있다든지 하는 인식이 그 예다. 빈민에 대한 태도에서도 이 캐릭터는 모호한 형태를 취한다. 즉 자신의 위치에 걸맞은 일부로서 자선을 강조하는데, 이는 징벌식 재활과는 아주 다르다. 하지만 동시에 말썽꾸러기를 제거하는 잔혹함과 단호함, 태생적인 억압의 습관도 보이는데, 이 역시 중간 계급의 태도와 차이가 있다. 1840년대는 이질적인 사회적 캐릭터 — 즉 토리 성향의 자선 대 휘그 성향의 갱생, 잔혹함과 억압 대 제도를 통한 적극적인 문명화 — 간의 상호 작용이 나타난다는 점에서 아주 흥미로운 시기다. 휘그가 주도한 빈민법에 대한 몇몇 예리한 비판은 의식화된 귀족적 이상을 품은 토리 성향의 인사에게서 나왔는데, 젊은 잉글랜드 운동 단체에서 특히 두드러지게 나타났다. 이 무렵에는 위기 상황에서 잔혹함과 억압을 행사할 태세는 갖추어졌지만 1820년대와 1830년대에 비교할 때 그러한 조치 대신에 적극적인 입법에 대한 선호도가 꾸준하게 높아졌다. 당시 사회적 캐릭터에 따르면 놀이는 눈살을 찌푸릴 일이었지만, 이 무렵에는 싸구려 소설에서 음악 공연장에 이르기까지 가벼운 오락물도 엄청나게 증가했다. 당시 지배적인 사회적 캐릭터는 많은 측면에서 음지에서 체험되던 삶과 거리가 있었을 뿐 아니라 대안적인 사회적 캐릭터의 존재와 실제로 갈등을 빚게 됐다. 이는 사회적 캐릭터 개념이 가진 핵심적 어려움을 보여 준다. 심지어 사회적 캐릭터가 아주 강력하게 존재했던 1840년대에도 변화와 갈등은 발견할 수 있는데, 추상화된 지배 속성을 강조하다 보면 그러한 변화와 갈등의 역사 과정을 심각하게 과소평가하게 되기 때문이다. 그래서 여기에 중요한 또 다른 대안을 추가해야 하는데, 바로 경쟁자와는 중요한 측면에서 차이를 보이는 노동 계급의 사회적 캐릭터를 개발하는 일이다. 억압과 징벌적 갱생, 성공의 복음과 혈통의 자부심에 희생당한 존재이자 노동과 고통 노출이 갖는 진정한 속성의 피해자로서 노동 계급 사람들은 대안적 이상 형성에 착수했다. 이들은 다른 체제와의 상호 작용을 통해 중요한 동맹을 확보했으며, 곡물법 폐지나 공장법 제정이 다양한 지배 계급 분파의 지원을 받았을 때는 그러한 투쟁에서 유력한 세력이 될 수도 있었다. 그러나 비록 주로 다른 집단과의 동맹을 통해 실현되긴 했지만, 1840년대에 [노동 계급의] 독자적 목표는 의미 있는 발전을 이룩했다. 이렇게 해서 차티즘은 사회 내에서 모든 지배 집단의 관점을 넘어서는 이상이자 민주적 열망 표현 이상의 존재였으며, 계급을 초월해 개인의 존엄에 관한 주장이기도 했다. 노동 계급이 생각하기에 10시간 노동법은 단지 노동에 관한 선한 온정주의 입법 이상의 성과였다. 여가를 요구하는 주장이자 이에 따라 좀 더 폭넓은 삶에 관한 주장이기도 했다. 이와 동시에 노동 계급 조직을 발전시켜 가면서 매우 급진적인 비판을 모색하고 있었다. 즉 혈통이나 개인적 성공에 근거한 사회를 거부하고 상호 부조와 협력에 기반한 사회를 구상하게 된 것이다.

이렇게 해서 우리는 그 시기에 작동하던 세 가지 사회적 캐릭터를 구분할 수 있게 되었는데, 바로 이 캐릭터 간의 관계를 연구해야만 총체적 삶의 현실에 접근하게 된다. 이 캐릭터들은 모두 사회의 성장에 기여한다. 귀족적 이상은 최악의 경우 중간 계급의 이상이 초래할 수도 있는 가혹함을 완화했고, 노동 계급의 이상은 중간 계급의 이상이 최상의 상태일 때 서로 결합해 내실 있고 결정적인 역할을 하게 되었다. 중간 계급의 사회적 캐릭터는 여전히 지배적 위치에 있어서 귀족과 노동 계급 사람들은 여러 가지 측면에서 이 캐릭터와 타협하게 됐다. 그러나 이와 마찬가지로 1840년대 초반의 중간 계급 사회적 캐릭터 역시 1840년대 말에 이르러 여러 가지 측면에서 변형을 겪었다. 노동과 자조의 가치, 혈통보다는 지위에 의한 사회 신분의 중시, 결혼의 신성함과 절약, 금주, 자선 강조라는 가치는 여전히 지배적이었다. 그러나 징벌적 갱생, 그리고 그 근거가 되는 나약함과 고통에 대한 태도는 완전히 거부되지는 않았지만, 공공 서비스라는 중요한 이상과 결합하여 진실한 이타주의와 적극적 제도 수립에 의한 문명화의 노력을 적극적으로 촉진하게 됐다.

이상은 한 가지 변화 수준에 불과하지만, 사회적 캐릭터의 현실을 탐구하려면 그러한 분석이 필요하다. 어떤 면에서 감정 구조는 지배적인 사회적 캐릭터와 일치하지만 앞서 기술한 상호 작용의 표현이기도 하다. 하지만 감정 구조는 사회 전체에 걸쳐 균일하게 존재하지는 않으며 주로 지배적인 생산 집단에서 두드러진다. 그렇지만 이 수준에서 감정 구조는 식별할 수 있는 그 어떤 사회적 캐릭터와도 다르다. 이는 공적인 이상뿐 아니라 그러한 이상이 생략되고 결과로 나타나면서 실제로 체험되는 양상도 다루어야 하기 때문이다. 1840년대 소설을 살펴보면 이 점을 명쾌하게 깨닫게 될 것이다.

이미 에드워드 댈질Edward Dalziel이 세심하게 연구한 바 있지만 정기 간행물에 수록된 대중 소설은 이러한 맥락에서 대단히 흥미롭다. 언뜻 보면 우리가 기대한 결과를 발견하게 되는 듯하다. 즉 계급 사회를 철석같이 당연시하면서도 혈통보다는 부를 강조하는 것(실로 귀족은 종종 인간적으로 사악하기까지 하다), 빈민은 자기 잘못 때문에 가난하다(이 태도는 빈민의 어리석음과 타락을 강조하고 이들의 상호 부조는 무시한다)는 확신, 결혼의 신성함, 성적 위반자는 실제로 고통을 겪도록 이야기 줄거리를 설계하는 것, 아무리 어려운 싸움이라 해도 나약함과의 투쟁은 겸손의 미덕을 낳는 주된 원천이라고 여기는 것 등이 그러한 발견이다. 흔히 의식적으로 교훈적 성격을 띠는 이 모든 작품은 지배적인 사회적 캐릭터를 직접 표현한 것이며, 경건한 '계도성' 소설(예컨대 샬럿 엘리자베스 토나Charlotte Elizabeth Tonna 여사의 《헬런 플리트우드*Helen Fleetwood*》•)이든 계도자들이 비난하던 선정적

• 《헬런 플리트우드》(1841)는 샬럿 엘리자베스 토나가 쓴 소설로서 산업화가 초래한 물질적, 정신적 효과를 주제로 삼아 빈곤층의 노동과 삶을 사실적으로 묘사했다. 영국에서는 프랜시스 트롤로프의 소설과 더불어 최초로 사회 문제를 다룬 작품으로 꼽힌다. — 옮긴이

소설이든 모두 이러한 가정을 공유하는 경향이 있다. 그러나 여기서 우리는 대중 소설이 흔히 스테레오타입화한 캐릭터 관습을 통해 구시대의 가치 체제를 얼마나 철저하게 고수하는지 깨닫게 된다. 상류 사회의 삶을 다룬 '최신 유행 소설'은 1840년대 말에 이르면 퇴조하게 된다. 여기서 전형적 주인공은 간혹 자조 정신의 성공적인 화신일 때도 있지만, 대개 교양 있는 신사, 명예 규약에 집착하는 군인, 심지어 쾌락을 축복으로, 노동을 저주로 여기는 사람 같은 구시대적인 유형이었다. 그 이전 시기의 주인공에게 돈이 떨어져 일할 수밖에 없게 내몰리는 상황은 견뎌내야 할 불운에 불과했다. 안정적인 부를 확보하는 일이야말로 의심할 여지 없이 최선이었다. 노동에 대한 새로운 태도는 아주 서서히 등장했는데, 여기엔 납득할 만한 이유가 있었다. (평범한 중간 계급의 삶은 정말 흥미로운 소설로 다루기엔 여전히 너무 지루하고 무미건조하다고 여겨졌다.) 더구나 어떤 유형이든 주인공은 강한 감정을 표출하는 성향을 보였다. 강한 남성이라면 간혹 그렇게 하기는 해도 곧 자제할 수 있는 존재여야 했는데도, 새로운 주인공은 남이 보는 데서도 울음을 터뜨리거나 심지어 기절하기도 하는 인물이었다. 여주인공의 속성은 상대적으로 변하지 않았다. 이들은 나약하고 의존적이며 기꺼이 그렇게 하는 것처럼 묘사되었는데, 당연히 아름답고 정숙했다. 분명 이 시기에도 남아 있던 일반적 태도와 관련된 한 가지 흥미로운 요인은 학교가 거의 예외 없이 끔찍한 곳으로 묘사되었다는 점이다. 학교는 비열하고 잔인하며 교육적으로 터무니없는 유혹과 사악함의 장소일 뿐 아니라 아이를 양육하는 방식으로서는 가정이나 가족에 비해 열등한 곳이었다. 아마 이 무렵은 영국에서 여론 대다수가 가정 교육이 가장 이상적이라고 믿은 마지막 시기였을 것이다. 16세기부터 이러한 믿음은 뿌리내리기 시작했고, 아널드 이후 새로운 공립학교의 기풍이 전반적으로 상당한 중요성을 띠게 되면서 비로소 이 믿음은 완전히 뒤바뀌었다. 그러나 소설에서 새로운 태도는 1857년 《톰 브라운의 학창 시절*Tom Brown's Schooldays*》이 출간된 후에야 등장했다.

1840년대 대중 소설에서는 당시 공인된 사회적 캐릭터에 표준적인 특정 감정이 충실하게 재현될 뿐 아니라 구시대의 감정 방식의 흔적도 무수하게 발견된다. 또한 흥미롭게도 이들 감정과 실제 경험 간의 상호작용도 발견할 수 있다. 이 시기에 핵심 사항은 성공과 돈의 분야에 있다. 노력에는 성공이 따르고, 부는 존경의 표시라는 식으로 사회적 캐릭터의 확신에 찬 주장은 비록 오직 무의식 수준에서이긴 하나 매사가 그리 단순하지 않은 실제 세계와 각축을 벌여야 했다. 이 소설의 자신감은 흔히 표피적인 데 그쳤을 뿐이다. 불안감과 부채 의식이라는 지배적 분위기는 여전히 강력한 위력을 갖고 지속됐다. 이러한 이야기에서 으레 등장하는 요소는 부의 상실인데, 이러한 상실은 사회적 캐릭터와 부합되는 관점에서, 즉 성공이든 실패든 개인의 자질과 부합한다는 관점에서 절대로 제시되지 않는다. 부채와 파멸은 이처럼 언뜻 자신감에 찬 세계를 위협하면서 배회하며 대개 등장인물이 어찌할 수 없는 과정의 결과로 그냥 우연히 일어난다. 사회적 캐릭터에 관한 가정은 어떤 한 가지 수준에서는 유지된다. 즉 재산을 잃으면 밀려나야 한다. 버티면 자신이나 주변 사람만 난처해지게 된다. 그러나 이처럼 가차 없는 규약은 보통 주인공이나 여주인공의 부모 등 조연급 인물에 국한된다. 주요 인물에게는 좀 다른 조치가 필요하다. 소설 전반을 보면 두 가지 장치를 통해 이 조치는 구현되는데, 바로 예상치 못한 유산과 제국이다. 이 장치들은 마술 수준에서나 사회에 필요한 태도 개발 수준에서나 대단히 흥미롭다.

실로 마술은 윤리와 경험 간의 갈등을 유예하는 데 필요하다. 진심으로 사랑하는 사람이 기다리는데 주인공이나 여주인공이 사랑하지 않는 아내나 남편에게 묶여 있는 성적 상황에서 마술은 두루 활용된다.

통상적으로 불륜이나 결혼을 깨뜨리는 식의 해결책은 용납할 수 없기에 다음과 같은 공식을 개발해 표준적으로 사용한다. 즉 부적합한 배우자는 사랑받지도 않을 뿐 아니라 알코올 중독이거나 정신질환자다. 어떤 시점에, 그리고 어쩔 수 없이 상당한 고통을 감내한 후 편리하게도, 그리고 흔히 극적으로 애정없는 배우자가 엄청난 배려, 도리와 경건함의 자질을 보여 준 후 사망한다. 그러고 나서 물론 진정한 사랑은 결실을 본다. 돈 문제에서도 비슷한 과정이 전개된다. 결정적인 순간에 거의 난데없이 유산이 튀어나오고 재산을 회복한다. 돈이 성공에 핵심적이라는 원칙을 아무도 거부할 필요는 없지만, 마찬가지로 성공의 자질을 갖춘 사람이라면 노력만 하면 결국 성공하게 된다. 빈민에게 설파한 윤리에 구속되어야 할 사람도 거의 없다. 이러한 속임수의 요소는 사회적 캐릭터와 실제 감정 구조 사이의 한 가지 결정적인 차이점이다.

제국의 활용은 앞의 장치와 비슷하면서도 좀 더 복잡하다. 물론 실제로 유산 상속이 발생하고 이는 결국 가장 단순한 형태로 자조 정신의 윤리를 바꿔 놓는데, 이 단계에서 마술은 바로 타이밍에 있다. 그러나 제국은 좀 더 보편적으로 활용할 수 있는 탈출구가 된다. 제국 안에서 악당은 정체를 감출 수도 있고, 몰락하거나 오해받은 주인공은 길을 떠나 부를 축적해 귀환할 수도 있으며, 모든 부류의 약자는 제국으로 옮아가 새로운 삶을 시작할 수도 있다. 실제로 제국은 종종 예기치 않은 유산의 원천이 되어 두 가지 장치가 결합하기도 한다. 제국의 활용이 사회 내에서 실제 요인과 관련이 있다는 사실은 분명하다. 단순한 수준에서 보면 새로운 땅으로 진출하는 행위는 순수한 부류의 자조 정신과 창업으로 간주할 수도 있다. 새로운 땅에서는 노동자에 대한 수요가 매우 크고, 흔히 기존 체제에 대해 가장 인본주의적인 태도를 보인 비평가조차도 노동 계급 문제 해결책으로 이민을 두루 권장했다. 1840년 한 해

동안 9만 명이 이민을 떠났고 1850년에는 그 수가 세 배에 달했다. 달리 보면 자본과 상업 측면에서 제국은 산업화의 지렛대 중 하나였고 자본주의 체제를 계속 유지하는 주된 방안임을 입증하게 됐다. 제국주의가 의식적인 정책으로 바뀐 19세기 후반만큼은 아닐지라도 이러한 요인은 소설에도 반영된다. 이처럼 실제 요인을 반영함과 동시에 마술 장치로 활용한 부분도 있다. 즉 주어진 체제 내에서 자신의 운명을 실현할 수 없는 인물은 그냥 배를 타고 떠나도록 설정됐는데, 이는 윤리에 대해 근본적인 의문을 제기하는 것보다는 윤리와 경험 간의 갈등을 해소하는 더 단순한 방안이었다. 이 방법은 감정 구조에서 또 다른 주요 요소(즉 당시의 사회 문제에는 어떤 일반적 해결책도 존재할 수가 없으며, 유산이나 이민에 의한 구출, 어떤 시의적절한 변심에 의한 해결처럼 오직 개인적 해결책만 가능할 뿐이라는 사실)와 조화를 이룰 수 있다는 추가적 이점도 있었다.

앞서 기술한 감정 구조에서 매력적인 부분은 이 구조가 지금은 폄하되는 대중 소설뿐 아니라 현재 문학으로 읽는 거의 모든 소설에도 존재한다는 사실이다. 현실 반영에든 마술에든 이는 모두 적용된다. 디즈레일리는 대담하게도 귀족과 차티즘 옹호 여성 간의 사랑을 통해 양분된 국민 문제를 극화하려 한 듯하지만, 여주인공 시빌은 잡지 속의 비슷한 상황에 처한 거의 모든 가난한 여주인공의 패턴을 따라 결말에 이르면 '사실은' 몰락한 귀족이었음이 밝혀진다. (디즈레일리의 작품에서 분열된 두 국민의 통합은 사실 농업 자본과 산업 자본의 결합에 해당하는 아주 낙관적인 정치적 예견이었다. 《커닝즈비》도 똑같은 패턴을 따르는데, 여기서는 젊은 귀족이 랭커스터 제조업자의 딸과 결혼해 산업 지역 선거구 의원으로 선출된다.) 개스켈 여사는 빈민이 자신의 결함 탓에 고통을 겪는다는 대중적 허구는 거부하면서도 《메리 바튼》에서 노동계급 집단과 살인을 잘 버무리고는 자신이 사랑하는 모든 인물을 캐나다로 떠나게 만든다. 킹슬리는 《올튼 로크》에서 차티즘 운동가인 주인공을 미국으로 보낸다. 이 모든 인물은 인본주의적 비평가로서 여러 측면에서 사회적 캐릭터에서 벗어나 있으면서도 감정 구조에 얽매여 있다.

사회 문제가 주 소재가 아닌 소설에서도 똑같은 대응 관계가 두드러지게 나타난다. 샬럿과 앤 브론테Anne Brontë의 소설은 플롯과 감정 구조 측면에서는 잡지에 실린 수많은 이야기와 사실상 같다. 가정교사인 여주인공, 정신이 온전치 않은 부인이나 알코올 중독자 남편, 인내, 의무감, 마술을 통한 해결 등의 측면에서 그렇다. 디킨스도 이와 비슷하게 잡지용 소설의 상황 설정, 감정, 마술을 반복해서 활용한다.

이처럼 대중적 감정 구조와 당시 문학에서 활용되던 감정 구조 간의 연결은 문화 분석에서 대단히 중요하다. 심지어 제도 수준보다 더 중요한 바로 이 수준에서 총체적인 문화 내부의 실제 관계가 뚜렷하게 드러난다. 가장 뛰어난 작품만 남아 있거나 작품의 사회적 맥락을 고려하지 않고 연구할 때는 이 관계를 간과하기 쉽다. 하지만 이러한 연계는 조심스럽게 규정해야 한다. 종종 훌륭한 소설에서는 일상적 상황과 감정이 최대한 강렬하게 구현되었기 때문에 그렇게 보일 수도 있기 때문이다. 다른 사례에서는 비록 틀 자체는 유지되었다 해도 경험의 한 가지 요소가 작품에 너무나 넘쳐나 관습적 틀과 무관하게 그 자체만으로도 의미 있게 보이기도 한다. 이 점은 엘리자베스 개스켈의 작품《메리 바튼》의 초반부에서 잘 드러난다. 샬럿 브론테의 작품은 고독한 개인의 욕망을 철저하게 구현해 그 욕망을 거부하는 관습에 실질적으로 의문을 던지게 되는 지점에까지 도달한다. 디킨스의 작품 역시 고아 혹은 재산을 잃는 바람에 풍파에 노출된 아이라는 관습적 인물이 스스로 의존하던 체제를 극복하고 당시의 실제 경험에서 가장 근원적인 감정을 상당 부분 구현하게 된다는 점에서 분명히 그렇다. 비록 일상적인 감정 구조와의 연계가 아직 뚜렷하긴 하지만 이것들은 그래도 창의적인 요소다.

고아, 풍파에 노출된 아이, 외톨이 여자 가정교사, 가난한 집안 출신의 소녀 등은 삶의 방식의 현실에 대해 가장 깊은 데서 우러나는 반응을 표현하는 인물들이다. 보통의 픽션물에서 이들은 관습적 인물이다. 문학에서 이들은 사회 체제의 우발적 사고를 예시하는 존재일 뿐 아니라 총체적인 삶의 방식에서 인간적 속성에 대한 **일반적인** 판단을 표현하는 존재로서 거부할 수 없는 진실성을 지닌 인물로 등장한다. 비록 관습적 형태를 취하긴 했지만, 급진적인 인간의 저항을 표현하는 소설 집단이 (윌리엄 고드윈William Godwin과 아마 새뮤얼 리처드슨Samuel Richardson 등 이전에 간헐적으로 나온 사례를 제외하면) 1840년대에 처음 등장한 것이다. 사회적 캐릭터 수준에서 사회는 그 가정과 미래에 대해 자신감을 지녔을지 모르나, 이처럼 고독하고 풍파를 겪는 인물은 우리가 보기에 적어도 부분적으로는 사회적 캐릭터가 합리화한 체제의 개인적, 사회적 현실로 보인다. 고독하고 두려움에 시달리는 인간이야말로 희생자인데, 이는 오랫동안 사라지지 않을 경험이다. 사례 대다수에서 결국에는 마술 같은 해결책을 찾아내게 되겠지만, 핵심적인 강렬한 경험은 기록되고 이후에도 남아 있게 된다. 그리고 바로 이 지점에서 우리는 관습적 구조의 훨씬 더 많은 부분을 거부하는《폭풍의 언덕》같은 소설과의 연계를 발견하게 된다. 여기 강렬함이 절정에 달하는 지점에서 관계 체제라는 정교한 장벽은 마침내 절대적 인간의 헌신으로 붕괴하고 만다. 이 헌신은 죽음을 통해 실현된다. 이 본질적 비극은 다른 곳에서라면 마술로 구원받을 수도 있는 개인적 인물로 구현되면서 전체 작품의 형식을 이루게 된다. 다른 소설에서는 창조적 요소에 불과하던 것이 여기서는 전체 수준까지 격상되는 바람에, 그 작품은 통상적인 감정 구조에서 벗어나 새로운 감정을 전파하는 작품으로 바뀌게 된다.

예술은 사회를 반영하며 경험 속에서 사회적 캐릭터를 현실에 근접하게 작동시킨다. 그러나 예술은 또한 새로운 지각과 반응을 통해 사회가 자체적으로 깨닫지 못하는 요소를 창조하기도 한다. 예술과 그 예술의 기반인 사회를 비교해 보면 예술이 나머지 생활 전반과 맺는 근원적이면서 핵심적인 연계를 드러내는 일련의 현실적 관계를 발견하게 된다. 우리는 사회적 캐릭터에 대한 묘사, 논의, 플롯을 통한 전개, 경험을 발견한다. 어떤 특징적 형태와 장치에서는 사회의 교착 상태와 미해결 문제점의 증거도 보게 되는데, 이 중에는 종종 이런 식으로 해서 처음으로 의식 속으로 떠오르는 것도 있다. 이러한 증거 중 일부는 어떤 실질적 지각을 방해하기 위해 고안된 허위의식을 드러내기도 하며, 또 다른 일부는 아직 표현되진 않았지만 이러한 허위의식을 넘어서려는 근원적 욕망을 보여 주기도 한다. 조지 엘리엇George Eliot은 1848년에 이 후자의 감정을 기록하면서 다음과 같이 썼다.

> 하얀 대리석 신전이 들어서서 달콤한 향내가 피어오르고 찬가가 울려 퍼져 지금처럼 황금의 신Mammon이 지배하는 비참한 시절이 끝나는 날에 대한 예감, 열망, 확실한 비전을 품은 모든 사람을 기리게 될 날이 오게 되리라. 미래의 그날에는 인간이 더 이상 '바다의 물고기 같은' 존재가 되지 않으리라. 그리고 사회는 더 이상 절반은 환하고 신성한 모습 — 장사꾼과 입발림의 측면 — 이고 나머지 절반 — 행위와 제도의 측면 — 은 메피스토펠레스의 냉소로 일그러진 거칠고 늙고 주름진 피부로 된 그런 얼굴을 하지 않게 되리라.

1840년대 예술과 마술의 상당 부분은 이 욕망을 표현했다. 이 지점에서 우리는 단순히 예술과 사회의 비교에 그치지 않는 과정으로 진입하게 된다. 그러한 과정은 인간의 모든 행위는 예술과 통상적으로 사회라 불리는 존재가 구성되는 환경인 일반 현실을 구성한다는 깨달음에서 출발해야 한다. 이제 우리는 예술과 사회를 비교하는 데 머물지 않고 이 양자를 인간 행동과 감정의 복합적 총체와 비교하게 된다. 일부 예술은 사회가 그 사회의 일반 캐릭터로 표현할 수 없었던 감정을 표현하기도 한다. 이는 새로운 감정을 조명하는 창조적 대응일 수도 있다. 또한 단순히 생략된 부분에 대한 기록, 즉 충족되지 못한 인간 욕구를 풍성하게 하거나 그렇게 하려는 시도일 수도 있다. 우리가 아직 살펴보지 않은 1840년대의 한 요소는 이러한 부류의 증거를 뚜렷하게 보여 준다. 〈아서왕의 죽음*Morte d'Arthur*〉과 〈율리시스*Ulysses*〉에서 〈버림받은 인어*The Forsaken Merman*〉에 이르기까지 이 시기에 나온 테니슨과 아널드의 독특한 시는 다른 장소와 시간대를 통해 당대의 일상적 삶에서는 드러나지 않는 풍요로움을 표현하려 한 낭만주의 운동의 후기 단계에 속한다. 이 시가 형식 측면에서 유사한 새뮤얼 테일러 콜리지Samuel Taylor Coleridge나 존 키츠John Keats보다 뒤떨어진다는 사실은 유감스럽게도 실제 삶의 역동성에서 점점 더 멀어져 간다는 점을 드러내는 표시인 듯하다. 하지만 이 시에 나타나는 충격적 자극만은 특징적인 부분으로 강렬할 때나 미약할 때나 사회 연구로만 제시할 수 없는 경험을 잘 보여 준다. 또한 이는 과거에 대한 전반적인 낭만화와 연결 지을 수 있다. 이 경향은 칼라일에게서는 진지한 수준으로, 대중 수준에서는 또 다른 낭만주의 창작물인 역사 소설 형태로 나타났고, 1840년대 초반에는 [작품] 생산과 대중성에서 정점에 달했다가 이후 점차 소멸하기 시작했다. 이국적 색채와 풍요를 강조하는 미약한 낭만주의와 더 완벽한 인간적 삶에 대한 비전을 추구하는 강한 낭만주의를 연결해 주는 것은 이 시기의 삭막한 현실과 지배적 이상에서 어떤 기본적 인간 욕구가 상실되었다는 인식이다. 무허가 극장과 음악 공연장의 마술과 요란함, 장식이 과도한 가구, 건축에서 고딕주의Gothicism도 같은 범주에 속한다. 차티즘 운동의 마지막 해인 1848년은 라파엘 전파 형제단pre-Raphaelite Brotherhood•이 결성된 해이기도 하다. 물론 이 예술을 일반적 삶의 나머지 부분과 관련지을 수 없다는 뜻은 아니다. 그보다는 사회의 주된 특징과 대비를 이룬다는 바로 그 사실 때문에, 이처럼 구체적 방식으로 표현되고 만약 문화 전체를 분석하고자 할 때 다른 요소와 동등한 반열에 놓고 파악해야 할 일반적 인간 조직의 한 요소로 이 예술을 간주한다는 뜻이다.

마지막으로 이 시대 전체를 살펴보면 이 시기의 창조 활동은 예술에서뿐 아니라 사회의 주된 노선을 따라 산업과 공학에서도 발견할 수 있으며, 사회에 대해 의문을 제기하자면 사회 제도의 새로운 배후에서도 찾을 수 있음을 깨닫게 된다. 만일 인간의 숙련도와 노력으로 달성되는 진정한 기적을 파악하지 못한다면 산업 혁명의 그 어떤 시기에 대해서도 이해하지 못할 것이다. 다시 말해 심지어 사회에 비판적인 사람들도 이처럼 인간의 힘이 경이롭게 행사되는 데 대해 흥분을 느끼게 된다는 사실에는 수긍하고 공감했다. 이 기적이 없다면 모든 사람이 사회에 만족해하는 일은 없었을 것이다. 1842년 칼라일은 새 기관차를 본 후 "이야말로 우리의 시다"라고 말했는데, 지금은 너무나 쉽게 간과되지만 이 요소는 문화 전체에도 중심을 이룬다.

방식은 아주 다르지만 새로운 제도에서 공동체의 다양한 이미지와 다양한 관계 형태가 새로 조직된 노동자와 중간 계급 개혁자에 의해 서

• 라파엘 전파 형제단은 1848년 윌리엄 헌트William Hunt, 존 에버렛 밀레이John Everett Millais, 단테 가브리엘 로세티 등 영국의 화가들이 설립한 느슨한 형태의 미술 운동 단체다. 이들은 주로 역사나 자연을 소재로 삼았는데, 기법에서는 15세기 이탈리아 미술에서 특징이던 세부 묘사, 강렬한 색채, 정교한 구조로 돌아가야 한다고 주장했다. 이들은 르네상스 화가 라파엘의 고전주의적 태도와 우아한 구조가 미술 교육에 악영향을 미쳤다고 보았기에, 라파엘 이전으로 회귀한다는 뜻에서 라파엘 전파로 불렸다. — 옮긴이

서히 창조되었다는 사실은 인간 사고의 확장으로서 비슷한 중요성을 지니는 지표다. 산업과 제도에서 이러한 부류의 활동을 고려하지 않고는 문화의 창의적 부분도 이해할 수가 없다. 그러한 활동은 직접적인 인간 감정의 표현으로서 주요 예술과 사상만큼이나 가치가 있다.

1840년대 문화를 완벽하게 분석하는 일은 이 장의 범위와 취지를 훌쩍 넘어서는 일일 것이다. 나는 단지 그러한 분석에 어떤 사항이 관련되어 있는지 고려하는 한 방안으로서 이 매력적인 시기를 살펴보았다. 나는 그러한 분석을 어떻게 시작할 수 있는지 예시했을 뿐이다. 그러나 앞서 기술한 부류의 분석은 실행 가능성이 있으며, 삶의 방식에서 언뜻 별개로 보이는 요소 간의 관계 탐구는 여기에 분명 시사하는 바가 크다고 생각한다. 어쨌든 분석을 진행해 나가고 그 분석을 어떻게 계속할 수 있을지 알아보면, 주된 이론적 접근 방식과 그에 따른 이론적 구분이 과연 어느 정도 타당한지는 우리 스스로 판단할 수가 있을 것이다.

4

마술 체제로서의 광고

1960/1969

"마술 체제로서의 광고"는 원래 《기나긴 혁명》의 한 장으로 실을 용도로 작성됐지만, 그 대신 윌리엄스가 깊숙이 관여하던 잡지인 〈뉴 레프트 리뷰〉에 게재되었다. 이 장에 인쇄된 텍스트에는 1969년 지금은 폐간된 방송 잡지 〈청취자〉에 게재할 용도로 작성한 부록이 포함되어 있다. 윌리엄스는 광고란 20세기의 공식 예술이라는 아마 논란의 여지가 있는 주장을 했지만, 이보다 더 중요하게는 어떻게 광고 담론이 다른 담론에도 침투하여 기사 콘텐츠와 상업적 발언 간의 적절한 구분을 무너뜨렸는지 기술한다.

1. 역사

광고 역사를 설명할 때는 심지어 아주 짧은 설명일지라도 과거 사례를 회상하는 방식으로 시작하는 것이 관례다. 테베에서 발굴된 3,000년 된 파피루스에는 도망친 노예 수배에 대한 보상을 약속하는 내용이 실렸다. 나아가 아테네 거리에서 큰 목소리로 소식을 알리던 사람 이야기라든지, 격투 공연 참여를 촉구하는 문장이 덧붙은 폼페이 유적의 검투사 그림이라든지, 로마 포럼 광장 기둥에 붙은 안내문 같은 것이 그 예다. 이 흥겹고 작은 의례는 아주 간단히 수행할 수도 있고 그만큼 재빨리 잊히기도 한다. 물론 이러한 의례는 다룰 거리가 너무나 소박하다. 만약 광고라는 단어를 셰익스피어나 공식 버전 — 어떤 공지를 주고받는 과정 — 의 번역자가 의도한 의미로 사용한다면 광고는 인간 사회만큼이나 오래된 것이며, 석기 시대에 관한 몇몇 재미있는 기억까지도 아주 쉽사리 광고로 꾸며 낼 수 있을 것이다.

광고 역사가가 정말로 해야 할 일은 좀 더 어렵다. 바로 구체적인 주목과 정보의 과정이 제도화된 상업적 정보와 설득 체제로 발전하는 과정을 추적하고 이를 사회와 경제에서의 변화와 관련짓는 것이다. 이와 더불어 변화하는 조직과 취지의 맥락에 비추어 광고 방법의 변화를 추적하는 일도 있다.

영국 사회의 어떤 시기에서든 — 맨 목소리로 외쳐 소식을 전하든 필사하거나 인쇄한 종이에 의하든 — 정보가 전파됐다는 사실은 알려져 있다. 이보다 좀 더 체계적 현상의 첫 번째 징후는 17세기에 뉴스북, 전령, 신문의 발전과 더불어 등장한다. 이미 런던의 세인트 폴 성당 같은 곳은 특수한 전단을 게시하는 장소로 알려졌는데, 그러한 게시물이 새로운 인쇄 간행물로 확장되는 것은 자연스러운 순서였다. 그러한 광고의 소재는 아주 다양했다. 개인적 서비스 제안과 구매, 서적 출판 사항 공지, 도주한 종, 조수, 말과 개에 관한 자세한 정보에서 시작해 특정 가게의 신상품 도착 공지, 치료법과 특효약에 관한 떠들썩한 발표, 괴기스럽거나 신기한 물품, 기형적인 구경거리 관람 안내에 이르기까지 각양각색이었다. 대다수는 오늘날 '안내 광고'라고 부르는 단순하고 기본적으로 사실적이며 구체적인 안내 사항이었지만 1658년의 이 광고처럼 직접적인 추천 형식도 있었다.

> 모든 의사가 중국의 음료로 인정하고 중국인은 차로, 다른 나라에선 차이, 일명 티로 부르는 저 훌륭한 물건을 런던 증권거래소 옆 스위팅즈 렌트에 있는 술타네스 헤드 커피하우스에서 판매합니다.

과거에는 이를테면 책을 '탁월'하거나 '훌륭하다'라며 추천하는 식이거나 관습화된 형용사를 붙이곤 했는데 — (마치 우리 고향 마을에서 모든 댄스를 그랜드 댄스Grand Dance라고 부른 것처럼) 이 형용사는 곧 특정한 맥락에서 명사의 일부가 된다 — 의사를 언급하게 되면서 여기서 한술 더 떠 확장하는 과정이 본격화하게 된다. 이러한 확장이 가장 요란하게 이루어진 초기 예는 의약품 분야였는데, 1652년 뉴스북의 카피 작성자에 관해서 다음과 같은 글이 나왔다.

> 감히 화학이나 다른 기술에 관한 공공연한 주장으로 이 나라 사람들에게 돈을 뜯어내는 약장수는 없는데도, 이 돌팔이들은 달리 확보한 장물에서 제 몫을 챙긴다. 이 약장수 친구는 스스로 충분히 설득력 있는 거짓말을 할 수는 없기에 사기꾼 중 한 명을 고용해 그 일을 맡긴다.

1950년대에 영국치과의사협회가 기만적인 텔레비전 치약 광고에 제기한 불만을 살펴보면 1660년의 광고가 다시 등장하고 있음을 깨닫게 된다. '대단히 우수하고 인정받은 치약'이라는 과거 광고는 치아를 '상아처럼 하얗게' 만들어 줄 뿐 아니라 다음과 같은 효능이 있다고 강조했다.

> 꾸준히 사용하면 사용자는 치통으로 고생할 일이 없다. 치아를 튼튼하게 해 주고 입 냄새도 없애 주며 잇몸과 입에서 궤양과 염증이 발생하지 않도록 예방해 준다.

나아가 다음과 같은 광고도 있었다.

> 이용권은 오직 세인트 폴 성당 동쪽 끝 학교 부근 홀리 램에 소재한 토머스 룩스 문방구에서 포장된 상태로 2페니에 구매할 수 있다.

흑사병이 유행하던 시절 런던에는 다음과 같은 광고가 넘쳐났다.

> 오염된 공기로부터 몸을 보호해 주는 최고의 원기 회복제

이러한 기법이 의도한 대로 효과를 보지는 못했지만, 역사가 오래되고 수익성이 높은 한 업종과 그 업종의 특정한 영업 수단이 이제는 확고하게 자리 잡았다.

1690년대부터는 신문의 대대적 성장과 더불어 광고량이 눈에 띄게 증가했다. 이 중 대다수는 여전히 특수한 '안내 광고'류의 광고물이었고 신문이나 잡지의 정규 섹션에 모아서 게재되었다. 일상적인 가정용품 광고는 드물었다. 이런 상품은 어디 가면 살 수 있는지 사람들이 잘 알았

기 때문이다. 그러나 모집과 도망자 수배 광고를 제외하면 신간 서적이나 연극에서 새로운 종류의 사치품이나 '화장품'에 이르기까지 신상품이 점차 이 광고 지면을 채웠다. 대체로 사이비 의약품과 위생 용품 광고에서만 여전히 설득 방법이 두드러지게 사용되었다. 공지성 광고는 이전 관습대로 인쇄됐고 일러스트레이션조차 거의 없었다. 손 표시나 별표, 주의 표시 같은 강조 장치도 눈에 띄고, 선박 관련 공지는 작은 배 모양의 컷이, 도망자 수배는 주변을 두리번거리는 사내 모양의 컷이 붙은 것을 볼 수 있다. 그러나 18세기 초에 이르면 이처럼 관습화된 그림이 너무 많아져서 대다수 신문은 이런 식의 그림을 금지하게 됐다. '스프링 트러스'라는 의료 기기 제조사는 장치 일러스트레이션을 광고에 넣어 거의 이 부문의 선구자가 됐다.

1758년 새뮤얼 존슨Samuel Johnson은 이보다 더 일반적인 경향에 관해 다음과 같이 서술했다.

> 이제 광고가 너무 흔해지다 보니 사람들은 광고를 아주 건성건성 훑어보고 만다. 그러므로 눈에 확 띄는 약속이나, 더러는 잠재의식과 더러는 감상을 가미한 유려한 기법으로 시선을 끌 필요가 있다. 약속, 거창한 약속이야말로 광고의 영혼이다. 참으로 경이로운 품질을 지닌 비누 광고가 기억난다. 이 비누는 **면도날을 훨씬 더 정교하게 작동하게 해 주었다**! 광고 업종의 기술은 이제 거의 완벽에 가까운 수준이라 어떤 개선책도 제시하기 쉽지 않다.

이는 초창기의 광고주에 관해 '최대한 확대해서' 내린 결론 중 하나였는데, 지금 보면 존슨은 건전한 판단을 내린 셈이다. 이는 존슨이 파악한 상황에서는 — 즉 신문은 주로 커피하우스를 중심으로 소규모 공중을 대상으로 삼았다 — 광고의 자연스러운 범위는 개인적 공지(서비스를 구하거나 판매한다든지, 물건의 분실, 습득, 판매, 구매 요청이라든지), 상점 정보(가게에서 실제로 확보한 상품)에서 희귀품이나 잡동사니 상품의 과장 광고까지 포함했다. 이 마지막 부류의 상품 광고에서, 그리고 동원할 수 있는 기법 내에서 실제로 광고주는 모든 전통적인 설득 형태는 물론 속임수와 거짓말까지 철저하게 활용했다. 대다수 광고는 이후에도 줄곧 무미건조한 정보성 광고였지만, 사이비 약장수와 수상한 장사꾼 광고도 인쇄물에 실렸다. 이 특정 집단의 영향으로 곧 '광고'라는 단어는 좀 더 특수한 의미를 갖게 됐다.

2. 진화

산업 혁명, 그리고 이와 관련된 커뮤니케이션 혁명이 광고의 성격을 근본적으로 변화시켰다는 점은 의심의 여지가 없다. 그러나 이러한 변화는 단순하지 않았기에 특정한 사태 전개와 구체적으로 관련지어 이해해야 한다. 예를 들면 공장제 생산의 도래로 대규모 광고가 경제적으로 필요하게 되었다는 것은 사실이 아니다. 존슨의 언급이 나온 지 한 세기가 지나고 영국이 이미 산업 국가로 올라선 1850년대에 이르러서도 〈더 타임스〉든, 〈뉴스 오브 더 월드〉든 신문 광고면은 여전히 기본적으로 18세기 간행물과 비슷했다. 다만 광고가 더 늘어났고 좀 더 빽빽하게 인쇄되었으며 일부 광고 금지 업종(예컨대, 〈모닝 포스트*Morning Post*〉에는 더 이상 매춘부 목록 광고가 실리지 않았다)이 생겼다는 점만 다를 뿐이다.

광고가 전반적으로 증가한 것은 상업의 전반적인 성장 덕분이지만, 오래 유지됐던 광고세Advertisement Tax가 마침내 인하되고 곧 폐지된 데에서도 힘입은 바가 크다. 광고세는 1712년 처음으로 광고당 1실링이 부과되었다. 역대 정부는 당연히 신문의 성장을 두려워했기에 신문 성장을 저지하는 수단으로 인지세Stamp Duty와 광고세를 활용했다. 나폴레옹 전쟁 후 억압이 가장 심했던 무렵 인지세는 한 부당 4페니였고 광고세는 3실링 6페니였다. 1833년 인지세는 1페니로, 광고세는 1실링 6페니로 인하됐다. 1830년과 1838년 수치를 비교해 보면 이 인하 조치의 효과를 파악할 수 있다. 1830년 영국 본토에서 신문 광고 숫자는 877,972건이었다. 1838년의 수치는 1,491,991건이었다. 그 후 1853년에 광고세는 폐지됐고, 1855년에는 인지세도 철폐됐다. 그 후 신문 부수와 광고 숫자는 급속하게 증가했다.

하지만 1850년대에도 여전히 광고는 주로 간행물의 특정한 지면에 실리는 안내 광고 부류가 주류를 이루었다. (한 지역 신문이 1859년에 그러한 주장을 잘 요약했듯이) 상업이 이루어지는 수많은 지역에서는 아직도 다음과 같은 정서가 널리 퍼져 있었다.

> 광고는 **품위가 없다**. 광고는 열등한 상품을 시장에 내놓을 목적으로 구사된다.

어느 신문사(《이스트본 가제트 앤 패셔너블 인텔리전서*Eastbourne Gazette and Fashionable Intelligencer*》)는 이 주장을 반박하면서 다음과 같이 주장했다.

> 경쟁은 사업의 영혼에 해당한다. 모든 사람이 볼 수 있는 공개된 상품 추천 채널을 활용하는 것보다 더 공정하고 정당한 경쟁 수단이 어디에 있겠는가? 광고는 개방적이고 공정하고 정당하며 품위 있는 경쟁 수단이며, 자유로운 거래를 의미하는 표지이자 생산자에게만큼 소비자에게도 이득이 된

다는 점을 표면에 내세운다.

흥미로운 부분은 이 주장의 성격이라기보다는 1859년에도 여전히 이런 식으로 주장을 표현해야 했다는 사실이다. 물론 이 기사는 해당 신문사의 광고 요금을 알려 주는 것으로 끝난다. 그러나 비록 그렇다고 해도 전반적인 상황에 대한 느낌을 파악하려면 기사 옆에 붙은 실제 광고를 살펴봐야 한다. 이 광고는 모두 지역 상인들이 실은 것일 뿐 아니라 다음 예에서 볼 수 있듯이 그 기조가 여전히 18세기풍이었다.

> 찰스 리어사의 훌륭한 고급 차를 구입하고 진가를 알게 된 분들에게 런던의 본디드 보세 창고 통관을 마치기 전 본사에서 대단히 세심하게 선별해서 구입한 현재의 상품을 시음해 보시라고 감히 예를 갖춰 권유합니다
> ……

모든 신문에서 광고의 전반적 기조는 여전히 이와 같았지만, 18세기 시절과 마찬가지로 어떤 부류의 상품은 이와 다른 방법을 구사했다. 아마 최초로 전국적으로 광고된 상품은 워런의 구두약일 것이고 근소한 시차를 두고 (헤어용품) 롤랜즈 마카사르 오일(이 때문에 머릿기름 방지용 천 antimacassar이라는 대응 조치가 생겨났다), 스펜서의 중국 액체 머리 염색제, 모리슨의 만병통치약 등이 뒤따랐다. 18세기 시절과 마찬가지로 이 낯익은 분야에서는 효과를 볼 수 있도록 기획된 새로운 광고가 등장했는데, 저렴한 서적 판매를 위해 공지 내용에 과장을 덧붙이는 식의 관행이 널리 확대되었다. 워런의 구두약 광고는 고양이가 [구두에 비친] 자기 그림자를 보고 그르렁거리는 그림을 담았고, 다음과 같은 카피가 널리 사용됐다.

오크의 풀밭 위에 기대선 거위는
알바트로스의 크기가 될 때까지 자라네
이전의 거위보다 두 배가 되었네
네이버 굿맨 소스로 씻어 낼 때 그렇네.

다음과 같이 화려한 상업적 문장은 특히 약품 광고용의 또다른 글쓰기 스타일이었다.

> 잎의 봄과 가을은 질병이 만약 체제 내에 잠복해 있다면 분명히 스스로 모습을 드러낼 시기라고 늘 말하곤 했다(Parr's Life Pills, 1843).

광고 방식은 18세기의 장사치와 약장수 스타일로 되돌아갔지만, 달라진 부분이라면 규모가 커졌다는 데 있다. 유럽의 왕들이 증인으로 동원되었다. (러시아 제국의 황제는 건강식품인 레발렌타 아라비카를 선택해 추천했고, 시리아쿰 방향제라는 [강장제는] "신체적, 정신적 피폐함을 모두 치료하는 명약"으로 빅토리아 여왕의 왕가에서 사용하는 것처럼 광고에서 묘사되었다). 자칭 '교수'인 홀로웨이는 1840년대에는 한 해에 5,000파운드를 사용해 자신의 유니버설 연고를 널리 판촉했는데 1855년에는 이 비용이 3만 파운드를 넘어섰다.

더구나 신문을 읽는 공중은 여전히 숫자가 제한되었기에 과장 광고꾼들이 길거리에서 설쳐 댔다. 물론 (자기 전단을 붙이면서 경쟁자 전단에는 검은 칠로 지워 버리는 식으로 하는) 경쟁자 집단 때문에 위험 부담은 있지만, 길거리 구석구석마다 전단식 포스터 부착은 이제 대규모의 조직화한 업종이 됐다. 1837년에 이르면 런던에서는 법을 제정해 소유주 동의 없이는 전단 부착을 금지하도록 할 필요성까지 생겨났다(그래도 이를 집행하기는 대단히 어려웠다). 1862년에는 부착물이 넘쳐남에 따라 광고 전용 게시판의 필요성이 꾸준히 제기되어 조직적인 게시판 체제를 갖춘 영국포스터광고협회United Kingdom Billposter Association가 출범했다. 빅토리아 시대의 런던 거리에서 전단('일회용 전단')은 구석구석에 넘쳐나도록 뿌려졌다. 일부 구역에서는 거리 한 구역을 걷는 동안 무려 200종의 전단을 수집할 수 있을 정도였다. 광고를 부착한 승합차와 온갖 종류의 차량이 거리를 배회했다. 가령 [런던] 스트랜드 거리에서는 7피트(약 2.1미터) 높이 모자 모양의 구조물을 올린 차량이 무수하게 돌아다녔는데, 여기에 대해 칼라일도 언급한 적이 있다. 마침내 1853년에 이르러 이러한 차량에 대해 금지 조치가 내려졌다. 수백 명의 임시 노동자가 플래카드와 샌드위치 광고판을 걸친 채 거리에 나왔는데, 이 역시 1853년에 공식적으로 보행로와 차도 언저리에서는 금지되었다. 따라서 빅토리아 시대 런던의 거리는 표면적으로 점차 '자유 거래의 상징'으로 가득하게 되었지만, 여전히 그러한 방법이 주로 약품, 장신구와 선정적 문학 판매자에게 국한되어 있어 광고 생산의 기본적 관계는 오직 부분적으로만 바뀌었을 뿐이다. 칼라일은 모자업자의 "업종 전체가 자신이 더 좋은 모자를 만들었다고 믿도록 우리에게 **설득하는** 데 맞춰져 있다"라고 말했고 "돌팔이가 신처럼 되었다"라고도 했다. 그렇지만 전반적으로 이는 돌팔이에 불과했을 뿐이다.

1850년대와 19세기 말 사이에는 광고가 더 확장됐지만 그러한 발전은 여전히 주로 이미 정착된 노선을 따라 이루어졌다. 1855년 인지세 폐지 후 신문 판매 부수는 급속하게 증가했고 새로운 신문도 무수하게 창간되어 자리 잡았다. 그러나 19세기 후반 내내 신문이 광고를 대하는 태도는 조심스러웠다. 특히 편집자들은 지면의 칼럼 레이아웃에 이질적인 내용이 들어가는 데 극도로 거부감을 드러냈고, 이 때문에 전시 광고의 크기를 늘리는 데 부정적이었다. 광고주는 온갖 방법으로 이를 극복하려 했으나 이렇다 할 효과를 보지는 못했다.

주된 광고 상품으로는 약품, 비누, 그리고 유사한 제품 제조업자가 여전히 주도적이었다. 비첨과 피어스는 캐치프레이즈를 아주 대대적으로 도입했다는 점에서 중요하다. "한 상자는 1기니의 가치가 있다"와 "안녕하세요! 피어스 비누 사용해 보셨나요?"라는 구호는 일상어 반열에 올랐다. 이 낯익은 선두 주자에 뒤이어 대대적인 광고를 펼친 품목이 두 가지 등장했다. 이 중 특허 식품은 시기상으로 이 시대에 속하지만 19세기 말 무렵엔 보브릴, 호비스, 네슬레, 캐드버리, 프라이, 켈로그 등을 통해 '가정용 상표'로 자리 잡았다. 좀 더 진지한 부류의 새로운 발명품도 나왔는데, 재봉틀, 카메라, 자전거, 타자기 등이 그 예다. 19세기 말에 새로 등장한 백화점을 추가한다면 이 시기의 일반적인 광고 범위를 사실상 모두 살펴본 셈이다. 방법 측면에서 특허 식품은 특허 의약품의 선례를 따랐고, 새로운 가정용 기기는 사실성 정보 제공과 이제는 친숙한 슬로건과 연상 기술 사이를 오가며 구사했다.

신문은 포스터의 기법에 적응해야 한다는 압력을 받았고 1880년대부터 실제로 그 효과가 나타나기 시작했다. 변화는 먼저 일러스트레이션 잡지에서 대거 등장했는데, 청순한 누드나 비슷한 형상을 묘사하는 식이었다. 예컨대 보락스 세제 누드 광고는 질병과 부패를 방지한다고 했고, 담배나 비누, 샴푸에 행복해하는 젊은 여성 광고도 있었다. 포스터 산업은 조직적인 전용 광고 게시판을 갖춘 채로 운영되었는데, 1867년부터는 대형 석판 인쇄술까지 활용할 수 있게 됐다. 피어스 비누 회사는 1887년에 '어린이들이 비눗방울을 날리는 모습'의 포스터를 도입했다. 우편 주문 카탈로그 회사는 무릎 덮개 광고에 최초로 컬러를 사용했다. 서서히 우리에게 낯익은 세상이 형성되고 있었고, 20세기 초에는 컬러 전광판까지 등장했다. 노스클리프 경의 〈데일리 메일〉 주도로 신문들은 칼럼 이용 규칙을 폐기하고 대규모 활자와 일러스트레이션을 지면에 허용했다. 1897년에 이르면 〈더 타임스〉까지도 스스로 "3년 전이었다면 길거리 광고 게시판에나 어울릴 법하다고 여기던 활자로 된 광고"를 허용하고 있었다. 반면에 〈데일리 메일〉 1면은 여성들이 다소 민망한 모습으로 짝을 이룬 그림을 이미 실었다. 똑같은 과정의 일부로서 예의, 봉사, 진실성 등은 큰 글자로 적힌 추상적 구호로서나 존중되는 신세가 되었다. 이제는 직물, 식료품, 유통업자도 돌팔이 약장수의 선례를 따랐다.

하지만 아직 많은 사람에게는 여전히 광고주가 '너무 막 나가는' 듯했다. 많은 이들이 보기에는 정도가 너무 심했다. 1898년에는 공적광고폐해감시단체Society for Checking the Abuses of Public Advertising(이하 SCAPA)가 출범했는데, 물론 전단포스터연합협회United Bill Posters Association는 이 단체에 대해 "과도하게 민감한 시류성 열성분자"라고 묘사했다. 이 감시단체는 일부 옥외 광고를 제거하거나 제동을 거는 식으로 부분적 성과를 거두었고, 1890년대에는 샌드위치맨이 제복 복장으로 광고하는 행위(임시 노동자가 왕립 해군 경보병이나 여타 부대 군복을 입고 비누나 약품을 광고하기도 했다)를 금지하는 등의 다른 법도 통과되었다. 공중이나 풍선으로 하는 광고도 규제 대상이 되었고, 네온사인식 전광판도 길거리 사고를 조장한다는 이유로 제한하게 됐다. 이는 전통적 기준(신문의 익숙한 레이아웃이든 건물과 경관에 대한 존중이든)과 광고주의 치열한 창의성(광고 전용 게시판을 '국민의 예술 갤러리'로 전환하는 것이든, 도버 절벽 중간에 8톤짜리 특허 식품 광고를 거는 행위든) 간의 지속적 투쟁이라는 낯익은 상황이었다. 실로 광고를 둘러싸고 벌어지는 일상적인 공적 논쟁은 이 지점에서 교착 상태에 빠졌는데, 이 점은 1890년대에 '취향'과 '상업의 수요'가 대치하면서 처음으로 분명해졌다. 그렇지만 사실은 이러한 투쟁이 전개되는 동안에도 총체적 상황은 경제에서 일어난 근본적 변화에 의해 급격히 바뀌고 있었다.

3. 변혁

돌이켜 보면 공장 체제 초기 단계에 생산된 상품은 대부분 대대적 광고 없이도 판매되었고, 그 시기 광고는 주로 주변적 상품이나 신기한 물품과 관련해서 성장했다는 것은 기이한 사실이다. 그 무렵의 기초적 상품 광고는 주로 상점 주인이 들여놓은 상품의 품질과 가격 경쟁력을 널리 알리기 위해 시행한 것이다. 이처럼 비교적 단순한 경쟁 단계에서는 대규모 광고와 상품 브랜드 알리기는 주변적 품목이나 아주 신상품에만 필요했다. 물론 변화의 의미는 1차, 2차 세계 대전 사이 시기에 완전히 발전한 '새로운' 광고에 비추어 보아야 정확히 해석할 수 있기는 하지만 이미 1880년대와 1890년대에 진정한 변화의 조짐이 등장하기 시작했다.

현대 광고의 형성은 본질적으로 19세기 말과 20세기로 접어드는 무렵의 이 같은 시기에 처음으로 뚜렷하게 나타난 새로운 '독점' (대기업) 자본주의의 일정한 특징에서 유래한다고 보아야 한다. 1875년에서 1890년대 중반까지의 시기 전반을 (비록 간헐적 회복과 국지적 강세로 수시로 끊기기는 하지만) 지배한 대공황은 두 가지 산업 조직 양식과 기본적으로 이질적인 두 가지 분배 접근 방식 사이를 가르는 전환점을 이루었다. 공황과 물가 폭락이 종결된 후 생산 역량에 대한 공포는 전반적으로 점점 더 커졌고, 산업 소유 구조를 더 대규모로, 또 거대한 결합 양식으로 재편하려는 경향이 두드러졌으며, 다양한 방식을 활용해 시장을 조직하고 가능하다면 통제하려는 욕망도 커졌다. 이 후자의 목적을 달성하는 수단 중에서는 전례 없는 규모로 시행되고 점차 광범위한 상품에 적용되는 광고가 중요한 위치를 차지하게 됐다.

말하자면 현대의 광고는 시장 통제 체제에 속한다. 이러한 통제 체제가 완벽하게 발전한 형태로는 관세와 면세 구역, 카르텔 할당, 무역 캠페인, 제조업자의 가격 담합 성장 등이 있고, 해외 영토에 대한 정치적 통제를 통해 특정한 해외 시장을 확보하는 경제적 제국주의 형태도 포함된다. 수출 광고의 공동 확장도 이루어졌고, 미국과의 경쟁에 맞서 여러 담배 회사가 제국담배회사Imperial Tobacco Company로 합병된 데 따라 영국 내에서도 역대 최대의 광고 캠페인이 전개됐다. 1901년 어떤 영국 담배 광고주는 〈스타*The Star*〉지의 8개 면 전체 광고용으로 '엄청난 액수'를 제안했고, 이 제안이 거부되자 여전히 '세계 기록에 해당하는' 4개 면을 구매해 "일찍이 석간신문 게재 광고로는 전 세계에서 가장 비싸고 거대하고 설득력 있는 광고"를 게재했다. 미국 기업 측에서도 이에 맞서 더 큰 광고로 대응했기 때문에 광고 캠페인은 규모도 더 커지고 더 오래 지속됐다. 이 사건은 새로운 광고 상황의 첫 주요 사례로 볼 수 있다.

경제에서 근본적 변화가 발생한 이 시기가 전면적인 현대적 광고의 등장에 핵심적 계기였다는 사실은 광고 조직 자체 내에서 일어난 급격한 변화에도 드러난다. 18세기부터 특정한 업체들은 신문을 대신해 광고를 수주하는 대행사로 인정받았다. 19세기에는 이 체제(이는 일부 안내 광고 부문에서는 지금도 유지되고 있다)가 확장되어 개별 대행사가 지면을 구매한 후 광고주에게 판매했다. 광고량이 증가하면서 이런 부류의 지면 판매, 그리고 좀 더 발전된 지면 중개 체제 덕분에 대행사의 중요성이 커지게 됐다. 하지만 당시 대행사는 여전히 사실상 언론사의 대리인이거나 기껏해야 중개업자에 불과했다. 1880년대부터는 점진적으로 이 기능이 변하고 대행사의 주력 사업도 바뀌기 시작했다. 이제 대행사는 여전히 신문 지면을 판매하기는 했지만, 생산자에게 자문과 서비스도 제공하게 됐다. 19세기에서 20세기로 바뀌는 무렵에는 현대적 체제가 등장했다. 신문사는 독자적으로 광고 관리자를 두었는데, 이들은 지위가 하위직 직원에서 중요한 간부로 아주 빠르게 격상됐다. 반면에 대행사는 더 이상 지면을 판매하는 업무는 하지 않고 제조업자에게 서비스와 자문을 제공하는 일이나 광고 캠페인 시행에 합의하고 나면 지면을 예약하는 일로 역할을 바꾸었다. 1900년에는 광고주보호협회Advertisers Protection Society — 이후 사단법인 영국광고주협회Incorporated Society of British Advertisers로 바뀐다 — 가 결성됐다. 이 단체는 부분적으로는 SCAPA와 같은 단체의 비판에서 광고를 보호하려는 목적이 있었고, 부분적으로는 광고 캠페인을 제대로 기획할 수 있도록 신문사에게 매출액을 공개하라고 압력을 행사하는 데도 목적이 있었다. 노스클리프도 처음에는 광고 게재에 망설였지만(그는 〈해답*Answers*〉을 광고 없이 운영하고자 했다), 광고가 신문의 재원을 조달하는 토대로서 가능성이 크다는 사실을 깨달았다. 노스클리프는 자사 매출액을 공개하고 경쟁사에도 똑같이 하도록 자극을 주었으며, 결과적으로 이를 통해 새로운 광고와 밀접한 관계를 맺는 하나의 산업으로 신문의 현대적 구조를 마련하게 되었다. 1917년에는 영국광고대행사협회Association of British Advertising Agents가 설립되었고, 1931년에는 검증된 순 매출액을 공개하는 신문발행부수공사Audit Bureau of Circulation가 출범하면서 기초적 구조가 완성되었다.

광고를 하나의 전문직이자 공적 서비스, 그리고 경제의 필수적인 부분으로 강조하는 주장은 바로 이 시기에 처음으로 나오게 된다. 재편의 또 다른 측면으로는 '광고의 심리학'에 좀 더 의식적이고 좀 더 진지하게 주목하게 됐다는 것이다. 광고가 점차 경제의 중심으로 부상함에 따라 광고는 전문직일 뿐 아니라 예술이자 과학이기도 하다는 주장이 나오기 시작했다.

그 후 1880년과 1930년 사이의 반세기 동안 대규모 자본주의의 여건에서 현대적 배포 체제의 일부로서 하나의 조직적인 상업 정보와 설득 체제가 완성됐다. 광고는 비록 새로운 상품 종류에까지 확장되긴 했으나 방법 측면에서는 자체적인 역사와 경험에 의존했다. 18세기에 약품과 비누를 판매하는 데 사용된 방법("진정 놀라운 품질을 약속, 장담한다")과 19세기에 이르러 음료에서 정당까지 모든 판매에 활용되는 기법 사이에는 확실히 연속성이 존재한다. 이러한 의미에서 모든 상업은 돌팔이의 전례를 따랐다고 말해도 좋다. 그러나 이를테면 1914년 이전의 광고를 살펴보면 그 상대적 조잡함이 바로 눈에 띈다. 1901년의 "가장 비싸고 거대하고 설득력 있는 광고"에는 배후에 거칠게 그린 두 남성이 와인잔을 부딪치는 장면이 나오는데, 이 그림을 가운데 두고 담배는 1페니에 다섯 개비라는 안내문이 등장한다. 그리고 구호("영국인의 건배 — 양키들의 허풍에 속지 말고, 담배를 피울 때마다 존 불을 이용해 주시오")는 '가장 비싸고'와 '광고'라는 단어에 비해 작은 활자로 되어 있다. 돌팔이 약 광고 시절에 내내 그랬던 것처럼 물론 질병에 대한 공포도 으레 활용되었다. 특정한 상품을 이용하면 매력과 평판을 얻게 될 것이라는 단순한 약속도 있었다. 그러나 진정 '심리적인' 광고는 1차 세계 대전 이전에는 거의 나타나지 않았고, 그나마 나타날 때도 소구력, 그림과 레이아웃 기술이 조잡했다. 새로운 종류의 설득술이 개발되고 적용된 것은, 더 이상 시장이 아니라 국가 전체를 통제하고 조직화해야 하는 전쟁 동안, 즉 민주적 여건이긴 하나 이전의 강제력이 모두 작용하지는 않던 시절이었다는 사실은 추측건대 충분히 타당한 일이었다. 와인 잔과 담배를 든 남성의 캐리커처가 과거 세계에 속한다면, "아빠, 위대한 전쟁the Great War[1차 세계 대전] 동안 뭘 하셨나요" 같은 포스터는 새로운 세계에 속한다. 그림은 세심하면서도 자세했다. 커튼과 안락의자가 그려져 있고, 아버지는 심각하고 무표정한 얼굴을 하고 있고, 아빠 무릎 위에 앉은 소녀는 펼친 그림책을 손가락으로 가리키고 있으며, 발치의 소년은 장난감 병정놀이에 몰두한다. 여기엔 전통적 애국주의에 대한 호소 외에 원초적인 개인적 관계와 불안감이 개입한다. 또 다른 포스터는 조국의 몰락을 방치하는 남성이라면 연인이나 부인의 몰락도 방치하게 될 것이라고 은연중에 시사한다.

물론 전쟁의 수요와 경제 체제의 필요성처럼 광고에 가해지는 압력은 엄청났다. 만일 광고주가 존중해야 하는 취향과 품위에 대한 호소 수준의 주장에만 그친다면 광고를 이해할 수 없게 될 것이다. 명목상으로 자유로운 고객을 통제할 필요성과 마찬가지로 새로운 부류의 사회에서는 명목상으로 자유로운 사람들을 통제할 필요성이 깊숙이 내재한다. 군비 확장을 요구하던 허버트 키치너Herbert Kitchener•는 평소 광고라는 개념 자체를 의심스러운 상품과 연상시키곤 했는데, 광고를 새로운 방법으로 도입한다는 발상에 수많은 전통적 제조업자만큼이나 경악했다. 어느 쪽이든 체제의 수요가 방법을 결정했고, 파멸만이 유일한 대안으로 보일 때 전통적 기준과 침묵은 늘 폐기 대상이었다.

전쟁이 끝난 후 광고는 이전의 점잖은 업종이 구사하던 식의 단순한 선언과 반복을 통해 단순한 연상을 유발하던 기법에서 벗어나 과거 돌팔이의 방법과 심리전의 새로운 방법을 발전시켜 모든 종류의 상품에 적용할 태세를 갖추었다. 이러한 전환은 아직 완벽한 수준이 아니었지만 1920년대부터 전환의 경향은 두드러졌다. 시장을 조직화하는 또 다른 방법으로 소비자 신용 제도를 대중화해야만 했다. 이 제도는 도입 과정에서 처음에는 전혀 바람직하지 못한 '절대 불가' 사항이었다가 절차상으로만 납득할 만한 '분할 구매'로 옮아갔고, 결국에는 적극적으로 바람직한 '소비자 신용'으로 바뀌었다. 1933년 무렵엔 아내를 위해 집을 마련하는 이처럼 '손쉬운' 방법을 채택하지 않았다는 이유로 이혼당하

• 허버트 키치너는 영국의 장군 출신으로 1차 세계 대전을 예견하고 대대적인 군비 확장을 주장한 인물이다. 전쟁 발발 당시 내각 전쟁부 장관으로 독일과의 전쟁을 수행했다. — 옮긴이

는 이도 있었다. 한편 체취, 철분 부족, 수면 부족, 좌불안석과 유사한 장애 증상은 개인 건강뿐 아니라 직장, 결혼, 사회적 성공까지도 위협했다.

물론 이러한 사태 전개는 광고에 대한 비판의 물결을 다시금 불러일으켰고, 특히 광고가 확신에 차 부조리한 행태를 저지르는 데 대해서도 조롱이 쏟아졌다. 부분적으로 이러한 비판에 대한 광고 측의 반응은 이제는 표준화된 공식을 따랐다. "광고에 대한 비판은 여전히 나오지만, 그 직업 내부에서 광고를 개선하기 위해 얼마나 많은 조치가 취해졌는지는 깨닫지 못했네"라는 식이었다. (예를 들면 1924년의 윤리 강령은 이 산업이 특히 "광고 스토리를 단순하게 또 과장 없이 전하며 오도의 경향까지도 삼갈" 것이라고 선언했다. 만약 광고주가 그러한 선언을 한다면 광고는 도대체 누가 작성하는가?) '과도하게 민감한 시류성 열성분자'가 새롭게 발굴되었고, '자유 기업의 적'도 마찬가지였다. 올더스 헉슬리Aldous Huxley, 버트런드 러셀Bertrand Russell, 리비스, 톰슨 등은 어린이에게 광고를 비판적으로 분석하는 훈련을 시켜야 한다고 제언했는데, 《광고 윤리*The Ethics of Advertising*》라는 책에서는 이 제언을 "미성년자의 사고에 대한 냉소적 조작"에 해당한다고 묘사했다.

그러나 비판적 냉소주의의 분위기에 대한 가장 중요한 반응은 광고 자체에서 나왔다. 즉 냉소주의를 인정하고는 가볍고 즉흥적이고 비판적 반응을 포함할 정도로 어처구니없이 과장된 주장을 펼치는 식으로 해박하고 정교하며 유머러스한 광고가 발전한 것이다(예컨대 나중에는 광고 비판자가 된 도로시 세이어스Dorothy Sayers가 작성한 기네스 맥주 광고). 따라서 광고를 비판하는 "모든 주장을 숙지한 상태에서도" 매력적이고 즐거운 카피를 수용하거나 작성할 수 있게 됐다.

분명히 취약한 지점에 특히 지속해서 가해진 공격은 특허 의약품 분야에서 발생했다. 이러한 부류의 허위적이고 위험한 광고가 넘쳐난다는 폭로는 반복해서 나왔고 결국 1939년과 1941년의 법과 1950년의 표준 규약에 따라 특정 질병 치료제 광고, 광범위한 허위성 장치 광고는 금지됐다. 이는 한정된 분야에서긴 하나 상당한 진전이었으며 광고협회 Advertising Association도 이를 지지한 세력 중 하나였다. 광고 역사를 살펴보면서 평범한 상품 판매자들이 돌팔이 광고 방법에서 배워 상대적으로 덜 위험해 보이는 분야에 아직도 널리 사용하고 있다는 사실을 기억한다면 이 변화는 의미심장한 것이다. 이는 마치 새로 즉위한 헨리 5세가 팔스타프•를 국왕 모독죄로 추방한 것과 마찬가지로 의미가 있다. 광고는 권력을 잡고 경제의 핵심부를 차지하게 됐지만, 이제는 소싯적의 질 나쁜 친구들을 청산해야만 했다. 광고는 이제 바람직한 존재가 되기를 원할 뿐 아니라 그렇게 될 필요도 있었다.

4. 광고의 권력화

광고가 권력화했다는 사실에는 이제 의문의 여지가 없다. 두 세계 대전 사이의 광고비 추산치는 편차가 아주 크지만 한 해 동안의 직접 광고비를 추산하자면 최소 8,500만 파운드이고 최고치는 2억 파운드에 달했다. 신문은 수입의 절반을 광고에서 얻었고 오래된 일부 직업을 제외하면 거의 모든 산업과 서비스업이 광고에 막대한 지출을 했다. 이러한 부류의 비중을 배경으로 판단한다면 광고는 기득권 체제의 건실한 한 부문이었고 그렇게 됐다는 사실도 스스로 인지했다.

• 존 팔스타프는 셰익스피어의 희곡《헨리 4세》에 등장하는 가공의 인물이다. 뚱뚱하고 허영심 많으며 거만한 팔스타프는 범죄자들과 어울려 술이나 마시는 인물인데, 헨리 5세가 즉위한 후 궁정에서 추방당한다. — 옮긴이

1935년의 일부 수치는 광고비 지출을 매출액 비율별로 보여 주고 있어 흥미롭다.

광고 산업이 애초의 출발점과 여전히 이어져 있다는 사실은 여기서 분명하게 나타난다. 상위 세 범주는 현대적 종류의 광고에서 선구자였던 업종이다. 그러나 아마도 더 중요한 사항은 부츠, 신발, 밀가루 같은 일상 용품이 표에 포함된다는 것이다. 실로 현대의 새로운 경제는 공장 체제와 커뮤니케이션의 성장이 아니라 자본제 생산, 배포, 시장 통제라는 선진적 체제에서 유래한 셈이다.

새로운 종류의 소구 방식 발전과 더불어 새로운 미디어가 등장했다. 항공기로 공중에 글자 모양을 새기는 기술 같은 허세 외에도 1920년대 영국에서는 (비록 설립 압력은 있었으나) 아직 도입되진 않았으나 다른 곳에서 시작되어 1930년대부터 영국에도 송출된 상업 라디오가 있었다. 1950년대 상업 텔레비전 도입은 아주 수월하게 진행되었다. 이러한 성장 과정에서 채택된 새로운 방법 중에는 상품 광고 음악이 있는데, 이는 상업 라디오에서 시작해 지금은 고전의 반열에까지 올랐다. 그리고 광고주와 언뜻 독립적으로 보이는 언론인과 방송인 간의 공개적인 동맹 관계도 있다. 정직한 기자로 평판을 쌓은 후 공개적으로 상품을 추천한다든지 상품 광고와 나란히 상품에 관해 글을 쓰거나 발언하는 데 드러내놓고 활용하는 수법은 석간신문의 '특별 삽지special supplements'에서 쓰던 관행인데, 지금은 아주 일상화했다. 문제될 게 뭐가 있나? 따지고 보면 유럽의 여러 왕과 우리나라의 수많은 귀족 부인은 오랫동안 약품과 비누 판매를 해왔다. 직접적이든 압력 단체에 의해서든 정치 광고로의 확장 역시 호황을 이룬 단계가 바로 이 정착기에 속한다. 1950년대에는 광고가 실로 아주 높은 가격으로 게재되었다.

비록 부분적이고 일시적인데 불과했지만, 사실 이처럼 급속하게 확장하는 산업에 유일하게 제동이 걸린 시기는 지난 전쟁(2차 세계 대전) 때뿐이었고, 전후 시기, 특히 1950년대는 더욱 놀라운 수준의 성장이 이루어졌다. 광고에 관한 한 최고의 저자 중 한 사람인 데니스 톰슨Denys Thompson이 전시에 출판한 책을 다시 살펴보았는데 다음과 같이 적혀 있었다는 사실은 역설적이다.

> 이러한 엄청난 성과가 가능했던 두 번째 이유는 지금 우리가 알고 있는 광고가 종전 후에는 없어질 수도 있다는 것이다. 전시 동안 대대적으로 감축된 상업적 광고량으로도 우리는 충분히 잘 꾸려가고 있다. 그러니 홍보 거리가 엄청나게 폭증했던 1919~1939년 사이의 여건으로 복귀하는 것은 상상하기도 어렵다.

톰슨 씨는 두 세기 전의 존슨 박사처럼 건전한 상식을 갖춘 사람이지만 이 무렵 과장이 팽창의 최대치에 도달했다는 결론은 성급했다. 제대로 읽어 보면 역사는 또 다른 대대적 성장과 더 새로운 방법을 예견한다. 시장 연구, 동기화 연구, 고용된 사회학자와 심리학자의 연구 등 고도로 조직된 연구 분야는 대단히 막강하며 앞으로도 놀랄 만한 성과를 예견하고 있음은 의심의 여지가 없다. 아주 새로운 부류의 인재가 점차 손쉽게 채용되고 있다. 결론적으로 꼭 주목해야 할 한 가지 의미심장한 사태 전개가 있는데, 바로 조직적 홍보 확대다.

'홍보'

광고는 특정한 부류의 경제에서 상품 판매를 위해 개발되었다. 홍보는 특정한 부류의 문화에서 사람을 판매하기 위해 개발되었다. 흔히 방법은 기본적으로 유사하다. 사건의 준비, '발언,' 브랜딩, 패키징과 훌륭한

표 4.1

특허 의약품	29.4%
화장실용품	21.3%
비누, 광택제 등	14.1%
담배	9.3%
석유, 유제품	8.2%
시리얼, 잼, 비스킷	5.9%
사탕	3.2%
맥주	1.8%
부츠, 신발	1.0%
밀가루	0.5%

'팔리는 문구'에 관한 조언 등이 그 방법이다. 대학에서 아는 어떤 사람이 이런 이야기를 해 주었던 기억이 난다(그는 광고주라는 자신의 직업에는 광고에 대한 실제적 비평 훈련을 받았던 것이 얼마나 유용했는지 이전에 설명해 준 적이 있다). 여러분이 예약하고 비용을 지불한 광고란 사실 케케묵은 수법에 불과하고, 진짜는 일상적 뉴스로 통용되는 부분이라는 것이다. 이제는 상품에도 이러한 현상이 발생하는 듯하다. 예를 들면 '제품 출시 100주년' 같은 소식이 그렇다. 그러나 사람의 경우 광고 범위는 더욱더 방대해진다. 이는 연예, 특히 영화배우에서 시작됐고 이 작업의 절대다수는 여전히 이 분야에서 이루어진다. 하지만 이 작업의 범위는 정확히 짚어 내기가 몹시 어렵다. 저널리즘과 방송의 일상적 저널리즘 과정에서 선택하는 기사 항목이나 사진과 (직접적으로든 홍보 대행사의 특별한 우호 관계를 통해서든) 사전에 마련하고 대가를 지급한 유사한 기사 항목이나 사진을 구분하기는 분명 어렵다. 물론 대행사에 대한 대가 지급을 제외하면 지급은 대개

(만일 그 단어를 사용할 수 있다면) 우호적 관계나 물품 형태로 이루어지긴 하지만 매수 관행이 빈번하다는 사실을 보여 주는 이야기는 널리 펴져 있을 뿐 아니라 심지어 이따금 자랑거리가 되기도 한다. 비교해 보면 정식 광고가 오히려 바람직해 보이도록 하는 체제에서 분명히 신문 독자는 일상적 뉴스 기사나 가십으로 제시된 '신상 정보' 기사가 흔히 어떤 식으로든 대가를 지급한 것일 수도 있음을 깨달아야 한다. 더구나 이 관행은 이른바 '쇼 비즈니스'에만 국한되지도 않는다. 분명 문학에도 침투했을 테고 아마 정치에도 스며들었을 것이다.

효과만 있으면 어떤 수단을 쓰든 판매가 으뜸가는 윤리로 되어 버린 사회에서 홍보의 확장은 자연스러운 일이다. 광고가 엄청나게 성장하고 이어서 언뜻 독립적으로 보이는 보도에까지 확장된 데는 그 배후에 돌팔이 약장수 시절처럼 단지 압력 단체의 존재만이 아니라 사회의 총체적 동력까지도 작용한다. 그렇다면 우리는 도주한 노예를 수배하는 파피루스와 도시의 소식을 목소리로 알리는 직업군이 존재하던 시절 이후 엄청난 변화를 겪은 셈이라는 데 의견을 모을 수 있다. 말하자면 우리가 살펴보아야 할 부분은 바로 국가적 삶의 중심에 있는 조직화하고 확장하는 체제라는 것이다.

5. 체제

그렇다면 지난 100년 동안 광고는 상점 주인의 단순한 공지와 일부 별볼일 없는 업자의 설득 기술에서 자본주의 사업 조직의 주된 부분으로 발전한 셈이다. 이 점은 대단히 중요하긴 하지만 사회 내에서 광고의 장소는 이러한 상업적 맥락을 훌쩍 넘어선다. 광고는 점차 일반적 커뮤니케이션의 전 범위를 지탱하는 재원 조달원으로 변하면서 1960년을 기준으로 우리의 대다수 텔레비전 서비스와 거의 모든 신문, 정기간행물이 광고 없이는 존재할 수 없을 지경까지 이르렀다. 더구나 지난 40년 동안 광고는 새로운 상품과 서비스를 판매하는 미개척 영역을 넘어서 사회적, 개인적 가치를 전파하는 일에 연루되게 됐고, 이제 이 경향은 더 빠르게 확산하고 있다. 광고는 정치 세계에도 빠르게 진입하고 있다. 광고는 어떤 점에서는 현대 자본주의 사회의 공식 예술이기도 하다. 광고란 '우리'가 '우리 주변' 거리에 내거는 것이자 '우리가 보는' 신문과 잡지의 절반을 채워 넣는 데 이용하는 내용이기도 하다. 전 사회적으로도 아마 가장 대규모의 작가와 예술가 무리, 그리고 거기에 딸린 관리자와 자문가의 서비스가 광고에 소모된다. 광고의 실질적인 사회 지위가 이렇다 보니, 경제적, 사회적, 문화적 사실을 서로 가시적으로 관련지어 보는 일종의 총체적인 분석을 개발할 수 있을 때만 광고를 제대로 이해할 수 있을 것이다. 또한 광고를 현대의 사회적 커뮤니케이션의 주요 형태로 간주할 때만 우리 사회 자체를 새로운 견지에서 이해할 수도 있다.

흔히 우리 사회가 너무 물질주의적이며 광고가 이를 잘 반영해 준다고들 한다. 지금은 이른바 '소비재'가 상대적으로 빠르게 배포되는 단계이고, 광고는 '삶의 좋은 부분을 가져다주는' 데 강조점을 둔다는 점에서 이 현상의 핵심적 원인으로 여겨진다. 그러나 내가 보기에 분명히 우리 사회가 이러한 측면 탓에 유난히 물질주의적인 것은 아니며, 역설적으로 이 현상은 그보다는 사회적 의미, 가치, 이상의 실패에서 유래하는 결과다.

물질적 대상의 판매란 결코 충분하다고 여길 수준에 도달할 수 없다는 사실을 깨닫지 못하면 현대 광고를 파악할 수가 없다. 즉 이 점은 실로 광고의 현대적 형태가 갖는 핵심적인 문화적 특성이다. 만약 합리적 유물론자라면 삶에서 물건 사용이라는 부분에서는 대다수의 광고가 얼토당토않을 정도로 무의미하다는 사실을 깨닫게 된다. 맥주를 마시면 우리가 남성적이고 생각이 젊으며 이웃과 잘 어울리게 된다는 사실을 보여 준다는 약속을 덧붙이지 않더라도 맥주 자체만으로도 우리에겐 충분하다. 미래 지향적이거나 이웃에게 선망의 대상이 된다는 암시가 없어도 세탁기는 빨래하는 데 유용한 기계일 것이다. 그러나 일부 증거가 시사하듯이 이러한 연상 작용으로 맥주와 세탁기가 잘 팔린다면, 우리는 대상 자체만으로는 충분하지 않은 문화적 패턴 속에서 살고 있음이 분명하다. 우리가 속한 문화적 패턴에서는 아마 다른 문화적 패턴에서 오히려 더 직접 구현될 만한 사회적, 개인적 의미와의 연상 작용에 의해 비록 환상 속에서만이라 해도 광고 대상이 인증받아야 한다는 사실은 분명하다. 우리가 가진 패턴을 간략히 기술하자면 그것은 **마술**이다. 즉 마술적 유도와 충족이 고도로 조직화하고 전문화된 체제로서 기능적으로는 더 단순한 사회에서의 마술 체제와 유사하지만 다소 기이하게도 고도로 발전된 과학 기술과 공존하고 있다.

현대 자본주의 사회에 대한 어떤 분석에서든 이러한 모순은 대단히 중요하다. 대규모 산업 생산의 도래는 필연적으로 사회 조직의 핵심 문제를 유발했는데, 수많은 분야에서 우리는 여전히 이 문제점 해결을 위해 분투하고 있다. 사적 용품 생산에서 선진화된 기계 공장에 의해 제기되는 핵심적 문제점은 시장 조직화 문제다. 현대의 공장에는 순조롭고 꾸준한 배포 채널(이 채널이 없다면 공장은 그 자신의 상품으로 질식할 정도로 넘쳐나게 될 것이다)뿐 아니라 수요에 대한 확실한 지표가 반드시 필요하다. 그러한 수요가 없다면 자본화와 장비 투입의 값비싼 과정은 너무나 위험한 결정이 되고 말 것이기 때문이다. 산업 생산 발전으로 제기된 역사적 선택은, 그 사회에서 산업 생산에 핵심적인 다양한 조직과 계획 형태 중에서 이루어졌다. 우리 자신의 사회에서는 일종의 사회주의 형태와 새로운 자본주의 형태 중에서 선택해야 했고, 이는 지금도 마찬가지다. 1890년대 이후 영국은 시장을 조직화하고 안정화하는 일련의 장치에 근거한 새로운 자본주의를 갖추게 됐고 그 후에도 계속해 이를 더욱 강조하고 있다. 현대의 광고는 바로 이 경제 단계에 이르러 자신만의 독특한 특징을 갖게 되었고 이러한 장치 중 가장 중요한 하나가 되었다. 현대 자본주의란 광고 없이는 작동할 수 없을 것이라고 아주 확실히 단언할 수 있다.

하지만 자본주의의 본질은 기본적 생산 수단이 사회적으로가 아니라 사적으로 소유되고, 그러므로 생산에 관한 결정이 사회에서 소수의 위치를 점하는 집단 수중에 있으면서도 사회에 직접적인 책임을 지지는 않는다는 데 있다. 분명 자본가는 성공을 거두고자 하기 때문에 생산에 관한 결정에서는 다른 사회 구성원의 수요에 영향을 받는다. 그러나 자본가는 또한 산업적 편의와 예상되는 이윤에 대한 고려에 영향을 받으며, 그의 결정은 이처럼 다양한 요인 간의 안배를 통해 이루어지는 경향이 있다. 사회주의의 도전은 다른 나라에서는 여전히 아주 강력하지만 영국에서는 정치적 미성숙과 오류 때문에 큰 혼선을 빚는 상태에 있다. 사회주의에서 생산 수단 통제는 사회 전체가 마련한 일반적인 결정 체제의 일부다. 그러한 의미에서 생산에 관한 결정권은 본질적으로 사회 전체의 수중에 있어야 한다고 본다. 지금은 흔히 자본주의와 사회주의 간의 갈등을 생산 효율성에서의 경쟁이라는 관점에서 보고 있으며, 세계적 규모에서 우리의 미래 역사 중 상당 부분이 이 경쟁의 결과에 따라 결정될 것이라는 데는 의심의 여지가 없다. 하지만 갈등은 정말 이보다는 훨씬 더 근본적인 것이며 사회주의를 대하는 다양한 접근 방식과 사회주의 형태 간의 갈등이기도 하다. 현대 산업 생산이 우리에게 던져 준 문제점에서 떠오르는 근본적 선택은 소비자로서의 인간과 이용자로서의 인간 사이에 있다. 현대의 광고라는 조직화된 마술 체제는 주로 이 선택을 은폐하는 기능을 하는 장치로서 중요하다.

'소비자'

현대 자본주의 사회에서는 평범한 구성원의 경제적 역량에서 주요한 부분을 묘사하는 방식으로 '소비자'가 대중화했다는 사실은 대단히 큰 의미가 있다. 이러한 묘사는 아주 급속히 확산하고 있으며, 논리적으로는 이 묘사를 거부해야 마땅한 사람들조차 이제는 습관적으로 이 용어를 사용한다. 단순한 수준에서 보면 '소비'는 상품과 서비스의 일상적 사용에 대한 대단히 기이한 묘사라는 데 그치지 않는다. 음식을 소화하는 신체 장기나 연료를 태우는 화로에서 가져온 이 은유는 심지어 우리의 물건 이용과 관련해서는 오직 부분적으로만 관련이 있다. 하지만 우리는 '이용자'보다는 '소비자'라고 말한다. 지금 우리가 처한 사회 형태에서, 그리고 이 사회가 거의 부지불식중에 조장하는 사고 형태에서는 대다수 사람들이 소비자로 파악되기 때문이다. 우리는 산업 생산 체제가 조직한 시장에 불과하다. 우리는 상품 유통과 소멸이 이루어지는 채널에 불과하다. 사회적 커뮤니케이션의 모든 측면에서, 그리고 어떤 형태든 공동체 구성원이라는 측면에서 산업 생산은 이러한 비인격적 형태에 대해 압력을 행사한다.

하지만 선진 생산 기술을 사용한다고 해서 이 양상들이 지배적이어야 할 필요는 결코 없다. 단지 이러한 양상이 사회에 침투하고 나면 사회 조직의 구조와 목적이라는 새로운 질문이 필연적으로 제기될 수밖에 없다는 점을 지적할 뿐이다. 여기서 가능한 한 가지 해답 군은 진정한 민주주의의 발전에 있다. 그러한 사회에서는 정치가 통치 체제가 아니라 자치 체제가 되고, 생산과 커뮤니케이션 체제는 인간 욕구 충족과 인간 역량 개발에 근거할 수 있도록 사회 내 모든 사람의 인간적 욕구를 모든 사회 활동의 중심적 목적으로 삼는다. 우리에게 좀 더 풍부한 경험이 쌓인 또 다른 해답 군은, 흔히 아주 미세한 차이를 지니는 다양한 형태로 나타나긴 하지만, 좀 더 제한된 사회적 목적을 지향한다. 첫 번째 단계에서는 한때 충직한 신민으로 간주되던 사람들이 산업적 '육체 노동자'의 노동 시장으로 바뀌었다. 이후 '육체 노동자'가 자기 모습을 거부하고 좀 더 고귀한 인간의 신분을 요구함에 따라 강조점이 바뀐다. 만약 이들에게 더 높은 신분을 실질적으로 양보한다면 이는 곧 계급사회의 종말과 사회주의적 민주주의의 도래를 의미하게 될 것이다. 그러나 물질적 양보를 포함해서 중간 수준의 양보도 가능하다. '신민'은 '유권자'가 되고, '어중이떠중이 군중'은 '여론'이 된다.

결정은 여전히 소수의 역할이겠지만 다수를 이 목적에 동원할 수 있는 새로운 결정 체제를 고안해야 한다. 다수는 '대중'으로 간주되기에 실제 개인이나 집단으로서가 아니라 **대중으로서** 이들의 의견은 통치 업무에서 한 요인에 불과할 뿐이다. 이 방식이 실질적 측면에서 오랫동안 통용될 수도 있겠지만, 그렇다면 선언과 사실 간의 격차가 실제로 존재하기 때문에 이 사회의 성격을 진술하기란 점차 어려워진다. 더구나 소수 통치자가 성격이 바뀌고 점차 현대적 경제 체제에 실제 권력을 의존하게 되면서 과거의 사회적 목적은 흔적으로만 남고, 명시화됐건 암묵적이건 경제 체제 유지가 실질적으로 모든 사회 활동의 주목적이 된다. 정치와 문화는 이 지배적 양상에서 철저하게 영향을 받게 되고, 경제 시장에서 도출된 사고방식이 점차 두각을 나타내게 된다. 마찬가지로 정당은 어떻게 하면 자신을 유권자에게 판매하고 우호적인 브랜드 이미지를 조성할 것인지 머리를 짜내고, 교육은 주로 등급별로 차별화된 노동 공급 측면에서 편성되며, 문화는 상업적 이윤의 관점에서 조직되고 심지어 평가된다.

그렇지만 사회의 목적은 여전히 대다수 사람의 노력에 합당하도록 표방되어야 한다. 바로 여기서 '소비자'라는 개념이 유용성을 입증했다. 소비란 일정 한도 내에서는 만족스러운 활동이기에 마치 사회적 목적에 합당한 양 꾸며서 제시될 수 있다. 동시에 소비란 대단히 모호한 실체이기에 사회를 기존의 경제 체제 작동 방식에 종속시키는 것을 추인하게 된다. 소비는 진실로 책임성 있게 실행되어야만, 말하자면 일반적인 사회적 결정에 따라 인간의 노동과 자원을 이용하는 형태로 되어야만 인간의 용도라는 기준을 충족시킬 수 있기는 하지만, 무책임한 경제 체제도 '소비' 시장을 제공할 수는 있다. 소비자는 납득할 만한 가격에 개인적 '소비 용품'이 적절하게 공급되기를 바란다. 지난 10년 동안 이것이 영국 정부의 주된 목표였다. 그러나 이용자는 필연적으로 이 이상의 것을 바라게 된다. 이들은 사실 소비 자체로는 결코 달성할 수 없는 인간 욕구의 충족을 바란다. 이 욕구 중 다수(가령 도로, 병원, 학교, 휴식)는 사회성을 띠기에 소비자의 이상으로는 감당할 수 없을 뿐 아니라 심지어 그 이상에 의해 거부되기도 한다. 소비란 늘 개인 활동으로 구현되는 경향이 있기 때문이다. 그리고 이러한 욕구 범위를 충족하다 보면 실제 우선순위를 정하는 과정에서 경제 체제의 자율성에 의문이 제기될 수도 있다. 바로 이 점에서 소비의 이상은 체제 방어 형태로서는 잘못된 것일 뿐 아니라 궁극적으로는 사회의 광범위한 일반 목적에 파멸적 결과를 가져오기도 한다.

그래서 현대적 형태의 광고는 경험에 의해 가차 없이 발생하는 광고 비판으로부터 소비자 이상을 보호할 수 있도록 작동한다. 만약 개인적 재화 소비가 인간 욕구의 전 영역을 충족시키지 못한다면, 마술에 의해 이 소비를 재화와 전혀 실제적 관계가 없는 인간 욕구와 연관을 지으려고 시도한다. 소비자는 대상을 구매할 뿐 아니라 사회적 존경, 차별화, 건강, 아름다움, 성공, 환경에 대한 통제력을 구매한다. 마술은 일반적

만족의 실제 원천은 은폐한다. 그 원천의 폭로는 공동의 삶 방식 전체에 급진적 변화를 초래할 것이기 때문이다.

물론 마술의 패턴이 사회 내에 정착되고 나면 제한적이긴 해도 어느 정도 실제적인 효과를 거둘 수 있다. 우리가 모두 습득한 의미 체제 안에서 올바른 구매를 한다면, 많은 사람이 우리를 다시 쳐다보고 높은 신분으로 우러러보고 고급으로 여기고 우리가 과시하는 신호에 반응하게 될 것이다. 따라서 개인 수준에서 환상은 현실로 인정받은 듯하지만, 그 환상이 은폐하는 전반적 비현실을 존치하는 대가를 치르고 나서야 그렇게 된다. 쉽사리 추적할 수는 없지만 이 패턴의 원천이 되는 사회의 실제 문제점은 은폐된다는 것이다.

심지어 마술가(이 경우 광고 대행업자)도 자신의 마술을 믿지 않을 것이라고 단정해서는 안 된다. 이들은 일부 속임수가 어떤 식으로 작동하는지 알기에 어느 정도 마술에 대해 직업적인 냉소적 태도를 보일 수는 있다. 그러나 근본적으로는 이들도 사회 나머지와 더불어 은폐 작업에 관여하며, 이들의 마술적 동작은 이 작업에 대한 대응일 뿐이다. 마술이란 의미와 가치를 제공하려는 시도로서는 늘 실패할 수밖에 없지만, 흔히 마술을 진짜 지식이나 예술과 구분하기는 매우 어렵다. 소비를 많이 할수록 생활 수준이 높다는 것은 사회의 일반적 믿음이다. 무수한 대상을 성적인 혹은 성적 단계 이전의 만족으로 전환시키는 행위는 분명히 광고주의 사고에서 전개되는 과정일 뿐 아니라 엄청난 에너지가 얽힌 근본적이고도 전반적인 혼돈 상태기도 하다.

어떤 수준에서 보면 광고주란 상업적 이익을 노리고 공중을 대상으로 진짜 예술과 과학이 창조한 특정 기술과 지식을 활용하는 사람이다. 광고에 대한 일반적인 선전에서는 이처럼 적대적인 입장을 좀체 밝히지 않고 보통은 맹목적인 소비 윤리만 강조하지만("광고는 삶의 좋은 것들을 여러분에게 가져다준다"), 광고주가 고객을 대상으로 하는 선전에서는 흔히 보인다. 최근의 한 안내문은 "사냥꾼의 사고로 사냥하라"라는 구절로 시작하며, 또 다른 안내문은 "벌집 산업에서 꿀을 최대한 짜내기"라는 제목하에 다음과 같이 공격의 언어로 넘쳐난다.

> 성공적 마케팅에서 사용하는 가장 중요한 무기 중 하나는 광고다.

> 코만도 세일즈 유한회사는 비무장 전투 기술로 철저하게 무장되어 있어, 견적만 합의하고 나면 즉시 어떤 판매 전선에든 전투에 투입될 태세를 갖추고 있다. 이는 고객 여러분의 판매 인력이 판매 저항 세력에 절망적일 정도로 열세일 때 호출 즉시 투입될 수 있는 최전선 부대다……

이는 '영향impact'이 으레 성공적인 커뮤니케이션의 성과를 기술하는 방식이 되어 버린 시대의 감정 구조를 보여 준다. '소비자'와 마찬가지로 '영향'은 이에 거부감을 느껴야 마땅할 사람들조차 지금은 습관적으로 사용하는 단어다. 이 표현이 광고의 통상적인 문화적 언어가 될 수 있다면, 과연 어떤 부류의 사람이 실제로 '영향을 미치거나' '엄청난 히트'를 노리며, 사회는 어떤 상태에 처하게 되는가?

인간의 선택 역량을 '판매에 대한 저항'으로 축소하려는 시도가 역겨운 것과 마찬가지로, 인간이 심리학, 사회학과 커뮤니케이션에서 이룩한 진보가 사람들을 **표적으로 하는** 강력한 기술로 이용되거나 그렇게 간주된다는 것은 실로 참혹한 일이다. 이러한 측면에서 광고가 서비스라는 주장은 그다지 설득력이 없다. 그러나 마찬가지로 무기와 영향 등의 이 언급은 상당 부분 엄청난 착각에 빠진 인간들의 유치한 허세에 불과하다. 이는 결국 권력의 언어보다는 좌절의 언어다. 대다수의 광고는 숙련된 전문가의 멋진 창작물이 아니라 사악한 사상가와 예술가의 착각에 의한 창조물이다. 커다란 주먹을 꽉 쥔 모습이 등장하는 석유 광고, 인적이 끊긴 거리의 쓸쓸함을 배경으로 한 담배 광고, 생명보험 증권(힘겹게 획득해야만 하는 과거 사회의 마술 상징과 달리 현대적 보호 장치가 보험이다)을 가진 채 임종을 맞이한 인형이 등장하는 광고, 혹은 요람 같은 항공기를 탄 남성이 나오는 광고를 살펴보라. 그렇다면 조잡하긴 해도 개인적, 사회적 부류의 강렬한 감정이 연루되는 실제 인간의 긴장감을 표현하고 해소하려는 시도를 우리는 보고 있는 셈이다.

상당수의 광고와 상당수의 현대 예술 간의 구조적 유사성이 존재한다면, 이는 단지 광고주가 예술을 복제한다는 데 있지 않다. 이는 양자 모두 현재의 인간 조건에 대해 나름대로 반응한 데서 나오는 결과다. 유일하게 중요한 차이가 있다면, 일부 예술은 규명을 달성하고 나쁜 예술과 대다수의 광고는 대체displacement가 일반적이라는 데 있다. 대중을 장악한 숙련된 마술가는 궁극적으로는 전반적인 취약성에 연루되어 있다고 볼 수 있는데, 이들은 이 취약성을 스스로 악용할 뿐 아니라 그 취약성에 의해 착취당하기도 한다. 만약 사회에서 일반적으로 작동하는 의미와 가치가 죽음, 고독, 좌절, 정체성과 존경의 욕구 문제에 대해 아무런 해답도, 타협 수단도 제공하지 못한다면, 마술 체제가 반드시 등장해 자신의 매력과 편법을 현실과 섞어 손쉽게 이용할 수 있는 형태로 만들고, 취약점을 그 취약점을 낳은 여건과 결부시켜야만 한다. 그렇다면 광고는 더 이상 단지 상품 판매 방안에 그치지 않고 착각에 빠진 사회의 문화에서 진정한 일부를 이루게 된다.

후기(1969): 광고와 커뮤니케이션

우리 사회의 주된 특징은 아주 새로운 테크놀로지와 아주 오래된 사회 형태 간의 자발적 공존이다. 광고는 바로 이 결합의 가장 가시적 표현이다. 현대의 주된 형태로 볼 때 광고는 점차 통합된 대규모 경제와 관련해 생산과 분배 문제에서 사회적 결정 수단을 찾아내지 못한 데서 발생한 결과다. 19세기 말 이후 공황이 발생하고 그 결과 시장이 재편된 시기부터 고전 자유주의는 이 문제점들에 대해 해답 제시 능력을 상실했다. 우리가 지금 광고로 알고 있는 현상은 새로운 자본주의 기업과의 직접적인 관련 속에서 이 시기에 유래했다. 고전 자유주의가 언론 자유, 공교육과 계몽이란 일반적 사회 정책 이념을 낳았다는 사실은 지금도 계속 남아 있는 역설이다. 기업주의적 재편 이전까지는 자유주의의 사회 이념이 상당 정도 그 상업적 이념과 양립할 수 있었다. 커뮤니케이션 수단의 분산된 소유는 경제 전체에서도 이에 상응하는 부류의 소유 구조로 지탱되었다. 표현 자유를 위협하는 적이 국가였을 때는 이처럼 다양한 상업 세계가 자유, 특히 신문의 자유에 어떤 중요한 수단을 마련해 주었다.

당시 광고라 불린 현상도 그 방법과 규모에서 이에 직접 상응하는 수준이었다. 당시의 광고는 종종 어처구니없는 내용이었고 — 허풍이라는 묘사에서 나타나듯이 오랫동안 그렇게 파악되긴 했지만 — 주로 특수하고 국지적이었다. 상업적 압력이 자유로운 공적 커뮤니케이션과 상호 작용하던 결정적 지점에서 광고는 계속 이차적이고 주변적 활동에 불과했다. 이제 이 초창기 단계는 반세기도 넘는 과거의 일이다. 1890년대부터 광고는 신문 출판에서 주요한 요인이 되기 시작했고, 같은 시기부터 통제 권한은 가족과 소기업에서 새로운 대기업으로 넘어가기 시작했다. 그 시점 이래로, 그리고 이후 갈수록 압력이 높아짐에 따라 상업적 자유주의의 오랜 제도는 대기업에 패배하고 말았다. 이 기업들은 시장에 공급하는 일을 추구했다기보다는 시장을 재편하려 했다.

이후 발생한 위기는 신문에서 가장 두드러졌다. 독자 규모가 확장되고 여론의 중요성이 높아지는 시기를 거치는 동안 신문의 숫자와 다양성은 대폭 감소했다. 그러나 다른 몇몇 자유주의 이념은 유지되는 것처럼 보였고, 심지어 방송에서처럼 국가에 의해 그대로 보호되기도 했기에 전반적 상황 역시 유지될 수도 있을 것이라는 믿음이 남아 있었다. 상업적 우선순위는 규모와 범위에서 더 확장되었지만, 자유주의 이념 전체는 실제 우선순위에서 꾸준히 밀려났는데도 사람들의 사고에서는 확고하게 고수되는 듯했다. 이러한 인식은 너무나 확고해 더러는 현실을 기술하기조차 어려울 정도였다. 실제를 보여 주는 증거가 제시되면 으레 이념의 되풀이로 자위하는 식의 반응만 나왔기 때문이다.

내가 보기에 현재 상황은 그냥 많은 사람이, 결정 위치에 있는 다수가 약간의 비애와 당혹감으로 과거만 자주 회고하면서 그러한 부류의 자유주의를 포기하는 실정이다. 한때 상업적 압력과 공공 정책 간의 불편한 타협이었던 것이 이제는 최악의 경우 협상, 기껏해야 분업으로 간주된다. 상업 텔레비전과 공공 서비스 텔레비전의 공존은 아무도 계획하지 않은 일이었는데도 상업적 이익의 도입을 허용하라는 치열한 압력의 결과로 탄생했다. 지금 상업적 텔레비전과 공공 서비스 텔레비전의 공존은 사후약방문식으로 일종의 의식적인 다원주의 정책으로 둔갑해 합리화된다. 타협에 붙은 새 이름은 '혼합 경제'다. 아니면 심지어 더 거창하게 '계획된 구조적 다양성'이라는 이름도 있다.

실상은 과거 공적 정책에 헌신했던 사람 중 대다수가 반대 세력이 그냥 너무 강력하다고 판단했다는 것이다. 이들은 일부 지연 조치를 위해 투쟁도 하고 유보도 해 봤지만, 오랫동안 준비되고 예견된 정치 상황이 강력한 위력으로 밀려오는 바람에 이 조치들은 주로 제스처에 그쳤다. 공적 방식으로 조달되고 공적 통제를 받는 공적 자금은 절박할 정도로 (그러나 의도적으로) 부족해졌다. 다른 거래의 주변부에서 조달되어 결과적으로 공적 통제를 받지 않는 공적 자금도 지속해서 제공되고 있다. 실리에 밝은 인사들은 위원회에서 회계 장부를 들여다보며 고개를 갸우뚱한 후 마침내 현실을 간파했다고 생각한다. 이들은 상업적 이해관계가 있는 편에 동참하거나 일시적 생존의 조건으로 그런 시늉을 해야 한다. 이렇게 해서 모든 결정이 불가피하며 다른 해결책을 주장하는 사람은 현실과 동떨어지거나 실용성과 거리가 먼 것처럼 비치는 분위기가 조성된다. 이는 사실상 점령군의 압력하에 굴복하는 것이나 마찬가지다.

그렇지만 물론 가장 필사적으로 부정해야만 하는 것은 바로 굴복처럼 형편없는 현상이 사실상 일어나고 있다는 사실이다. 일부는 새로운 미래 지향적 질서에 관한 발언을 할 태세를 늘 갖추고 있다. 그러나 이러한 부류의 굴복을 시사하는 핵심적 기호는 공개적으로 적의 진짜 이름을 부르기 꺼린다는 것이다. 나는 이 적의 형체를 광고로 파악하는데, 내가 광고로 의미하는 바는 일부 다른 주장과 다소 차이가 있다. 여전히 광고를 부차적 방식으로 비판하는 사람은 많다. 속물 같거나 피상적이라든지, 신뢰성이 떨어진다든지, 강요하는 식이라든지 하는 비판이 그렇다. 이 중 다수는 사실이지만, 이러한 부류의 비판이라면 광고도 손쉽게 헤쳐 나가는 법을 깨칠 수 있다. 이제 광고는 수많은 재능 있는 인재를 채용하고 규칙을 제정하고 기준을 통제하고 개선하는 기구를 설립하며 자연스러운 틈새 시간에만 국한되고 있지 않은가? 이런 식의 비판은 산발적으로만 이루어지며 주변적 효과만 미칠 뿐이다.

따라서 나 자신의 핵심적인 비판을 반복하고자 한다. 광고는 광범위한 일상적인 경제적 삶에 관해 공적 정보와 결정의 수단을 사회적으로 확보하지 못한 데서 발생하는 결과다. 물론 이러한 실패는 추상적이지 않다. 이는 소수가 생산과 배포 수단의 통제를 장악하도록 방치한 데서,

또한 영국 경제에서 점차 중요성이 커지고 있는 이슈라는 점을 감안해 덧붙이자면 외국 자본의 수중에 허용한 데서 발생한 결과로서, 이 때문에 소수의 일부 결정은 그 결정이 영향을 미치는 사회 내에서 아예 알려지지도 않게 되었다.

후기 자본주의의 가장 자명한 모순은 이처럼 통제하는 소수와 광범위한 기대치를 가진 다수 사이에 발생한다. 우리가 아주 운이 좋다면 다수의 기대치가 소수의 통제를 넘어서게 되는 현상이 발생할 것이다. 수많은 영역에서 규모도 작고 일시적이긴 하지만 이러한 일이 발생하기 시작했는데, 이는 얼토당토않게도 무규율, 탐욕, 타락 혹은 분열로 불린다. 그러나 우리가 거쳐온 시절 동안 좀 더 자명해진 사실이 있다. 바로 광고라는 사회적, 문화적 형태의 등장과 정교화는 기대치와 일종의 조직적 환상에 의한 통제 사이의 격차에 대한 대응에 해당한다는 것이다.

경제적 측면에서 이 환상은 주요 대기업에 의한 생산 차원의 결정을 '여러분의' 선택이자 '소비자가' 우선순위, 방법, 스타일을 선택한 것처럼 투사하도록 작동한다. 다른 문화권에서라면 연극이나 영화의 대본 집필이나 제작에 종사할지도 모르는 사람들이 국내에서는 감독을 맡고 직업 배우나 아마추어 배우를 채용하여 연기를 시킨다. 이들은 유일하게 가능한 선택 형태를 연기하고, 자신들의 기대치가 충족되고 달성된 것처럼 표현하고, 아주 세속적인 상품과 사랑, 존경, 중요성이나 성취감 등 이제는 일반적으로 무관한 가치가 서로 가치로 연결된 것인 양 처신한다. 한때 동네 수준의 허세라는 얼토당토않은 행위에 불과하던 광고가 이제는 타인의 결정에 찬사를 보내는 양 흉내 내는 체제가 되었다. 물론 광고 자체는 공식 정치 스타일 체제 전체와 아주 밀접한 관련이 있다. 실로 광고 전문가 중 일부는 선전에도 직접 관여하고 정당 간의 경쟁과 여론 형성에도 손을 대고 있다.

시간, 공간, 혹은 지성 등 어떤 형태의 거리에서 보든 이 체제는 근본적 절차 측면에서 너무나 뻔해서 기술하는 것만으로도 무리 없이 광고를 붕괴시킬 수 있을 것처럼 기대할 수도 있다. 그러나 이제 그렇게 할 수 있을지는 매우 의심스럽다. 만일 광고가 사회적 정보와 결정의 새로운 형태를 성취하지 못한 데서 생겨나는 결과라면 노동당 정부의 발전으로 이 실패는 더욱 가중되었다. 1970년대에 노동당 정부는 대기업에 의해 조직된 시장에 굴복하는 바람에 좀 더 공개적이고 총체적인 굴복의 길을 닦았다. 역사적으로 이는 위기를 자유주의의 틀 안에서 해결하려는 최후의 시도로 간주할 수 있겠지만, 이 실패의 결과는 단순한 정치사의 수준을 넘어선다. 그 실패는 새로운 권력에 대한 체념과 경의의 습관을 낳았기 때문이다. 이는 의사 결정권자 사이에서 그랬을 뿐 아니라 내가 생각하기에는 좀 더 광범위하게 자신들의 단기적 만족 형태를 인증하거나 스스로 자기 삶을 형성하고 있다는 착각을 은폐하기 위해 환상의 체제를 필요로 하는 사람들 사이에서도 그랬다.

지금은 바로 이러한 분위기에서 커뮤니케이션에 관한 중요한 결정이 내려지고 있다. 그중 일부는 더 나쁜 결정이 될 수도 있었다. 결국 BBC도 광고 수입을 수용해야 한다는 압력은 철회됐다. 그렇지만 라디오 1에 모든 통속적인 콘텐츠를 모으고 광고를 허용할 태세가 된 엘리트주의 성향의 로비는 여전히 가해지고 있다. 반대로 바로 BBC야말로 광고를 허용해서는 안 되는 곳이다. 젊은 세대의 문화적 선호를 '젊은 시장'의 노골적인 착취와 결부시키려는 압력은 그들 전체에 대한 가장 철저하고 파괴적인 착취이기 때문이다. 또한 수입 확보 수단으로서 허가장을 강조하는 것은 공개적인 공적 자금의 원칙을 유지하는 방안으로 환영할 일이다. 영국의 수신료는 아직 상대적으로 저렴한 수준이지만, 연금 생활자에게 수신료를 차등 부과하는 방안은 어렵지도 않고, 어떤 경우에는 수신료를 아예 폐지할 수도 있다. BBC와 정부는 몇몇 구체적인 의견도 표명하고 있다.

그러나 다른 사람들은 상업적 이해관계가 완전히 장악할 수도 있는 1970년대의 변화된 정치 분위기에 이미 적응하고 있는 데 그치지 않는다. 또한 이러한 부류의 정부, 혹은 공사와 관련해 가능한 결정은 지속적인 경제적 집중 추세에 비하면 주변적인 현상에 불과하다. 250만 독자를 확보한 신문조차도 이제는 폐간될 가능성이 있다. 그러한 독자층이 일반적으로 비경제적이기 때문이 아니라 경쟁적인 광고 수입에 의해 결정되는 구조 안에서 이 신문이 상대적으로 낙후됐다는 이유 때문이다. 가장 철저한 공적 개입으로 대처하지 않는다면 이러한 선택 범위 감축 과정은 계속될 것이다. 상업 라디오 도입은 이 과정을 더 급속히 악화시킬 것이다.

장기적인 위험 회피와 옵션 외에 그 후 실제로 어떤 일이 발생했냐면, 거의 모든 커뮤니케이션 서비스가 생존 가능성을 판단하는 새로운 수치를 수용하게 됐다. 100만 부 판매 부수가 신문에 너무 낮은 수치라는 사실은 말도 안 된다. 그러나 다른 수치를 생각해 보라. 이른바 웸블리 경기장이나 하이드 파크의 엄청난 인파(가령 10만 명)는 라디오 프로그램에서는 극소수거나 무시할 만한 비율로 불린다. 그래서 심지어 공공서비스에서도 광고 수입이 커뮤니케이션 체제에 강제한 단기적인 숫자의 법칙에 따라 콘텐츠가 점차 결정되고 있다.

굴복이 늘 노골적이지는 않다. 굴복의 가장 대중적 형태 중 하나는 정복자의 등장이 확실해짐에 따라 변신하여 정복자가 도착할 무렵이면 그를 너무나 닮아 들키지 않고 넘어가길 희망할 수도 있게 되는 것이다. 우리가 아직 패배했다고 믿지는 않지만 상태가 매우 위중하다. 원래는 필수적인 커뮤니케이션 자유에서 감당할 만한 유지 비용에 불과하던 것이 세상을 뒤집어 놓게 됐고, 마침내 다른 모든 서비스가 아주 국지적이고 협소하며 일시적인 욕구에 의존하거나 의존하게 될 가능성이 커지고 말았다. 재화와 서비스에 관한 진부하고 비효율적인 부류의 정보는 대기업의 경쟁적 욕구에 밀려났으며, 이 대기업은 점차 한 부문이 아니라 세계를, 지정된 구역이 아니라 사회 전체를, 프로그램 틈새 시간이나 일개 칼럼이 아니라 신문과 방송 서비스 전체를 작동 공간으로 요구하게 됐다. 지금 이를 몰아내지 않으면 두 번째 기회는 그리 쉽사리 오지 않을 것이다.

5

커뮤니케이션 체제

1962/1976

레이먼드 윌리엄스의 펭귄 특별판인 《커뮤니케이션즈》는 신생 분야이던 커뮤니케이션 연구에서 핸드북으로 널리 사용된 책인데 1962년에 처음 출간되었다. 이 책은 이후 1966년과 1976년에 새로운 판으로 나오면서 개정 보완되었다. 여기서 '논쟁'이란 주제로 발췌한 부분은 펭귄사의 1976년 3판의 129~137쪽에 실린 것이다.

'논쟁'이라는 제목의 장에서 윌리엄스는 커뮤니케이션에 관한 공적 논쟁의 수많은 이슈를 두루 논의한다. 쟁점이 된 부분을 분석적으로나 정치적으로 명쾌하게 밝히기 위해 그는 첫째는 권위주의, 둘째는 후견주의paternal, 셋째는 상업주의, 넷째는 민주주의 체제 등 네 부분으로 구성된 커뮤니케이션 체제 유형론을 제시한다. 역사적으로 영국의 체제는 권위주의 체제에서 (특히 신문에서의) 상업주의와 (존 리스John Reith의 BBC로 예시되는) 후견주의의 혼합 체제로 이행했다. 윌리엄스는 양자의 대안으로 민주주의 체제를 제안했는데, 이는 아직 시도된 적은 없지만 폭넓고 다양한 성향의 지지층과 견해가 대변될 수 있도록 국가가 시설을 제공하는 체제다. 그 후 후견주의는 쇠퇴하고 상업주의가 영국뿐 아니라 전 세계에 걸쳐 포괄적으로 지배하게 됨에 따라 좀 더 민주적인 커뮤니케이션 체제에 대한 윌리엄스의 희망은 좌절되었다.

여러 체제

아마 문제는 이렇게 정리할 수 있을 것이다. 커뮤니케이션 체제는 통제받거나 자유롭다. 민주주의에서는 이 부분에 관해 논란이 있을 수가 없다. 체제는 자유로워야 하며 그렇지 않으면 민주주의는 존재하지 않는다. 자유로운 체제에서는 생산된 결과물 중 다수가 조잡하거나 역겨울 수도 있고 일부 사람들이 보기에 조잡하거나 역겨울 수도 있다. 그러나 이에 대한 유일한 대안은 통제된 체제거나 독점인데, 여기서는 일부 사람들이 타인에게 자신의 취향을 강요하게 된다. 독립방송기구Independent Television Authority의 수장인 로버트 프레이저Robert Fraser 경은 상업 텔레비전 도입을 옹호하면서 "사실 영국에서 과거의 독점 체제는 민주적인 사고와 감정의 물결에 밀려났다"라고 말했다.

로버트 프레이저 경과의 토론에서 그를 제압하기는 어렵지 않을 것이다. 예컨대 "민주적인 사고와 감정의 물결"이 실제로 압력 집단이 로비를 벌이는 과정과 어떤 공통점이 있는지 질문해 보라. 그러한 로비 중 상당 부분은 재정적 이해관계가 직접 얽힌 사람들이 상업 텔레비전을 성사시키기 위해서 벌였다. 그러나 이는 주된 이슈가 아니다. 오늘날 논란의 모든 세부 상황 배후에는 우리가 대면하고 파악해야 할 원칙 간의 갈등이 분명히 존재하기 때문이다.

한편으로는 기본적으로 통제와 자유 사이의 선택이지만, 실질적 측면에서는 어느 정도의 통제와 어느 정도의 자유 간의 선택이 될 가능성이 더 크며, 주장의 본질은 이 양자를 어떻게 결합할 수 있을 것인지에 관한 문제가 된다. 더구나 '통제'와 '자유'라는 적나라한 단어들 자체는 지금까지 존재하거나 알려진, 혹은 우리가 원하는 부류의 커뮤니케이션 체제를 기술하는 데 충분할 정도로 엄밀성을 갖춘 것 같지 않다. 우리는 네 가지 주된 유형을 구분할 수 있으며, 이들 유형을 기술하고 비교해 보면 통제와 자유에 관한 우리의 사고방식이 좀 더 현실적으로 될 수 있을 것이라 믿는다. 이 네 유형은 권위주의, 후견주의, 상업주의, 민주주의 체제다.

권위주의 체제

이 체제에서는 커뮤니케이션을 소수가 사회를 통치하는 수단으로 삼는 총체적 기구의 일부로 간주한다. 커뮤니케이션의 첫 번째 목적은 지배 집단의 지침, 이념, 태도를 전달하는 데 있다. 정책 문제로서는 대안적 지침, 이념, 태도가 배제된다. 커뮤니케이션 수단 독점은 정치 체제 전체의 필수적 부분이다. 즉 일부 인쇄업자, 출판사, 신문, 극장, 방송국만이 허용될 것이다. 더러는 이것조차도 지배 집단이 직접 통제하고는 전달 내용을 직접 결정하게 될 것이다. 또 다른 경우에는 권력층에 비우호적인 출처에 대해 검열 체제와 종종 정치적, 행정적 조치를 취하는 체제에 의해 좀 더 간접적인 통제도 완수될 것이다.

그러한 체제는 여러 이질적인 사회 유형의 이해관계에 따라 작동 과정에서 가혹한 정도는 달라질 수도 있다. 현대의 전체주의 국가에서뿐 아니라 영국의 과거 시대에서도 그에 못지않게 이 점을 분명하게 확인할 수 있다. 그러한 체제에서 두드러지는 점은 커뮤니케이션의 목적이 소수의 권력에 근거한 사회 질서를 보호하고 유지하고 더 발전시키는 데 있다는 것이다.

후견주의 체제

후견주의 체제는 양식을 갖춘 권위주의 체제다. 말하자면 자신의 권력 유지를 넘어서 가치와 목적을 추구하는 체제다. 권위주의자들은 다양한 근거로 지배의 권리를 주장한다. 후견주의 체제는 보호와 지도의 의무를 주장한다. 여기에는 통제 행사도 포함되지만 이 통제는 소수가 판단하기에 바람직한 방식으로 다수의 발전을 추구한다. 커뮤니케이션 수단의 독점을 활용할 때는 그 수단이 파괴적이거나 사악한 집단에 악용되지 않도록 예방하기 위해서라고 주장한다. 그러한 체제에서는 직접적, 간접적인 검열이 모두 널리 활용되지만 특정한 집단과 개인은 이들의 이익을 위해서나 공익을 위해서나 자신에게 해를 끼칠 특정한 부류의 기술이나 이념에 맞서 보호받을 필요가 있다는 근거에서 옹호된다. 권위주의 체제는 명령을 내리고 그 명령의 수용을 촉진할 이념과 태도도 전파하지만, 후견주의 체제는 지배적 소수로서 자신의 조치를 정당화할 뿐 아니라 국민 전체에게도 보급하고자 희망하는 가치, 관습, 취향을 전파한다. 그러한 가치, 관습, 취향에 대한 비판은 기껏해야 어설픔과 경험 부족의 부류에 불과하고 최악의 경우 검증되고 신뢰받는 삶의 방식과 맞선 도덕적 반란인 것처럼 비칠 것이다. 후견주의 체제의 통제자는 자신을 보호자로 여긴다. 이들은 인내심을 발휘하긴 하지만 핵심적 가치 수호에서는 단호해야 한다. 동시에 이들의 책무를 제대로 실행하는 데는 고도의 책임감과 진지함이 필수적이다. 또 다른 경우, 그리고 추구하는 사회 질서 유형이 다를 경우, 후견주의 체제가 자신의 역할을 명시적으로 선포하고 그 방법을 설명하는 정도는 달라질 수도 있다. 실제 사용하는 방법 역시 천차만별이 될 수도 있다. 때로는 모든 일을 비밀로 은폐하고 더러는 일종의 안전장치로 여겨 통제된 저항이나 관용을 어느 정도 허락하기도 한다. 그러나 어느 쪽이든 이 체제의 전반적 목적과 분위기는 착오의 여지가 없다.

상업주의 체제

커뮤니케이션에 대한 상업주의적 태도는 권위주의와 후견주의를 강하게 반대한다. 커뮤니케이션을 통치나 지도용으로 삼는 대신 인간은 어떤 부류의 저작물이든 판매용으로 내놓을 권리가 있으며 제시된 어떤 상품이든 구매할 권리도 있다고 주장한다. 커뮤니케이션의 자유는 이런 식으로 확보된다고 이들은 주장한다. 출판하든 글을 읽든 어떤 사람의 허가도 구할 필요가 없다. 사람들이 실제로 선택할 것이니 저작물을 공개적으로 판매용으로 내놓고 공개적으로 구매하도록 하기만 하면 된다.

그러한 체제는 초기 단계에서, 그리고 이후의 일부 단계에서도 이전의 두 체제에 비해 분명 자유의 수단 구실을 했다. 그러나 이 자유는 시장에 의존하는 것이기에 난관에 봉착할 수도 있다. 사람들이 실제로 구매할지 전혀 확실하지 않은데도 판매용으로 나올 저작물이 있을까? 생산비가 저렴하다면 흔히 이러한 위험은 감수할 만할 것이다. 제작비가 비싸다면 그렇지 않을 수도 있다. 현대의 커뮤니케이션 체제에서는 수많은 부류의 생산물이 비싸질 수밖에 없다. 그렇다면 단순한 원래의 원칙은 어떻게 되는가? 첫째, 판매가 불확실하거나 비용에 비해 판매량이 적을 가능성이 있는 저작물은 아예 제공되지 않을 수도 있다. 둘째, 판매 속도도 중요한 요인이 된다. 만일 판매와 구매가 가장 중요한 고려 사항이라면 아주 대규모 투자가 회수되기를 수년 동안 기다리기는 쉽지 않다. 다른 데 투자하면 회수가 훨씬 빠를지 모른다. 셋째, 만약 어떤 저작물의 재원 조달에 필요한 자본 규모가 크다면 원래 원칙에 나오는 것처럼 자유롭게 판매용을 생산할 수가 없다. 예술가 개개인은 여기에 필요한 자본을 보유하고 있지 못할 것이라는 점은 거의 확실하다. 그렇다면 이들은 그러한 자본을 보유한 개인이나 집단에서 재원을 조달해야 하는데, 그러한 재원 제공 여부를 결정하는 데는 판매 정도나 속도, 투자금 회수나 이윤에 대한 고려가 결정적일 가능성이 있다. 하지만 그렇게 되면 광범위한 영역에 걸치거나 특히 좀 더 값비싼 부류의 커뮤니케이션 수단에 대한 실질적 통제권은 유일하지는 않더라도 주된 자격이 소요 자본을 보유하거나 마련할 수 있다는 사실뿐인 개인이나 집단에 넘어갈 수도 있다. 그러한 집단은 이 자격을 갖추었다는 사실만으로는 종종 사회 전체를 대표하지 못하는 존재일 수도 있다. 이 집단들은 사실 사회 내에서 소수파에 불과할 것이다. 따라서 권위주의자가 권력 문제로, 후견주의자가 원칙 문제로 권리를 주장한 통제권은 흔히 상업주의 체제에서는 운영의 실천 문제로 달성된다. 발언할 경제적 여유만 되고 그러한 발언으로 이윤만 남길 수 있다면 어떤 발언이든 허용된다.

민주주의 체제

우리는 다른 세 가지 체제를 경험해 보았지만 완전한 의미에서 민주주의 체제는 논의와 상상만 할 수 있을 뿐이다. 이 체제는 초기의 상업 체제와 커뮤니케이션에 대한 정의를 공유하는데, 바로 이 정의는 모든 사람이 무엇이든 원하는 내용을 제공할 권리가 있고 원하는 내용을 수용할 권리도 있다고 주장한다. 이 체제는 발언이 허용되는 내용을 통제하는 권위주의도, 바람직한 발언만 나오도록 통제하는 후견주의도 단호히 반대한다. 그러나 이윤을 남기는 발언만 나오도록 하는 상업주의적 통제도 반대하는데, 이 역시 독재가 될 수 있다고 보기 때문이다.

새로운 체제의 필요성을 내세우는 모든 주장은 추상적으로 보이며 때로는 설득력도 없어 보인다. 오직 이 제안이 실제로 실행에 옮겨질 때만 현실성이 있다고 느껴지기 때문이다. 어떤 민주주의 체제든 구현하려면 분명 시간이 오래 걸리고 어렵겠지만 민주주의와 양립할 수 있는 문화 체제의 일반적 속성을 규정하는 일이야말로 무엇보다 중요하다. 우리 중 대다수가 이것이야말로 우리가 원하는 부류의 것이라고 합의할 수 있을 때만 그러한 체제 구축이 성공할 가능성이 조금이라도 있기 때문이다.

여기에는 두 가지 서로 관련된 고려 사항이 있다. 바로 전송할 권리와 수용할 권리다. 어떤 민주적 문화든 다음 사항을 토대로 삼아야 한다. 첫째는 이 권리가 기본권이라는 점이고, 둘째는 어떤 소수파든 이 권리에 간섭해서는 결코 안 된다는 것이다. 셋째는 만약 이 권리가 사회의 어떤 다수결에 의해 어떤 식으로든 제한된다면, 이 결정은 오로지 공개적이고 적절한 공적 토론을 거친 후에 이루어져야 한다. 이 토론에는 모든 사람이 자유롭게 참여할 수 있고 토론은 공개적인 반박과 검토 대상이 되어야 한다.

전송할 권리에 관해서 이야기하자면, 민주주의의 기본 원칙은 모든 사람이 완전한 사회 구성원이기에 자신이 원하거나 아는 대로 발언할 권리가 있다는 것이다. 민주주의는 모든 구성원의 적극적 참여와 자유로운 기여에 의존하기 때문에, 이는 개인 권리일 뿐 아니라 사회 욕구이기도 하다. 수용할 권리는 이와 보완 관계에 있는데 참여와 공통적 논의의 수단이라는 것이다.

이러한 자유를 보장하는 데 필요한 제도는 분명 공공 서비스 부류의 것이어야 한다. 그러나 공공 서비스 개념이 후견주의나 심지어 권위주의 체제의 위장막으로 악용되지 않도록 하는 일은 대단히 중요하다. 공공 서비스 개념은 공적 독점 개념으로부터 분리되면서도 진정한 의미에서 공공 서비스로 남아 있어야 한다. 이를 달성하는 유일한 방안은 새로운 종류의 제도를 창설하는 것이다.

적극적 기여자들이 자신의 표현 수단을 통제하는 것이 원칙이 되어야 한다. 제도에 직접 의존하지 않는 기여자의 경우, 이 원칙은 이들이 원한다면 삶과 노동 수단이 될 특정한 설비를 보장해 준다는 뜻이다. 제도를 통해서만 작업을 수행할 수 있을 경우 이 원칙은 다양한 노동자 집단이 스스로 회사를 설립한 후 필요한 설비를 보장받을 기회를 마련해 준다는 뜻이다. 스스로 정부 기관에 의존하지 않거나 직접 의존하지 않는 다양한 중간 조직들도 이러한 보장을 일부 제공받을 수 있다. 그러나 아마 필요한 자원의 더 큰 부분은 공적 자금에서 직접 조달되어야 할 것이다. 그러고는 공중과 기업의 대표자를 포함하는 매개 기구를 설립해서 사회 전체와 다양한 기업의 욕구를 위해 이 공적 자원을 신탁하도록 할 필요가 있다.

정부가 기여자를 직접 통제하도록 해서는 안 된다. 매개 기구를 설치하고 개인과 기업이 원하는 작업용으로 특정 자원을 보장받는 계약 체제를 설립하면 사회의 전반적인 삶이 민주적으로 유지되는 한 정부 통제가 사실상 불가능해진다. 어떤 체제에서든 전반적 민주주의가 사라지면 문화 민주주의 역시 사라질 것이다. 그러나 전반적인 민주주의가 존재하는 한(이 민주주의를 수호하는 데는 적극적인 문화 민주주의가 지속해서 필요하다) 가장 중요한 부분은 다음과 같은 원칙을 분명하게 수용해야 한다는 것이다. 즉 자원은 어디까지나 기여자 자신이 하고 싶어 하는 작업에 활용하도록 하기 위해 존재한다는 원칙, 그리고 자원의 실제 할당에 관한 모든 결정은 공개적 논쟁을 거쳐야 하고 반박과 검토 대상이 된다는 원칙이다.

이 원칙에는 분명히 실행에서 부닥치게 될 어려운 두 가지 난점이 있다. 기여자가 통제해야 한다는 주장은, 기여자에게 자유와 작업에 필요한 자원을 제공하는 조치야말로 어떤 경우에든 사회에 가장 큰 이익이 될 수 있다는 사실에 근거한다. 아무런 기능도 하지 못하는 재무 집단이나 정치적 행정적 분파가 통제를 행사한다면 분명 폐해를 끼치고 말 것이다. 그러나 실제로 통제가 완전히 사라진다거나 그렇게 될 가능성이라도 있기나 할까? 즉 자원을 다른 작업이 아니라 특정한 작업에 배당한다거나 일반적으로 공익 보호에 필요하다고 생각하는 조치에 의한 통제는 가능하지 않을까?

민주적 문화에서는 첫 번째 위험을 최소화하기 위해서라도 상당한 자원을 배당할 필요가 있을 것이다. 저작물을 자신의 채널에만 제한해서 공개하려는 경향이 발생할 수도 있는데, 이는 아무리 타당해 보인다고 해도 여하튼 거부할 필요가 있을 것이다. 심지어 가장 계몽된 체제에서는 설혹 어떤 개인이나 집단이 지원받지 못한다고 할지라도 이들이 할 수 있는 한 아무런 제재 없이 작업을 해서 가능한 한도 내에서 저작물을 제공할 수 있어야 한다는 사실은 분명하다. 이러한 상황은 지금이든 앞으로든 언제나 발생할 수 있다. 건전한 문화라면 성장에 의존하기 마련인데, 어떤 특정한 시점에서 새로운 부류의 저작물이 그다지 흥미를 끌지 못하게 되어 이들에게 지원을 중단하거나 줄여야 한다는 상당한 공적 압력이 가해질 수도 있다. 이는 이 문제에서 좀 더 어려운 측면이다. 이 문제를 어떻게 민주적 방식으로 극복할 수 있을까? 여기에 단순한 해답은 없지만 유일하게 가능한 해답은 다음과 같다. 즉 만일 성장의 채널을 투명하게 유지하는 것이 민주적 문화의 속성이라면 새로운 종류의 저작물을 제공하는 개인이나 집단이 적어도 공정한 기회를 얻도록 할 공적 책무가 존재한다는 것이다. 문제는 사실 객관적 중재자 역할과 같은 것으로 새로운 작업이 자신을 증명하는 데 필요한 시간(흔히 오랜 시간이 될 것이다)을 주는 것이다. 조직이 더 다양해지고 독립적인 기업이 더 많이 존재할수록 이 기회가 더 많이 주어질 가능성이 크다.

두 번째 난점은 심각한 것이다. 지금까지의 증거로 보면 어떤 경우에는 특정한 저작이 사람들에게 해악을 끼칠 가능성이 있기에 제공되어서는 안 된다는 확고한 믿음이 작용하는 것을 이미 목격했다. 그러한 제약이라면 가해야 할 것인가? 이 사례들을 공적 논쟁에 부치고 공적으로 결정하고 계속해서 검토 대상으로 삼는다고 하더라도, 이는 여전히 제약이 아닌가? 결국엔 어떤 형태든 후견주의가 필요한 게 아닌가? 물론 다수결에 따른 결정이라면 사실 후견주의는 아니다. 그러나 당사자에게는 여전히 그렇게 느껴질 것이다. 여기에도 단순한 해답은 없다. 일반적 이슈든 그 어떤 특수한 사례든 지속적인 토론이 필요하다. 이윤의 압력을 제거하고 나면 이처럼 까다로운 부류의 작품은 줄어들 것이라 믿는다. 하지만 그런 작품은 늘 일부는 존재할 것이고 진지한 작업에 부정적인 다수결의 판정도 발생할 수 있다. 이를 방지하는 유일한 방안은 기여자 자신의 추론이나 기여자를 대신해 옹호하는 추론을 포함해 완전히 공개적인 토론을 활성화하는 것이다. 이렇게 할 때 사람들이 대개 잘못된 선택을 할 것이라고 믿지는 않는다. 어쨌든 으레 그렇듯이 하나의 사례가 실패하면 다음에는 성공할 수도 있다. 주장을 주고받는 가운데 이해의 폭도 실제로 성장하기 때문이다.

내가 보기에 기여는 자유롭게 이루어지도록 하고 기여자는 그에 대한 책임을 지도록 하는 방안이 최선이다. 현재 상업 문화에서 흥미로운 상황은 기여자가 흔히 자유롭지도 책임을 지지도 않는다는 점이다. 즉 독립적인 상태였다면 했을 만한 일을 하지도 않고 실제로 한 일에 대한 공적인 비판에 응답하려 하지도 않는다. 민주주의에 내재하는 균형이 달성되려면 수많은 개인 간의 적극적인 과정으로서 행동할 자유와 대답할 자유라는 이 두 가지 새로운 여건의 조성이 반드시 필요하다.

요약

앞서 기술한 네 가지 체제(권위주의, 후견주의, 상업주의, 민주주의)는 모두 실제로든 국지적 실험 상태로든 현대 영국에서 어느 정도는 작동하고 있다. 어떤 부류의 검열에서는 권위주의의 흔적이 존재한다. 국지적인 방식으로긴 하나 최초의 민주주의 실험도 이루어지고 있다. 그러나 지난 세대에 전개된 대대적인 투쟁은 후견주의와 상업주의 체제 사이에서 벌어졌는데, 상업주의 체제가 그동안 꾸준하게 승리를 거둔 것으로 보인다. 이러한 상황에서는 논쟁을 '통제된' 체제와 '자유로운' 체제라는 한정된 대비에 국한하지 말고 그 대신 전 범위를 개관한 후 세부적인 비교와 가능성을 탐색하도록 하는 것이 중요하다.

6

공유 문화 개념

1967

윌리엄스는 여기서 2차 세계 대전 이후 시기의 문화에 관한 T. S. 엘리엇과 F. R. 리비스의 주장을 검토한다. 엘리엇은 문화가 교육받은 소수에 국한되지 않고, 대중의 일상적 취향과 실천에 이르기까지 모든 위계 수준마다 존재한다고 주장했다. 리비스는 '소수'(즉 '고급') 문화를 대중-상업 문화의 침입으로부터 보존하고 보호하는 데 더 관심을 두었고, 특히 영문학과 고급 문학의 가르침을 통해 교육이 방향을 주도해야 한다고 믿었다.

윌리엄스는 《문화와 사회》에서 리처드 H. 토니Richard H. Tawney의 사회민주주의적 '공유 문화' 개념을 이미 채택했는데, 토니에게 이 용어는 교육과 문화 정책을 통해 대중에게 고급문화를 전파한다는 뜻이었다. 윌리엄스는 이러한 식의 공유 문화를 거부했다. 이전에는 공유 문화란 교육받은 엘리트에게 국한되고 과거에서 전수된 '위대한 전통'을 나타냈지만, 고등 교육을 포함해 교육에 대한 접근 기회가 증가함에 따라 이제는 공유 문화도 필연적으로 변화해 보통 사람들의 대중문화를 대변하게 될 것이라고 주장했다.

정치 성향 측면에서 윌리엄스는 '교육받은 참여 민주주의'의 조성을 촉구했고, 토니가 제안한 것보다는 좀 더 역동적이고 과정 지향적인 공유 문화 개념을 주장했다.

우리가 처한 자리에서 생각을 더듬어 보면 사실 이 시간과 장소에서는 문화를 우리가 수많은 다른 사람과 공유하고 그러한 의미에서 한 세대를 사로잡은 특수한 경험으로 간주할 수밖에 없었다는 점이 그다지 놀랍지 않다. 문화란 교육 과정, 문학의 경험 그리고 노동 계급 가정 출신으로 고등 교육 기관에 진학한 누군가에게는 불평등이 전개되는 방식이었다. 나와 다른 처지인 사람들이라면 좀 더 생생하게 경제적, 정치적 불평등으로 경험할지도 모를 현상을 나 자신의 경로에서는 자연스레 주로 문화의 불평등으로 경험했을 뿐이다. 이 불평등은 또한 자명하게 비공동체를 의미하기도 했다. 내가 생각하기에 이는 문화에 관한 주장을 파악하는 데서 여전히 가장 중요한 방식이다. 어디서나, 그러나 아주 구체적으로 영국에서 계급, 즉 인간들 간의 매우 뚜렷한 구분이란 사실은 문화를 통해 스스로 모습을 드러내기도 한다.

하지만 문화 개념 자체에는 다양한 의미가 존재한다는 사실을 이해하는 데 오랜 시간이 걸렸던 것 같다(돌이켜 보면 말도 안 될 정도로 긴 시간이었던 같다). 우리는 이 문화 개념 내부의 다양한 의미에 대해 동시적으로 반응하지만, 이는 어디까지나 서로 명확하게 구분해야 하는 개념들이었다. 내가 보기에 오랫동안 문화의 문제는 주로 작가와 수용자 간의 관계, 즉 글로 이어지는 연계 문제였다. 나도 처음에는 작가와 수용자 간의 관계 개념에 의해 결정되는 이 맥락 안에서 문화를 다루려 시도했는데, 지금 보기엔 한계가 있는 방법인 것 같다. 그다음에 사용한 관점은 '감수성의 공동체,' '과정의 공동체'였다. 말하자면 작가와 수용자 간의 연계라는 개념으로, 이 관계는 어떤 점에서는 글쓰기 행위 자체 이전에 존재하던 것이고, 여기서 글쓰기 행위가 생겨나며, 그 관계 안에서 그 행위에 대한 반응이 지속된다. 지금 내가 보기에 이 관점은 문화에 관한 논의 방안으로 딱히 만족스럽지는 않은 듯하다. 더 나아가 이 관점은 필연적으로 특정한 사회 전체에 관한 사고로, 또한 사회 자체를 가장 손쉽게 사고하는 방안으로 문화를 파악하는 식의 관점으로 발전시켜야만 했다.

이러한 발전 과정에 얽힌 나 자신의 개인적 측면을 지나치게 강조해서는 안 될 것이다. 그러나 그럼에도 불구하고 약간의 고등 교육 확대의 결과로 나타나는 특징인 계급 간 이동, 삶의 상황과 라이프스타일 변화 덕분에, 문화 개념에 핵심적으로 보이는 질문, 그 자체로 일반적 경험이 된다고 믿은 삶의 다른 모든 측면까지도 종합하는 방안이 되는 질문에 내가 주목하게 되었다는 점은 사실이다. 영국식 사회적 사고의 특수한 전통이 실제로는 문화 자체의 속성에 관한 논쟁이나 다름없는 핵심적인 흐름을 포섭하게 되는 일만 일어나지 않았다면 아마도 사회적, 정치적, 경제적 장벽과 폐해를 훨씬 더 생생하게 파악할 수 있었을 것이라는 점 역시 사실이다. 이 논쟁에는 수많은 다양한 사회적, 정치적 전통 출신의 사람들과 태도를 포함해 복잡한 사항들이 얽혀 있었다. 그러나 19세기 초반부터(즉 산업 혁명 이후 세대부터) 문화 개념은 지배적인 부류의 사회가 이룩한 단순한 물질적 진보나 단순한 사회적 자신감에 의문을 제기하는 하나의 방안으로서 특정 공동체에서 주어진 삶의 질과 관련된 질문에 초점을 맞추려고 시도했다. 문화 개념이 공동체 전반의 성격에 미치는 영향에 관한 논쟁에서는 본질적으로 영국식인 사회적 사고가 대거 동원되었다. 누구든 문학을 공부하려는 학생에게는 문화야말로 당대의 사회와 그 문제점에 관한 사고 과정과 접하게 되는 첫 번째 주요 경험이 될 수밖에 없었다. 즉 아마 이는 가장 손쉽게 접하는 전통이 될 것이다.

가까운 당대의 작가 중에서는 이 문화 논쟁에서 중심에 해당하는 세 사람이 가장 유명했는데, 엘리엇과 리비스, 그리고 (자신은 당대의 인물이라고 느꼈을지 몰라도 그렇게 불려서는 안 되는 존재인) 마르크스였다. 엘리엇은 사회와 교육의 변화가 확산하고 아마도 도시와 산업적 삶, 민주주의가 확장되면 필연적으로 문화의 의미도 희석되고 훼손될 것이라 우려해 보수적 입장을 취했다. 리비스는 스스로 그처럼 체계적인 주장을 펴지는 않았지만, 인정된 소수 문화의 가치를 [엘리엇과] 마찬가지로 강조했음은 부인할 수 없다. 확장 문제가 굳이 제기되지 않더라도 그러한 소수 문화를 수호하는 일은 문학도의 소명이었다. 리비스는 엘리엇이 말한 문화 전통 확대라는 발상에 확신을 갖고 반대하지는 않았다. 그렇지만 그 가능성에 대해서는 근본적으로 냉소적이었고 다른 것이 우선되어야 한다고 확신했다. 그다음에는 마르크스가 있었는데, 실제로는 마르크스주의자들이 먼저 그렇게 주장했다. 이들은 문화란 우리의 일반적인 삶의 성격과 분리될 수 없다고 주장했다. 계급으로 분화된 사회에서 문화는 필연적으로 계급적 내용과 계급의 흔적을 갖게 될 것이며, 어떤 사회의 역사 발전 과정에서든 인간과 계급 간의 관계가 변화함에 따라 문화도 필연적으로 변화할 것이라고 보았다.

이처럼 다양한 개념의 복합체는 오늘날 이른바 문화 관련 논쟁으로 압축할 수도 있는 광범위한 질문들에 활용될 수도 있었다. 나는 이 질문들을 살펴보면서 이 세 가지 접근 방식의 어떤 것과도 아주 다른 방식을 강조하게 될 수밖에 없었다. 나는 엘리엇의 입장을 도저히 받아들일 수가 없었다. 본질적으로 이 주장은 용납할 수 없는 사회적, 경제적 불평등에 근거했기에 다른 이유에서라도 단호히 거부할 수밖에 없는 사회를 정당화하는 듯했기 때문이다. 또한 선진 자본주의에 의해 전통문화의 변혁이 진행되는 세계에서 전통적 제도가 통제하는 계급 사회를 보존하려는 시도는 어쨌든 현실성이 없었다는 이유도 있다. 단순한 수준에서 보더라도 엘리엇의 요구는 어불성설이다. 리비스의 접근 방식이 문학의 우선성을 강조했다는 점은 우리도 기꺼이 수용할 용의가 있고, 그 점에서는 언뜻 좀 더 매력적이었다. 이 접근 방식은 어떤 과업(우연히도 이는 글쓰기가 아니라 읽기의 과업이다)의 수행을 촉구했고, 당대 문명의 문제점에 대해 비판적 관심과 참여를 지지했다는 점에서 급진적 색채를 풍겼다. 그러나 내가 보기에 이 주장을 일반화하자면, 그가 구상하는 소수 문화의 강조는 결국 엘리엇과 똑같은 비판을 받을 만했다. 실로 엘리엇의 주장이 더 불쾌하게 느껴진다면 이는 오직 그가 최종적 분석까지 좀 더 일관성을 유지했기 때문이다. 즉 엘리엇은 자기주장이 시사하는 바를 직시하고 수용했다. 내가 보기에 리비스의 입장 역시 그러한 사회적 입장으로 바로 이어지는데도 마지막 조치에서 다소 망설임을 보였고, 이는 충분히 이해할 만한 일이다. 리비스는 그러한 사회적 입장이 필연적이지 않다고 말했고 그러한 필연성을 내세우지 않는 것을 미덕으로 여겼다. 그러나 내가 보기에 그의 문화적 입장은 필연적으로 그러한 입장을 암시했으며, 이미 목격했듯이 시간이 지남에 따라 이 점은 확인되었다. 마르크스의 경우 우리는 그가 역사와 변화, 계급과 문화 간의 필연적이고 밀접한 관계를 강조한 부분은 수용했지만, 또 다른 수준에서 이 강조점이 구현되는 방식은 용납할 수 없었다. 이 입장은 한편으로는 경제적 삶과 다른 한편으로는 문화를 두고 이 둘을 양극화하고 추상화했는데, 내가 보기에 이는 다른 사람들이 생생히 체험했고 우리 자신도 그렇게 살고자 했던 문화의 사회적 경험과 부합하지 않았다.

그렇다면 우리가 공유 문화에 관해 혹은 (이제 나에겐 다른 표현처럼 보이긴 하지만) 공통 문화culture in common를 논의하려 한 것은 이처럼 복합적인 영역 안에서 대안적 강조점을 탐색하고 관점을 발견할 수 있는 하나의 방안을 마련하기 위해서였다. 문화는 일상적이라는 주장, 즉 일반적 의미에서든 구체적인 예술과 믿음에서든 의미와 가치 창조에 종사하는 특수한 계급이나 인간 집단은 존재하지 않는다는 주장도 이러한 강조점과 관련이 있다. 그러한 창작은 아무리 재능이 있다고 해도 소수의 몫으로만 배정할 수 없으며, 심지어 실제로도 그렇게 되지는 않았다. 특정한 시점에서 사람들의 특정한 삶 형태가 지니는 의미는 그들의 공통된 경험 전체와 그 경험의 복잡한 일반적 표현에서 유래하는 듯했다. 만약 실로 의미와 가치가 특정 분파만의 몫이 아니라 널리 창조되는 것이 사실이라면(가장 먼저 거론되는 예는 언어다. 언어는 특정 개인들이 그 가능성을 확장하고 심화하기는 해도 개인의 창작은 아니다), 문화의 공동체라는 일반적 사실을 언급해야만 하며, 특정 사회 구조에서 일반적인 여건에 가해진 제약과 조치에 대한 비판으로서 공유 문화의 필요성도 주장해야 했다. 그렇다면 공유 문화를 거론한다는 것은 무엇보다 문화가 특별한 재능을 갖고 신분이 확실한 개개인의 핵심적이고 필수 불가결한 기여일 뿐 아니라 사람들 삶의 방식이기도 했음을 밝힌다는 뜻이다. 또한 이때는 우리가 실제로 가진 균열되고 파편화된 문화를 비판하는 한 방안으로서 문화의 **공유된** 요소, 즉 문화의 공동체라는 개념을 사용하고 있는 셈이다.

만약 진실로 의미 창조가 모든 사람이 관여하는 활동이라면 가장 명시적인 형태의 문화에서 전 집단의 의미와 가치를 억압하거나 이 집단에게 이 의미를 표현하고 전달할 수 있도록 해 주지 못하는 사회의 존재에 우리는 충격을 받을 수밖에 없다. 현대 영국에서는 사회 문제가 이미 대부분 해결된 것처럼 늘 흐뭇한 회고조로 장담하는 것을 볼 수 있지만, 그럼에도 불구하고 바로 이 점[의미 창조의 집단성을 제약하는 요인의 존재]이야말로 우리가 이 사회에 관해 주장하고자 하는 바였다. 이와 반대로 민중**으로서** 살아가면서 자기 고유의 가치를 창조해 내는 대다수 사람이 교육 체제의 성격 탓에 그 교육을 대신하던 선행 형태의 광범위한 의미에 더 이상 접근할 수 없게 되었다는 사실은 너무나 분명했다. 또한 의미의 변화와 발전 과정은 어떤 경우에든 계속 진행되기 마련인데, 이 사람들은 총체적인 커뮤니케이션 구조(즉 커뮤니케이션의 물질적 소유 구조, 커뮤니케이션을 제약하는 사회적 가정의 특성) 탓에 그러한 과정에서 배제되어 제대로 참여할 수 없게 됐다. 그러므로 우리는 그러한 의미에서 문화 공동체가 존재한다는 일반적 진리를 확인하며 이 진리가 어떤 구체적인 역사 단계와 무관하게 성립한다고 주장하고 싶다. 또한 우리는 어떤 사회가 그 공동체의 자기실현을 제약하고 온갖 수법으로 적극적으로 방해했다는 이유 때문에 특정한 사회를 비판하는 것이다.

문화 비평으로 시작한 비판은 바로 이 부분에서 사회적, 정치적 비평으로 불러야 마땅한 수준으로 확대된다. 이는 또한 다음과 같은 사항을 분명히 드러내 준다. 내가 의도하는 공유 문화가 단순히 특정한 소수 집단(아마도 그러한 경우 대개 지배 집단)의 가치를 다른 사람들에게 확장하는 행위에 의해 발생할 가능성이 있다고는 생각하지 않기 때문이다. 만약 특정한 방식으로 표현된 기존 경험의 일부 부문이 다른 사람들에게 확장(교육)되어 공동의 소유물이 되었다면 그 역시 (비록 공통 문화라고 부를 수 있을지는 몰라도) 공유 문화는 아닐 것이다. 앞서 강조한 바에 따르면 민중의 문화란 모든 구성원이 삶의 행위 속에서 창조하는 과정에 참여해 성취한 것이 되기 때문이다. 즉 공유 문화란 소수가 의미하고 믿는 것의 일반적인 확장이 아니라 민중 전체가 의미와 가치를 구현하고 이에 따라 여러 의미와 가치 중에서 선택하는 결정에 참여할 수 있는 여건의 조성이기 때문이다. 그러기 위해서는 현실 세계에서 바로 이러한 참여 형태를 가로막는 모든 물질적 장애의 제거가 필요해질 것이다. 이러한 시각은 이후 커뮤니케이션 제도에 관한 관심이 늘어나는 토대가 되었다. 기존의 커뮤니케이션 제도는 자본이나 국가 권력에 지배되어 커뮤니케이션은 소수가 다수를 대상으로 한다는 발상을 도입했고, 다수를 커뮤니케이터가 아니라 커뮤니케이션 대상으로만 간주하면서 이들의 기여를 무시했다. 새로운 시각은 이와 비슷하게 교육 체제 역시 아주 어린

나이부터 사람들을 '교육받은' 층과 기타 층, 혹은 달리 말해 전달자와 수신자로 분류하는 식의 지배적 패턴에서 벗어나 모든 사람의 기여와 수용을 포함하는 상호 연계된 의미와 가치 결정 과정으로 여기는 시각으로 나아간다는 뜻이 될 것이다.

우리가 커뮤니케이션 제도와 차등화 교육 방식을 비판한 것은 이 제도가 바로 이 교환 수단에서 실로 확고한 사유재산의 사회 구조에 근거했음을 아주 뚜렷이 간파했기 때문이다. 아울러 민중 전체가 통치 제도에 완전하게 접근하지 못하게 방해하는 이러한 부류의 사유 재산은 공동체의 에너지가 작용하는 방향으로, 즉 주로 노동에 대한 통제 형태로 지배한다는 사실도 우리는 간파했다. 노동 수단에서의 사유 재산 때문에 대다수 인간의 에너지가 가혹하면서도 으레 거부할 수 없는 압력하에서 소수가 결정한 목적을 따르게 되는 상황이 조성됐다. 우리 삶의 아주 중심적인 부분에서 상황이 그렇다면 의미와 가치가 창조되고 교환되는 과정 역시 여기서 영향을 받을 수밖에 없다.

그렇다면 공유 문화를 논의한다는 것은 곧 계급 사회로 요약할 수 있는 현실에 비판적으로 발언한다는 뜻이다. 이는 또한 당대의 일부 사회주의 개념과는 적어도 차별화되어 보이는 사회 개념을 긍정적으로 본다는 뜻이기도 하다. 어떠한 단계에서든 이러한 부류의 사회를 변화시키는 수단은 사회주의적 수단이 될 것이며, [지금과] 다른 사회로 이끌어 줄 제도 역시 사회주의적 제도라는 데는 의심의 여지가 없다. 그러나 우선 사회와 공동체 일반의 성격이 갖는 의미 문제를 놓고 볼 때 새로운 사회 개념에 대해 제기되는 첫 번째 질문은 사람들이 더불어 살아가는 바로 이 핵심 과정에서 그 사회가 갖는 참여 역량 측면에서 제기된다. 그다지 마음에 들지는 않는 몇몇 군데에 실려 지금까지 널리 활용되었지만, 여전히 중요하다고 생각하는 구절로 이 점을 정의하자면 바로 **교**

육받은 참여 민주주의educated and participating democracy 개념이다. 지금까지 밝힌 이유로 민주주의는 참여성을 띠어야 한다. 또한 지금까지 축적된 사고와 가치의 전통 전체, 즉 지금까지 소수의 소유물로 추상화된 전통은 사실 공유된 인간 유산임에 분명하다는 점에서 민주주의는 양식(교육)을 갖추어야 한다. 그러한 유산이 없다면 인간의 어떤 참여든 기형적이고 불완전할 것이기 때문이다. 이러한 의미의 교육에서는 현재 교육에 대한 시각이 주로 그렇듯이, 인간은 스스로 특정한 전통을 계속하고 특정 사고방식만 갖도록 교육받아야 한다고 여기지는 않을 것이다. 요지는 단순하다. 즉 만약 단기적 수단을 제공하는 교육(말하기, 글쓰기, 읽기 능력 개발)과 논증의 틀을 익히도록 해 주는 교육이 공통으로 제공되지 않는다면, 우리는 이처럼 적극적인 과정에 참여할 자격을 완벽하게 갖추지 못할 것이다. 따라서 공유 문화는 교육받은 참여 민주주의이며, 사회주의적 민주주의 개념은 그러한 가치 위에 확고하게 근거한다. 문화에 관한 주장은 결코 단순하게 정치에 관한 주장으로 전이될 수 없다. 그러나 이러한 관점에서 보면 정치적 주장을 펼칠 때는 늘 스스로 원천적 가치 위에 근거하려 시도하는 셈이다.

공유 문화라는 의미의 가능성을 탐색할 때 유념할 부분은 바로 이처럼 가치와 의미가 상호적으로 결정된다는 점을 강조해야 한다는 것이다. 우리는 공유 문화를 파악하면서 자칫 모든 사람이 똑같은 대상을 의미하고 똑같은 대상에 가치를 부여한다든지, 아니면 늘 그렇듯이 문화를 추상화하면서 모든 사람이 대단히 많은 문화적 자산을 똑같이 보유하는 상황인 것처럼 간주하는 위험에 빠질 우려가 있다. 공유 문화에 대한 요구를 이 중 하나의 방식으로 이해할 수는 있겠지만, 정말로 내 주장의 논지를 파악했다면 그리하지는 않을 것으로 생각한다. 공유 문화를 그런 식으로 보는 견해는 아마 '공통 문화'라는 구절로 묘사하는 게 더 나을 것이지만, 어쨌든 그런 주장은 현실성이 없다. 우리가 지향할 가능성이 있는 어떤 사회에서든 우선 상당한 복잡성이 존재할 것이기에 그러한 의미에서 똑같은 식의 '문화적 자산을 보유'한 사람은 없을 것이다. 사람들은 필연적으로 문화의 다양한 측면을 취하게 될 것이고, 여러 가지 중 특정한 대상을 선택하고 특정한 부분에 집중하며 다른 부분은 무시할 것이다. 만약 이런 것이 선택 행위라면 완벽하게 바람직한 현상이다. 어떤 것이 제공할 수 있는 대상이고 어떤 것이 무시할 대상인지에 관해 다른 사람의 선택을 따르는 행위라면 물론 우리는 이를 거부한다. 그러나 이는 단지 사회가 복잡성을 띠게 될 것이라는 뜻만은 아니다. 즉 사람들은 사회를 균등하고 획일적인 방식으로 공유하지도 않을 것이고 그렇게 할 수도 없을 것이다. 또한 공유 문화 개념은 단순히 사회에 동의한다는 발상이 결코 아니며 그냥 사회에 순응한다는 의미도 분명히 아니다. 여기서 우리는 모든 사람이 때로는 개인으로서 때로는 집단으로서 행동하는 과정에서 의미의 공동 결정에 참여한다는 점을 강조한 원래 의미로 다시 한번 돌아가게 된다. 그러한 과정은 어떤 특정한 목적도 없으며 그 어떤 순간에든 최종적으로 실현되거나 완성된 상태라고 할 수 없다. 이러한 공유 과정에서 유일하게 절대적인 부분이 있다면 모든 사람이 기여하면서도 그 과정에서 도움도 받을 수 있도록 커뮤니케이션 채널과 제도를 계속 열어두어야 한다는 점일 것이다. 만약 그렇다면 일부 비판가들이 제기했듯이 공유 문화가 획일적이고 순응주의적 문화가 될 것이라는 상상은 그리 타당해 보이지 않는다. 일부 친구들이 표현했듯이 공유 문화는 합의를 이룬 대규모 구성원을 확보할 수 없을 것이기에 달성하기 엄청나게 어려울 것이라는 두려움도 마찬가지로 설득력이 없다. 내가 앞서 정의하려고 시도했듯이 공유 문화를 논의한다는 것은 바로 의미와 가치 창조에 자유롭게 공동으로 참여하고 기여하는 **과정**을 요구한다는 뜻이다.

7

사회적 다원주의

1973

이 글은 레이먼드 윌리엄스가 이데올로기에 관해 쓴 가장 중요한 논문이다. 아마도 이 글은 1970년대 초반 처음 집필되었을 때보다도 21세기 초반인 지금 더 적실성을 띠는 듯하다. 사회적 다윈주의Social Darwinism는 영국의 사회학자 허버트 스펜서Herbert Spencer가 찰스 다윈Charles Darwin의 진화론을 왜곡해서 사회와 사회관계의 발전 과정에 적용한 것이다. 흔히 인용되는 구절이자 구호에 가까운 '적자생존the survival of the fittest'은 대개 다윈의 주장인 것처럼 사람들이 착각하지만 사실 스펜서의 주장이었다. 사회적 다윈주의는 사실상 냉혹한 [경쟁] 지상주의를 옹호하는 경쟁적 개인주의의 이데올로기다. 원래 지금은 거의 잊힌 영국 사회학 선구자가 영국 제국주의에 봉사할 목적으로 고안했지만, 그 후 미국 자본주의가 이를 아주 두드러지게 구현하였다. 이 글에서 윌리엄스는 20세기 초반 정치 우파뿐 아니라 좌파의 엄청나게 다양한 지식인들의 저작에 사회적 다윈주의가 끼친 악영향을 추적한다.

Social Darwinism

사회적 다윈주의란 1870년대에 주로 영국과 미국에서 등장한 사회 이론의 변종을 지칭하는 관습적인 용어인데, 유감스럽게도 아직 완전히 소멸하지 않았다. 실로 이 사상은 여러 가지로 이름만 바꿔 널리 부활하고 있다. 나는 진화론이 사회 이론에 적용된 다양한 사례 분석과 이 이론이 창작 문헌에 활용된 사례 분석이라는 맥락에서 그 이념들을 기술하고자 한다. 첫째, 원래의 전통적 이름대로 알려진 사조이자 리처드 호프스태터Richard Hofstadter가 《미국 사상 속의 사회적 다윈주의*Social Darwinism in American Thought*》에서 잘 분석한 사회적 다윈주의를 검토한 후 그 일부 변종을 살펴보고자 한다.

어떤 점에서는 사회적 다윈주의가 자연 선택natural selection 이론을 사회, 정치 이론에 확장하면서 범한 강조점의 오류라는 측면에서 이 사조를 분석하는 편이 아주 적절할 수도 있다. 우리의 요지는 이렇다. 생물학을 잘못 확장했거나 잘못 적용했다는 것이다. 그러나 이 점이 사실이긴 하지만, 로버트 영Robert Young이 자세히 보여 주었듯이[1] 생물학 자체에 애초부터 사회적 요소가 강하게 있었다는 점에서 이 비판은 문제를 다소 지나치게 단순화한다고 생각한다. 실제로 내 입장은 이 이론들을 사회, 정치 이론에 다시 적용하려는 시도 자체가 제시되기 전에도 생물학의 진화와 자연 선택 이론에는 사회적 요소가 있었다는 것이다. 우리는 두 학문 영역 간의 변증법적 운동을 처음부터 사실로 간주해야 한다. 예를 들면 다윈 자신이 토머스 맬서스Thomas Malthus의 책을 흥밋거리로 선택해 읽은 후 주목할 만한 메모를 남겼다. 흥미가 맬서스의 책을 읽은 가장 큰 동기일 리는 없겠지만, 어쨌든 읽은 것은 사실이다. 다윈은 이렇게 썼다.

나는 오랫동안 동식물을 관찰한 바에 근거해 생존 투쟁이 다른 곳에도 모두 적용될 수 있다고 인정할 태세를 갖추고 있었는데, 이러한 여건하에서 유리한 변종은 보존되고 불리한 변종은 멸종하는 경향이 있을 것이라는 생각이 갑자기 들었다. 이러한 경향의 결과로 새로운 종이 출현하게 될 것이다.

다윈과 더불어 자연 선택의 공동 발견자인 앨프리드 러셀 윌리스Alfred Russel Wallace는 유기체 종의 진화에서 효과적인 촉진제를 오랫동안 찾고 있었는데, 맬서스가 그 단서를 제공해 주었다고 말한다. 이 주장은 논란이 되었다. 많은 과학사가는 맬서스의 단서가 아주 부수적인 요소에 불과했다고 주장한다. 그러나 내가 보기에 인구와 자원 간의 관계에 관한 이론은 19세기의 사회사상에 큰 영향을 미친 사회 이론이 분명한데, 이 이론은 어쨌든 자연 선택에 관한 뛰어난 일반 이론이 부상하는 과정에서 체계적인 요소 중 하나였다는 사실이 중요하다.

그렇다면 생물학적 개념을 사회사상에 적용한 유명 이론인 사회적 다윈주의가 다윈에서 유래했다기보다는 찰스 다윈보다 훨씬 오래된 진화 이론의 전체 전통에서 싹텄다는 점을 분명히 밝혀야만 하겠다. 실로 이 이론은 적어도 다윈의 조부인 18세기 말의 이래즈머스 다윈Erasmus Darwin까지 거슬러 올라가며, 19세기 전반부에는 이미 잘 정착된 사상 체제였다. 진화 수단에 관한 설명은 추가적인 발견이 나오길 기다려야 했을지 모르나 진화라는 개념은 이미 나와 있었다. 이 개념은 많은 경우 체제 안에 내재했고, 무엇보다 좁은 의미에서 사회적 다윈주의를 이해하려는 목적으로 보자면 허버트 스펜서의 체제에 이미 자리 잡고 있었다. 논쟁사에 오래 남게 될 '적자생존'이라는 구절을 1864년에 처음 고안한 사람은 실로 사회 철학자인 스펜서였다.

스펜서는 진보가 우연이 아니라 필연이자 인간 역사에서 두드러진 진화라고 말했는데, 그의 진보관은 이후에 상당한 영향을 미쳐 협소한 의미에서 사회적 다윈주의의 진정한 기원이 되었다. 예를 들면 사회적 선택 원칙이 인간 역사에 작용하고, 그래서 인간이 거기에 개입하지 않도록 하는 것이 대단히 중요하며, 특히 정부는 개입하지 말아야 한다고 스펜서는 믿었다. 스펜서는 인종 중에서 상대적 약자와 덜 뛰어난 구성원을 보존할 것이라는 근거로 빈민에 대한 국가 지원 정책을 반대했다.

우리가 이 입장의 사회적 윤리를 지금 어떻게 판단하든, 이는 사회적 선택에 의한 진보적 진화 이론에서 논리적으로 도출할 수 있는 결과로 간주되었다. 약자나 역량이 부족한 사회 구성원은 인위적으로 보호해서는 안 되는 존재였다. 가장 강하고 자립 능력이 있는 유형을 조성하는 사회적 선택 과정에 개입해서는 안 되기 때문이었다. 이 과정의 궁극적 성과는 보편적 유형의 인간 행복이 될 것이다. 따라서 스펜서는 이른바 자력갱생 능력이 가장 떨어지는 층의 인위적 보호를 특정해서 반대했다. 내가 보기에 스펜서의 이론은 여러 가지 형태로 우리 시대까지 살아남았는데, 레임덕 개념이라든지 부실기업이란 기이한 은유를 넘어 시장 경제의 좀 더 치명적인 버전과 그 결과로 발생하는 사회 질서 등은 현재 다시 실행되는 개념이다. 만약 이 주장에 진정 믿음이 간다거나 진보적인 사회적 선택 체제가 존재한다고 정말로 믿는다면, 그 과정에 개입하는 것은 정말 파렴치한 행위로 보일 수도 있다. 진화가 이러한 발전으로 이르게 한다는 확신이야말로 사회적 다윈주의를 구성하는 윤리적, 혹은 준윤리적 구성 요소를 이룬다. 만약 그렇게 믿지 않는다면 이는 단순히 무작위적인 잔혹성과 합리화로만 비칠 것이다.

근본적인 사회 원칙으로서 경쟁이란 개념이 물론 새로운 것은 아니다. 영국의 사상에서는 토머스 홉스Thomas Hobbes가 이러한 사고의 뚜렷한 얼개를 제시한 선구자였다. 삶은 만인의 만인에 대한 투쟁으로 어떤 절대 권력이 개입해 이 무리를 통제하지 않는다면 자기 파멸에 이를 뿐이라고 그는 믿었다. 권력이 개입해 인간을 통제하고 이들이 서로 파괴하지 못하도록 막을 때까지 인간은 그러한 자연적 여건에 처한다. 완전한 사회적 다윈주의 이론의 핵심 구성 요소는 19세기에 성장하고 있던 믿음, 즉 인간의 성격은 단순한 의미에서 환경의 산물이라는 인식이었다. 예컨대 로버트 오웬Robert Owen의 교의는 환경을 바꾸면 단기간 내에 전 인구의 도덕적 성격을 완전히 개혁할 수 있다는 것이었다. 두 요소를 함께 둔다고 해서 완전한 의미에서의 사회적 다윈주의가 성립하지야 않겠지만, 자연적인 상태로서의 경쟁, 본질적 경쟁은 발생하게 된다. 성격이 환경에서 영향을 받는다는 발상은 우호적 환경에 의해 선별된다는 주장으로 아주 손쉽게 변형될 수가 있다. 여기에 진보적인 역사 발전 이론을 추가하면 완전히 발전된 형태로서의 사회적 다윈주의가 탄생한다.

이러한 적용 사항 중 그 어떤 부분에 관해서도 다윈 자신은 일관된 태도를 보이지 않았다. 어느 편지에서 그는 신문에 인쇄된 다음과 같은 '풍자 글'을 방금 받았다고 역설조로 언급했다. 그 글에는 "권력은 옳고 그러므로 나폴레옹은 옳으며 모든 사기 치는 장사꾼 역시 옳다는 사실을 [다윈 자신이] 입증했다"라고 적혀 있었다. 이는 분명히 사회적 다윈주의에서 가장 초기의 가장 조악한 부류에 대한 반응이었다. 다윈은 자신이 보기에 이기적이고 논쟁적 정책 냄새가 나는 것이라면 모두 반대했다. 하지만 그는 일찍이 오랫동안 가축(그 유명한 비둘기) 사육에서 얻은 경험을 통해 사회는 의식적으로 선택하고 도태시키지 않은 어떤 위험에 처해 있다는 견해를 갖게 되었다. 다윈은 이렇게 말했다. "우리 문명화된 인간들은 제거 과정을 견제하기 위해 최선을 다한다. 이는 인간 종족에게는 대단히 해가 되는 일임은 분명하다." 달리 말해 만약 약자나 취약한 변종을, 스펜서식의 표현으로 인위적으로 보호한다면 인종의 일반적 조건은 퇴락할 가능성이 있다. 반면에 다윈은 너무나 인간적인 사람이었기에 (이후에 실현 가능성이 생기게 되는) 불리한 변종의 말살이라는 관점에서, 혹은 이러한 의식적 측면에서 시행되는 사회 정책의 관점에서 생각하지는 못했고, 이후에도 그러한 관점을 결코 완전히 지지하지는 않았다.

하지만 거의 갑자기 확장이 실행되기 시작했다. 즉 이 이념이 스펜서의 사회사상에서 출발해 산업 자본주의와 전반적인 산업 발전 단계에 맞는 사회적 이데올로기로서 가혹한 경쟁적 개인주의가 만연한 전반적 분위기에서 상당한 지지를 얻은 것이다. 이 과정은 부분적으로는 특정 사상가의 저작에서 추적할 수 있었지만 이와 마찬가지로 특정한 종류의 여론이 고조된 데서도 발견할 수 있다. 예를 들면 1876년에 출간된 월터 베이지홋Walter Bagehot의 《물리학과 정치*Physics and Politics*》를 보라. 베이지홋은 시골 은행가이자 〈이코노미스트*Economist*〉 편집인, 수필가, 《영국 헌법*The English Constitution*》의 저자이기도 했다. 《물리학과 정치》에서 그는 "자연 선택과 유전 원칙의 정치 사회 적용에 관한 단상"이라는 부제를 단 글을 실었다. 이 글은 이러한 작업을 의식적으로 시도한 첫 번째 사례다. 어떤 점에서 이 글은 놀랍게도 늘 중재자 역할을 해온 인물인 베이지홋의 저작이다. 영국 헌법에 관한 그의 유명한 분석은 나름대로 탁월한 탈신화화 작업에 해당했는데, 바로 재신비화를 위해 탈신비화를 시도한 다소 특별한 종류의 작업이었다. 그는 영국의 헌법을 연극적인 과시 측면에서 분석했는데 — 그는 윈저성의 과부Widow of Windsor* 에 대해 아주 비판적으로 썼다 — 영국 국가를 상징하는 잡동사니 의례 전체를 신민에게 존경심을 조성하는 수단으로 여겼고 또한 긍정적으로

* 빅토리아 여왕을 말한다. — 옮긴이

평가했다. 그러고 나서는 아주 새로운 기조로 이것은 어떤 질서 잡힌 국가에게든 필요하다는 빅토리아 시대적인 사회적 주장을 펼쳤다. 다소 과감한 몇몇 추론을 제시한 후 나온《물리학과 정치》의 결론은 어떤 점에서는 본질적으로 유사했다. 베이지홋은 스펜서에게서 인간 사회는 어떤 질서 정연한 단계에 따라 진보한다는 발상을 취한다. 원시적 혹은 준비 단계는 군사적 단계로서 여기서는 인간관계가 기본적으로 무장 갈등의 관계다. 그러나 그다음은 그가 생각하기에 자신이 사는 문명의 단계인데, 갈등이 토론에 의해 해결되는 질서의 단계다. 베이지홋은 인간 사회 자체에 경쟁이 내재한다고 믿었다. 즉 이 경쟁은 만인의 만인에 대한 투쟁, 개인 대 개인의 투쟁이라기보다는 최선의 사회 형태를 위한 본질적인 경쟁이다. 사회가 어떤 모습이 되어야 하는지에 대한 관념은 다른 모든 관념과 경쟁을 벌여야만 하지만, 어떤 면에서 특정한 국가를 구성하는 개념으로 부상한 것이야말로 우월한 개념이었다. 하지만 군사적 갈등 시대에는 더 나은 이념이 물리적으로 더 강한 적에 의해 말살될 수도 있기에 이와 달리 오직 질서 정연한 토론의 시대에만 이러한 일이 가능할 것이다. 유럽은 이질적인 관념, 이질적인 사회적 정체 개념, 이질적인 종교관에 근거한 국가 간 갈등의 한복판에 있는 지역이었지만 진보의 중심지이기도 했다. 갈등과 진보는 서로 직접 연관되어 있었다.

비록 다음 단계의 이념 중 다수는 이미 스펜서에게서 발견할 수 있기는 하지만, 이 관념은 곧 좀 더 불길한 조짐을 보이는 다른 사상에 밀려났다. 1880년대에 윌리엄 섬너William Sumner•는 당시에 읽어 보았다면

• 윌리엄 섬너(1840~1910)는 미국의 사회학자로 영어권에서 최초로 '사회학' 강좌를 개설한 인물이다. 허버트 스펜서의 사회적 다윈주의에 영향을 받아 자유방임 경제와 자유 시장, 금본위제를 옹호했다. '자민족중심주의ethnocentrism,' '습속folkways,' '확산diffusion' 등의 개

아주 익숙했을 법한 정의를 제시한다. 즉 문명은 적자생존이며, 부적합자의 생존은 반문명적이라고 주장한다. 사회주의는 문명 발전과 부적합자 생존을 모두 제안하는데, 이는 명백하게 모순이라는 점에서 얼토당토않은 개념이라고 섬너는 주장한다. 경쟁은 자연의 법칙이며 경쟁의 결과에 개입하는 것은 근본적으로 문명을 잠식하는 행위다. 만약 누군가 이와 다른 근거에서 개입이 필요하다고 주장한다면 문명을 믿는 체해서는 안 된다고 하라. 백만장자는 자연 선택의 산물이라고 섬너는 말했다. 그래서 이전의 구절들이 부자를 합리화하지 못했다는 뜻은 아니지만, 생물학적 자연 선택 개념이 형성된 지 20년 이내에 우리는 사회 과정의 내부 논리와 필연성을 기술하는 데 아주 새로운 구절을 추가하게 되었음을 볼 수 있다.

그리 놀라운 일은 아니지만 섬너는 거의 즉시 존 D. 록펠러John D. Rockefeller라는 동조자를 확보하게 되었는데, 가령 록펠러는 대기업의 성장은 단지 적자생존일 뿐이라고 말했다. 록펠러는 적자생존을 다소 절묘하게 꽃에 비유했는데, 최고의 장미꽃을 얻으려면 곁가지 작은 꽃을 미리 쳐내야만 하는 것과 마찬가지라고 했다. 이렇게 하면 이 시기에 일어나고 있던 산업 독점 과정을 가장 아름다운 꽃 재배나 사회적 종에서 다음 단계의 생산으로 합리화할 수 있었다.

물론 이 주장은 이데올로기에 불과했다. 이는 의식적으로 자유주의적 평등주의 경향, 사회복지와 개혁 조치, 그리고 고전적으로 사회주의 이념도 반대했다. 이는 이데올로기였기에 이처럼 다소 엄격하고 강력한 이론의 함의는 심지어 그 일부 옹호자에게서조차도 늘 모두 환영받지는

념을 처음으로 주장했다. — 옮긴이

못했다. 스펜서를 거쳐 베이지홋, 섬너 등에 이르기까지 이러한 노선의 사상이 생물학적으로 가정한 주된 유전 기능은 아직 다윈이라기보다는 장바티스트 라마르크Jean-Baptiste Lamarck•의 개념에 가깝다. 달리 말해 다윈이 주장의 근거로 삼은 바 있는 환경 적응에서 발생하는 부류의 변형보다는 획득 형질의 물리적 유전이다. 스펜서는 다윈이 등장한 한참 뒤에도 계속해서 라마르크를 추종했는데, 이러한 의미의 물리적 유전 개념 덕분에 사회적 다윈주의 이데올로기 옹호자들은 가족 재산의 보호 문제에 직면했을 때 [지금까지 주장하던] 절대적으로 제약 없는 부류의 경쟁 개념을 수정할 수 있는 특히 다행스러운 기회를 얻게 되었다. 따지고 보면 이들의 주장을 아주 진지하게 받아들인다면 만인의 만인에 대한 투쟁은 결코 멈춰서는 안 된다. 그 투쟁에 개입한다면 가장 강한 자의 등장을 방해하게 될 것이기 때문이다. 따라서 가족 재산의 상속은 더 뛰어난 인간 유형을 진화시킬 강력한 개인적 재능을 갖추지 못한 누군가가 이점을 갖고 시작한다는 뜻이고, 상속은 경쟁에 대한 일종의 간섭이 된다. 그러나 만약 라마르크식의 신체적 유전 개념을 적용하면, 바로 가족과 가족 재산이야말로 가장 강하고 최고의 종임을 확인해 주는 속성의 계승이라고 합리화할 수 있다.

자본 상속 역시 이와 마찬가지다. 즉 19세기로 돌아가 당시는 어느 날 누군가가 총을 발사하면서 "계속해, 경제적으로 경쟁해 봐. 그러면 가장 강한 자가 무리의 정상에 도달할 것이야"라고 말하던 사회였다고 단정할 수 있는 사람은 아무도 없을 것이다. 아주 분명한 사실은 게임을

• 장바티스트 라마르크(1744~1829)는 프랑스의 생물학자로서 최초로 진화 개념을 제시해 다윈의 진화론에 실마리를 마련해 준 인물이다. '용불용설'이나 '획득 형질' 등이 그가 제시한 주요 개념이다. — 옮긴이

시작할 때 엄청난 재산이 이미 존재했고, 게임 참가자의 절대다수는 아무것도 가진 것 없는 빈손 상태로 뛰어들었다는 것이다. 정말 철저하게 가차 없다는 의미에서 경쟁이 이루어지려면 모두 빈손으로 시작해야 한다. 그러나 자본의 소유는 어느 정도 연속성을 제공한다는 이유로 재산 상속이 옹호된다. 수사학적으로 강력한 이 이론에 헌신한 학자들의 복잡하게 얽힌 타래를 추적하는 것은 정말 대단히 고통스러운 일이다. 이들은 경쟁을 사회 원칙으로 합리화했고 경쟁을 윤리적, 도덕적으로 반대하는 것처럼 보이는 주장을 모두 감상적이라며 거부했는데도, 결국에는 경쟁 원칙 자체에 대한 명백한 유보 조항을 옹호하게 됐다.

그럼에도 불구하고 적자생존, 생존 투쟁 같은 것을 19세기에 대한 묘사라고 누군가 꾸며낼 필요도 없었는데, 이는 대다수 사람의 일상적 경험이었기 때문이다. 이 나라에서 수백만 명의 사람들은 살아남거나 가족에게 무엇인가 가져다주려 한다면 동료보다 더 강하거나 교활해져야 한다는 사실을 인지한 채 매일 출근하곤 했다. 이 사상은 어떤 면에서는 그 사상의 주창자 사이에서만큼이나 그러한 부류의 경쟁 과정에서 희생자가 된 사람들 사이에서도 호응을 얻었다. 자신이 날마다 겪는 삶의 경험과 딱 맞아떨어지기 때문이다. 더 나은 사회 질서를 구상할 수 있는가 하는 문제와 무관하게 이 사상은 일상적으로 실제 체험되는 삶의 경험에 들어맞는 것처럼 보인다. 우리 사회를 묘사하는 표현으로 '아귀다툼rat race' 같은 구절이 대중화한 것은 과거 희생자들 사이에서 통용되던 묘사의 직접적인 연속선상에 있다. 물론 이점을 안은 채 출발했든 아니든 상관없이 일단 성공을 거둔 자들은 '적자생존' 원칙을 아주 기꺼이 들먹였다.

일부 다른 변종에 관한 논의로 옮아가기 전에 이 원칙의 두 가지 특수한 적용 사례에 주목할 필요가 있다. 첫째는 우생학이 운동으로 발전한 것이다. 가장 완벽한 자질을 타고난 유형의 후손만을 번식시켜야 한다는 주장은 이 이론의 자연스러운 귀결이다. 인간의 미래 전체는 이러한 부류의 선택적인 신체적 유전에 달려 있다고 사람들은 생각했다. 19세기 후반에 걸쳐 이러한 움직임의 징후가 보였기는 하지만, 서로 이질적인 견해를 가진 인사들이 두루 우생학을 주장한 것은 나름대로 약간의 선별 작업을 시도한 1890년대와 특히 1차 세계 대전까지의 시기였다. 적극적인 정책으로서의 우생학은 어렵지 않은 일이다. 이는 더도 덜도 아니고 신체적으로나 지적으로나 가장 뛰어난 층의 후손 양육을 권장해야 한다는 주장에 불과하다. 우생학의 부정적 측면은 좀 더 심각한 문제다. 이는 다시 열성 인자 보유자의 자녀 출산을 막아야 한다는 사상과 맬서스의 주장으로 직접 연계된다.

그렇다면 모든 것은 적격성fitness 개념에 달려 있다. 신체적으로 기형이거나 어떤 유전적 질병을 가진 사람들의 자녀 출산 문제를 놓고 우생학적 주장이 나오는 것은 그럴 수도 있는 일이다. 하지만 열성이거나 부적격자, 사회적으로나 경제적으로 취약자의 출산을 반대하는 우생학적 주장이 나오는 것은 전혀 차원이 다른 문제다. 하지만 이 주장 때문에 문제가 복잡하게 얽히게 된다. 이 주장은 재빨리 인종 이론과 결합하게 되는데, 이는 딱히 생물학적 주장에서 유래한 것이 아니기 때문이다. 인종 간 불평등에 관한 아르튀르 드 고비노Arthur de Gobineau•의 주장은 이 단계 훨씬 이전인 1853년에 등장했지만 인종에 손쉽게 적용될 수 있었다. 오랫동안 이어진 혼동이긴 하지만 다윈은 때때로 '인종'이 마치 종

• 아르튀르 드 고비노(1816~1882)는 프랑스의 귀족으로 이른바 과학적 인종 이론, 인종 인구학 등을 활용해 아리안족의 우월성을 주장하는 인종주의를 정당화한 인물이다. 그의 이론은 백인 우월주의자, 나치즘, 미국의 노예제 옹호자에게 큰 영향을 미쳤다. — 옮긴이

을 지칭하는 생물학적 용어인 것처럼 사용하는 바람에 그가 특히 선호한 앵글로·색슨족이라는 특정 인종을 강건한 종족이자 경제적 투쟁에서의 생존자이며 어떤 지배의 자연적 권리 계승자를 지칭하는 개념이 제국주의 이데올로기의 아주 강력한 구성 요소로 되어 버렸다. 제국주의를 옹호하는 주장에서는 가장 강한 자, 가장 잘 살아남은 자인 앵글로·색슨 인종이 자신의 권리를 계속해서 주장할 책무를 인류에게 지고 있다는 식의 논지를 완벽하게 펼 수가 있었고 실제로 그런 주장을 한 사람도 많았다. 이 특별한 종은 더 약자인 종족에 대한 잘못된 윤리적 고려나 그들의 법률적 권리 개념에 근거해 이들과의 경쟁을 제한할 필요가 없었다. 만일 경쟁적 투쟁이 가장 강한 인간 유형을 낳는다면 가장 강한 인종이 결코 제약받아서는 안 된다는 사실은 분명하다.

북미 이론에서는 이 주장의 흥미로운 변종이 등장하는데, 이 이론은 심지어 앵글로·색슨 인종의 좀 더 강건한 혼종이 우연히 미국에 정착했으며 이들의 차례가 곧 도래할 것이라고 주장한다. 이러한 속성을 갖춘 인종이 아리안족이라는 일반적 관념은 대단히 인기가 있었고, 자연스러운 자기 보호 장치로 켈트족을 재발명하는 사람도 나타났다. 물론 특정 집단이 우연히 속한 위치에 따라 가장 편애하는 인종의 선택은 달라질 수 있지만, 경쟁을 통한 강화라는 조잡한 주장의 논리를 따라가다 보면 결국 제국주의에 도달하게 되고 인종주의 이론으로 귀결되기 때문이다. 이 논리는 전쟁 합리화에도 도달한다. 전쟁은 인간의 역사에서 다윈식의 생존 투쟁을 보여 주는 최고의 예라고 헬무트 폰 몰트케 Helmuth von Moltke•는 주장했다. 여기서는 가장 극단적인 여건하에서 인

• 헬무트 폰 몰트케(1800~1891)는 프로이센의 육군 원수로 30년 동안 참모총장을 지냈다. 프로이센 군을 조직화, 현대화하여 현대적인 육군 야전 전술의 창시자로 통한다. ― 옮긴이

간이 서로 대립하게 되고 가장 강한 자가 살아남는데, 만약 가장 강한 자만이 살아남는다면 인류의 미래는 보장될 수 있기에 그렇게 되어야 마땅하기 때문이다.

이러한 의미에서의 사회적 다윈주의가 이 이론들을 적용한 데서 나오는 유일한 산물은 아니었다. 마르크스는 1860년에 《종의 기원*The Origin of Species*》을 살펴본 후 프리드리히 엥겔스Friedrich Engels에게 다음과 같은 편지를 보냈다. "다윈의 책은 매우 중요하며, 나에게는 역사에서 계급 투쟁을 입증하는 자연과학의 근거 구실을 한다." 이를 그런 식으로 즉시 뒤집어 보면 양자 간의 유사성을 근거로 계급 투쟁 이론의 토대를 마련할 수 있다. 다시 말해 인간의 역사는 투쟁인데, 이제는 인종이나 개인 간의 투쟁보다는 계급 간의 투쟁이다. 반면에 엥겔스는 이러한 유추의 오류를 간파한 아주 초창기 인물이었다. 너무 단순해 보일 수도 있지만, 엥겔스는 다음과 같이 주장했다.

> 다윈식의 생존 투쟁 이론 전체는 단지 맬서스의 인구 이론뿐 아니라 홉스의 만인의 만인에 대한 투쟁bellum omnium contra omnes, 부르주아 경쟁 이론을 사회에서 유기체의 속성으로 옮겨놓은 데 불과하다.

엥겔스는 《자연의 변증법*The Dialectics of Nature*》에서 계속해서 다음과 같은 주장을 펼쳤다.

> 이 이론들을 자연사에서 사회의 역사로 다시 옮겨놓는 것은 아주 쉬운 일이지만, 이를 통해 이 주장들이 사회의 영원한 자연법칙으로 입증되었다고 주장하는 것은 한마디로 너무나 순진한 생각이다.

> 인간 사회에 독특한 특징은 생산이며,

> 발전의 수단이 사회적으로 생산되는 한 동물계에서 추출한 범주는 이미 전적으로 적용이 불가능한 것이다.

하지만 생존 투쟁 개념은 보존되어야 했다. 이 개념은 생산자의 생산 수단을 전유하고 재산으로 환원시킨 자본가에게 대항해 생산자가 벌이는 투쟁을 표현한다. 따라서

> 역사가 일련의 계급 투쟁이라는 개념은 단순히 허술하게 구분된 생존 투쟁 단계로 환원시킬 수 없는 훨씬 더 풍부하고 심오한 내용을 이미 담고 있다.

이는 복잡한 문제다. 유사성에 기초한 추론은 비판하고 거부했지만 그 후 어떤 면에서는 부활된다. 자연에서 따온 다른 종류의 유사성도 존재했는데, 많은 사상가가 강조했듯이 바로 조화로운 협력 노동이었음을 엥겔스는 일찍이 깨달았다. 그러나

> 이 똑같은 사람들이 도처에서 벌어지는 투쟁에만 주목하기 전까지 다윈은 거의 인정받지 못했다. 두 가지 견해는 거의 비슷한 방식으로 정당화되지만 모두 똑같이 일면적이고 편파적이다.

이는 타당한 주장이다. 그러나 엥겔스 자신이 제시한 역사관 역시 이제 적용하는 방식이나 지향점은 다르지만 유사성에 근거해 유추한 '생존 투쟁'이라는 수사학적 강점에 의존했다는 사실은 의심의 여지가 없다.

스펜서식의 정치 발전 개념에서 생겨난 결과 중 하나는 자연적 진

화 메커니즘에 의해 진보가 이룩되긴 하지만 이를 앞당길 수는 없다는 믿음이었다. 여기에는 손쓸 여지가 전혀 없다. 사회적 선택의 자연스러운 과정에서 더 뛰어난 유형이 결국 부상하게 된다. 이것이 전체적인 과정이지만 이를 앞당길 수는 없다. 그러므로 진화는 사회 변화를 대하는 태도를 묘사하는 한 방안이 된다. 만약 누군가가 "여기에 빈곤이나 부패, 착취 같은 사악한 여건이 존재한다"라고 지적한다고 가정하자. 여기에 대해 "그렇군요. 상황이 아주 나쁘네요. 그렇지만 달리 어찌할 방도가 없어요. 진화 과정이 결국 이를 극복하게 될 것인데, 지금 개입하면 단지 그러한 극복을 방해하게 될 뿐입니다"라고 우리는 대답한다. 그렇다면 이는 대중적 통념인 진화evolution와 혁명revolution 간의 대비로 이어지며, 여기서는 두 단어의 운율 일치도 나름대로 역할을 하게 된다. 사회 변화는 폭력적 개입은 말할 것도 없고 개입에 의해서도 달성할 수 없을 것이다. 그러자 수많은 사람이 "혁명이 아니라 점진적인 진화가 옳다고 믿어요"라고 외치기 시작했다. 하지만 생물학에서 유래한 유사성에 의한 유추가 갖는 기이한 성격을 감안하면 후고 드 브리스Hugo de Vries• 가 돌연변이에 의한 종의 진화 이론을 확립하자마자 사회적 진화 이론에 비판적인 주장을 펼치던 사회주의 문필가들이 급격한 혁명적 단절을 정당화하는 근거로 돌연변이를 재빨리 활용했다는 사실은 그다지 놀랍지 않다. 점진주의는 상식적 가정이었고 파비안주의자••의 이데올로기에도 내장되어 있었지만, "자연은 점진주의의 필연성에 의해 작동하지

• 후고 드 브리스(1848~1935)는 네덜란드의 식물학자이자 최초의 유전학자 중 한 명이다. 유전자 개념을 제안했고, 돌연변이 이론으로 진화론에 새로운 활력을 불어넣었다. — 옮긴이

•• 파비안주의는 혁명적 수단보다는 체제 내의 점진적인 개량주의를 채택해 사회 평등을 구현하려는 사회민주주의 사상이다. 이 이념은 영국의 노동당을 비롯해 각국 사회주의 운동에 큰 영향을 미쳤다. — 옮긴이

않는다"라는 명제에 대해 "거 봐, 맞잖아"라고 사회주의 문필가들은 말했다. "자연은 새로운 …… 을 확립하는 급격한 돌연변이에 의해 작동한다." 그러고는 자신이 어떤 주장에 헌신했는지에 따라 '종'이나 '사회 질서'를 달리 언급한다. 진화와 혁명을 둘러싼 주장은 사실 특정한 사회에 관한 주장이자 사회 변혁 수단에 관한 주장이기에 사회적, 정치적 주장이어야만 했는데도 이렇게 해서 아주 일찍부터 강력한 생물학적, 혹은 사이비 생물학적 요소를 끌어들이게 되었다.

이제 동일한 전통 내에서 이러한 적용 방식에 대해 나온 일부 반응을 살펴보자. 예를 들면 소스타인 베블런Thorstein Veblen은 1899년 《유한계급론*The Theory of Leisure Class*》에서 이렇게 말했다. "우리의 사회 체제가 특정한 인간들을 선택하는 것은 사실이다"라고 주장하면서 그는 백만장자는 '자연적 선택'의 산물이라는 섬너의 지적에 수긍한다. 베블런의 주장에서 요점은 이 사회 체제가 과연 제대로 된 인간적 속성을 선택하는가 하는 질문이었다. 우리 사회 체제는 예컨대 교활한 관행, 사기나 사악한 꼼수 같은 완전히 잘못된 인간 자질을 선택하고 있는 것은 아닌가? 선택 메커니즘에 관한 모든 주장을 불가피하다고 받아들인다고 하더라도 사회 체제가 바로 잘못된 부분을 계속 강조하고 엉뚱한 인간 유형에게 성공과 권력을 안겨주고 있는 것은 아닌가? 19세기에서 20세기로 넘어갈 무렵에는 이러한 주장이 아주 활발해졌다.

벤저민 키드Benjamin Kidd•는 1894년 《사회 진화*Social Evolution*》에서

• 벤저민 키드(1858~1916)는 영국 사회학의 창시자로 알려진 인물로 1894년 출간된 《사회 진화》가 대표작이다. 다윈주의와 진화론에서 영향을 받아 인간 사회 진화와 생물학적 유기체 간의 유사성에 주목했다. 사회와 현대 문명의 진화는 이성이나 과학이 아니라 종교적 신념의 영향에 의해 초래된다고 주장해, 사회적 복음 운동에 큰 영향을 미쳤다. — 옮긴이

"우리는 무엇보다 진정한 경쟁을 확보할 수 있는 사회적 행동을 취해야 한다"라고 말했다. 당시 절대다수의 사람들은 사실상 경쟁에서 차단되어 있었다. 이들은 사회에서 경쟁할 수단도 갖추지 못하고 교육도 받지 못했으며 돈도 없었다. 그러므로 키드는 교육을 확대하고 기회를 부여하는 데서 사회민주주의적 혹은 자유주의적인 부류의 주장을 활용하지만, 그 목적은 경쟁을 촉진하고 경쟁적 투쟁을 좀 더 활발하고 일반적으로 촉진하는 데 있었다. 반면에 윌리엄 맬럭William Mallock•은 《귀족제와 진화 *Aristocracy and Evolution*》에서 보수적 입장을 취하면서 민주주의와 교육 확대를 반대하는 주장을 폈다. 전통적인 사회적 다원주의의 노선과 좀 더 부합되게 주장의 근거는 경쟁 과정의 한 가지 바람직한 산물은 위대한 인간, 즉 지도자라는 사실이었다. 그가 보기에 지도자의 한 가지 조건은 충분한 권력을 지녀야 하고, 다른 이는 그의 명령에 즉시 복종해야 하며, 지도자는 자신의 위대한 비전을 실행하기 위한 통제 수단을 지녀야 한다. 만약 위대한 인간이 자신의 비전을 작동시키지 못하고 대중의 평범함에 끌려 후퇴하게 된다면 인간 사회는 자체의 문제점을 결코 해결하지 못할 것이기 때문이다. 생물학적 구성 요소를 갖춘 이 이론은 20세기에 와서 우선 엘리트 이론이 되었고 그다음엔 파시즘 이론이 되었다.

하지만 한편 여기에 대해 다소 놀랄 만한 부류의 반응도 나왔다. 표트르 크로포트킨Pyotr Kropotkin••이 1902년 《상호부조론 *Mutual Aid*》에서 사실상 다음과 같은 식으로 말했기 때문이다. "그래, 정말로 자연의 질서

• 윌리엄 맬럭(1849~1923)은 영국의 소설가이자 경제학자로 실증주의 철학과 사회주의에 반대하고 로마 가톨릭 교회를 옹호하는 입장을 폈다. — 옮긴이

•• 표트르 크로포트킨(1842~1921)은 러시아의 아나키스트 사상가이자 혁명가였다. 중앙 정부의 지배에서 벗어나 코뮌 단위의 자유로운 자치를 옹호하는 입장을 폈다. 《상호부조론》, 《빵의 쟁취》 등의 저술을 남겼다. — 옮긴이

에서 배움을 얻어 보자. 자연을 살펴보면 상호 부조의 예로 가득하다. 사슴 무리나 소 떼를 보라. 개미나 벌을 보라. 모든 사회적 곤충을 보라. 상호 부조의 예가 곳곳에 널려 있음을 볼 수 있을 것이다." 물론 이는 종 내부에서의 협력이었다. 대다수의 경쟁 이론은 여러 종 **사이의** 투쟁을 근거로 삼은 후, 슬그머니 하나의 종, 즉 인간 내부의 경쟁에 적용되었다. 크로포트킨은 이를 뒤집어 놓았다. 자연의 질서는 우리에게 상호 부조, 집단주의, 즉 아주 다른 종류의 사회 질서를 가르쳐 준다고 그는 주장했다.

1893년 《진화와 윤리*Evolution and Ethics*》에서 결정적 요지를 제시한 사람은 바로 토머스 헉슬리Thomas Huxley였다. "모든 혼동은 가장 적합한 자와 가장 뛰어난 자를 동일시하는 데서 발생했다"라고 그는 말했다. 스펜서식의 의미는 아니지만 다윈식의 의미에서 '가장 적합한 자'란 결국 환경에 가장 잘 적응한 자를 의미했다. 만약 '가장 적합한 자'가 가장 강하고 가장 강력한 자를 의미했다면 아마도 공룡은 아직도 존재하면서 지구의 지배자가 되었을 것이다. '환경 적응'을 의미하는 '가장 적합한 자'가 반드시 사회적 유추에서 의미하는바, 즉 가장 힘이 세고 사납고 교활하고 인내심이 강한 자를 뜻하지는 않았다. 단지 주어진 상황에서 생존에 가장 적합한 자라는 뜻일 뿐이다. 만약 그렇다면 대개 무작위적인 생존 과정에서 어떤 윤리 원칙도 도출할 수 없음을 우리는 깨닫게 된다고 헉슬리는 주장했다. 종의 기원과 생존의 실제 과정을 살펴보면 환경 적응이 그 어떤 추상적 원칙에도 근거할 수 없으며, 따라서 윤리는 생물학적 증거에 근거할 수 없다는 사실을 알게 된다.

선진 사회는 바로 자연법칙의 수정을 목적으로 하는 윤리 체제를 발전시킨다고 헉슬리는 주장했다. 의심이 들긴 하지만 헉슬리는 자연법칙, 자연의 질서는 무제한의 투쟁 과정이며, 그렇다면 윤리란 그냥 풀어둘 경우 우주의 법칙이 될 질서에 유보 조항을 가하는 메커니즘이라고 단정한다. 놀랍게도 헉슬리는 수많은 다른 이들처럼 그러한 우주의 법칙이 존재한다고 확신하지만, 이를 수정하는 방안으로 사회적 윤리, 문화적 계발을 제안한다. 그의 손자인 줄리언 헉슬리Julian Huxley 역시 이 입장을 되풀이하면서 문화적 진화는 이제 주된 과정이자 인간 내부의 문화적 진화라고 주장한다.

한편 이러한 사상의 분위기는 창작 문학에도 아주 철저하게 만연해 있었지만 지향 방향은 아주 다양했다. 예를 들면 요한 아우구스트 스트린드베리Johan August Strindberg의 작품, 특히 하나의 파괴적 관계를 다룬 주목할 만큼 강력한 희곡으로 1888년에 출간된 《미스 줄리*Miss Julie*》의 서문에서 이를 발견할 수 있다. 스트린드베리는 서문에서 하인인 진을 부상하는 유형, 즉 성을 이용해 지위 상승을 노리는 남성으로 묘사한다. 진은 가난한 집안 출신으로 강하고 적응력이 뛰어나며, 나약한 귀족으로 고지식하고 이 때문에 다소 퇴행적인 종족인 레이디 줄리와의 투쟁에서 살아남게 될 것이다. 따라서 강렬한 인상을 준 노골적인 성적 관계는 다윈주의 혹은 준다윈주의 주장의 맥락에서 도출된 관점에서 해석된다.

다음과 같은 명제를 계승한 작품이 얼마나 있을지는 짐작이 가지 않는다. 즉 열정적이고 부상하는 노동 계급 남성, 혹은 가난한 인종 집단 출신 남성이 상대적으로 나약하고 상대적으로 쇠락하고 고지식한 사회 층위의 대표자와 성적 관계와 갈등 관계를 맺게 된다는 발상 말이다. 줄리의 어쩔 수 없는 자살로 끝을 맺는 것처럼 해결책은 파괴적이라 볼 수도 있는데, 이 해결책은 윤리적으로는 가장 강한 종족의 부상으로 합리화할 수 있다. 그러한 과정의 은유들은 이후 창작 문학의 곳곳에서 두드러지게 나타난다.

이 아이디어를 좀 더 직접 적용한 사례는 예컨대 잭 런던Jack London에게서 발견할 수 있다. 런던은 사회주의자이자 스펜서와 다윈에게서 철저하게 영향을 받은 인물로, 아주 원시적인 여건에서 투쟁 경험도 있었고 사회적 정글의 경험도 갖고 있었다. 여기서 사회적 정글은 동일한 유사성의 원리 안에서 19세기 말의 도시를 묘사하는 방안으로 점차 대중화하고 있었다. 런던은 투쟁이 미덕이 되는 독특한 상상력의 구조를 발전시킨다. 가장 강한 유형의 생존은 곧 일종의 개인적 원시주의와 또한 지금까지 억눌려 있다가 부상하는 계급의 관점에서 파악된다. 그의 일부 작품, 예컨대 《흰 엄니*White Fang*》에서 이는 황야의 여건하에서 경쟁하는 철인의 등장이었다. 《강철 군화*Iron Heel*》에서는 오랫동안 억압되었다가 곧 역사적으로 부상하게 되는 계급의 등장이었다.

이 주제에 관한 H. G. 웰스H. G. Wells의 생각은 가장 직접적으로는 토머스 헉슬리에게서 유래하지만 상상 차원에서 웰스는 이를 훌쩍 뛰어넘는다. 예를 들면 다른 여러 수준에서 작동하는 진화의 특정 단계를 상상적으로 투영한 《타임 머신*The Time Machine*》을 생각해 보라. 이는 어떤 면에서는 19세기 산업 사회의 부자와 노동 계급 빈곤층 사이의 분열을 투영한 것이다. 시간 여행자는 멀리 미래에 도달한 후 지구를 공유하는 두 가지 피조물 인종을 발견하게 된다. 여행자가 먼저 발견하는 인종은 아름답고 인형 같다. 이 인종은 꽃을 갖고 놀고 매력적인 매너를 갖고 있으며, 어린이처럼 햇살 속에서 재미있지만 나약한 부류의 삶을 영위한다. 처음에는 눈치채지 못했으나 결국 지하에서 나온 다른 인종, 즉 몰록족이 등장하는데, 이들은 음침하고 야만적이다.

이 모든 설정에서는 게으르고 놀기만 하는 부자와 어둠 속에 숨어 있고 동물적 여건으로 내몰린 노동 계급 인구가 진화론적으로 투사된 것임을 알 수 있다. 그러나 몰록족은 엘로이족을 먹잇감으로 삼는다는 점에서 총체적 상황은 상상 차원에서 역전된다. 즉 지구 표면의 아름다운 놀이 친구들은 지배적 인종이 아니다. 진화론적 관점에서 보면 몰록족은 지상으로 다시 돌아올 시간을 기다리고 있기 때문인데, 그동안 이들은 즐거운 인종을 가축처럼 잡아먹는다.

극단적인 사회 계층화에서 투사되어 인간 종족을 이 양극단으로 분열시키는 이 생존 투쟁은 웰스가 제시한 대단히 강력한 개념이다. 잊을 수 없을 정도로 절묘하게 표현되는 바람에 이 필연적인 생존 투쟁과 관련된 개념 대다수는 상상적으로 엄청난 공포를 불러일으키면서 수용되었다. 웰스는 새로운 신체를 갖춘 인간 유형으로의 진화라는 개념, 다양한 방식으로 진화한 다른 행성의 지능적인 종이라는 개념, 그리고 이들 간의 경쟁이라는 개념을 모든 창작 소설에서 활용했다(그리고 SF와 과학적 로맨스의 모든 전통이 그의 선례를 모방했다).

대안적 종들이 만나게 되면 전쟁이 벌어지는데, 이 발상은 SF에 잘 정착된 부분이다. 《우주 전쟁*The War of the World*》과 더불어 지금까지 책과 영화로 나온 모든 은하계 간 전쟁의 방대한 전통 전체가 어느 정도는 20세기의 전쟁 경험에 대한 반응이다. 그러나 이 전통은 주요 대전 시기 이전에 시작되었고 근본적인 생존 투쟁이란 관념에 대안 반응을 나타내기도 한다. 즉 만약 한 종이 다른 종과 만나게 되면 필연적으로 서로 경쟁하게 되고 상대를 파괴하려 할 것이다. 우리가 SF에서 즐겨본 특이한 신체적 존재는 이러한 진화 관념이 엄청난 긴장, 대대적인 공포 상황에 작용한 결과다.

유토피아는 아주 다양한 모습으로 투사되었다. 19세기 이전의 저작에 나오는 정적인 유토피아는 인간들이 이상적 여건, 즉 섬이나 미래의 어떤 지점을 발견하고 거기서 사회적 문제를 해결하는 곳이다. 웰스가 지적했듯이 현재의 유토피아는 역동적이어야 하기에 가만히 정지된 상태로 머물러 있지 않을 것이다. 이는 우리가 다윈에게서 배운 부분이라고 웰스는 말했다. 즉 더 높은 단계로 차례로 올라가는 진보가 이루어져야 한다. 더구나 이 유토피아는 거대한 위협으로 차 있다. 즉 그곳에는 위험과 갈등이 내재한다. 웰스의 유토피아는 예외적일 정도로 파괴적인 갈등 시기를 거친 후에야 도달한다는 점이 특징이다.

일부 다른 저술가들도 언급해 볼 수 있다. 예를 들면 조지 버나드 쇼George Bernard Shaw는 심지어 스펜서보다도 더 순진하다고 말할 수도 있는 창의적 진화론을 취한다. 우리는 《므두셀라로 돌아가라*Back to Methuselah*》에 나오는 최종적 이상형의 진화를 스펜서에 대한 희화로 해석하는 데 그칠 수도 있다. 그러나 서문을 보면 우리에게 남성–고대인He-Ancients과 여성–고대인She-Ancients(그리고 우리에게 염소를 연상시키는 것은 대명사뿐만이 아니라고 생각한다)의 등장을 진지하게 받아들이도록 요청하고 있음은 분명하다. 이 존재들은 고군분투하며 인간으로서의 완성을 추구하였는데, 이는 다름 아니라 육체로부터의 속죄라는 목표다. 즉 순수한 지성은 신체로부터 해방되었다. 웰스는 거대한 머리통과 작은 다리를 가진 달 위의 셀레나이트족이란 특이한 인종 속에서 바로 이러한 부류의 존재를 상상했다. 그러나 쇼에게 이는 사실 인간이 기존의 육신에서 벗어나야 한다는 일종의 진화론적 관념에 해당했다.

헨리크 입센Henrik Ibsen과 토머스 하디Thomas Hardy 작품에서는 아주 흥미롭게도 유전에 대한 집착이 나타나는데, 이는 다윈과 진화론 논쟁에서 직접 영향을 받은 것이다. 그렇지만 각 작가의 작품에서 핵심적인 상상력의 차이는 무비판적으로 생존을 가치 기준으로 받아들이지는 않는다는 데 있다. 입센과 하디는 처절한 투쟁과 경쟁은 존재하고 인간은 패배하기도 하며 더러는 가장 야망이 큰 존재가 가장 처절한 패배를 겪기도 한다는 사실을 완벽하게 수용할 태세가 되어 있었다. 입센의 작품에서 거의 모든 주인공은 야망을 품고 (대부분 영적으로) 정상을 향해 기어오르지만, 자신이 야망을 품었다는 사실에 압도되고 정상을 향한다는 행위 자체에 의해 패배당하고 만다.

하디 작품에서는 《무명의 주드*Jude the Obscure*》에서든 《테스*Tess*》에서든 흔히 가장 철저하게 파괴되는 자는 야망을 품거나 예외적으로 순수한 캐릭터다. 입센이나 하디의 작품을 읽을 때마다 생존이 곧 가치의 입증은 아니라는 사실을 깨닫게 된다. 투쟁은 필요한 과정이긴 하지만 사회적 다윈주의에서 합리화되는 투쟁과는 다른 의미에서 그렇다. 하디와 입센의 작품에서는 빛을 향한 끊임없는 자기 채찍질, 지금과 다른 더 고귀한 부류의 인간적 삶의 추구가 반복적으로 상상된다. 시도는 패배하지만 패배 방법에서는 어둠이 승리할 가능성이나 개연성을 아주 경건하고 엄숙하게 직시하면서도 빛을 향한 충동이 확인된다. 이는 어둠이 주는 가르침이 아니고 거친 투쟁의 결과에 대한 어떤 부류의 합리화도 아니다.

마지막으로 제시할 만한 예는 D. H. 로런스D. H. Lawrence다. 로런스는 스스로 진화를 믿지 않으며 과학도 그다지 신뢰하지 않는다고 말하곤 했기 때문에 이 맥락에서는 뜻밖의 예다. 스트린드베리처럼 그는 씩씩하고 야망 있는 유형과 더불어 다소 퇴행적이거나 정태적이거나 폐쇄적인 대안적인 사회적 유형 개념을 사용한다. 전반적으로 강하고 출세지향적인 남성과 성적으로 폐쇄적이고 사회적으로 폐쇄적이거나 사회적으로 몰락해 가는 여성이 그 예다.

로런스는 양자의 만남을 우주론적 과정으로 구성한다. 로런스의 작품에서는 이러한 부류의 성적 관계가 바로 그 우주론적 성격 때문에 앞서 말한 전통 안에서 자리매김한다. 이 관계는 단순히 사적 관계가 아니기 때문이다. 이는 인종의 미래와도 관련이 있기에 신체적으로 부상하는 강한 유형이 특히 강조된다. 그러나 그 후 《사랑에 빠진 여인들*Women in Love*》의 결말에서는 인간관계에서 일종의 교착 상태에 도달하고, 제럴드와 거드런 사이의 냉정하면서도 의지에 의한 관계가 실패하는 것도 목격하게 된다. 또한 버킨과 어슐러의 상대적으로 따뜻하고 친절한 관계가 한계가 있음을 깨닫고 그 관계는 더 품위 있으나 반드시 완벽하지 않다는 사실을 직시하고 나자 로런스는 갑자기 아주 뜻밖의 방식으로 이 전통에서 아주 흔히 보이는 상상의 결론을 반복하게 된다. 바로 아마도 우리는 인간을 넘어서 진화해야 할 것이라는 결론이다. 단지 인간에 그친다는 것은 실망스러운 일일 뿐이다. 말하자면 말이 마스토돈 Mastodon•의 자리를 대신한 것처럼 영원한 창조적 미스터리는 인간을 버리게 될 것이라는 식으로 로런스는 이를 충실한 진화론적 관점에서 표현한다.

> 인종은 나타났다 사라지곤 했고 종은 소멸했지만, 좀 더 사랑스럽고 혹은 마찬가지로 사랑스럽고 늘 이전보다 더 나은 경이로운 존재인 새로운 종이 항상 출현했다. 근원은 불멸인데다 찾아낼 수 없는 존재였다. 거기엔 아무런 한계가 없었다. 기적을 초래할 수도 있고, 완전히 새로운 인종을 창조하고 새로운 종을 자신이 원하는 시간대에 새로운 의식 형태, 새로운 신체 형태, 새로운 존재 단위로 창조할 수도 있다.

만약 현재 여건에서 인간이 적절한 의식을 깨치지 못하게 되면, 창조적 미스터리는 인간을 넘어서 더 진화할 것이라는 상상은 긍정적인 변혁적 발상이다. 이는 그러한 의미에서 투쟁에 대한 비관론적 합리화와는 정반대 극단에 위치한다. 그러나 사회나 사회적, 경제적, 정치적 관계 이슈, 개인 간의 인간관계 이슈 같은 이 모든 문제는 근본적으로나

• 마스토돈은 마이오세에서 플라이스토세에 걸쳐 번성했던 거대 포유동물을 말한다. 대략 100만 년 전에 멸종했지만 북미에서는 약 1만 년 전까지 남아 있었다. — 옮긴이

설득 내용 수준에서나 과학적 과정이라 주장하는 관념에 영향을 받았다. 그러한 과학적 과정은 주장이나 작품의 주된 취지에 따라 무수하게 다양한 방향으로 적용될 수 있음을 우리는 이미 보았다.

그렇다면 인간이 스스로 보기에 자신의 여건이자 어떤 식으로든 순응해야 하는 여건이 되어야 할 별개의 자연, 교훈, 법칙의 과정에서 교훈과 법칙을 도출할 수는 없다는 견해로 우리는 되돌아오게 된다(혹은 나는 적어도 특히 생물학 이론 자체에 내재한 사회적 구성 요소를 기억하고는 이 입장으로 되돌아온다). 19세기와 20세기 초반의 사례들은 현재의 거리에서 보면 다소 모습이 퇴색된다. 실로 이 중 일부는 아주 손쉽게 가벼운 놀라움이나 즐거움용으로 도입될 수도 있다. 하지만 우리 시대에는 물론 좀 더 최신의 과학적 치장이 추가되긴 했으나 사회적 다윈주의의 아주 조잡한 개념과 더불어 준과학적 관점에서 유사성에 근거해 인간관계를 아주 조잡하게 해석하는 방식이 눈에 띄게 부활되어 대대적으로 홍보 대상이 되었다. 거대한 포식자의 이빨에 엄청난 상상적 헌신을 바친 상태에서 아무런 제약도 받지 않고 사실상 제약도 불가능한 자연적 공격성 이론들이 다시 풀려났다. 광고는 석유 브랜드 이미지로 호랑이를 활용해 사실상 자동차를 동물화, 즉 실제로 포식자로 변신시켰는데 이런 것이 전형적 예다. 일부 종이 영토성을 띤다는 사실은 국민 국가와 그 무장 방어 수단의 자연적인 토대로 합리화되었다. 실제 영토성은 동물마다 인간 사회의 시기마다 달라지기 마련인데, 이러한 복잡성은 결국 재산과 그 방어의 조잡한 이미지에 불과한 핑계에 따라 무시되었다. 또한 종 구성원 간의 고도로 분화된 내부 관계는 위계의 필연성('동물 간의 위계질서pecking order')이라는 조잡한 이미지로 선별되어 축소된 후 현대의 계급과 신분 관계를 이데올로기화하고 승인하는 데 활용된다.

이제는 친숙한 일이지만 특정한 동물 종과 인간 선사 시대를 서로 혼동하고 중첩시켜 '사냥꾼 인간'을 수사적으로 투사하기도 했다. 사냥 기반 사회는 내부적 관계뿐 아니라 구성원들이 사냥해서 잡아먹는 동물에 대한 태도 역시 흔히 정교하게 조율했는데, 그러한 사회의 특성에 대한 다양한 증거는 대개 무시된다. 사냥꾼의 실제 이미지가 아니라 공격적인 사냥꾼-킬러의 이미지에 의해 복잡한 증거가 무시된다는 점에서 이 점은 매우 중요하다. 이 이미지에서는 식량이 아니라 살생 자체가 결정적인 것처럼 간주된다. 그다음에는 20세기 사회의 폭력을 정치적, 경제적, 역사적 탐구에 대한 '좀 더 근원적인' 대안(즉 '동물의 두뇌'가 지는 책임)으로 해석하는 데 이 이미지가 활용된다. 우리 시대의 상업 문화, 즉 과학과 이론으로 통용되는 저작까지 포함하는 문화에서는 이 새로운 사회적 다윈주의의 물결이 이제는 원래의 모체를 넘어 확장되어 곳곳에 만연해 있고 영향력도 행사한다고 보아야 한다.

그렇다면 대다수의 이미지가 특징적인 선별성과 무비판적인 이전에 의존한다는 점에서 뻔한 거짓이라는 주장을 되풀이하는 것 이상의 조치가 필요할 것이다. 이는 너무 점잖은 지적이다. 이 야만적 이미지가 휘젓고 다니는 것을 감안하면 너무 점잖을 뿐 아니라 불충분하기도 한 지적이다. 그렇다면 이 전통에서 도출되는 듯한 또 다른 표현 방안이 있다. 만약 비유를 동원해야 한다면 이 이론과 유사성에 따른 유추는 똑같은 사체 처리 동물, 즉 실제 과학 지식 주변에서 돌아다니는 기회주의자나 마찬가지다. 그렇다면 여기서 죽은 것은 과학이 아니라 질서와 진보를 약속했지만 20세기를 낳은 그 체제의 사회 이론이다. 엄청나게 복잡한 이 모든 사실을 직시하는 대신 합리화와 그럴듯한 수사에 능숙한 전문가들이 이제 나서 목소리를 높이면서 우리를 낙담시킨다. 즉 이제는 제국주의, 자본주의 질서를 옹호하지 않고 그 체제의 붕괴를 보편화하면서 모든 '자연'은 원래 그렇기 때문에 대안이 없다고 설득하려 한다. 이러한 측면에서 이들은 그 선구자보다 더 악질이므로 좀 더 단호하게 격퇴해야 한다.

주

1. Robert M. Young, "The Human Limits of Nature" in *The Limits of Human Nature*, J. Benthall, London 1973.

8

마르크스주의 문화 이론에서 토대와 상부구조

1973

이 책에 재수록된 이 1973년 글은 레이먼드 윌리엄스가 지금까지의 저작에서보다 마르크스주의 이론에 좀 더 명시적으로 개입하게 되었음을 예고했다. 하지만 윌리엄스는 아직 검토되지 않은 상태인 토대-상부구조 사회 모델의 경제적 환원론이 마르크스주의 이론과 정치 전통의 여러 측면을 왜곡시켰다고 보고 그 모델을 거부한다는 사실을 분명히 밝힌다. 윌리엄스가 보기에 문화란 경제 구조와 과정의 단순한 반사나 반영이 결코 아니다. 그는 관념론 철학에서 유래한 부류의 결정론도 비판하면서, 그 대신 행동 범위와 변화의 잠재력과 가능성에 한계와 압력을 설정한다는 뜻에서의 결정 개념을 선호한다. 윌리엄스는 토대-상부구조 모델이 전형적으로 허용하는 것보다는 관계의 총체성 속에서 요소들이 상호 작용하는 좀 더 총체적인 모델을 선호했다. 총체적 모델은 그의 초기 저작에서 특징을 이루지만 마르크스주의 전통의 인본주의적 흐름에서도 나타난다.

여기서 윌리엄스는 이탈리아 마르크스주의자 안토니오 그람시의 헤게모니 개념에 의존해 문화 분석에 시사점을 얻는다. 그리고 윌리엄스 자신도 잔여적residual 문화, 지배적인 헤게모니적 장치와 공존을 추구하는 부상 중인emerging 문화, 그리고 대안적 실천과 지배적 헤게모니 극복을 목표로 삼는 저항적 실천이란 개념 구분으로 독창적인 기여를 하게 된다.

마르크스주의 문화 이론을 다루는 그 어떤 현대의 접근 방식이든 결정하는 토대와 결정되는 상부구조라는 명제의 고찰에서 출발해야 한다. 엄격한 이론적 관점에서 볼 때 이는 사실 우리가 출발점으로 선택할 곳은 아니다. 원래는 [토대-상부구조 모델과] 똑같이 핵심적이고 똑같이 인증된 명제, 즉 사회적 존재가 의식을 결정한다는 명제에서 출발하는 편이 여러모로 더 나을 것이다. 두 명제가 필연적으로 서로 부정하거나 모순된 위치에 있다는 뜻은 아니다. 그러나 비유적 요소를 갖춘 데다 고정되고 한정된 공간적 관계를 암시하는 토대와 상부구조 명제는 적어도 어떤 사람들에게는 다른 명제의 아주 특수화되고 때로는 용납할 수 없는 버전이다. 하지만 마르크스가 마르크스주의로 이행하고 주류 마르크스주의 자체가 발전하는 과정에서 결정하는 토대와 결정되는 상부구조라는 명제는 마르크스주의 문화 분석의 핵심이라는 공통된 믿음이 굳어졌다.

이 명제의 분석을 시도하면서 관계라는 유관 용어, 즉 '결정하다'는 언어학적으로나 이론적으로 대단히 복잡한 개념이라는 사실에 유념할 필요가 있다. 결정이라는 언어, 더구나 결정론이라는 언어는 세계와 인간에 관한 관념론적, 그리고 특히 신학적 설명에서 유래했다. 마르크스가 이제는 익숙해진 기존 명제 뒤집기, 이미 수용된 명제의 반박을 위해 영어 번역으로는 '결정하다determines'로 되는 단어(유일하지는 않지만 흔히 사용되는 독일어 단어는 bestimmen이다)를 사용한다는 사실은 의미심장하다. 마르크스는 인간 외부의 특정한 세력의 영향력을 주장하는, 혹은 세속적 버전으로는 추상적 의식의 결정력을 강조하는 이데올로기를 반박한다. 마르크스 자신의 명제는 이를 명시적으로 거부하고 결정의 기원을 인간 자신의 활동에 배치한다. 그럼에도 불구하고 이 용어의 특정한 역사와 연속성은 일상적 용례에서는 — 이는 대다수 주요 유럽어에도 적용된다 — '결정하다'라는 단어에 아주 다양한 의미와 함의의 가능성이 존재한다는 사실을 일깨워 주는 역할을 한다. 한편으로는 그 단어의 신학적 유산에서 유래한 의미로, 이후의 활동을 총체적으로 예측하거나 예견하며, 실로 총체적으로 통제하는 외부적 원인이란 개념이 존재한다. 그러나 한계를 설정하고 압력을 행사한다는 의미에서의 결정 개념도 사회적 실천의 경험에서 도출된다.[1]

그런데 한편으로는 어떤 외부적 세력에 의하든 구체적인 발전의 내부적 법칙에 의해서든 한계를 설정하고 압력을 행사하는 과정과, 다른 한편으로는 사전에 존재하는 외부 세력에 의해 이후의 내용이 본질적으로 예견되고 예측되며 통제되는 다른 과정 사이에는 분명한 차이가 존재한다. 하지만 마르크스주의 문화 분석의 수많은 적용 사례를 살펴볼 때 흔히 명시적으로나 함축적으로 사용된 의미는 두 번째 의미, 즉 예견, 예측 혹은 통제의 개념이라고 말해도 좋을 것이다.

상부구조: 단서 조항과 수정

그렇다면 관계의 틀은 이 명제에서 우리가 검토해야 할 첫 번째 사항이다. 그러나 이 작업은 더 나아가 관련된 용어들 자체를 살펴보는 방식으로 진행해야만 한다. '상부구조Überbau'는 주목을 가장 많이 받은 용어다. 마르크스 이후의 일상적 용례에서 이 단어는 모든 문화적, 이데올로기적 활동이 전개된다고 볼 수 있는 단일한 '영역'이라는 주 의미를 갖게 되었다. 그러나 이미 마르크스 자신이 후기에 엥겔스에게 보낸 서한에서 그리고 이후 마르크스주의 전통에서 수많은 시점에서도 특정한 상부구조 활동의 결정된 성격에 관해 단서 조항이 부가되었다. 첫 번째 종류의 단서 조항은 시간의 지체, 복잡성, 어떤 간접적이거나 상대적으로 요원한 관계와 관련이 있었다. 아직도 결코 완전히 폐기되었다고 볼 수 없는 가장 단순한 상부구조 개념은 토대의 현실이 비교적 직접적으로 상부구조에 반영, 모방, 혹은 재생산되는 것을 의미했다. 실증주의적 반영과 재생산 개념은 물론 이를 직접 옹호했다. 그러나 수많은 실제 문화 활동에서는 이 관계를 발견할 수 없거나 엄청난 노력을 기울이든 아니면 심지어 연구 대상 자료나 실천을 왜곡하든지 하지 않으면 발견할 수 없어서, 시간 지연, 저 유명한 시차 개념과 다양한 형태의 기술적 복잡성 개념이 도입되었다. 아니면 문화 영역에서 특정한 종류의 활동(예컨대 철학)은 일차적인 경제 활동에서 더 멀리 떨어진 거리에 있다는 의미에서 간접성이라는 개념도 도입되었다. 이상의 내용이 바로 상부구조 개념에 관한 단서 조항의 첫 번째 단계, 즉 사실상 실행 차원의 단서 조항 operational qualification이었다. 두 번째 단계는 관계의 과정 자체를 좀 더 실체적으로 살펴본다는 점에서 이와 관련이 있지만 좀 더 근본적이었다. 이는 현대적인 '매개mediation' 개념을 낳은 그러한 부류의 재검토였다. 이 개념에서는 단순한 반영이나 재생산 이상의 것, 즉 실로 반영이나 재생산과는 근본적으로 다른 그 무엇이 적극적으로 발생한다. 20세기 후반에는 '상동 구조homologous structures' 개념이 등장하는데, 여기서는 상부구조 과정과 토대의 현실 사이에는 어떤 직접적이거나 쉽사리 드러나는 유사성도, 분명히 반영이나 재생산 같은 것도 존재하지 않으며, 분석에 의해 발견할 수 있는 구조의 본질적 상동성이나 상응 관계만 성립할 뿐이다. 토대와 상부구조의 관계는 직접적인 것으로 간주되지 않고 단순히 시간 지체와 복잡성, 간접성이 작용하는 데 그치지도 않으며 직접적인 재생산이 아닌 성격을 띤다는 점에서 이는 '매개'와 똑같은 개념은 아니지만 똑같은 부류의 수정이다.

이 단서 조항과 수정 사항은 중요하다. 그러나 내가 보기에 '토대'(기초Basis, 독일어로 Grundlage) 개념이 수용되는 방식은 아직 이와 비슷한 정도로 면밀히 검토되지 않았다. 실로 문화 과정의 현실을 파악하고자 한다면 토대는 살펴보아야 할 더 중요한 개념이라고 주장하고 싶다. 토대와 상부구조 명제의 수많은 용례에서 하나의 언어적 습관 문제로 '토대'는 사실상 대상으로 간주하였거나 다소 덜 조잡한 방식으로는 본질적으로 획일적이고 대개 정적인 방식으로 고찰하였다. '토대'는 인간의 진정한 사회적 존재다. '토대'는 물질적 생산력 발전 단계에 대응하는 진정한 생산관계다. '토대'는 자본주의의 특정한 발전 단계에서의 생산 양식이다. 우리는 이러한 부류의 명제를 제시하고 반복하면서도 마르크스가 강조한 바와는 아주 다르게 사용한다. 마르크스는 모든 다른 활동의 토대를 구성하는 생산 활동, 특히 구조적 관계를 강조했다. 생산 발전의 특정한 단계는 분석을 통해 발견하고 정교화할 수 있지만, 실제에서는 결코 획일적이지도 정적이지도 않기 때문이다. 생산 관계와 그에 따르는 사회관계에 근본적인 모순이 존재한다는 주장은 실로 마르크스의 역사관에서 중심적인 명제 중 하나다. 그러므로 이 세력이 역동적으로 변형을 거치게 될 가능성은 지속해서 존재한다. 더구나 마르크스가 늘 그랬듯이 이 세력들을 실제 인간의 구체적 활동과 관계로 간주한다면, 토대는 아마 지금까지 개발된 은유적 '토대' 개념을 통해 발견할 수 있는 것보다는 훨씬 더 능동적이고 더 복잡하며 더 모순된 무엇인가를 의미할 것이다.

토대와 생산력

따라서 우리가 '토대'를 지칭한다고 할 때는 상태가 아니라 과정을 말하는 것이다. 이후에 상부구조의 가변적 과정으로 옮겨 놓기 위해 어떤 고정된 속성을 이 과정에 귀속시킬 수는 없다. 통상적 명제를 좀 더 합리적으로 수정하려는 사람들은 대부분 상부구조 개념을 더 정교화하는 데 집중했다. 그러나 명제의 각 용어는 특정한 방향에서 재평가해야 한다고 말하고 싶다. '결정'은 예측되고 예견되어 통제된 내용이라는 의미에서 벗어나 한계를 설정하고 압력을 행사한다는 의미를 지향하는 방향으로 재평가해야 한다. '상부구조'는 반영되고 재생산되거나 구체적으로 종속된 내용이란 의미에서 탈피해 관련된 문화 실천의 범위라는 의미를 지향하는 쪽으로 재평가해야 한다. 그리고 핵심적으로는 '토대'를 고정된 경제적, 기술적 추상화라는 개념에서 탈피해 근본적인 모순과 변종, 그러므로 항상 역동적인 과정 상태에 있는 진정한 사회적, 경제적 관계 속의 구체적인 인간 활동이라는 의미를 지향하는 방향으로 재평가해야 한다.

관습화한 정의 배후에 있는 또 한 가지 추가적인 함의도 주목할 만한 가치가 있다. '토대'는 특히 특정한 20세기의 역사 발전에서 기초 산업이라는 강력하고 제한적인 의미를 포함하게 되었다. 심지어 중공업에 대한 강조도 어떤 문화적 역할을 하게 됐다. '생산력'이라는 통상적 개념을 다시 검토할 수밖에 없기에 여기서 좀 더 일반적인 문제가 제기된다. 분명히 우리가 토대에서 살펴보는 것은 일차적인 생산력이다. 하지만 여기서 아주 중요한 구분을 내려야만 한다. 마르크스가 자본주의 생산 분석에서 '생산적 노동'을 자본주의 생산 양식에 상응하는 아주 특정하고 특화된 의미에서 사용한 것은 사실이다. 《정치경제학요강*Grundrisse*》에는 난해한 구절이 하나 나오는데, 여기서 마르크스는 피아노를 만드는 인간은 생산적 노동자이지만 피아노를 유통하는 인간도 생산적 노동자인가 하는 실질적 문제가 발생한다고 주장한다. 그러나 아마도 피아노 유통 종사자는 잉여 가치 실현에 기여하기 때문에 생산적 노동자일 것이다. 하지만 자신을 위해서든 타인을 대상으로 하든 피아노를 연주하는 사람에 대해서는 의문의 여지가 없다. 즉 그는 생산적 노동자가 전혀 아니다. 그러니까 피아노 생산자는 토대이고 피아니스트는 상부구조다. 문화 활동을 고찰하거나 부수적으로는 현대 문화 활동의 경제학을 고찰하는 한 방안으로서 이는 풀 수 없는 난관이라는 사실은 분명하다. 그러나 이론적 명료화를 위해서는 마르크스가 특정한 종류의 생산, 즉 자본제 상품 생산 분석에 종사하고 있었음을 인식할 필요가 있다. 이 양식 분석 안에서 그는 재료를 대상으로 상품 생산 형태로 이루어지는 주된 노동이라는 특화된 의미를 '생산적 노동'과 '생산력'에 부여할 수밖에 없었다. 그러나 생산력에 대한 이러한 의미 규정은 자신의 좀 더 중심적인 **생산력** 개념에서 벗어나 의미 범위를 현저하게 축소했고 문화적 맥락에서는 아주 치명적인 결과를 초래했다. 환기용으로 몇 가지 사항만 간결하게 언급하자면 마르크스의 생산력 개념에서 노동자가 생산하는 가장 중요한 노동 대상은 노동자 자신이며 — 그러한 부류의 노동에서는 사실상 자신이다 — 인간이 자신을 생산하고 자신과 자신의 역사를 생산한다는 점이 더 폭넓은 역사적 관점에서 강조된다. 그런데 토대와 일차적 생산력에 관해 이야기할 때는 이 명제의 한 가지 퇴행적 형태에서 습관화했듯이 자본제 경제 관계의 틀 안에서의 일차적 생산을 지칭하는지, 아니면 사회 자체와 인간 자체의 일차적 생산, 그리고 실제 삶의 물질적 생산과 재생산을 지칭하는지가 매우 중요하다. 만일 생산력을 폭넓은 의미에서 파악한다면 토대 문제 전체를 다른 시각에서 보게 된다.

그렇다면 애초부터 폭넓은 의미에서는 기초적인 어떤 핵심적인 생산적 사회 세력을 상부구조적이라거나 그러한 의미에서 단지 부차적인 존재로 무시해 버리려는 유혹에 빠지게 될 가능성이 줄어든다.

총체성의 활용

하지만 통상적인 토대와 상부구조 명제가 갖는 난점 때문에 주로 죄르지 루카치György Lukács와 관련이 되는 아주 중요한 대안적 움직임이 나왔는데, 바로 사회적 '총체성'을 강조하게 된 것이다. 사회적 실천의 총체성은 토대와 이후 이어지는 상부구조라는 층화된 개념을 거부하였다. 실천의 총체성이라는 이 개념은 사회적 존재가 의식을 결정한다는 개념과 양립할 수는 있지만 반드시 이 과정을 토대와 상부구조의 틀 안에서 해석하지는 않는다. 그래서 총체성의 언어가 보편화했고 이는 실로 여러 측면에서 토대와 상부구조 개념보다는 만족스러웠다. 그러나 여기에는 한 가지 아주 중요한 단서 조항이 달렸다. 총체성 개념은 그 본질적 내용에서 원래의 마르크스주의 명제를 배제해 버릴 우려가 아주 컸다. 만약 사회가 구체적인 사회적 총체를 이루는 무수한 사회적 실천으로 구성된다고 말하게 되면, 그리고 각 실천에 일정한 구체적 지분을 인정해 주면서 단지 이들이 아주 복잡한 방식으로 상호 작용하고 관련을 맺고 결합한다고만 덧붙인다면 어떤 면에서는 훨씬 더 분명하게 현실에 관해 이야기하는 셈이 된다. 그러나 또 다른 수준에서는 어떤 식으로든 결정 과정이 작용한다는 주장에서는 물러서게 된다. 우선 나는 이러한 후퇴를 기꺼이 수용하고 싶은 생각이 없다. 실로 문화 이론에서 총체성 개념을 언급한다면 제기할 수 있는 핵심 질문은 이렇다. 즉 총체성 개념이 의도 개념을 포함하는가 하는 질문이다.

만일 총체성이 단지 구체적이라는 뜻에 그친다면, 단지 무수하게 다양한 잡다하고 동시대적인 실천에 대한 인정에 불과하다면, 이는 본질적으로 마르크스주의라 부를 만한 그 어떤 내용도 갖추지 못한 것이다. 의도, 의도 개념은 핵심적 질문, 혹은 적어도 핵심적 강조점을 부활시킨다. 어떤 사회든 그러한 실천의 복합적 총체인 것은 사실이지만, 어떤 사회든 구체적인 조직, 구체적 구조를 갖추었고 이 조직과 구조의 원칙은 어떤 사회적 의도와 직접 관련되었다고 볼 수 있다는 점 역시 사실이기 때문이다. 이러한 의도에 의해 우리는 사회를 정의하고, 이러한 의도는 우리의 모든 경험에서 특정 계급의 규칙이 되었다. 토대-상부구조 모델의 조잡함이 낳은 한 가지 예기치 못한 결과는, 총체성 혹은 복잡한 총체의 모델처럼 덜 조잡해 보이지만 사회적 의도라는 사실, 특정 사회의 계급적 성격 등의 사실을 배제하는 모델을 너무나 손쉽게 수용하게 되었다는 사실이었다. 그리고 이는 우리가 상부구조에 대한 강조를 완전히 폐기한다면 어떤 손실을 보게 될지 환기해 준다. 따라서 예술과 사상의 과정을 일반적으로 사용되는 공식이라는 의미에서 상부구조적이라고 보기는 매우 어렵다. 그러나 특정한 부류의 합리화 이론, 특정 부류의 법, 특정 부류의 제도, 이 모든 것은 마르크스의 원래 공식화에서는 대부분 상부구조의 일부였는데도 사회, 정치사상의 많은 영역에서, 모든 부류의 사회적 장치에서, 정치적·이데올로기적 활동과 구축이라는 결정적 영역에서 만일 상부구조적 요소를 발견할 수 없다면 현실 자체를 파악할 수 없게 된다. 이러한 법, 헌법, 이론, 이데올로기는 흔히 자연적이거나 보편적 타당성이나 중요성이 있다고 주장하지만, 단순히 특정 계급의 지배를 표현하고 인증하는 장치로만 간주해야 한다. 실로 토대와 상부구조 공식을 수정하기 어려운 것은 경제적 투쟁을 벌일 뿐 아니라 그러한 제도나 개념과도 투쟁해야 하는 수많은 강성파의 현실 인식과 관련이 있다. 즉 만약 이 기관과 그들의 이데올로기가 그러한 부류의 종속적이고 합리화하는 관계를 맺는다고 파악하지 않는다면, 만일 이 기관이나 이데올로기가 보편적 타당성이나 정당성을 주장하는 것을 부정하고 투쟁 대상으로 삼지 않는다면 사회의 계급적 성격을 더 이상 파악할 수 없게 된다고 이 강경파들은 인식한다. 그리고 문화 과정 묘사에서 일부 총체성 버전을 적용하면서 이러한 효과가 발생하기도 했다. 실로 나는 오직 '헤게모니'라는 다른 핵심적 마르크스주의 개념과 결합할 때만 총체성 개념을 제대로 사용할 수 있다고 생각한다.

헤게모니의 복합성

헤게모니를 강조했을 뿐 아니라 내가 보기에 희귀하게도 이를 심층적으로 파악한 것은 그람시의 위대한 기여다. 여기에는 이유가 있다. 헤게모니는 부실한 이데올로기 개념처럼 단지 부차적이거나 상부구조적이지 않고 진정으로 총체적 현상의 존재를 가정한다. 그러나 헤게모니는 엄청나게 심층적으로 체험되고 철저하게 사회 전체에 배어 있으며, 그람시가 표현했듯이 심지어 그 영향력 아래에 있는 대다수 사람의 상식의 실체와 한계를 구성한다. 따라서 헤게모니는 토대와 상부구조 공식에서 도출된 어떤 개념보다도 훨씬 더 명확하게 사회적 경험의 현실과 일치한다. 만약 이데올로기가 단지 어떤 추상적이고 강제된 개념 무리에 불과하다면, 만일 우리의 사회적, 정치적, 문화적 관념과 가정, 습관이 단지 구체적인 조작의 결과나, 단순히 차단하거나 제거할 수도 있는 일종의 노골적인 훈련의 결과일 뿐이라면 사회는 과거에 실제로 그랬거나 지금도 실행되고 있는 것보다 움직이거나 변화시키기 훨씬 더 쉬울 것이다. 내가 보기에 사회의식에 깊숙이 침투한 헤게모니라는 개념은 근본적인 것이다. 헤게모니는 동시에 지배의 사실을 강조한다는 점에서 일반적인 총체성 개념보다 더 낫다.

하지만 때때로 나는 헤게모니에 관한 논의를 보면서 헤게모니라는 개념 역시 일상적 용례로서 '상부구조'가 그랬던 것처럼 상대적으로 단순하고 획일적이며 정적인 개념으로 후퇴하고 있다는 느낌을 받는다. 만약 우리가 어떤 실제 사회 구성체를 논의한다면 헤게모니를 아주 복합적으로 설명해야 한다고 생각한다. 무엇보다 헤게모니에서 실제적이고 지속적인 변화의 요소를 허용하는 설명을 제시해야 한다. 헤게모니는 단일한 실체가 아니라는 점을 강조해야 한다. 즉 실로 헤게모니 자체의 내부 구조는 대단히 복합적이며 꾸준히 갱신되고 재창조되고 방어되어야만 한다. 마찬가지로 헤게모니는 지속해서 도전받을 수도 있고 어떤 측면에서는 변형된다. 이 때문에 단순히 '유일체로서의 헤게모니the hegemony,' '하나의 헤게모니a hegemony'를 언급하는 대신에 이러한 부류의 변형과 모순, 자체의 여러 대안과 변화의 과정 등의 여지를 남겨두는 모델을 제안하고자 한다.

뛰어난 일부 마르크스주의 문화 분석에서 두드러진 한 가지 특징은 **역사적**historical 질문이라 할 만한 문제보다는 **시대 구획적**epochal 질문이라 불러야 마땅할 문제에 훨씬 더 능숙하다는 사실이다. 다시 말해 부르주아 사회의 다양한 단계나 이 단계 내의 여러 이질적 계기를 구분하는 일보다는 흔히 봉건 사회와 부르주아 사회의 구분처럼 사회의 여러 시기의 거시적인 특징을 구분하는 데 대개 훨씬 더 뛰어나다. 즉 주된 양상과 특징을 다루고 늘 눈에 확 띄는 시대 구획적 분석보다는 훨씬 더 치밀한 분석의 엄밀성과 섬세함이 요구되는 진정한 역사적 과정에는 익숙하지 못했다.

내가 작업 도구로 지금까지 활용해 온 이론적 모델은 다음과 같다. 첫째, 어떤 사회든 어떤 특정한 시기에든 지배적이고 실효적이라 불러야 마땅할 중심적인 실천, 의미, 가치 체제가 존재한다고 말하고 싶다. 이 주장은 그 체제의 가치에 관해서는 어떤 추정도 전제하지 않는다. 내가 말하고자 하는 바는 단지 이 체제가 중심적이라는 사실뿐이다. 나는 이를 조합적 체제corporate system라고 부르고 싶지만, 이 표현은 혼란스러울지도 모르겠다. 그람시는 '조합적'이라는 단어를 헤게모니의 일반적이고 지배적인 요소와 대립하는 피예속적이라는 의미로 사용하기 때문이다. 어쨌든 내가 염두에 둔 바는 단지 추상적일 뿐 아니라 조직화되고 체험되기도 하는 중심적이고 효과적이며 지배적인 의미와 가치 체제다. 헤게모니를 단순한 의견이나 단순한 조작 수준에서 이해해서는 안 되는 것은 바로 이러한 이유 때문이다. 헤게모니는 실천과 기대치의 총체다. 우리의 열정 배분, 인간과 세계의 성격에 대한 우리의 일상적 이해도 헤게모니다. 헤게모니는 실천으로 경험되는 과정에서 상호 확증해 주는 것처럼 보이는 의미와 가치 무리이기도 하다. 따라서 헤게모니는 우리 사회의 대다수에게 현실 감각을 이룬다. 사회 구성원 대다수는 대다수의 삶의 영역에서 경험된 현실을 넘어서기 어렵기 때문에 이 현실 감각은 절대적 감각이기도 하다. 그러나 추상적 분석의 계기가 작동하는 순간을 제외하고는 어떤 면에서도 정태적인 체제는 아니다. 이와 반대로 우리는 오로지 문화가 의존하는 실제 사회 과정을, 말하자면 포섭 과정을 파악할 때만 실효적이고 지배적인 문화를 이해할 수 있다. 이 포섭 양식은 사회적으로 대단한 중요성을 지닌다. 교육 제도는 대개 효과적인 지배 문화를 전달하는 주 매개체인데, 교육은 이제 문화 활동일 뿐 아니라 주된 경제 활동이기도 하다. 실로 교육은 동일한 계기에서 양자의 성격을 모두 띤다. 더구나 철학적 수준에서, 이론의 진정한 수준에서, 다양한 실천의 역사 수준에서는 내가 **선별적 전통**이라 부르는 과정이 작동한다. 이 전통은 효과적인 지배 문화의 틀 안에서는 늘 '**단일체로서의** 전통the tradition,' '**단일체로서** 의미 있는 과거the significant past'인 것처럼 통용된다. 그러나 항상 선별성이 요점이다. 과거와 현재의 모든 가능한 영역 중에서 특정한 의미와 실천이 선택되어 강조되고 어떤 다른 의미와 실천은 무시되고 배제되는 방식이기도 하다. 심지어 이보다 더 중요한 점으로는 이 의미와 실천 중 일부는 효과적인 지배 문화 안에서 다른 요소를 지지하거나 아니면 적어도 모순되지 않는 형태로 재해석되고 희석되고 변형된다. 교육 과정, 가정과 같은 제도 안에서 이루어지는 훨씬 더 광범위한 사회적 훈련 과정, 노동에 대한 실제적인 정의와 조직, 지적이고 이론적 수준의 선별적 전통 등의 이 모든 세력은 효과적인 지배 문화의 형성과 재형성에 지속해서 관여한다. 그리고 경험되고 우리 삶의 일부로 구축된 지배 문화의 현실은 바로 그러한 세력에 의존한다. 만일 우리가 거기서 배우는 내용이 단지 강제로 부과된 이데올로기에 불과하다면, 만일 지배 계급이나 지배 계급 분파의 의미와 실천으로서 타인에게 강제로 부과되어 단지 우리 머리 꼭대기를 차지하지만 별도로 분리할 수도 있는 것이라면, 이를 전복하기는 훨씬 더 수월해질 것이다 (또한 그렇게 된다면 기쁜 일일 것이다).

우리 경험을 선별하고 조직하고 해석하는 이 과정은 심층적 수준까지 도달하는 데 그치지 않는다. 이 과정은 또한 지속해서 작용하고 적응한다. 그냥 과거이거나 좀 더 손쉽게 폐기할 수 있는 이데올로기의 말라버린 껍데기가 아니다. 복잡한 사회에서는 이 과정이 어떤 추상적이고 강제된 이데올로기보다는 더 실체적이고 더 유연한 존재일 때만 그렇게 될 수가 있다. 따라서 특정한 효과적이고 지배적인 문화 내부에 수용되고 관용될 수 있는 대안적 의미와 가치, 대안적 의견과 태도, 심지어 일부 대안적 세계관의 존재를 인정해야만 한다. 우리가 가진 상부구조 개념, 그리고 심지어 일부 헤게모니 개념에서는 그동안 이 점을 제대로 강조하지 않았다. 그리고 이러한 소홀함 때문에 허술한 복합성으로 후퇴할 길이 열린다. 예를 들면 정치 실천에서는 어떤 정말로 포섭된 저항 양식이 존재하는데, 이 투쟁은 그럼에도 불구하고 한정된 틀 안에서 진정한 저항으로 느껴지고 실제로 투쟁하는 것처럼 보인다. 이들이 포섭된 체제 안에 존재한다는 것은 내부 갈등이나 내부적 변종 정도와 상관없이 실제로는 중심적인 실효적이고 지배적인 정의의 한계를 넘어서지 않는다는 사실로 식별할 수 있다. 예를 들면 그 내부의 저항은 실제이긴 하지만 의회 정치의 실제에도 이 점이 드러난다. 이는 어떤 실제 사회에서든 폭넓은 범위의 실천과 주장에도 적용된다. 만약 내부적 논쟁과 변이의 정도가 어떻든 결국 중심적인 조합적 정의의 한계를 넘어서지 않는다면 그 실천이나 주장이 결코 이데올로기적 위장막으로 환원될 수 없다고 하더라도 그럼에도 불구하고 내가 의미하는 바대로 조합적이라고 분석하는 편이 타당하다. 그러나 이 점을 주장하려면 조합적이지 않은 실천의 원천, 즉 실효적인 지배 문화의 일부가 아닌 실천, 경험, 의미, 가치에 관해 다시 생각해 보아야 한다. 이는 두 가지 방식으로 표현할 수 있다. 실효적인 지배 문화의 대안이라 부를 수 있는 문화는 분명히 존재하며, 진정한 의미에서 저항적이라 이름 붙일 수 있는 다른 것도 존재한다. 이 대안적, 저항적 형태의 존재 정도 자체는 실제 상황의 지속적인 역사적 변이 문제가 된다. 어떤 사회에서는 아주 실제적 대안이 적어도 방해받지 않은 채 존재하는 사회적 삶의 영역을 발견할 수 있다. (물론 이 대안들이 접근 가능한 상태라면 이들은 조합적 조직의 일부가 된다.) 저항의 가능성과 표현의 존재, 저항의 공개성 정도 등은 또한 아주 구체적인 사회적,

정치적 세력에 따라 달라진다. 그렇다면 실효적이고 지배 문화와 관련해서 대안적, 저항적 형태의 사회적 삶과 문화의 존재라는 사실은 역사적 변이의 대상이 되며, 지배적 문화 자체의 실제로서 대단히 중요한 출처에서 유래한다고 파악해야 한다.

잔여적 문화와 부상 중인 문화

다음에는 대안적 문화와 저항적 문화에 모두 나타나는 **잔여적** 문화 형태와 **부상 중인** 문화 형태 간의 구분을 소개해야겠다. 나는 '잔여적'이라는 단어에 대해 지배 문화의 틀 안에서 입증되거나 표현될 수 없는 어떤 경험, 의미, 가치가 그럼에도 불구하고 어떤 이전의 사회 구성체에서 이월된 (사회적일 뿐 아니라 문화적인) 잔여의 토대 위에서 체험되고 실행된다는 의미로 사용한다. 대다수의 종교적 의미와 가치가 지배 체제에 포섭된 것은 아주 분명하지만, 이와 대조적으로 특정한 종교적 가치에서는 이러한 [잔여적 문화의] 실질적 사례도 존재한다. 영국 같은 문화에서는 과거 농경 시대에서 유래해 상당한 정도로 대중화한 특정한 관념이 존재하는데 이 역시 잔여적 문화의 예다. 잔여적 문화는 대개 실효적 지배 문화와 어느 정도 거리를 두지만, 실제 문화 활동에서는 지배 문화에 포섭될 수도 있음을 깨달아야 한다. 만일 실효적 지배 문화가 이 영역에서 의미를 지니려 한다면 잔여 문화의 일부, 잔여 문화의 일부 버전이 — 그리고 특히 이 잔여가 과거의 어떤 주요 영역에서 유래했다면 — 대개 포섭되어야 하기 때문이다. 또한 특정한 시점에서는 적어도 위험 부담 없이는 지배 문화가 자신 외에 이러한 부류의 실천과 경험을 너무 많이 허용할 수가 없기 때문이다. 따라서 압력은 실제적이지만 정말로 잔여적인 의미와 실천이 일부 중요한 사례에서 살아남게 된다.

나는 '부상 중인'이라는 단어를 첫째로는 새로운 의미와 가치, 새로운 실천, 새로운 중요성과 경험이 오랫동안 반복해서 창조된다는 의미로 사용한다. 그러나 그럴 경우 이 새로운 요소들을 포섭하려는 시도가 훨씬 일찍부터 생겨난다. 이들은 효과적인 당대의 실천에서 일부이면서도 아직 규정되지 않은 일부이기 때문이다. 얼마나 일찍 이러한 시도가 이루어지는지, 이제 지배적인 문화가 부상 중인 문화로 볼 수 있는 현상을 어느 정도 경계하는지는 우리 자신의 시대에는 실제로 중요한 문제다. 그렇다면 첫째, 이를테면 지배 문화와 한편으로는 잔여적 문화와 다른 한편으로는 부상 중인 문화 사이의 시간적 관계를 살펴보아야 한다. 그러나 이 점을 이해하려면 대개 아주 정교한 분석에 근거한 구분을 내릴 수 있어야 한다. 즉 한편으로는 잔여적-포섭된 문화와 잔여적-포섭되지 않은 문화의 구분이 있고, 다른 한편으로는 부상 중이면서 포섭된 문화와 부상 중이지만 포섭되지 않은 문화의 구분이 있다. 어떤 구체적인 사회에서든 부상 중인 문화의 포섭을 시도하면서 부상 중인 문화가 인간 실천과 경험의 전 범위에 깊이 침투하는 정도에서는 편차가 있다는 것은 중요한 사실이다. 예를 들면 부르주아 사회의 일부 초기 단계에서는 이 사회가 기꺼이 묵인하면서 사적인 혹은 예술적 삶의 영역으로 사회나 국가가 딱히 신경 쓸 필요가 없는 영역으로 간주하려는 일부 경험 영역이 존재했다는 것도 사실일 수 있다. 비록 그러한 관용의 현실이 악의적인 방치라 할지라도 이 점은 특정한 부류의 정치적 관용과 호흡을 맞추었다. 그러나 이 점은 지난번 세계 대전 이후 탄생한 사회에도 적용된다고 확신한다. 노동의 사회적 성격, 커뮤니케이션의 사회적 성격, 결정의 사회적 성격에서 일어난 변화 때문에 일찍이 자본주의 사회에서 일어난 그 어떤 것보다 훨씬 더 널리 확장되어 지금까지 단념했던 경험, 실천, 의미 영역으로까지 이러한 포섭이 점진적으로 미치게 되었다는 사실도 확신한다. 따라서 이제는 어떤 실천이 대안적이냐 저항적이냐에 관한 실질적인 판단은 흔히 훨씬 더 협소한 범위 안에서 이루어진다. 이론적으로는 대안적 실천과 저항적 실천이 간단하게 구분된다. 말하자면 이는 단지 색다른 삶의 방식을 발견해 간섭없이 그대로 살고자 하는 사람과, 색다른 삶의 방식을 발견했으되 거기에 비추어 사회를 변화시키고자 하는 사람 사이의 구분 같은 것이다. 이는 대개 사회적 위기에 대한 개인적, 소집단 차원의 해결책과 정치적이고 궁극적으로는 혁명적 실천에 속한다고 해야 마땅한 해결책 간의 차이다. 그러나 흔히 현실적으로 대안적 실천과 저항적 실천은 종이 한 장 차이에 불과하다. 어떤 의미나 실천은 일탈로서 관용 대상이 되면서 단지 또 다른 특수한 삶의 방식 중 하나로만 간주할 수도 있다. 그러나 실효적인 지배에 필요한 영역이 확장함에 따라 똑같은 의미와 실천이라도 이제는 지배를 단지 무시하거나 멸시하는 데 그치지 않고 지배에 도전하는 행위로 간주하게 될 수도 있다.

이러한 개념이 이 실천과 의미의 원천을 적절하게 설명할 수 있다는 사실은 이제 마르크스주의 문화 이론가라면 누구든 중요하게 여긴다. 통상적인 역사적 접근을 통해 우리는 적어도 잔여적 의미와 실천의 일부 원천을 파악할 수 있다. 이것들은 특정한 실제 의미와 가치가 생성되던 배경인 이전의 사회 구성체에서 나온 산물이다. 이후 지배 문화의 특정 단계가 생략되는 상황이 되면 과거의 실제 사회에서 생산된 의미와 가치로의 회귀가 발생한다. 이 과거의 의미와 가치는 지배 문화가 평가절하하거나 거부, 혹은 심지어 파악하지조차 못하는 인간적 경험, 열망, 성취 영역을 대변하기 때문에 여전히 상당한 의미를 지니는 것으로 보인다. 그러나 이론적으로 우리에게 가장 난해한 과제는 부상 중인 문화 실천에 대한 비은유적이고 비주관주의적 설명을 발굴하는 것이다. 더구나 이 질문에 대한 우리 해답의 일부는 잔여적 실천의 지속 과정에도 영향을 미치게 된다.

계급과 인간 실천

실로 수많은 핵심적인 마르크스주의 이론 중에서도 전수해 줄 만한 한 가지 출처가 있다. 바로 새로운 계급 형성, 새로운 계급의 의식화가 그것이다. 이는 의심할 여지 없이 여전히 아주 핵심적일 정도로 중요한 개념이다. 물론 이 형성 과정 자체만으로도 단순한 토대와 상부구조 모델을 더 정교화하게 된다. 물론 그람시의 목적은 오로지 부르주아 헤게모니에 도전할 역량을 갖춘 프롤레타리아 부류의 헤게모니를 파악하고 조직으로 만들어 내는 데 있었긴 하지만, 이는 통상적으로 이해하는 일부 헤게모니 버전을 더 정교화하게 된다. 그렇게 해서 새로운 계급의 부상에서 새로운 실천의 중심적인 한 가지 출처를 발견하게 된다. 그러나 어떤 다른 부류의 출처도 파악해야 하는데, 이 중 몇몇은 문화 실천에서 아주 중요하기 때문이다. 우리는 다음과 같은 명제를 근거로 삼을 때 이것들을 파악할 수 있다고 말하고 싶다. 즉 현실에서는 어떤 생산 양식, 그러므로 어떤 지배적 사회나 사회 질서도, 그러므로 어떤 지배 문화도 인간 실천, 인간의 열정, 인간의 의도 전 범위를 포괄할 수 없다. (이 범위는 어떤 원래의 '인간 본성'을 모두 아우르는 목록이 아니라 오히려 그 반대로, 실행되든 상상의 수준에서 이루어지든, 인간이 감당할 수 있고 그렇게 할 수 있음이 입증된 엄청난 변이의 범위다.) 실로 내가 보기에 이러한 강조는 단지 지배 양식 바깥에서 발생하는 특정한 현상을 설명할 수 있게 해 주는 부정적인 명제에 그치지 않는다. 그와 반대로 지배 양식이 실제적이거나 잠재적인 인간 실천의 전 범위에서 선택하고 그 결과 배제하게 되는 지배 양식과 관련된 사실이다. 지배 양식을 벗어나거나 지배 양식에 대항하는 인간 실천이 겪게 되는 어려움은 물론 실제적이다. 이 실천이 지배 계급과 지배 문화가 관심을 두고 이해관계가 얽힌 영역에 속하는지에 따라 그 결과는 상당히 달라진다. 관심사와 이해관계가 명확하다면 수많은 새로운 실천은 표적이 될 것이고, 가능하다면 포섭되고 포섭이 어렵다면 철저하게 근절될 것이다. 그러나 어떤 영역에서는 특정한 시기에 표적이 되지 않는 실천과 의미도 있을 것이다. 정의상 거의 자체적 성격 때문에 한계가 있거나 극도로 기형화된 상태에 있어 지배 문화가 사실상 포착할 수 없는 실천과 의미 영역도 존재할 것이다. 이 점은 예컨대 작가와 관련해서는 자본주의 국가의 실천과 당대의 소련과 같은 국가 간의 가시적인 차이를 식별하는 지침을 제공해 준다. 모든 마르크스주의 전통이 문학을 중요한 활동이자 실로 핵심적 활동으로 간주했기에, 소련이란 국가는 다양한 버전의 실천과 다양한 의미, 가치가 시도되고 표현되는 영역의 탐구에 훨씬 더 촉각을 곤두세운다. 자본주의적 실천에서는 이익이 생기는 일이 아니거나 널리 유통되는 것이 아니라면 적어도 대안으로 남아 있는 한에는 한동안 간과될 수도 있다. 이 실천이 명시적으로 저항적으로 바뀐다면 물론 접근이나 공격의 대상이 된다.

그렇다면 어떤 시점에서 인간 실천의 전 범위와 관련해 볼 때 지배적 양식은 의식적으로 선택되고 조직된 것이라는 뜻이다. 적어도 완벽하게 구성된 국가에서 이 지배 양식은 의식적이다. 그러나 지배 양식이 간과하거나 배제하는 실질적 인간 실천의 원천은 늘 존재하기 마련이다. 이러한 실천의 원천은 부상하는 계급이 발전시키고 표현한 이해관계와 질적으로 다를 수도 있다. 이 실천들은 예컨대 직접적인 사적 관계에서는 타인에 대한 대안적 인식, 예술과 과학에서는 물질과 미디어에 대한 새로운 지각을 포함할 수도 있으며, 일정한 한계 내에서는 이 새로운 지각이 실행될 수도 있다. 부상 중인 계급과 지배 차원에서 배제되거나 좀 더 일반적으로는 새로운 실천이란 두 가지 부류의 원천 사이의 관계는 결코 반드시 모순되지는 않는다. 이 양자는 더러는 서로 아주 가까울 수도 있으며, 정치 실천의 상당 부분이 양자의 관계에 의존하기도 한다. 그러나 문화적으로, 그리고 이론 문제로서 이 영역들은 서로 구분된다고 볼 수 있다.

앞서 논의에 비추어 이제 가장 통상적인 형태의 문화적 질문, 즉 예술과 사회, 혹은 문학과 사회의 관계는 무엇인가 하는 질문으로 되돌아가 보면, 첫째 그처럼 추상화된 방식으로는 문학과 사회 사이에 아무런 관계가 없다고 말해야 한다. 문학이란 애초부터 사회에서 하나의 실천으로 존재했다. 실로 문학과 다른 모든 실천이 존재하기 전에는 사회가 완벽하게 형성되었다고 볼 수 없다. 사회의 각 실천을 모두 포함하게 되기 전에는 사회는 완전한 분석 대상이 될 수 없다. 그러나 그러한 부분을 강조하면 이에 대응해 다른 부분도 강조해야만 한다. 즉 문학과 예술이 아주 특수한 별개의 법칙을 따르는 것처럼 보이도록 하는 식으로 다른 부류의 사회적 실천에서 분리해 문학과 예술을 다룰 수는 없다. 문학과 예술은 실천으로서 아주 구체적인 특징을 지닐 수는 있어도 일반적인 사회 과정에서 분리될 수는 없다. 실로 이 점을 강조하는 한 가지 방안은, 문학은 이 모델에서 내가 지금까지 기술하려 한 여러 부문 중 하나로서만 작동하는 데 그치지 않는다고 말하고 그렇게 주장하는 것이다. 문학이 부상 중인 문화 부문 속에서 작동한다든지, 문학이 새로운 감정, 새로운 의미, 새로운 가치를 대변한다든지 하는 식으로 주장하기는 쉬운 일일 것이고, 이미 친숙한 수사이기도 하다. 우리는 이론적으로나 추상적 주장으로는 이 점에 스스로 납득할 수 있을지 모른다. 그러나 만약 특정한 의미와 가치를 특정한 수준의 밀도로 구현했다는 점에서 우리가 이미 선정한 작품만을 절대적인 문학이라고 지칭하는 교묘한 꼼수에 빠지지 않으면서 폭넓게 문학 작품을 읽는다면, 글쓰기 행동, 글쓰기와 말하기의 담론 실천, 소설과 시, 희곡과 이론의 생산 등 이 모든 활동은 문화의 전 영역에 걸쳐서 이루어진다는 사실을 인정할 수밖에 없다.

결코 문학은 늘 사실상 아주 예외적인 부상 중인 부문에서만 등장하지는 않는다. 상당히 많은 글쓰기는 잔여적 부류의 성격을 띠며, 이 점은 지난 50년간 영문학의 상당 부분에도 너무나 잘 적용됐다. 문학의 근본적인 의미와 가치 중 일부는 오래전의 사회 단계가 이룩한 문화적 성취물에 속했다. 이 사실, 그리고 이 사실이 뒷받침하는 사고 습관은 너무나 널리 통념화했기에 많은 사람이 보기에 '문학'과 '과거'는 어떤 동일체에 가깝게 보일 정도다. 그래서 지금은 문학이 존재하지 않는다는 말도 나온다. 모든 영광은 사라졌다는 것이다. 하지만 우리 시대를 포함해서 어떤 시대든 글쓰기는 대부분 실효적인 지배 문화에 기여하는 한 가지 형태다. 실로 문학의 구체적 자질 중 상당수는 상당한 위력으로 문학이 이 효과적 기능을 완수할 수 있도록 해 준다. 문학이 어떤 의미와 가치를 구현하고 행동에 옮기며 수행할 수 있는 역량이나, 아니면 그렇지 않다면 단순히 일반적 진실에 그쳤을 것을 하나의 특수한 방식으로 창조할 수 있는 역량이 그 자질의 예일 것이다. 물론 문학에다 시각 예술과 음악을 추가해야 하며, 우리 사회에서는 영화와 방송이란 강력한 예술도 그러할 것이다. 그러나 전반적인 이론적 요지는 분명히 드러났을 것이다. 만약 문학과 사회의 관계를 발견하려 한다면 이 한 가지 실천을 이미 형성된 다른 실천 전체에서 분리해서는 안 된다. 또한 특정한 실천을 확인했다면 마치 그 실천이 어떤 추상적인 사회 구성체와 획일적이고 정태적이며 반역사적인 관계를 갖는 것처럼 규정해서도 안

된다. 글쓰기 예술과 창작과 연기 예술의 전 범위는 내가 지금까지 묘사하려고 한 모든 다양한 방식, 다양한 부문의 문화 과정의 일부다. 이 예술은 실효적인 지배 문화에 기여하며 지배 문화의 중심적인 표현이기도 하다. 이 예술은 잔여적 의미와 가치도 구현하는데, 이 중 다수는 지배 문화에 포섭되지만 모든 요소가 포섭되지는 않는다. 이 예술은 또한 의미 있는 수준으로 일부 부상 중인 실천과 의미도 표현하지만, 이 중 일부는 사람들에게 도달하고 그들에게 영향을 미치기 시작함에 따라 결국에는 지배 문화에 포섭될 수도 있다. 따라서 1960년대의 일부 부상 중인 연기 예술에서 지배 문화가 이 예술을 표적으로 삼아 변혁시켰거나 변혁을 시도했다는 사실은 아주 분명했다. 물론 이 과정에서 지배 문화 자체도 변화하는데, 지배 문화의 중심적인 구성체는 변하지 않지만 지배 문화가 표현되는 특징에서는 상당한 변화가 일어나기도 한다. 그러나 그 후 현대 사회에서는 이 지배 문화가 지배적 위치를 유지하려면, 또한 우리의 모든 수많은 활동과 관심사에서 여전히 실제로 중심적인 것처럼 체감되려 한다면 늘 이렇게 변화해야만 한다.

소비로서의 비판 이론

그렇다면 이러한 일반적 분석이 특정한 예술 작품 분석에 주는 함의는 무엇인가? 이는 문화 이론에 관한 대다수의 논의가 지향하는 질문으로 보인다. 바로 특정한 예술 작품을 이해하고 묘사하는 방법, 아마도 더 나아가 방법론의 발견이 이 지향점일 것이다. 나 자신은 이것이 문화 이론의 핵심적인 용도라는 데 동의하고 싶지 않지만 잠시 이 문제를 살펴보자. 나에게 아주 충격적인 부분은 거의 모든 형태의 현대 비판 이론이 **소비**의 이론이라는 것이다. 말하자면 이 이론들은 대상을 어떻게 하면 이익이 되게 혹은 올바로 소비할 수 있는가 하는 측면에서 대상을 이해하는 데 관심을 둔다. 소비 이론의 가장 초기 단계는 '취향' 이론이었는데, 여기서는 실천과 이론이 은유적으로 직접 연결되었다. 취향 다음에는 좀 더 고양된 '감수성' 개념이 등장했는데, 고양된 혹은 통찰력 있는 작품에 대한 감수성을 갖고 이루어지는 소비야말로 읽기에서 핵심적 실천으로 주장되었고, 비평 활동은 이 감수성에서 파생되는 한 기능이었다. 그다음에는 좀 더 발전된 이론이 등장했는데, 1920년대에는 I. A. 리처즈I. A. Richards, 그 후에는 신비평New Criticism이 소비의 효과를 직접 연구하였다. 대상으로서 예술 작품의 언어는 그 후 좀 더 노골적으로 변했다. "이 작품[통상적으로 '시'로 묘사되었다]은 나에게 어떤 효과를 미치는가?" 아니면 이후 커뮤니케이션 연구라는 훨씬 더 광범위한 영역에서 표현했듯이 "그 작품은 나에게 어떤 영향을 주는가?" 하는 식이었다. 너무나 당연하게도 **대상**이자 텍스트, 고립된 예술적 구현체artefact로서의 예술 작품이란 개념은 이후의 이 모든 소비 이론에서 중심이 되었다. 이렇게 해서 **생산**의 실천들이 간과되었을 뿐 아니라 여기에 대다수 주요 문학은 어쨌든 과거의 작품이라는 인식이 결합하였다. 생산의 실제 사회적 조건은 기껏해야 부차적이라 믿었기에 어쨌든 무시되었다. 진정한 관계는 늘 독자의 취향, 감수성, 훈련과 이처럼 고립된 작품, 대다수 사람이 표현하게 되었듯이 '실제로 존재하는 자체로서의' 이 대상 사이에 설정되는 것처럼 여겨졌다. 그러나 대상으로서의 예술 작품이란 개념은 더 큰 이론적 효과를 미쳤다. 대상으로 간주하는 예술 작품에 질문을 던진다면, 이 질문에는 작품 생산의 구성 요소에 관한 질문이 포함될 수도 있다. 이제 이렇게 해서 이 시각과 정확하게 부합하는 토대와 상부구조 공식이 활용되게 되었다. 예술 작품의 구성 요소는 토대의 실제적 활동이므로 이 구성 요소를 발견하려면 대상을 연구해야 한다. 심지어 더러는 구성 요소를 연구한 후 대상을 투사하기도 했다. 그러나 어쨌든 연구자가 찾는 관계는 대상과 그 구성 요소 간의 관계였다. 그러나 이는 토대와 상부구조에 관한 마르크스주의의 추론에만 해당하지는 않는다. 이는 다양한 부류의 심리학 이론에도 해당했는데, 특정한 예술 작품의 **구성 요소**로 간주되는 원형의 형태든 집단적 무의식의 이미지이든 신화와 상징이든 마찬가지였다. 또한 전기나 심리적 전기류의 것도 있었는데, 여기서는 구성 요소가 인간의 삶에 존재했고 예술 작품은 이러한 부류의 구성 요소를 발견하는 작업 대상이었다. 심지어 좀 더 엄밀성을 띠는 일부 형태인 신비평과 구조주의 비평에서도 작품을 그 구성 요소로 환원해야 할 대상으로 간주하는 본질적 절차는 이후 재구성될 수는 있어도 계속 존치되었다.

대상과 실천

이제 우리 시대의 문화 이론에서 진정한 위기는 이처럼 예술 작품을 대상으로 보는 관점과 실천으로 보는 대안적 관점 사이에 존재한다고 생각한다. 물론 한때 예술 작품은 **실제로** 대상이라는 주장도 나왔다. 즉 특정한 조각, 특정한 그림, 특정한 건물 등 다양한 작품이 과거로부터 살아남았는데, 이것들은 대상이라는 주장이다. 이는 물론 사실이지만 그러한 단일한 실체를 갖지 않은 작품에도 똑같은 사고방식이 적용된다. 위대한 특정 그림이 존재하는 것과 똑같은 의미에서의 《햄릿*Hamlet*》, 《카라마조프 형제들*The Brothers Karamazov*》, 《폭풍의 언덕》은 절대 존재하지 않는다. 어쨌든 지금까지 남아 있는 시각 예술 작품과 비슷한 의미에서 대상으로 존재하는 교향곡 5번은 없으며, 음악과 무용, 공연 전 영역에도 그런 작품은 존재하지 않는다. 하지만 그런 식의 기본적인 이론적, 실천적 가정이 존재하는 바람에 그러한 모든 작품을 대상으로 취급하는 습관은 남아 있다. 그러나 문학(특히 희곡)과 음악, 광범위한 공연 예술 영역에서 우리가 영구적으로 가진 것은 대상이 아니라 **표기법**notations이다. 이 표기법은 그 후 특정한 관습에 따라 적극적으로 해석되어야 한다. 그러나 실로 이 점은 심지어 더 폭넓은 분야에서도 해당된다. 예술 작품 제작과 그 수용 간의 관계는 항상 적극적이며 관습의 적용 대상이 되는데, 이 관습 자체도 (변화하는) 사회 조직과 관계의 형태다. 그리고 이는 대상의 생산과 소비와는 근본적으로 다르다. 이는 정말로 하나의 활동이자 실천이다. 또한 우리가 그 예술에 접근할 수 있는 형태 측면에서 보면 비록 일부 예술에서는 단일한 대상의 성격을 띨 수 있기는 해도 여전히 예술 대다수는 적극적인 지각과 해석을 통해서만 접근할 수 있다. 이 때문에 연극과 문학, 음악 같은 예술에서 나타나는 표기법 사례는 더 폭넓은 진실의 특수한 사례에 불과하게 된다. 여기서 이러한 사례가 분석 실행에 관해 시사해 줄 수 있는 부분이 있다면, 대상을 분리해내고 그 후 그 구성 요소를 발견하려는 식의 통상적 절차에서 탈피해야 한다는 점이다. 이와 반대로 우리는 어떤 실천의 성격을 발견하고 그다음에 그 실천의 조건을 찾아내야 한다.

흔히 이 두 절차는 부분적으로는 서로 닮은 점이 존재할 수도 있지만 다른 많은 사례에서는 근본적으로 서로 이질적인 부류다. 그래서 나는 이 구분이 일차적인 경제적, 사회적 실천과 문화적 실천 간의 관계에 관한 마르크스주의의 전통에 어떤 영향을 미치는지 지적하는 것으로 마무리하고자 한다. 만약 문화 실천에서 생산되는 산물이 일련의 대상이라면, 현재 대다수 사회학적-비판적 절차 형태에서 그러하듯이 우리는 그 구성 요소의 발견에 착수하게 될 것이다. 마르크스주의에서 강조하는바 내에서 이러한 구성 요소는 지금까지 관습적으로 토대로 지칭하던 데서 추출된 내용이 될 것이다. 그렇다면 예컨대 **구성 요소 형태**로 파악할 수 있는 어떤 특징을 분리해 내거나, 이처럼 접근할 수 있는 상태에 도달하기 전 이 구성 요소들이 어떤 변형이나 매개 과정을 거쳤는지 질문해 보게 된다.

그러나 내가 말하고자 하는 바는 어떤 결과물의 구성 요소가 아니라 실천의 조건을 찾아내야 한다는 것이다. 특정한 작품이나 작품군이 흔히 그렇듯이 자신의 환원할 수 없는 개인성뿐 아니라 소속된 본질적 공동체를 어떻게 구현하는지 살펴볼 때는 먼저 그 실천의 현실과 그 실천이 실행될 당시의 조건에 주목해야만 한다. 이로부터 우리는 기본적으로 전혀 다른 질문들을 제기하게 된다고 생각한다. 정통적인 비평에서 어떤 대상, 즉 '텍스트'가 이 장르와 관련을 맺는 방식의 예를 들어보자. 우리는 어떤 주도적인 특징에 의해 텍스트를 확인하고 더 큰 범주인 장르에 할당한 후 특정한 사회사 안에서 장르의 구성 요소를 찾아낼 수 있다. (물론 일부 비평의 변종에서는 심지어 그러한 작업조차 하지 않고, 장르가 마치 어떤 영구적인 사고 범주인 양 가정하기도 한다.)

이제 필요한 것은 그런 식의 진행 방식이 아니다. 애초부터 우리가 전제할 수 있는 유일한 범주인 집단 양식과 개별 과제 간의 관계에 대한 파악은 관련된 실천에 대한 파악이다. 말하자면 어떤 식으로든 환원할 수 없을 정도로 개별적인 과제인 특정 작품들은 경험과 분석 과정에서 유사성을 드러내게 되는데, 이를 통해 여러 개별 작업을 집단 양식으로 묶어 낼 수 있다. 이 집단 양식들이 늘 장르인 것은 결코 아니다. 그보다는 장르 내부에 그리고 장르 간에 걸쳐서 나타나는 유사성으로 존재할 수도 있다. 이것들은 장르에서 한 단계의 실천이라기보다는 어떤 시기의 한 집단의 실천일 수도 있다. 그러나 특정한 실천의 성격, 개별 과제와 집단 양식 간 관계의 성격을 발견해 냄에 따라 우리는 동일한 과정의 두 가치 형태로서 실천의 적극적인 구성과 구성 조건을 동시에 분석하고 있음을 깨닫게 된다. 그리고 어느 방향이든 이는 적극적 관계를 확장시킨 복합체가 된다. 물론 이는 대상의 고정된 특성에 따라 정해지는 부류의 내재화된 절차가 존재하지는 않는다는 뜻이다. 우리에겐 확연하게 의도적인 조직 내부의 실천 간의 관계에 관한 원칙이 있고, 지배적, 잔여적, 부상 중인 요소의 가설도 동원할 수 있다. 그러나 우리가 적극적으로 찾고자 하는 것은 지금까지 대상으로 밀려나 있던 진정한 실천, 또한 구성 요소나 단순한 배경 정도로 전락했던 — 문학적 관습으로든 아니면 사회관계로든 — 실천의 진정한 조건이다.

일반적 명제로서 보자면 이는 단순히 강조 사항에 불과하지만, 내가 보기에는 적극적이고 자기 혁신적인 마르크스주의 문화 전통에서 실천적, 이론적 작업을 수행할 때 유념할 단절의 지점과 출발점을 동시에 시사한다.

주

1. '결정'의 의미 범위에 관한 추가적인 논의로는 *Keywords*, London, 1976, pp.87~91을 보라.

9

테크놀로지와 사회

1974

앞 장에서 윌리엄스가 거부하는 부류의 결정론을 예시하는 확연하고 헤게모니적이면서 이데올로기적인 사례는 바로 기술결정론이다. 다음 발췌문은 텔레비전에 관한 윌리엄스의 선구적인 책에서 가져온 것으로, 이 글에서 윌리엄스는 텔레비전의 발전과 그 발전이 사회에 미친 영향과 관련해 기술결정론을 조목조목 비판한다. 비평가들이 흔히 놓치는 부분이긴 한데, 윌리엄스는 또한 테크놀로지란 단지 더 광범위한 역사적 변화를 보여 주는 징후에 불과하다는 대안적 개념에도 의문을 던진다. 윌리엄스는 두 가지 입장을 모두 비판하면서 서로 결합해 텔레비전의 발전으로 이르게 된 여러 테크놀로지의 등장을 추적한다(이는 오늘날 디지털 미디어에서 테크놀로지의 수렴과 다르지 않다). 그리고 그는 어떻게 테크놀로지가 사회적 목적 완수를 위해 의도적으로 발전되었는지 강조하면서 이를 통해 기술 혁신에서 의도의 중요성을 도출한다.

흔히 텔레비전이 세상을 바꿔 놓았다고들 한다. 마찬가지로 흔히 증기기관, 자동차, 원자 폭탄 등의 이런저런 새 테크놀로지에 의해 새로운 세상, 새로운 사회, 새로운 역사 단계가 조성되고 — '초래되고' — 있다고들 한다. 그러한 발언이 일반적으로 함축하는 바가 무엇인지 우리 대다수는 안다. 그러나 다음과 같은 점이 핵심적인 어려움이 될 수도 있다. 우리는 대다수 일상 토론에서 이러한 일반적 부류의 진술에 너무나 익숙해져 그 구체적인 의미를 깨닫지 못할 수도 있다는 것이다.

그러한 모든 진술문 배후에는 가장 어렵고 풀리지 않는 역사적, 철학적 질문이 도사리고 있기 때문이다. 그러나 이 질문들은 진술문에 의해 제기된 것이 아니다. 오히려 그 진술문에 의해 대개 은폐된다. 따라서 우리는 흔히 들뜬 상태에서 텔레비전의 이런저런 '효과'나 텔레비전이 '초래한' 사회적 행태의 종류, 문화적 심리적 여건에 관해 토론하곤 한다. 하지만 그렇게 하면서 어떤 테크놀로지를 원인으로 묘사하는 것이 합당한지, 만약 원인으로 생각한다면 어떤 부류의 원인으로 보는지, 다른 부류의 원인과는 어떤 관계가 있는지 질문해 보아야 한다고 느끼지는 않는다. 테크놀로지와 사회, 테크놀로지와 문화, 테크놀로지와 심리학 사이의 인과 관계 개념은 우리가 던지는 질문의 근거가 되고 더러는 해답까지도 결정하기 마련인데, 이 개념들을 충분히 검토하지 않는다면 아무리 엄밀하고 분별력 있는 전문적 '효과' 연구라도 피상적 수준에 그치고 말지도 모른다.

물론 이러한 근본적 질문은 너무나 난해하다고 말할 수도 있다. 실제로 이 질문들이 어렵다는 사실은 그런 질문과 씨름해 본 사람에게는 너무나 자명한 일이다. 해답을 얻느라 평생을 바칠 수도 있다. 그런데 지금 여기 텔레비전이 중요한 자리를 차지하는 사회에서는 시급하고도 실질적인 작업이 실행을 기다리고 있다. 해야 할 조사나 연구, 더구나 우리가 실행 방법을 아주 잘 아는 조사와 연구가 그런 것이다. 이 연구가 실용적이라 평가되기 때문에 지원과 연구비를 받을 수 있다는 사실은 우리 사회에서는 매력적인 위치이자 이점을 갖고 있다. 반면에 다른 부류의 질문은 단순히 이론적이고 추상적인 것으로만 보인다.

하지만 테크놀로지와 사회 간의 관계처럼 인과 관계에 관한 모든 질문은 매우 실질적인 것이다. 이에 대한 해답을 얻기 시작하기 전까지는 예컨대 우리가 어떤 테크놀로지나 테크놀로지의 이용 문제를 말하는 것인지, 필요한 제도나 특정한 가변적인 제도를 말하는 것인지, 대상이 내용인지 형태인지 딱히 알지 못한다. 이는 지적 불확실성 문제일 뿐 아니라 사회적 실천 문제이기도 하다. 테크놀로지가 원인이라면 우리는 기껏해야 그 효과를 변형하거나 통제를 시도할 수 있을 따름이다. 만일 현재 사용되는 테크놀로지가 효과라면 어떤 다른 종류의 원인과 다른 부류의 행동을 참고하고 우리의 활용 경험과 관련지어야 하는가? 이 질문들은 추상적 문제에 그치지 않는다. 오히려 우리의 사회적, 문화적 논의에서 점차 더 중요한 부분을 이루며 늘 실제 실천 속에서 실질적이고 실효성 있는 결정에 따라 판단되는 문제들이다.

나는 바로 이러한 문제들을 염두에 두고 텔레비전을 특정한 문화적 테크놀로지로 분석하면서, 이러한 핵심적 차원에서 그 발전 양상, 제도, 형태, 효과를 살펴보고자 한다. 현재의 장에서는 (a) 테크놀로지와 사회에서 인과 관계에 관한 해석, (b) 테크놀로지로서 텔레비전의 사회사, (c) 텔레비전 테크놀로지 이용의 사회사 등 세 가지로 나누어 분석을 시작할 것이다.

A. 테크놀로지와 사회 간의 인과 관계에 관한 해석

텔레비전이 세상을 변화시켰다는 일반적 진술에서 다시 논의를 시작해 보자. 이 진술이 의미한다고 해석된 것 중 몇 가지를 나열해 볼 필요가 있다. 예를 들면,

(i) 텔레비전은 과학 기술 연구의 성과로 발명되었다. 그 후 뉴스와 오락 매체로서 텔레비전의 위력은 너무나 엄청나 이전의 모든 뉴스와 오락 매체를 변화시켰다.

(ii) 텔레비전은 과학 기술 연구의 성과로 발명되었다. 사회적 커뮤니케이션 미디어로서 텔레비전의 위력은 너무나 엄청나 사회관계의 제도와 형태를 변화시켰다.

(iii) 텔레비전은 과학 기술 연구의 성과로 발명되었다. 전자 미디어로서 텔레비전 고유의 속성은 현실에 대한 우리의 기초적 지각을 바꿔 놓았고, 이에 따라 우리의 상호 관계와 우리와 세상 간의 관계 역시 변화시켰다.

(iv) 텔레비전은 과학 기술 연구의 성과로 발명되었다. 강력한 커뮤니케이션과 오락 매체로서 텔레비전은 그 자체가 다른 새 테크놀로지 발명의 결과인 물리적 이동성의 엄청난 증가 같은 다른 요인들과 함께 사회의 규모와 형태를 변화시키는 요인으로 자리 잡았다.

(v) 텔레비전은 과학 기술 연구의 성과로 발명되었으며 오락과 뉴스 매체로 발전하였다. 그 후 텔레비전은 예상치 못한 결과도 낳았는데, 즉 다른 오락, 뉴스 매체의 존립 가능성과 중요도를 감축시키는 효과를 낳았을 뿐 아니라 가족, 문화적 사회적 삶의 일부 핵심 과정에도 영향을 미쳤다.

(vi) 텔레비전은 과학 기술 연구에 힘입어 하나의 가능성으로 발굴되어 특히 집중화된 오락물 제공과 집중화된 여론과 행동 방식 형성이라는 새로운

사회 유형의 요구에 부응하는 투자와 개발 대상으로 선정되었다.

(vii) 텔레비전은 과학 기술 연구에 힘입어 하나의 가능성으로 발굴되어 가정 소비자 경제의 새로운 수익성 높은 단계용인 투자와 판촉 대상으로 선택되었다. 그 후 텔레비전은 특징적인 '가정용 기기' 중 하나가 되었다.

(viii) 텔레비전은 과학 기술 연구의 결과로 구현되었으며, 성격과 활용 양상에서 수동성, 문화적, 심리적 부적응의 요소를 악용하고 강조하게 되었다. 이 요소들은 인간에게 늘 잠재하던 것이었지만 오늘날 텔레비전이 조직화하고 대변하게 되었다.

(ix) 텔레비전은 과학 기술 연구의 결과로 구현되었으며, 성격과 활용 양상에서 새로운 부류의 사회, 즉 대규모의 복잡하고 원자화된 사회의 요구에 봉사하면서도 그러한 요구를 악용하게 되었다.

이상의 해석은 텔레비전이 세상을 변화시켰다는 통상적인 과감한 명제에 관해 나올 수 있는 설명 중 일부에 불과하다. 사실상 대안적인 의견들을 혼합한 해석을 취하는 사람도 많으며, 어떤 경우에는 의견 간에 불가피하게 중복이 발생하기도 한다. 그러나 이 의견들은 크게 두 부류로 구분할 수 있다.

첫째((i)에서 (v)까지)는 테크놀로지가 사실상 우연적이라는 의견이다. 엄격하게 테크놀로지 내부에서 일어나는 발전 외에는 어떤 특정한 발명이 반드시 이루어져야만 할 이유는 없다. 이와 비슷하게 그 후 테크놀로지는 또한 진정한 의미에서 우연적인 결과를 초래할 뿐이다. 이 결과 역시 테크놀로지 자체에서 직접 유래하기 때문이다. 만일 텔레비전이 발명되지 않았다면 어떤 특정한 사회적, 문화적 사건은 발생하지 않았을 것이라는 식으로 이 주장은 전개된다.

둘째((vi)에서 (ix)까지)는 텔레비전은 또한 사실상 기술적 우연이긴 하지만 그 중요성은 활용 양상에 있는데, 이 활용 양상은 텔레비전이 없었더라도 이미 결정된 어떤 사회 질서라든지 인간 본성의 어떤 특징을 보여주는 징후라고 주장한다. 텔레비전이 발명되지 않았더라도 우리는 여전히 조작되거나 아무런 생각 없이 오락에 빠져 있겠지만 방식은 달랐을 것이고 아마 그 정도도 더 약했을 것이다.

국지적으로는 해석과 강조점이 모두 다를 수 있겠지만 이 두 가지 의견은 텔레비전의 효과에 관한 전문가와 아마추어의 견해에서 절대다수의 저변을 이룬다. 이 두 입장에 공통되는 부분은 다음과 같이 근본적인 진술 형태다. 바로 "텔레비전은 세상을 변화시켰다"라는 것이다.

그렇다면 추가로 이론적 구분을 내릴 필요가 있다. 위에서 설명한 첫 번째 부류의 의견은 적어도 반대 의견의 관점에서 보면 대개 **기술결정론**으로 알려진 견해다. 이는 사회 변화의 성격에 관해 엄청난 영향력을 발휘할 뿐 아니라 이제는 거의 정통파 견해로 자리 잡은 견해다. 본질적으로 연구와 개발의 내부적 과정에 의해 새로운 테크놀로지가 발견되고 그 후 사회 변화와 진보의 여건을 조성한다. 특히 진보는 '현대 세계를 창조한' 이러한 발명의 역사다. 직접적이든 간접적이든, 예측했든 예측하지 못했든, 테크놀로지의 효과는 말하자면 역사의 나머지 부분에 해당한다. 증기 기관, 자동차, 텔레비전, 원자 폭탄은 현대인과 현대의 여건을 **만들어 냈다**.

두 번째 부류의 의견은 더 결정론적으로 보인다. 다른 모든 테크놀로지와 마찬가지로 텔레비전도 어쨌든 일어나거나 일어나게 되어 있는 변화 과정에서 하나의 요소나 매체로 출현한다. 순수한 기술결정론과 정반대로, 이 견해는 사회 변동에서 다른 인과적 요인들을 강조한다. 그리고는 특정한 테크놀로지나 테크놀로지 복합체를 어떤 다른 부류의 변동 징후로 간주한다. 그 후 어떤 특정한 테크놀로지는 테크놀로지와 무관하게 결정되는 사회 과정의 말하자면 부산물이 된다. 테크놀로지는 이 알려진 사회 과정에 이미 포함된 목적에 사용될 때 비로소 실효적 지위를 얻게 된다.

이 두 일반적 입장 간의 논쟁은 테크놀로지와 사회에 관한 우리의 사고에서 큰 부분을 차지한다. 이는 실제적인 논쟁이며 각 입장은 나름대로 중요한 사항을 제기하고 있다. 그러나 결국 이 논쟁은 무위로 그치고 마는데, 각 입장이 방식은 다르지만 사회로부터 테크놀로지를 추상화해 버렸기 때문이다. **기술결정론**에서는 연구와 개발이 자체 발생적이라고 보았다. 새로운 기술은 말하자면 독립된 영역에서 발명되며, 그 후에 새로운 사회나 새로운 인간 조건을 조성한다. **징후적 테크놀로지론**이라는 견해도 이와 비슷하게 연구와 개발이 자체 발생적이라고 가정하지만 이를 좀 더 주변적인 측면이라고 볼 뿐이다. 여기서는 주변부에서 발굴된 테크놀로지가 그 후 채택되어 활용된다고 본다.

그렇다면 각 견해는 테크놀로지를 고립된 현상으로 파악하는 데 의존한다고 볼 수 있다. 이는 새로운 삶의 방식을 생성해 내는 자율적인 세력이거나 아니면 새로운 삶의 방식에 재료를 제공하는 자율적인 세력이다. 이 입장들은 현대 사회 사상에서 너무나 철저하게 뿌리내리고 있어 이 입장들을 벗어나서 사고하기란 매우 어렵다. 대다수 과학적 발견의 역사처럼 테크놀로지의 역사 역시 대부분 이 가정에서 출발해 기술된다. 이런저런 해석을 반박하는 '사실'에 입각한 소구를 하기는 대단히 어려운데, 역사란 의식적이든 무의식적이든 대개 가정을 예시하는 식으로 집필되기 때문이다. 이러한 경향은 명시화되어 그에 논리적으로 합당한 해석이 뒤따르는 식으로 나타나기도 하고, 아니면 좀 더 함축적으로 되어 테크놀로지나 과학 발전의 역사가 마치 자체만의 역사인 것처럼 제시되는 형태로 나타나기도 한다. 이는 전문화나 강조의 장치로 볼 수도 있지만, 그렇게 되면 필연적으로 내적인 의도와 기준의 존재만을 함축하게 된다.

이러한 강조점을 바꾸려면 지속적인 공동의 지적 노력이 반드시 필요할 것이다. 그러나 텔레비전이라는 특수한 사례에서는 대안적 종류의 해석을 간략히 제시하고 이를 통해 텔레비전의 역사뿐 아니라 활용 양상을 좀 더 급진적 시각에서 파악해 볼 수도 있을 것이다. 그러한 해석은 연구와 개발 과정에 **의도**를 복원시킨다는 점에서 기술결정론과는 차별화될 것이다. 그렇게 되면 테크놀로지란 어떤 목적과 실천을 이미 염두에 둔 상태에서 말하자면 모색하고 개발하는 대상으로 보게 될 것이다. 이와 동시에 이 해석은 이 목적과 실천을 **직접적인** 것으로 파악한다는 점에서 징후적 테크놀로지론과도 차별화될 것이다. 즉 이미 알려진 사회적 요구, 목적, 실천에서 테크놀로지는 주변적인 요인에 머물지 않고 중심적인 자리를 차지한다고 보게 된다.

B. 테크놀로지 측면에서 본 텔레비전의 사회사

텔레비전 발명은 단일한 사건이나 일련의 사건에 그치지 않았다. 텔레비전 발명은 전기, 전신술, 사진 기술, 영화, 라디오 등 여러 복합적인 발명과 개발에 힘입었다. 이는 1875년에서 1890년 사이의 시기에 각기 특수한 기술적 목적에 따라 별도로 개발되었고, 그 후 오랜 시간적 지체를 거치고 나서 1920년부터 1930년대 최초의 공적인 텔레비전 체제가 등장하는 시기에 이를 때까지 특수한 기술적 사업으로 발전했다고 할 수 있다. 하지만 텔레비전이 실현되기까지는 이 각 단계에서 주로 다른 목적을 겨냥해 나온 여러 발명에 부분적으로 도움을 받았다.

19세기 초반까지는 오랫동안 하나의 현상으로 알려졌던 전기에 관한 탐구는 주로 철학적 문제, 즉 풀기 어려운 자연적 효과에 관한 탐구에 머물렀다. 이 탐구와 관련된 테크놀로지는 좀 더 명확한 연구를 위해 주로 효과를 분리하고 집약하려는 목적을 지향했다. 18세기 말이 가까워질 무렵에는 특히 다른 알려진 자연 효과(피뢰침)와 관련해 응용 작업이 시작됐다. 그러나 그 후 1800년과 1831년 사이에는 여러 관련 발명이 쏟아지는 핵심적 이행기가 도래하는데, 이 무렵 알레산드로 볼타Alessandro Volta의 배터리에서 마이클 패러데이Michael Faraday의 전자기 유도 입증 등 다양한 발명이 이루어지고 이는 곧 발전기 생산으로 이어졌다. 이 과정은 과학사로 추적하는 것이 마땅하겠지만, 진전의 핵심 기간이 산업 생산 발전의 중요한 단계와 시기적으로 일치한다는 사실은 의미심장하다. 전력의 이점은 새로운 산업적 수요와 밀접한 관련이 있었다. 바로 동력원의 입지에서 기동성과 전달의 용이성을 갖추고, 유연하게 변환하고 신속하게 제어하기 쉬운 동력에 대한 수요였다. 증기 기관은 섬유업에 아주 적합했지만 이 산업은 지역적 입지에 근거할 수밖에 없었다. 다른 동력을 활용하면 기계공학처럼 물리적으로나 복합적인 다단계 과정 구현에서나 좀 더 대규모 개발도 시도할 수 있게 되겠지만, 이는 오직 전기로만 완벽하게 실현할 수 있었다. 일차적 생산이나 새로운 응용 산업(도금)의 수준에서, 그리고 그 자체가 산업 개발과 관련된 새로운 사회적 수요(거리나 가정용 조명) 수준에서 신규 수요와 새로운 발명품 사이에 아주 복잡한 상호 작용이 작동하고 있었다. 1830년에서 1880년대의 대규모 전력 생산 시기에 이르기까지 이처럼 수요와 발명, 응용 사이의 복합체는 지속해서 작동했다.

전신 기술에서의 발전 과정은 더 단순했다. 봉화나 그와 비슷한 초보적인 장치에 의한 메시지 전달 방식은 오래전에 정착되어 있었다. 항해술과 해상 전투의 발전 과정에서는 16세기와 17세기를 거치는 동안 깃발 신호 체제가 표준화되었다. 나폴레옹 전쟁기 동안에는 깃발 신호 전달 거점이 도입되면서 지상 전신술은 비약적으로 발전했으며 이 중 일부는 이후 평화 시에도 계속 활용되었다. 전기 전신술은 일찍이 1753년에 기술 체제로서 제안된 적이 있었고, 19세기 초반 실제로 몇 군데에서 시범적으로 도입됐다. 1816년 당시의 한 발명가는 해군성이 그 발명품에 관심이 없다는 통보를 받았다. 전신술 개량의 필요성이 뚜렷하게 부각된 계기가 원래 산업 체제 발전과 그와 관련된 도시 성장에 대한 대응인 철도 발전이었다는 사실은 흥미롭다. 1837년 이후부터는 기술적 가능성의 복합체가 실제 운영 체제로 실현되었다. 국제 무역과 교통의 발전은 체제의 급속한 확장을 가져왔는데, 여기에는 1850년대와 1860년대의 대서양 횡단 케이블이 포함된다. 1870년대까지는 보편적인 전기 전신 체제가 정착되었고 똑같은 시기에 (이 경우 새로운 의도적인 발명품인) 전화 체제도 개발되기 시작했다.

사진 기술에서는 빛으로 쓴다는 아이디어가 1802년 (비슷한 주장을 편 여러 사람 중에서도 특히) 토머스 웨지우드Thomas Wedgwood와 험프리 데이비Humphrey Davy에 의해 제안됐고 어둠 상자camera obscura는 이미 개발됐다. 처음으로 기술적 해결책을 기대한 부분은 투사가 아니라 이미지 고정 기술이었고, 1816년(조제프 니세포르 니엡스Joseph Nicéphore Niepce)부터 1839년(루이 자크 망데 다게르Louis Jacques Mandé Daguerre)에 이르기까지 카메라 장치 개선과 더불어 이 문제에 관한 연구는 계속됐다. 전문가 사진, 그다음엔 아마추어 사진 기술이 빠르게 확산했고, 신문 인쇄술 발전 과정에서 사진 복제, 그다음엔 전송도 가능해졌다. 1880년대가 되면 '촬영된 현실'이란 개념이 (아직은 관찰보다는 기록용이긴 했지만) 사람들에게 익숙해졌다.

활동사진이라는 아이디어도 이와 비슷하게 발전하고 있었다. 마술의 등(슬라이드 환등기)은 17세기부터 알려져 있었고, 1736년까지 (슬라이드를 하나씩 차례로 넘기는 식으로) 단순한 움직임을 재현했다. 늦어도 1826년에 이르러서는 원형식 장치 같은 기계식 활동사진 장비가 개발되었고 이후 환등기와 연계되었다. 인간 시각의 잔상 효과는 말하자면 다음 이미지로 넘어가기 전까지의 간격 동안 이미지의 '기억'을 유지하는 능력을 말하는데, 이 덕분에 빠르게 이어지는 단위로부터 시퀀스를 만들어 낼 수 있게 된다. 이 효과는 고전기 이래로 이미 알려져 있던 기술이다. 복수의 카메라로 시퀀스의 여러 단계를 촬영하는 기술은 다중 촬영 카메라(1882년 에티엔 쥘 마레Étienne Jules Marey)로 구현되었다. 윌리엄 프리스그린William Friese-Greene과 토머스 에디슨Thomas Edison은 촬영과 보존 기술을 개발했고 종이 릴은 셀룰로이드로 대체되었다. 1890년대에 이르면 프랑스, 미국, 영국에서 최초로 공중 대상의 영화가 상영되고 있었다.

하나의 아이디어로서의 텔레비전은 이러한 수많은 발전 과정과 연루되어 있었다. 이는 초기 단계에서는 사진 전송술과 구분하기 어렵다. 1842년 알렉산더 베인Alexander Bain은 그림을 전신으로 송신하는 장치를 내놓았다. 1847년 프레데릭 C. 베이크웰Frederick C. Bakewell은 복제용 전신기를 선보였고, 1862년 조반니 카셀리Giovanni Caselli는 상당히 멀리 떨어진 곳까지 전신으로 사진을 전송했다. 1873년 대서양 횡단 전신 케이블 관리국에서 근무하던 조지프 메이Joseph May는 셀레니움이 빛에 민감하게 반응하는 속성이 있음을 발견했다(셀레니움은 1817년 옌스 야코브 베르셀리우스Jöns Jakob Berzelius가 이미 분리에 성공해 저항기에 사용되고 있었다). 이미 확정된 수요에 따라 사람들은 정사진과 활동사진을 전송하는 수단을 찾아내려 무수하게 다양한 방식으로 적극적으로 노력했고 상당한 정도로 발견에 성공했다. 일부만 추려내도 이 목록은 계속 이어진다. 1875년 조지 R. 케리George R. Carey의 광전지, 1884년 파울 고틀리프 닙코Paul

Gottlieb Nipkow의 스캔 시스템, 1890년 율리우스 엘스터Julius Elster와 한스 가이텔Hans Geitel의 광전 입자, 1897년에는 카를 브라운Karl Braun의 음극선관(브라운관), 1907년 보리스 로징Boris Rosing의 음극선 수신기, 1911년 앨런 캠벨스윈턴Alan Campbell-Swinton의 전자 카메라 제안 등이 그 일부다. 이전 시기를 통틀어 두 가지 사실이 자명해진다. 즉 한편으로는 텔레비전 체제가 예견되었고, 그 수단을 찾아내려는 노력이 적극적으로 진행되었다는 점이다. 다른 한편으로는 전기 발전과 전기 전신 기술, 전화에 비해 산발적 작업을 종합하기 위한 사회적 투자는 너무 적었다는 사실이다. 1914년 이전에는 기술적 장애가 존재했다는 것도 사실이다. 즉 열전자관과 다단계 증폭기가 필요했지만 아직 발명되지 않았음을 볼 수 있다. 그러나 응용 테크놀로지의 다양한 영역 간의 핵심적 차이는 사회적 차원이란 관점에서 설명할 수 있다. 새로운 생산 체제와 새로운 기업이나 교통 커뮤니케이션 체제는 경제적 수준에서 이미 마련되었지만, 새로운 사회적 커뮤니케이션 체제는 아직 그렇지 못했다. 따라서 영화가 개발되었을 때 그 응용 가능성은 전형적으로 기존의 사회적 형태 주변부인 여흥 거리에 국한되다가 마침내 기존의 한 가지 성공 형태인 영화 전용 **극장** 형태로 이용되면서 성공을 거두게 된다.

1885년과 1911년 사이의 중요한 과학적, 기술적 단계를 기준으로 보면 라디오의 발전은 처음에는 이미 작동 중인 사회 체제 내에서 하나의 진전된 전신술 형태로 파악됐다. 라디오를 엄청나게 새로운 사회적 형태로 응용하게 된 것은 종전 직후 시기의 변화된 사회적 상황에서 가능해졌다. 이 무렵 텔레비전 기술 발전에서 공백이 해결됐다는 사실도 의미심장하다. 1923년 블라디미르 즈보리킨Vladimir Zworykin은 전자 텔레비전 카메라 튜브를 선보였다. 1920년대 초반에 이를 때까지 존 로지 베어드John Logie Baird와 찰스 로버트 젱킨스Charles Robert Jenkins는 각기 서로 경쟁적으로 기계 스캐닝 기술을 활용한 체제를 개발하고 있었다. 1925년부터는 진보의 속도가 질적으로 달라졌는데, 이는 중요한 기술적 진전이 이루어졌을 뿐 아니라 음성 방송 체제의 사례를 모델로 삼았기 때문에 가능했다. 1927년 벨 시스템Bell System은 무선 링크를 통한 전신 송신을 선보였는데, 이를 계기로 이 형태의 전 단계 역사는 끝나가고 있음을 볼 수 있다. 체제 간에, 특히 기계 스캐닝과 전기 스캐닝 체제 사이에 치열한 경쟁이 벌어졌고, 이 중 어느 쪽이 더 기여했고 우월했는지는 여전히 큰 논란거리다. 그러나 이는 테크놀로지 발전이 새로운 사회적 형태의 단계로 이행하는 국면에 두드러진 특징이다.

이상의 사례 전체를 통틀어 흥미로운 부분은 수많은 복합적이고 관련된 분야에서 (기계식 전송이든 전기식 전송이든, 아니면 전신, 사진, 영화, 라디오, 텔레비전이든) 생산과 커뮤니케이션에서의 이러한 이동성과 전이 체제가 일반적인 사회적 변혁 국면에서는 그 자체로 유인책이자 반응이기도 했다는 점이다. 비록 일부 핵심적인 과학적, 기술적 발견이 개인의 단독 작업으로 지원도 없는 상태에서 이루어지긴 했으나, 아주 일반적 수준에서는 이동성과 조직 규모의 확장을 특징으로 하는 사회에서는 선별적 강조와 의도의 핵심 공동체가 존재했다. 즉 실제로 실행되는 커뮤니케이션에서 단기적, 장기적 문제점을 초래한 성장 형태가 이들의 관심사였다. 언뜻 서로 관련이 없어 보일 수도 있지만 무수하게 다양한 나라에서 그러한 수요는 즉시 확인되어 기술적으로 규정되었다. **발전된 체제의 핵심 구성 요소가 발견되고 규정되기도 전에 모든 것이 유토피아 차원이 아니라 기술적 방식으로 예견되었다**는 사실은 그 커뮤니케이션 체제들에 특히 특징적인 부분이다. 이는 커뮤니케이션 체제가 새로운 사회나 새로운 사회적 여건을 조성한 역사가 결코 될 수 없다. 이전의 결정적인 산업 생산의 변혁과 더불어 그 생산의 새로운 사회적 형태는 자본 축적과 지속적인 기술적 개선의 긴 역사에서 생겨난 것으로 새로운 욕구와 동시에 새로운 가능성도 조성했다. 텔레비전에 이르기까지 모든 커뮤니케이션 체제는 그 내부적 산물이었을 뿐이다.

C. 텔레비전 테크놀로지 활용의 사회사

현대 사회에서는 어떤 사회적 욕구가 제시되고 나면 그에 적합한 테크놀로지가 발견될 것이라는 주장은 전혀 옳지 않다. 이는 부분적으로는 어떤 특정한 시기에 발생하는 어떤 진정한 욕구란 기존의 혹은 예측할 수 있는 미래의 과학적, 기술적 지식의 범위를 넘어서기 때문이다. 더 큰 이유는 수요에 대한 테크놀로지 차원의 반응이라는 핵심 문제가 수요 자체 문제라기보다는 그 수요가 기존의 사회 구성체에서 차지하는 자리에 관한 질문이기 때문이다. 이미 나온 기술 장치와 달리 개발 중인 테크놀로지는 자원 투자, 공식 허가, 승인, 장려 등에 의존하기 마련인데, 실제 의사 결정 집단의 우선순위와 일치하는 수요는 분명히 그러한 자원을 더 손쉽게 끌어들일 것이다. 산업 생산과 더 중요하게는 군용 테크놀로지에서 이루어진 획기적인 발전에서 이 점을 뚜렷하게 확인할 수 있다. 흥미롭게도 커뮤니케이션 테크놀로지의 사회사는 이 양자와 모두 다른데, 이 차이를 유발한 진정한 요인이 무엇인지 찾아낼 필요가 있다.

이 문제는 여러 가지 수준으로 구분해서 살펴보아야 한다. 가장 폭넓은 시각에서 보면 새로운 부류의 확장되고 이동성이 높고 복잡한 사회와 현대적인 커뮤니케이션 테크놀로지의 발전 사이에는 역동적인 관계가 작용한다. 어떤 수준에서는 이 관계를 대략 직접적인 인과 관계로 볼 수 있다. 커뮤니케이션 테크놀로지의 첫 단계에서 개선이 이루어지도록 하는 주된 유인책은 군사적, 상업적 운영 확대에서 발생한 커뮤니케이션과 통제 문제에서 유래한다. 이는 거리와 규모의 대대적 확대라는 요인에서 발생한다는 점에서는 직접적이다. 하지만 운송 테크놀로지의 발전은 명백한 이유로 문제점에 대해 주된 직접적 반응이라 할 수 있지만, 이 반응은 그러한 발전 내에서 작용하는 요인이라는 점에서 간접적 성격도 띤다. 따라서 전신 기술과 전화, 초기 단계의 라디오는 (기존의 정착되고 발전 중인 군사적, 상업적 체제의 욕구에 직접 봉사하는) 일차적 커뮤니케이션 체제 내부의 이차적 요인들이었다. 19세기 전체, 그리고 20세기에 들어와서도 이러한 양상이 결정적이었다.

그러나 이처럼 복합적인 변화에서 등장한 다른 사회적, 정치적 관계와 욕구도 존재했다. 실로 이 복합체가 처음에는 **기능성**operational 커뮤니케이션에 필수적인 한 가지 개선으로만 간주된 것은 이 변화에 대해 특정한 해석이 지배적이었던 데서 나온 결과다. 상업 체제 확장을 우선시하고 특정한 시기에는 군사적 체제에 직접 우선순위를 두는 바람에 그 결과 욕구는 이 체제의 관점에서만 규정되었다. 목적과 그 목적 추구의 결과 생겨난 테크놀로지는 이 체제의 구조 내에서만 기능하였는데, 말하자면 필요한 구체적 정보를 전달하거나 접촉과 통제를 유지하는 데 국한되었다. 따라서 이 단계에서 현대의 전기 테크놀로지는 확립된 구체적인 구조 내에서 개인이 다른 개인에게, 관리자와 직원이 다른 관리자와 직원에게 활용하는 데 맞춰졌다. 이러한 특징은 두 번째 단계의 전기 테크놀로지 — 이는 **방송**broadcasting이라 부르는 게 타당했고, 그러한 호칭은 의미심장하다 — 와 대비해 보면 가장 잘 두드러진다. 구체적인 메시지를 구체적인 사람에게 전하는 테크놀로지는 다양한 메시지를 일반 공중에게 전달하는 테크놀로지로 보완되었는데, 이 변화는 상대적으로 늦게서야 이루어졌다.

하지만 이 발전 과정을 이해하려면 더 폭넓은 커뮤니케이션 체제를 살펴보아야 한다. 이 체제의 진정한 토대는 테크놀로지 발전보다 이전의 시기에 마련되었다. 지금과 마찬가지로 그때에도 모든 부류의 사회 집단 내에는 실로 구전 방식의 사회적 커뮤니케이션이 주로 지배적인 영역이 있었다. 그뿐 아니라 지금처럼 당시에도 사회적 가르침과 통제를 포함하거나 그 위에 근거한 구체적인 부류의 커뮤니케이션 제도가 존재했다. 교회, 학교, 집회, 선언, 작업장 내의 지도 등이 그 예다. 이 모든 것은 가족 내에서의 커뮤니케이션 형태와 상호 작용했다.

그렇다면 새로운 사회적 커뮤니케이션 테크놀로지 발전을 초래한 새로운 욕구란 무엇이었는가? 신문의 발달 과정은 우리의 첫 번째 주요 사례에 증거를 제공해 준다. 신문의 발전은 확장된 사회적, 경제적, 정치적 체제의 발전에 대한 반응이자 동시에 그 체제 내부의 위기에 대한 대응이기도 했다. 정치권력이 집중되면서 중심으로부터의 메시지가 공식 노선 이외의 경로로 전파될 필요성이 등장했다. 초창기 신문은 이러한 부류의 메시지(정치적, 사회적 정보)와 확장 중인 상업 체제의 특화된 메시지(즉 안내 광고와 일반 상업 뉴스)를 결합한 것이었다. 영국에서 신문의 발전은 위기의 시기 동안 주요 형성 단계를 거쳤다. 즉 내전과 공화정Commonwealth* 시절에 신문의 형태가 규정되었고, 산업 혁명 시대에는 새로운 대중 저널리즘 형태가 성공적으로 정착했으며, 20세기의 주요 전쟁 동안에는 신문이 보편적인 사회적 형태가 되었다. 단순한 명령 전

● 여기서 Commonwealth는 현대적인 영연방이 아니라 17세기의 공화정인 잉글랜드 커먼웰스The Commonwealth of England를 의미한다. 구체적으로는 2차 내전 직후인 1649년에서 왕정복고가 이루어진 1660년 사이에 잉글랜드 왕국을 대체해 의회 중심의 공화정이 들어섰던 시기의 국가 정치 단위를 지칭하는 명칭이다. — 옮긴이

파용 커뮤니케이션 체제는 이미 존재했다. 이데올로기 전파용으로는 구체적인 전통적 기관들이 있었다. 그러나 (가령 완전하게 발전한 신문이 대변하는 방향 제시, 예측, 정보 갱신 과정 등) 뉴스와 배경 정보 전파용으로 교회와 학교처럼 대개 전통적인 기관이 충족할 수 없는 새로운 형태에 대한 수요가 분명히 존재했다. 일반적 변화의 위기가 불안감과 논란을 불러일으킨 만큼이나 이 유연하고 경쟁력 있는 형태는 새로운 부류의 사회적 욕구를 충족시켜 주었다. 투표권 쟁취 운동과 그다음에는 득표 경쟁에서 결정과 통제 권한의 지분을 노린 투쟁이 격화됨에 따라, 신문은 새로운 커뮤니케이션 체제로 정착했을 뿐 아니라 핵심적으로는 새로운 사회 제도로도 자리 잡았다.

신문의 등장은 정치적 요구와 정치적 위기에 대한 대응으로 해석할 수 있는데, 이는 분명 실제로도 그랬다. 그러나 더 광범위한 사회적 요구와 사회적 위기 역시 감지할 수 있다. 변화하는 사회에서, 특히 산업 혁명 이후 사회적 시각과 사회적 성향의 문제점은 더욱 심각해졌다. 인간들 간의 새로운 관계, 인간과 사물 간의 관계가 더욱 악화했고, 이 영역에서 특히 교회와 학교, 혹은 안정된 공동체와 지속되는 가족 등의 전통적 제도는 거의 침묵했다. 물론 많은 발언이 표출되었지만 구시대적 사회 내에 안주하는 입장들의 발언뿐이었다. 수많은 다양한 방식의, 그리고 호기심에서 불안감에 이르기까지 광범위한 충동에 근거한 새로운 정보와 새로운 부류의 성향이, 즉 실로 정치 군사적 혹은 상업적 정보의 전문화가 감당할 수 있는 범위 이상으로 철저한 정보가 절실하게 필요해졌다. 단지 추상적 수준에서뿐 아니라 체험된 경험으로서 이동성과 변화에 대한 각성이 높아지면서, 실천에서 그다음에는 이론에서도 사회적 커뮤니케이션의 기능과 과정이 대대적으로 새롭게 규정되었다.

신문에 두드러지게 나타난 변화는 사진과 영화의 발전 과정에서도 볼 수 있다. 사진은 어떤 점에서는 인정과 기록용으로 통하는 초상화가 대중적으로 확장된 것이다. 그러나 가족이 새로 분가하고 내부적, 외부적 이주가 활발해지는 엄청난 이동의 시대에 사진은 거리와 시간을 뛰어넘어 어떤 개인적 연계를 유지하는 형태로 좀 더 긴요하게 필요해졌다. 더구나 물리적 세계와의 관계가 변화하는 가운데 대상으로서의 사진은 사진으로 표현한 사물 형태가 되었다. 즉 사진은 변화의 경험이 쇄도하는 가운데 고립과 정지 상태의 계기이자 동작으로 기술적 확장이 이루어진 뒤에는 움직임 자체를 새롭게 관찰하고 분석하는 수단으로 새로운 종류의 인정 가능성과 필요성을 낳은 역동적 형태였다.

그런데 1차 세계 대전 이후 시기, 그리고 어떤 면에서는 2차 세계 대전 이후 시기까지 새로운 종류의 사회와 새로운 삶의 방식이 갖고 있던 이 다양한 욕구가 당시 특화된 수단으로 간주하던 것에 의해 충족되었다는 사실은 중요하다. 정치적, 경제적 정보로는 신문이, 공동체, 가족과 개인적 삶용으로는 사진이, 호기심과 오락용으로는 영화가, 업무상 정보와 일부 중요한 사적 메시지용으로는 전신과 전화가 있었다. 방송은 바로 이처럼 복잡한 특화된 형태들의 존재 안에서 출현했다.

그렇다면 이후 텔레비전의 사회적 용도를 규정하는 데 따른 어려움, 그 후 텔레비전을 둘러싸고 벌어진 치열한 논란은 좀 더 폭넓게 접근해야 이해할 수 있다. 더구나 방송에 대한 최초의 정의는 음성 라디오를 염두에 두고 내려졌다. 이렇게 해서 조성된 정의와 제도 내에서 텔레비전이 발전했다는 사실은 의미심장하기도 하고 아마도 이해하기 까다로울 수도 있을 것이다.

우리는 방송이 주요 사회 제도인 상황에 이제 익숙해졌다. 방송에 관해서는 늘 논란이 끊이지 않지만 우리에게 친숙한 형태의 방송은 테크놀로지에 의해 미리 예정된 것처럼 보인다. 하지만 이렇게 예정된 사항을 자세히 살펴보면 특정한 여건에서 내린 일련의 특정한 사회적 결정에 불과한 것임을 알 수 있다. 이 결정은 그 후 비록 불완전하긴 해도 너무나 널리 인증받는 바람에 이제는 (돌이켜보면) 필연적인 결과라기보다는 그냥 결정에 불과하다고 간주하기 어려워졌다.

따라서 오직 회고적으로 돌이켜 볼 때만 방송은 사회 통합과 통제를 위한 새롭고 강력한 형태로 진단할 수 있으며, 방송의 주된 용도 중 다수는 사회적으로나 상업적으로나 때로는 정치적으로 조작용이라고 볼 수 있다. 더구나 이 견해는 방송을 '매스 커뮤니케이션'으로 기술하는 바람에 합리화되는데, 흥미롭게도 방송의 대리인과 자문역뿐 아니라 거의 모든 급진적인 비평가조차도 이 구절을 사용하고 있다. '대중'은 이전에 '어중이떠중이'로 묘사된 존재를 가리키던 경멸적 용어로 19세기에 새로 등장했다. 도시 혁명과 산업 혁명에 의한 물리적 '결집'은 이를 뒷받침했다. 새로운 급진적 계급 의식은 새로운 사회 구성체의 기반을 표현하기 위해 '대중 조직화'라는 용어를 채택했다. '대중 집회'는 관찰할 수 있는 물리적 효과였다. 이 묘사가 너무나 널리 보급되는 바람에 20세기에 이르면 복수의 연쇄적 생산은, 거짓이긴 하나 의미심장하게도, '대량 생산'으로 불렸다. 이제 대중이란 어떤 물리적 혹은 사회적 덩어리보다는 (그러나 어떤 전제된 사회적 관계 내에서) 대규모 숫자를 의미했다. 이유는 나중에 살펴보겠지만 음성 라디오와 텔레비전은 그렇게 해야 할 기술적 필연성이 전혀 없는데도 **개별** 가정에 전송할 용도로 개발되었다. 그러나 그 후 방송이란 이 새로운 사회적 커뮤니케이션 형태는 가장 일반적인 특징으로 (즉 수많은 사람인 '대중'에게 전달된다는 특징으로) 추상화된 표현인 '매스 커뮤니케이션'이란 정의에 의해 정체가 모호해졌다. 새로운 사회적 커뮤니케이션 형태가 선택한 수단은 개인용 수상기 제공이었고, 이는 이전의 '방송'이란 단어에 더 잘 들어맞는 방법에 불과한데도, 매스 커뮤니케이션이란 정의는 그 점을 은폐했다. 라디오의 '대량' 사용이 유일하게 발전된 사례가 나치 독일이었다는 사실은 흥미롭다. 당시 독일에서는 파울 요제프 괴벨스Paul Joseph Goebbels의 명령에 따라 당이 의무적인 공개적 집단 시청을 마련했고 수신기가 거리에 설치됐다. 비슷한 체제에서도 이를 모방한 사례가 일부 있었고, 괴벨스는 동일한 용도로 텔레비전에도 큰 흥미를 보였다. 대다수의 자본주의 사회에서 발전된 것은 여전히 '매스 커뮤니케이션'으로 불리긴 해도 이와 상당히 달랐다.

초기에는 방송의 발전 과정에 공식적인 개입이 있었는데, 형태 면에서 이 개입은 오직 기술적인 수준에서만 이루어졌다. 더 이전 시기에는 국가가 신문의 발전을 억압하려 안간힘을 쓰면서 신문에 대해 허가제와 과세를 시도했지만, 방송이 등장하기 전 한 세기 동안에는 독립 언론이라는 대안적 이념이 실제로나 이론상으로나 모두 실현되었다. 방송에 대한 국가 개입은 일부는 실질적이고 일부는 설득력 있는 기술적 근거가 있는데, 바로 주파수 배분 문제다. 그러나 늘 논란이 되긴 했으나 여기에 좀 더 일반적인 사회적 지침이나 지도 시도가 추가되었다. 이러한 방송의 사회사는 실천과 원칙 수준에서 그 자체로도 살펴볼 수 있다. 하지만 특수한 경제 상황에서 한 무리의 산발적 기술 장치가 응용된 테크놀로지로 결집하고 그 후 사회적 테크놀로지로 부상하게 되는데, 이처럼 또 다른 그리고 아마도 좀 더 결정적인 과정에서 분리해서 방송을 파악하는 것은 비현실적이다.

파시즘 체제라면 방송의 용도를 직접적인 정치적, 사회적 통제용으로 재빨리 파악할지도 모르겠다. 그러나 어쨌든 이는 테크놀로지가 이미 다른 곳에서 개발되고 난 뒤의 일이었다. 자본주의적 민주주의에서는 산발적 기술을 하나의 테크놀로지로 전환시키는 추진력이 정치가 아니라 경제적 성격을 띠었다. 닙코와 로징에서 베어드와 젱킨스, 즈보리

킨에 이르기까지 독특하게도 외톨이였던 발명가들은 적어도 기술 장비의 제작사와 잠재적 제작사에서 개발의 목표를 찾았다. 어떤 한 가지 수준에서 집필된 역사는 이러한 고립된 이름들에 관한 기록이 되겠지만, 또 다른 수준의 역사는 EMI와 RCA, 수많은 유사한 회사와 법인이 대상이다. 영화의 역사에서 자본주의적 발전은 주로 생산에서 이루어졌다. 그러고 나서 훨씬 후에야 주어진 생산 시장을 통제하고 체계화하는 방안으로서 대규모 자본주의식 배포가 도입되었다. 방송에서는 음성 라디오와 그 후에는 텔레비전에서 모두 투자는 주로 배포 수단에 집중되었고, 일단 배포를 기술적으로 가능하게 하고 그 후 좀 더 매력적으로 만드는 한도 내에서만 생산에도 유입되었다. 이전의 커뮤니케이션 테크놀로지와 달리 라디오와 텔레비전은 **사전에 콘텐츠에 관한 규정이 거의 혹은 전혀 없이 주로 전송과 수신이라는 추상적 과정용으로 고안된 체제**였다. 콘텐츠 문제가 제기될 때 문제는 주로 기생적 차원에서 해결되었다. 이 새로운 기술적 수단으로 커뮤니케이션 차원에서 배포할 수 있는 국가 행사, 공개 스포츠 행사, 연극 등은 넘쳐났다. **방송 설비 공급이 수요보다 선행했을 뿐 아니라 커뮤니케이션 수단도 콘텐츠보다 선행해서 존재했다**.

음성 방송에서 결정적인 발전 시기는 1920년대였다. 전시에 군용으로 개발된 음성 전신술의 기술적 진전이 이루어진 후 경제적 기회와 동시에 새로운 사회적 정의의 필요성도 생겨났다. 어떤 국가나 제조업 집단도 방송의 기술적 수단을 독점하지 못했기에, 치열한 법적 공방기가 지난 후 성공적인 송수신에 필요한 여러 기초 요소에 대해 상호 특허 교환이 이루어졌다(진공관은 1904년에서 1913년까지 개발되었고, 피드백 회로는 1912년부터 개발되었으며, 뉴트로다인과 헤테로다인 회로는 1923년부터 나왔다). 무선 전신에서 방송으로의 모든 질적 변환은 작고 단순한 가정용 수신기 개발에 달렸는데, 중요하게는 1920년대 중반 대규모 투자에 힘입어 이 수신기 제작 문제에 대한 해결책이 잇따라 마련되었다. 1920년대 중반에 이르면 — 1923년과 1924년이 특히 결정적인 해다 — 미국, 영국, 독일, 프랑스 등 주도적인 산업 사회에서 이러한 돌파구가 마련되었다. 1920년대 말에는 나중에 '내구성 소비재'라고 불리게 되는 새로운 기계 종류가 급속하고도 전반적으로 확장되는 가운데 라디오 산업이 산업 생산의 주 부문으로 떠올랐다. 이러한 발전의 복합체에는 오토바이, 자동차, 박스형 카메라•와 그 후속 제품, 가전제품, 라디오 수신기 등이 포함되었다. 사회적으로 볼 때 이 복합체는 현대 도시 산업 사회의 삶에서 언뜻 서로 역설적으로 보이면서도 심층적으로는 연계된 두 가지 경향을 특징으로 하는데, 말하자면 한편으로는 이동성이 높아졌고 다른 한편으로는 가정이 좀 더 두드러지게 자족적 경향을 띠게 되었다는 점이다. 철도와 도시 조명으로 가장 잘 예시되는 이전의 공공 테크놀로지 시대는 어떤 만족스러운 명칭도 아직 찾지 못한 부류의 테크놀로지로 대체되고 있었다. 바로 이는 이동성과 가정 중심적 삶의 방식에 동시에 봉사하는 테크놀로지였다. 말하자면 이는 **이동성 사유화**의 형태라 할 수 있다. 응용된 형태로서의 방송은 이처럼 두드러진 경향이 낳은 사회적 산물이었다.

산업 자본주의 사회의 이 단계가 주는 모순된 압력은 실로 어떤 수준에서는 방송이라는 제도에 의해 해결되었다. 이동성은 오직 부분적으로만 독립적인 호기심의 충동이었기 때문인데, 이를테면 외출해서 새로운 장소를 보고 싶어 하는 욕망이었다. 본질적으로 이는 구시대의 소규

• 박스형 카메라box camera는 19세기 말에서 20세기 초까지 유행한 초창기의 카메라를 말한다. 플라스틱이나 종이 박스 모양의 작은 상자 안에 작은 렌즈와 필름만 들어 있고, 초점 거리나 심도 등의 조절 기능이 거의 제한된 원시적 형태의 카메라였다. — 옮긴이

모 정착과 생산적 노동이 붕괴, 해체되는 과정에서 형성된 충동이었다. 더 대규모의 새로운 정착이 이루어지고 산업 조직이 확대되면서 일차적 수준에서는 대대적인 내부적 이동성이 필요해졌고, 여기에 대가족 분산과 새로운 종류의 사회 조직의 욕구에서 일어난 이차적 결과가 뒤따랐다. 산업 자본주의 혁명에 오랫동안 내재하던 사회 과정은 한층 강화되었다. 특히 직접적인 삶의 영역과 노동과 통치용으로 지정된 장소 사이의 거리가 점차 늘어난 것이 그 예다. 이처럼 변화된 산업적, 정치적 과정에 대한 효과적인 사회 통제는 어디서도 달성되지 못했고 심지어 달성 여부를 예견할 수조차 없었다. 대다수 사람은 자신과 무관하게 결정되는 과정의 부정적인 파급 효과가 미치는 영향권 안에서 살아가고 있었다. 그런데도 치열한 사회적 투쟁에서 쟁취한 성과가 있다면 이 결정적인 대규모 과정의 한계와 압력 내에서 단기적인 여건 개선이 이루어졌다는 점이다. 임금과 노동 여건이 상대적으로 다소 개선됐고, 하루, 한 주, 한 해 단위로 노동과 휴가 기간 사이의 분포도 질적으로 변화하였다. 이 두 가지 효과가 결합해서 소규모 단위 가족의 개선이 대대적으로 강조되었다. 하지만 이러한 사유화는 사실상의 성취이자 방어적 대응이었으나 그 결과 새로운 종류의 접촉이 절실하게 필요해졌다. 새로운 가정은 사적이고 '자기충족적'으로 보일지 모르지만, 외부 원천에서 정기적인 재원과 공급이 이어질 때만 유지될 수 있었다. 고용과 물가에서 불경기와 전쟁에 이르는 넓은 범위에 걸친 이러한 외부 요인은 그럼에도 불구하고 별도로 분리할 수 있는 '가족' 단위의 업무로만 여기던 현상에 결정적이고 더러는 파멸적인 영향을 미쳤다. 이러한 관계는 새로운 '커뮤니케이션' 종류의 필요성을 유발했을 뿐 아니라 그러한 형태도 만들어 냈다. 달리 접근할 방도가 없는 출처인 '외부'로부터의 뉴스가 그러한 형태다, 이미 1880년대와 1890년대의 드라마(입센과 안톤 파블로비치 체호프

Anton Pavlovich Chekhov)에서는 이 구조가 등장했다. 즉 드라마적인 흥미의 중심은 이제 처음으로 가정이 되었다. 그러나 남녀 등장인물은 자기 삶의 여건을 결정하게 될 '외부의' 세력을 파악하기 위해 창문을 내다보거나 메시지를 초조하게 기다렸다. 1920년대에 처음으로 결정적인 단계에 도달한 새로운 '소비자' 테크놀로지는 바로 이러한 한계와 압력 내에서 이 복합적인 욕구를 충족시키는 역할을 했다. 사유화된 가정의 여건과 효율성도 단기적으로는 개선되었다. 가정에서 외출용 사적 교통수단 같은 새로운 설비가 생겼고, 라디오는 새로운 부류의 사회적 입력 설비가 되어 뉴스와 오락을 가정에 배달하였다. 새로운 기구를 장비에 불과하다고 말하는 사람도 있었지만, 이 기구들은 늘 그 이상의 존재였다. 이 기구들은 산업 자본주의 사회의 결정적 한계와 압력 내에서 일련의 강조점과 반응을 구현하는 응용 테크놀로지였다.

그렇다면 저렴한 라디오 수신기는 일반적 여건과 반응을 보여 주는 중요한 지표였다. 이는 특히 적어도 다른 부류의 사회적 기회가 거의 없는 모든 사람의 환영을 받았다. 이전에는 다양한 오락과 정보 제공 장소에 독자적으로 이동할 능력이 없거나 접근할 수 없던 사람들이 그랬다. 방송은 또한 가장 일반 수준에서는 **통일된** 사회적 섭취 형태 역할을 하게 될 수도 있었고 그런 역할을 하는 듯했다. 따라서 라디오 제조사가 철저하게 홍보한 부분은 그 자체가 일반적 한계와 압력 내에서 규정되는 이러한 부류의 사회적 수요와 맞물려 있었다. 라디오 제작의 초기 단계에서는 송신이 콘텐츠에 앞서 구상되었다. 1920년대 말에 이르면 네트워크가 등장했지만 콘텐츠에 대한 정의는 여전히 미숙한 수준에 머물렀다. 라디오의 두 번째 단계인 1930년대에 와서야 콘텐츠에서 의미 있는 진전이 대부분 이룩됐다. 송수신 네트워크는 **하나의 부산물로서** 일차적 방송 생산 설비를 조성했다. 그러나 '콘텐츠'에 대한 일반적인 사회적 정의는 이미 마련되었다.

방송의 일반적 발전 과정에 관한 이 이론적 모델은 텔레비전의 특수한 발전 과정을 이해하는 데 필요하다. 추상적으로는 기술적 수단으로서 텔레비전의 발전이 지향할 수도 있는 길이 여러 갈래 존재했기 때문이다. 보편적인 가정용 텔레비전의 세대를 거친 후인 지금 이 점을 깨닫기는 쉽지 않다. 그러나 상당히 많은 연구와 개발이 집중적으로 이루어진 지금 가정용 텔레비전 수상기가 많은 점에서 시각적 방송의 비효율적 매체라는 것은 여전히 사실이다. 라디오의 경우 1930년대에 이르면 비슷한 노선을 취한 실질적 경쟁자도 없이 대단히 효율적인 음성 방송 수신기가 존재했지만, 텔레비전의 시각적 비효율성은 영화와 비교해도 특히 두드러진다. 텔레비전이 가정용 수신기를 강조하는 한계에서 벗어나지 않는 한 지금까지는 지엽적인 질적 개선 이상의 조처를 할 방도가 없었다. 고해상도 체제와 컬러는 오로지 기계로서의 가정용 텔레비전 수상기를 아주 열등한 부류의 영화 수준으로 끌어올렸을 뿐이다. 하지만 대다수 사람은 열등한 단기적 테크놀로지를 이례적으로 선호해 이처럼 열등한 시각 미디어에 적응했다. 이는 텔레비전이 사회적 복합체와 특히 사유화된 가정의 테크놀로지이기 때문인데, 바로 이러한 환경에서 체제로서의 방송은 기능한다. 영화는 사회적 정의의 초기 수준에 계속 머물렀다. 이는 한 가지 일반적 부류에 속하는 구체적이고 개별화된 작품을 제공하는 특별한 부류의 극장이었고 지금도 그렇다. 이와 반대로 방송은 음악, 뉴스, 오락, 스포츠 등 모든 사회적 섭취물을 제공했다. 영화의 시각적 송수신은 구체적이고 개별적인 작품에만 국한되는 데 비해, 가정 내에 제공되는 이러한 일반적 섭취물의 이점은 영화의 기술점 이점을 훨씬 능가했다. [라디오] 방송은 음성에 국한된 데 비해 영화의 강력한 시각적 미디어는 엄청나게 대중성을 띠는 대안이었다. 그러나 방송이 시각화하자 그 사회적 이점의 선택 범위는 단기적인 기술적 결함을 능가했다.

만약 전쟁이 중간에 끼어들지 않았더라면 텔레비전 방송으로의 이행은 대체로 1930년대 말과 1940년대 초에 일어났을 것이다. 공영 텔레비전 서비스가 영국에서는 1936년에 미국에서는 1939년에 시작되었지만, 수신기는 여전히 아주 고가였다. 전송과 수신 설비에 대한 전면적인 투자는 1940년대 말과 1950년대 초에 와서야 이루어졌지만, 이후의 성장은 매우 빠르게 진행되었다. 방송의 정의를 낳은 핵심적인 사회 경향은 이 무렵에 이르러 더욱더 뚜렷해졌다. 사유화된 가정에 대한 투자는 더욱 대대적으로 늘어났고, 사회의 결정적인 정치적, 생산적 중심지와 가정 간의 사회적, 물리적 거리는 훨씬 더 벌어졌다. 라디오에서 구현된 방식의 방송은 필연적인 모델로 보였는데, 바로 중심부의 송신자와 가정 수상기로 구성된 방식이었다.

그 후 텔레비전은 라디오와 똑같은 단계를 부분적으로 거쳐 갔다. 본질적으로 여기서도 송수신 테크놀로지가 콘텐츠에 앞서 발전했고, 콘텐츠의 중요 부분들은 독립된 사업이라기보다는 테크놀로지의 부산물이었으며 이후에도 계속 그랬다. 한참 뒤 컬러가 도입될 무렵이 되면 사람들에게 컬러 수상기를 사도록 설득하기 위해 '색감이 뛰어난' 프로그램이 고안되었다. 가장 초기의 여러 단계에서는 대관식, 주요 스포츠 행사, 극장 등 기존의 사건에 기생하는 친숙한 방식이 사용되었다. 영화에서는 영화의 쇠퇴가 사업의 틀을 바꿔 놓기 전까지는 방송에 필적할 만한 기생적 생존 방식이 더 천천히 나타났다. 그래도 이 방식은 이제 널리 보급되었으며 특히 미국에서 가장 현저하게 나타난다. 그러나 라디오에서와 마찬가지로 잡다한 내용을 전하던 첫 번째 10년이 지나고 나자 독립 텔레비전 제작이 대폭 증가했다. 1950년대 중후반에 이르면 1930년대 중후반의 라디오와 마찬가지로 새로운 부류의 프로그램이 텔레비전용으로 제작되었다. 미디어의 생산적 활용에서도 아주 중요한 진전이 이루어졌는데, 여기엔 비슷한 발전 단계의 라디오에서 그랬던 것처럼 몇몇 종류의 오리지널 작품 생산도 포함되었다.

하지만 방송에 대한 복잡한 사회적, 기술적 정의는 필연적으로 난관을 초래했는데, 특히 생산 분야에서 그랬다. 텔레비전이 상대적으로 저렴하게 할 수 있는 부분은 어쨌든 발생하고 있거나 이미 일어난 사건을 전송하는 것이었다. 뉴스, 스포츠와 일부 유사한 영역에서 텔레비전은 마음먹기만 하면 비교적 저렴한 비용으로 전송 서비스를 제공할 수도 있었다. 그러나 텔레비전이 생산해야만 했던 모든 종류의 새로운 작업에서 텔레비전은 방송 모델 안에서는 매우 값비싼 미디어가 되고 말았다. 결코 영화만큼 비싸지는 않았지만 그나마 영화는 배포 매체로서 수입을 직접 통제할 수 있었다. 반면에 수신기에서 주파수 조정이 가능하다는 점을 감안할 때 방송에서는 모든 프로그램을 직접적인 비용 부담 없이 수용할 수 있어야 한다는 사실이 전제되어 있었다. 사회적으로 재원을 조달하는 생산 배포 체제도 가능했고 이는 지금도 여전히 그렇긴 한데, 이러한 체제를 채택할 경우 국지적이거나 개별화된 비용 부과는 불필요해진다. BBC는 가정용 수신기로 허가받은 체제에 근거하기에 이 모델에 가장 근접했다. 그러나 일부 국가 통제 체제에 여전히 남아 있는 독점 체제를 제외하면 어떤 방송 체제에서든 생산에 대한 투자 문제가 심각하다.

따라서 방송 모델 내에는 이처럼 집중화된 송신과 사유화된 수신 간의 근본적인 모순이 존재했다. 이에 대한 한 가지 경제적 대응은 허가제였다. 또 다른 덜 직접적인 방식은 상업적 후원과 그다음엔 광고 기반 방식이다. 그러나 방송에서는 사회적, 기술적 모델이 채택되어 깊숙이 뿌리내리는 바람에 생산 통제와 재원 조달의 위기가 고질병이 되어 버렸다. 송신 테크놀로지로서 — 그 기능은 대개 다른 사건을 중계하고 논평을 덧붙이는 데 국한된다 — 어느 정도 균형을 이루어야 한다는 사실 때문에 문제점은 해결되기보다는 오히려 은폐된다. 한정된 수입으로도 이처럼 제한된 서비스의 재원은 감당할 수 있다. 그러나 텔레비전이 갖고 있던 창의적 가능성 중 다수는 바로 이 자명한 해법 때문에 좌절되었다. 이는 제작자에게나 프로그램의 균형에나 국지적 수준을 훨씬 더 넘어서는 효과를 미친다. 지금까지 특정한 사회적 커뮤니케이션 모델에는 그처럼 막대한 투자가 시행되었기에 재정 운영 제도, 문화적 기대치, 구체적인 기술적 발전 등의 복합적인 제약이 작용하게 된다. 그러한 복합적 제약은 피상적으로는 테크놀로지의 효과로 볼 수도 있겠지만 사실은 새롭고 중심적인 부류의 사회적 복합체인 셈이다.

바로 이러한 배경을 염두에 두고 우리는 방송 제도의 발전 과정과 방송의 미디어 활용 양상, 그리고 이제 막 진입하려 하는 새로운 기술적 단계의 사회적 문제를 살펴보아야 한다.

10

드라마화한 사회에서 드라마

1974

케임브리지대학교 드라마 전공 교수 취임 강연에서 레이먼드 윌리엄스는 현대 사회 전반에 드라마의 요소가 만연해 있으며, 현대의 미디어, 특히 텔레비전 구석구석에 배어 있다고 지적한다. 여기서 우리는 다시 한번 윌리엄스가 얼마나 풍부한 역사적 지식을 가졌는지, 또한 현재의 문화·사회 현상의 역사적 형성 과정을 얼마나 치밀하게 추적하는지 엿보게 된다.

Drama in a Dramatized Society

수많은 시각 중 어떤 관점에서 보든 드라마의 문제는 이제 정말로 흥미로울 뿐 아니라 실로 아주 새로운 종류의 질문을 유발할 수 있을 정도로 대단히 중요하다. 물론 실질적인 연속성과 명목상의 연속성도 추적할 수는 있겠지만, 나는 이 강연 제목에서도 지적하려 한 대로 변화된 상황을 강조하고 싶다. 예컨대 드라마는 더 이상 연극과 동일 시간대에 존재하지 않는다. 수많은 드라마 공연은 이제 영화와 텔레비전 스튜디오에서 이루어진다. 전국적 극장이든 길거리 극장이든 극장 자체만 해도 의도와 방법은 이례적으로 다양하게 존재한다. 우리가 안다고 생각하는 텍스트와 관습과 나란히 새로운 종류의 텍스트, 새로운 종류의 표기법, 새로운 미디어와 새로운 관습이 활발하게 쏟아져 나오고 있다. 그냥 다른 새로운 형태들의 존재를 감안할 때 우리가 안다고 생각하는 텍스트는 이미 논란의 소지가 커졌다. 영화나 텔레비전 스튜디오의 편집 작업대나 편집기를 살펴보고 있노라면, 아니면 길거리나 지하실 임시 무대에서 배우와 관객 사이에서 전개되는 새로운 관계를 목격하노라면 셰익스피어의 희곡에서 나타나는 극적 시간과 시퀀스, 그리스 비극에서 보이는 코러스와 세 배우의 정교한 리듬과 관계 등 바로 이런 것들이 이제는 새로운 방식으로 작동하고 있다는 확신이 든다.

또한 하나의 사회로서 우리는 지금처럼 온갖 연기를 그렇게 무수하게 재연하거나 그렇게 많이 감상해 본 적이 없다. 물론 감상에도 그 나름의 문제는 발생한다. 감상 자체가 논란거리로 변했다. 원래 드라마는 글자 그대로 임시적인 것이었다. 예컨대 아테네나 중세 잉글랜드에서 그리스도의 성혈 대축일day of Corpus Christi[6월 16일]의 디오니소스 축제에서는 사람들이 수레를 끌고 거리를 지나다녔다. 엘리자베스 여왕 재위기의 런던에서는 혁신적인 상업적 극장이 도입되어 임시 행사를 탈피했지만, 여전히 개최 장소는 고정되어 있었다. 즉 수도에서 행사한 후 지역 도시를 순회하는 식이었다. 확장과 감축이 동시에 일어나게 되어 있었다. 왕정복고기의 런던에서는 합법적 드라마를 독점적으로 공연하는 기관인 두 군데 특별 허가 극장조차도 관중석을 제대로 채우지 못했다. 18세기에는 지역 단위 극장 건축이 활발해졌고, 19세기 후반부에는 버라이어티 극장과 음악 공연장의 발전, 런던 웨스트엔드 극장의 확장이 이루어졌다. 이 모든 현상은 주목할 만한 중요한 사건이었지만 그 이후에 일어날 변화에 비추어 보면 주로 양적 변화에 불과했을 뿐이다. 바로 우리 세기[20세기]의 영화, 라디오, 텔레비전에 와서야 드라마 수용자는 질적인 변화를 겪게 되었다. 단지 수억 명이 수많은 장소에서 장기간에 걸쳐 〈전함 포템킨*Battleship Potemkin*〉과 〈역마차*Stagecoach*〉를 관람하게 되었거나 이제는 1,000만 명에서 2,000만 명이 동시에 텔레비전에서 입센이나 유진 오닐Eugene O'Neill의 연극을 시청한다는 뜻만도 아니다. 숫자가 어마어마하긴 하지만 이 현상은 여전히 납득할 만한 확장이다. 그보다는 무슨 뜻이냐 하면, 처음으로 인구 대다수가 일시적 행사나 시즌과 무관하게 드라마를 정기적이고 지속적으로 접할 수 있게 되었다는 뜻이다. 그러나 정말로 새로운 점은 특정 연극의 수용자 문제에 그치지 않는다는 것인데, 이 점은 너무나 새로워서 오히려 그 중요성을 실감하기 어렵다고 생각한다. 그보다는 아주 새로운 방식으로 드라마가 일상생활의 리듬 속에 포섭되었다는 뜻이다. 텔레비전에서만 보더라도 인구의 상당한 다수 층인 시청자들이 세 시간에 달하는 드라마를, 물론 여러 다양한 종류의 드라마를 하루에 시청한다. 그리고 그냥 하루에 그치지 않고 거의 매일 그리한다. 이것이야말로 내가 드라마화한 사회라는 용어로 의미하는 바 일부다. 과거 드라마는 축제나 시즌에, 혹은 의식적인 극장 나들이로 의미가 있었다. 디오니소스나 그리스도에 대한 존경심이 공연 참가로 이어진 것이다. 지금은 드라마가 습관적 경험이다. 과거라면 인간 대다수가 평생 보았을 횟수보다 한 주 동안 대개 더 많이 본다.

이를 단지 확장으로만 볼 수 있을까? 말하자면 조상들이 보았다면 널리 보급된 인간적 습관으로 여겼을 수준보다 더 많은 쇠고기 힘줄 부위를 먹고 갈아입을 셔츠를 더 많이 보유하는 따위의 현상 말이다. 이는 분명히 직선적인 확장으로만 보이지는 않는다. 이는 여러 가지 반복성의 연출된 행동을 가끔이 아니라 정기적으로, 밥 먹는 시간보다 더 오래, 일하거나 잠자는 시간의 절반 정도까지 시청하는 행위다. 이는 우리가 사는 부류의 사회에서 대다수가 하는 행태로서는 실로 새로운 형태이자 압력이다. 일부 사람들이 제안하듯이 수백만 명이 아주 꾸준히 시청하는 내용이 모두 혹은 대부분 쓰레기라는 데 의견을 모을 수 있다면 이 놀랄 만한 사실을 차단하거나 떨쳐 버리기는 물론 쉬울 것이다. 이러한 대응은 떨쳐 버리기가 될 수 없을 것이다. 만약 위의 내용이 맞는다면 그 때문에라도 이 사실은 더욱 특별하게 된다. 그리고 어쨌든 앞의 주장은 맞지 않는다. 오로지 죽은 문화만이 신뢰할 만한 척도를 갖고 있다. 의미 있는 작품과 평범한 작품의 비율은 가려낼 만한 정도이기도, 주목할 만한 수준이기도 하고, 천차만별일 수도 있겠지만, 그럼에도 불구하고 지금은 전국적 극장에서 저급한 아류작을 공연하기도 하고 경찰 시리즈물 중에서도 아주 독창적 대본이 눈에 띄기도 한다. 비판적 가려내기는 중요하면서도 달성할 수 있다고 미리 장담하기 어려운 일이다. 그러나 어떤 관점에서 보면 이러한 작업 자체가 습관 자체의 일반성에 비하면 하잘것없는 시도에 불과하다. 우리와 동시대인들을 이 수백 혹은 수천 번의 연출된 행동, 즉 이 연극, 이 재현, 이 드라마화 등으로 반복해서 끌어들이는 것은 과연 무엇인지 반문해 볼 필요가 있다.

이는 어떤 위치에서 이 질문을 던지는지에 따라 달라진다. 나는 이 엄청난 과정 자체를 지켜보고 그 과정에 기여하기도 하는 위치에서 질문을 던지고 있다. 다음과 같이 일부 귀에 익은 목소리도 — 그런 의견을 듣지 못하는 사람이 과연 어디 있겠는가? — 들린다. 도제와 점원을 연극가Bankside에 뺏겨 심각해진 상인, 부인이 아침부터 소설이나 코미디를 읽고 있는 바람에 불만인 가장, 영문학 전공생으로 뽑아 놓은 학생이 소설과 코미디에 빠져 당혹스러운 대학 학장 등이 그런 목소리를 내는 사람들이다. 이 엄숙한 인사들은 오늘날의 캘리포니아를 가 본다면 아마 기절초풍할 것이다. 캘리포니아에서는 아침 6시 반에 첫 영화를 관람할 수 있고, 부지런히 시간을 조정한다면 그다음 야심한 시간에 심야 영화가 시작될 때까지 7~8편을 더 감상할 수도 있다. 픽션, 연기, 느긋한 공상과 대리 체험성 구경거리, 나태와 식욕의 동시 충족, 한눈팔기에 의한 한눈팔기로부터의 한눈팔기 등이 모두 존재한다. 이는 우리가 범하는 오류의 두꺼운, 심지어 총체적인 목록인 셈인데, 수백만 명은 이 목록을 심지어 뜯어 보지도 않은 채 반송하기도 한다. 눈이 충혈될 때까지 우리 중 수백만 명이 그림자의 그림자를 시청하면서 그림자를 실체라고 여긴다. 장면, 상황, 액션, 대화, 위기를 모두 시청한다. 한때 자연주의 드라마의 프로젝트였던 삶의 조각이 이제는 자발적이고 상습적이며 내부적 리듬으로 되었다. 액션과 연기의 흐름, 연출과 연기의 흐름은 기본적 욕구의 새로운 관습 수준으로 격상되었다.

예를 들면 만일 글로브 극장에 야외 방송 설비가 있었다면 어떤 일이 벌어졌을지는 알 수 없다. 우리는 적어도 어느 정도는 접근 기회의 단순한 확장이라는 가설을 유지해야 한다. 하지만 지금까지 벌어진 사태는 이 수준을 훨씬 넘어선다고 주장하고 싶다. 실로 아마도 인과적 부류로 보아야 할 요인들을 찾아낼 수는 있다. 우리는 모두 좀 더 이동성이 크면서도 좀 더 복잡한 사회에 살고 있다는 주장에 익숙해졌으며, 이 주장은 여전히 의미가 있다. 그러한 사회는 그러므로 어떤 핵심적 측면에서는 과거의 대다수 사회보다 상대적으로 더 미지의 세상이고, 상대적으로 좀 더 불투명하고, 그러면서도 좀 더 집요하게 압박하고 침투하고 심지어 결정력을 행사하는 곳이다. 우리가 살아가는 방식과 생각하는 바를 요약하고 세세하게 분석하고 대략 정확하게 압축하고 심지어 더 정확하게 세부 분석해서 제공해 주는 통계에 의존하는 양식으로 우리는 불투명하고 미지의 문제를 해결하고자 하는데, 또 다른 양식에서는 이 문제가 일종의 드라마화에 의해 해소되는 것처럼 제시한다. 광부와 전력 노동자, 성직자와 장군, 도둑과 테러리스트, 조현병 환자와 천재, 다닥다닥 붙은 주택과 컨트리 하우스, 대도시 아파트와 교외 주거지 빌라, 원룸 아파트와 비탈 경작지 등의 이미지와 유형, 재현도 있다. 관계의 시작, 결혼 파경, 질병이나 돈 문제, 혼란, 소요 등의 위기도 있다. 이 모든 것이 재현된다는 데 그치지 않는다. 상당수의 드라마가 이처럼 실험적이고 탐색적 방식으로 기능한다는 것이다. 주제를 발견하고 배경이나 상황을 설명한 후 다소의 참신함을 강조하면서 그러한 부류의 삶을 드라마로 옮겨 놓는 데 방점을 둔다.

물론 모든 사회는 자신만의 어둡고 미지의 영역이 있는데, 일부는 합의해 의해 일부는 묵시적으로 그리한다. 그러나 상당수의 전통적인 드라마에서 명시적으로 나타난 공적 질서는 여러 세대 동안 사실 우리가 미치지 못하는 곳에 있었다. 바로 이러한 이유로 입센에서 시작된 위대한 자연주의 드라마 작가들은 이전까지 행동의 무대이던 궁정, 광장, 거리를 포기했다. 이들은 무엇보다 방이라는 배경을 창조했는데, 바로 폐쇄된 무대 위의 폐쇄된 방이었다. 그 방은 삶의 중심이면서도 그 안의 사람들은 자신에게 무슨 일이 일어날지 궁금해하면서 노크 소리, 편지 혹은 메시지를 기다리거나 거리의 고함에 귀를 기울였다. 이들은 자신의 이미 치열하고 절박한 삶과 교차하면서 자기 삶을 결정할 그 무엇을 기다렸다. 내가 보기에는 이 폐쇄된 방, 닫혀 있고 조명이 비치는 무대 프레임 속 방에서 프레임 속 텔레비전 이미지를 시청하는 방으로 바뀌는 과정에는 직접적인 문화적 연속성이 존재한다. 우리는 자기 삶에서 집에 머물지만 이를테면 '저 바깥'에서 무슨 일이 일어나는지 감시할 필요가 있다. 이 바깥은 특정한 거리나 특정한 공동체에서의 위치가 아니라 복잡하고 달리 초점도 없고 초점을 맞출 수도 없는 국가적, 국제적 삶에서의 위치다. 이 바깥에서는 우리의 관심사와 언뜻 관심사인 듯한 문제가 전례 없이 광범위하고, 다른 대륙에서 일어나는 일이 며칠이나 몇 주, 최악의 이미지일 경우 몇 시간이나 몇 분 안에 우리 삶에까지 결과적으로 영향을 미칠 수도 있다. 하지만 우리의 삶은 여전히 여기에, 여전히 상당 부분 여기에, 지인들과 함께 우리 자신의 방에서, 친구나 이웃의 방과 비슷한 방에서 전개된다. 그리고 우리 친구와 이웃도 우리와 같은 것을 시청하고 있는데, 공적 행사나 여흥 거리뿐 아니라 이미지에 대한 욕구 때문에 또한 지금 삶의 양상에 대한 재현과, 이런저런 상황과 장소에서 이런저런 부류의 사람들을 보고 싶어 하기 때문이다. 이는 아마도 윌리엄 워즈워스William Wordsworth가 일찍이 관찰한 현상이 완벽하게 전개된 것일 수도 있다. 단지 워즈워스가 보기에 거리의 군중은 (이는 도시 군중이라는 새로운 종류로서 물리적으로는 서로 매우 가까이 있지만 여전히 서로 절대적으로 낯선 이에 불과한 존재다) 인간에 대한 어떤 공통되고 확정된 관점도 상실했고, 그래서 인간의 정체성을 확인하지는 못해도 연출하기 위해 재현을 — 이는 광고 전용 게시판 위의 이미지로서 새로운 종류의 기호였다 — 필요로 했다. 이는 이러한 처절함과 불안감을 넘어서는 삶은 무엇이고 어떤 모습일지, 또한 인간의 서로 부대끼는 사적 세계는 어떤 것인지에 대한 묘사인 셈이다.

변화는 이렇게 표현할 수도 있다. 과거의 문화에서는 의미의 재현,

질서의 스펙터클이 어떤 고정된 지점에 뚜렷하고 확고하고 엄정하게 존재했으며, 특별한 행사, 명절이나 축제, 공연이나 행진 날에 좀 더 적극적으로 재확인되었다. 덜 복잡하고 이동성도 덜하던 과거의 문화와 달리 이미지와 끊임없는 재현의 흐름에 대한 새로운 욕구, 새로운 노출(즉 동일한 방향으로 움직이는 욕구와 노출)이 부상했다. 그러나 욕구와 노출은 존재하는 데 그치지 않는다. 즉 양자는 모두 만들어지고 활용된다. 가장 단순한 의미에서 우리 사회는 드라마적 재현을 매일매일의 습관과 욕구로 끊임없이 포함하는 방식으로 드라마화했다. 그러나 실제 과정은 이보다 좀 더 역동적이다.

드라마는 연출, 재현, 의미 작용이라는 아주 일반적 과정을 특수한 종류로 활용한 것이다. 역사적으로 권력의 드높은 장소(두드러지게 배치된 왕족 연단)는 주변보다 높은 무대 앞에 설치되었다. 과거에는 권력을 집단별로 서열화해서 드러내고 행진이 진행됨에 따라 드러나는 부분이 바뀌는 식으로 과시했지만, 지금 이에 해당하는 양식은 극적인 상태의 재현이다. 과거에는 정교한 운동과 정교한 단어를 통해 이미 알려진 관습 형태로 신을 재현하거나 알현할 수 있도록 만들었다. 이제 드라마는 아주 흔히 이른바 신화나 의례와 연상되기 때문에 전반적인 요지는 손쉽게 전달된다. 그러나 이 관계는 통상적인 느슨한 연상으로 환원할 수 없다. 드라마는 새롭고 구체적인 목적을 위해 특정한 공동의 양식을 엄격하게 분리해 낸다. 이는 신을 드러내 보여 주는 의례도 아니고, 반복이 필요하고 반복을 통해 유지되는 신화도 아니다. 드라마는 구체적이고 능동적이고 쌍방적인 구성이다. 시늉이 아니라 행동이고, 일시적인 실천적 혹은 마술적 목적에서 의도적으로 추상화된 공개적인 실천이다. 의례를 공적이고 가변적인 행동으로 개방하는 복잡한 행위이자 신화를 넘어 신화와 역사의 여러 드라마적 **버전**으로 나아가는 것이다. 독자적으로,

그리고 자력으로 구현된 것은 이미 알려진 기호와 의미의 폐쇄적 세계가 아니라 바로 이 적극적이고 가변적인 실험적 드라마다. 의미심장하게도 어떤 질서는 알려져 있고 여전히 공식적으로 존재하지만, 경험이 이에 압박과 시련을 가하고 단절과 대안을 구상하는 그러한 위기와 변화의 시기에 이러한 드라마가 흔히 등장했다. 그리고 이미 실행된 것으로 알려진 범위 안에서 각 요소가 서로 모순된 위력을 발휘하면서 구체적인 실행 형태로 존재할 수 있는 그러한 드라마의 가능성 역시 부상한다. 지금은 역사적 발전으로 통상적 의미에서의 신화와 의례가 붕괴하였고, 어떤 부류의 학자나 사상가의 향수나 수사 이상은 사실 거의 남지 않았으며, 그럼에도 연출, 재현, 의미 작용의 기본 과정이 더할 나위 없이 중요해진 그런 시대인데, 특히 지금 같은 시대에는 앞서 말한 사항을 간파할 필요가 있다. 드라마는 고정된 기호와 단절하고 신화, 의례와도, 국가의 위계적 인물과 의식 행렬과도 영원히 거리를 두게 되었다. 그 대신 바로 역사적, 문화적 이유로 좀 더 복잡하고 좀 더 적극적이며 좀 더 회의적인 세상으로 뛰어들었다. 그 이후의 역사 내에서는 상대성이 작용했고, 단절은 더 무수하게 이루어졌다. 제시이든 재현이든 모든 기호 체계는 억압된 경험, 억압된 민중의 수동적 질서, 새롭고 기이한 이미지로 포섭될 수 있는데, 다시 한번 여기서 벗어나야 한다. 우리 시대를 포함해서 어떤 시대의 드라마든 실천의 정교한 세트인데, 이러한 실천 중 일부, 즉 잔여적이지만 여전히 활동하는 체제의 알려진 리듬과 움직임은 포섭되고 일부, 즉 부상 중인 재현, 재배열, 새로운 정체성 등의 까다로운 리듬과 움직임은 탐색적이다. 실제로 압력이 가해지면 이 구분된 부류들은 종종 복잡하게 강력하게 서로 융합되기도 한다. 단순히 과거의 드라마냐 새로운 드라마냐 하는 구분으로 끝나는 일은 드물다.

그러나 갈라져 나간 드라마가 완전히 갈라져 나가기만 하지는 않았다. 드라마에서와 마찬가지로 서로 조화를 이루며 유사한 실천은 사회의 다른 부분에도 존재하며, 이것들은 종종 상호 작용하기도 한다. 고정된 기호의 세계가 덜 공식적일수록 상호 작용의 정도는 더 높아진다. 실로 이제 우리가 자주 목격하는 것은 의도적인 중첩이라는 새로운 관습이다. 가장 단순한 예를 들어 보자. 종종 배우는 우리가 모두 여전히 드라마 예술로 규정할 수 있는 연극에서 역할을 맡던 데서 벗어나 돈을 받고 담배나 로션을 미친 듯이 찾아 나서는 역할에서 똑같은 혹은 비슷한 솜씨를 발휘하기도 한다. 그런 일에 불편해할 수는 있겠지만 속된 말로 일이 없어 노는 것보다야 낫다. 따지고 보면 이 역시 연기다. 이 배우가 이전에 배역을 맡은 위세 당당한 형사 역에 애착이 없었듯이 특정 담배에 대해서도 개인적 애착은 전혀 없다. 누군가 대본을 집필했고, 또 누군가는 연출을 맡았으며, 배우는 여전히 이 직업에 몸담고 있을 뿐이다. 영국의 상업 광고에는 광고 시간이 되었음을 알리는 관습화된 기호가 붙어 있다. 하지만 방법이나 기법, 실제 등장인물의 중복은 [광고와 프로그램 간의] 단절을 식별하기 훨씬 더 어려워지는 전반적인 과정을 보여 주는 미세하면서도 포착하기 쉽지 않은 기호다.

되풀이하면 괴롭기만 한 일이긴 하나 현재 우리 사회는 한 가지 분명한 의미에서 충분히 극적이다. 극적인 비교를 유도할 만한 부류와 규모의 행동이 너무나 자주 행해지고 있어, 보는 사람은 자신이 구경꾼인지 참가자인지 계속 헷갈릴 정도다. 이 방대한 행동에는 드라마 양식의 특수한 어휘들(드라마 자체, 그다음엔 비극, 시나리오, 상황, 배우, 연기, 역할, 이미지)이 지속적으로 또 관습적으로 동원된다. 더구나 만약 배우가 연기만 하고 드라마 작가는 시나리오만 작성한다면 훨씬 더 쉬워질 것이라 이제는 종종 느낄 정도다. 그러나 우리는 이 단계를 훌쩍 넘어섰다. 이른바 공적 무대에서 혹은 공중의 눈으로 보기에 그럴 성싶지 않으면서도 번지르르한 인물들이 계속해서 우리를 대변하는 것처럼 보인다. 구체적인 인간들은 일시적으로 보편적 존재처럼 과장되고 이 과정이 너무나 활발하고 정교해지는 바람에 우리는 종종 이들이 자기 역할을 예행 연습하거나 자신의 시나리오를 의논하는 것 같은 착각에 빠진다. 월터 베이지홋은 한때 진짜 지배 계급과 무대상의 지배 쇼 사이를 구분한 적이 있다. 좀 더 복잡한 권력 현실을 결코 이해할 수 없는 국민에게는 빅토리아 여왕의 모습과 퍼레이드 광경을 보여 줄 필요가 있다고 베이지홋은 긍정과 고상한 냉소를 섞은 독창적인 스타일로 주장했다. 나는 오늘 아침 텔레비전으로 중계된 영국 의회 개회식을 시청했다. 이는 순전히 연극에 불과하다고 말할 수는 있다. 그러나 그 잔여적인 허례허식 너머에 부분적으로는 연극의 사촌 격이기도 한 좀 더 자연화된 또 다른 과정이 존재한다는 사실은 파악하기도 더 어렵고 그렇게 말하기도 더 어렵다. 물론 군주는 늘 이런 일을 해 왔거나 자신을 대신해 그런 일을 타인에게 시켰다. 그 자리를 지킨 사람들은 정중하게 군주로 호명된다고 해도 자신의 그러한 이미지를 잘 의식했다. 더구나 수많은 배우처럼 이 군주의 역할은 커지고 있다. 이들은 왕 노릇을 할 사람의 역할에 적응하게 되었다. 정말로 새로운 점은 그들 안에 있는 게 아니라 우리 안에 있다.

흔히 이처럼 만연한 드라마화의 어떤 부분도 믿기란 정말로 어렵다. 만약 다른 시대나 다른 장소에서 벌어지는 것을 본다면 눈에 띄게 어설픈 동작 같고, 그 장치가 삐거덕거리기 시작하는 소리도 들을 수 있을 것이다. 위기의 순간에 우리는 때때로 이 사회적 무대를 외면하거나 아마 그와 마찬가지로 손쉽게 심드렁해지기도 한다. 그러나 이는 단순히 역할이나 시나리오만은 아니며 관습이기도 하다. 관습임을 발견하고 그 실체를 간파하게 된다면 이는 아마 이미 그 장치가 무너져 내리고 있다는 뜻일 것이다. 수많은 이들에게는 이미지에 민감한 공적 세계의 무대성으로 보이는 현상 너머에는 좀 더 진지하고 좀 더 효과적이고 좀 더 철저하게 뿌리 내린 드라마, 즉 의식 자체의 드라마화가 존재한다. 우리는 방청 기회를 얻어서 다른 배우들이 제 역할을 수행하려 애쓰는 것을 목격했기에 과연 그런지 미심쩍긴 하지만, 어쨌든 공인 흉내를 내는 사람의 발언 문안에는 "나는 영국의 목소리를 대변합니다"라고 되어 있다. 심지어 우리는 "글쎄 나 여기 있는데. 당신은 나를 대변하지 않아"라고 말할 수도 있다. 이 인물은 "옳은 말이요"라면서 자기 역할에 대해 자신 있게 흔들림 없이 답변하는데, 이제는 정신을 차려서 좀 더 철저한 극적 과장으로 효과를 노리기 시작한다. "당신은 자신을 대변할지 몰라도 나는 영국의 목소리를 대변합니다"라는 발언에 당신은 고개를 갸우뚱하며 주변을 둘러보면서 "그곳이 어디 있는지요?"라는 질문을 떠올릴 수도 있다. 날씨가 맑은 날 연단에 서면 약 50마일 너머는 훤히 볼 수 있다. 그러나 여러분이 아는 장소도 일부 있고 기억하는 장소도 일부 있다. 이미 익숙한 기억과 정의, 그리고 역사도 있다.

하지만 그러한 연속선상의 한 시점에서 보면 대개 사실상 일찌감치 떠올리게 되는 게 있는데 그게 무엇인지 아는가? 바로 재현, 정형화, 역동적 이미지, 그리고 사람들이 때로는 수행하기도 하고 더러는 수행을 거부하기도 하는 적극적인 역할 부분이다. 이 특수한 드라마화의 구체적인 관습, 즉 국가, 사회, 역사의 시기, 문명의 위기 등의 관습은 추상적인 존재가 아니다. 이것들은 우리가 실제로 체험하는 관계 속에서 철저하게 형성되고 재형성된다. 이것들은 우리 나름대로 매일매일 실행에 옮기는 시선과 깨달음의 방식이며, 관습이 유지되고 관계가 지탱하는 한 대다수의 실천은 이 방식을 확인해 준다. 한 가지 부류의 특수한 자율성(이것, 여기)은 부분적으로는 이러한 관습과 관계에서 자유롭지만 대개 프라이버시의 자율성에 불과하다. 사적 인물, 즉 자아의 캐릭터는 이 드라마화된 형태 중 하나로 이미 널리 전유되는 대상이 되는데, 생산자나 소비자, 기혼이나 미혼, 구성원이나 유배자, 방랑자가 그러한 형태다. 이 모든 형태를 넘어서 이른바 환원 불가능한 형태도 존재하는데 바로 아직 수용되지 못한 인간이다. 그러나 이 과정은 너무나 멀리까지 미쳐 이제 실제로는 고립 자체의 관습만 남았을 뿐이다. 고독한 인간은 이제 흔한 유형이다. 이는 내가 연극에서 의식으로 확장되는 드라마적 관습으로 의미하는 바의 한 예다. 밀폐된 방, 즉 사람들이 살지만 외부에서 오는 소식을 기다려야만 했던 그 방을 만들어 낸 자연주의 드라마의 세대 내에서 또 다른 움직임은 고립된 인물, 이방인이라는 또 하나의 중심을 조성했다. 스트린드베리의 《다마스커스 가는 길*Road to Damascus*》에서 그 인물은 여전히 적극적으로 자아와 자기 세계를 찾아다니고, 이 역할과 저 이미지를 실험하고 또 폐기하기도 하며, 때로는 이 기억을 확인하고 때로는 다른 상황을 확인하지만, 이 모든 것은 결국 실패하고 매번 똑같은 장소로 되돌아오고 만다. 반세기가 지난 후 궁극적으로 고립된 두 인물은 자기 세계가 사라지진 않았어도 결코 창조되지 못한 상태에서 길 위에 주저앉아 무엇을(고도Godot라고 하자) 기다리고 있었는지 아는가? 이들은 가자고 말은 했지만 결코 움직이지 않았다. 10년 후에는 다른 좀 더 근본적으로 고립된 인물들이 철저하게 자신에게 침잠해 있는 것을 볼 수 있었는데, 이 편파적인 설득 관습 안에서 결국 들리는 것이란 외침, 숨소리뿐이었다. 프라이버시, 박탈감, 상실된 공적 세계, 공적 세계의 조성 불가능함이 그런 것이다.

이 이미지들은 우선 적어도 저항의 이미지, 고정된 형태로부터의 의식적인 저항의 이미지이기 때문에 우리에게 도전과 관여를 유도한다. 그러나 저 다른 흉내 내기, 공적인 드라마화는 너무나 지속적이고 집요해서 저항만으로는 이에 맞서기가 아주 버겁다는 사실이 드러났다. 즉 저항은 현대의 다른 모든 비극의 주인공처럼 소멸하는 것 외에는 할 수 있는 게 없다. 그리고 비판적 저항은 강의나 심지어 시험장에까지 휴대할 수 있는 공적 형태로서 이 역시 원래 출발점으로 되돌아오면서도 처음에는 이를 깨달을 수도 깨닫지 못할 수도 있다. 프랑스 출신의 내 지인은 — 그리 나쁘진 않은 일이지만 — 비판적 저항에 해당하는 지각 양식을 배운 후 다소 기쁜 듯이 이렇게 말한 적이 있다. "알다시피 프랑스는 나쁜 부르주아 소설이야." 나는 그가 얼마나 옳은 지적을 했는지 깨달았다. 사회적, 문화적 관습이자 현실을 파악하고 조직화하는 방식으로 적극 작동하는 드라마화, 픽션화는 바로 그가 말한 대로 부르주아 소설이었다. 이 소설에 등장하는 인간 유형은 여전히 변함이 없지만, 이전의 확신을 일부 잃어가고 있었다. 역동적인 공적 현실과 공적 의식에 비추어 보면 재산과 지위, 경험과 관계 구축을 위한 이 인간들의 행동과 투쟁은 이전과 마찬가지로 한계가 있긴 하지만 여전히 필사적으로 버티고 있었다. "아, 그렇긴 하죠. 영국 역시 나쁜 부르주아 소설이죠. 그리고 뉴욕도 나쁜 대도시 소설이지요. 그러나 한 가지 난점이 있는데요. 적어도 내가 보기에는 난점 같아요. 도서관에 반납할 수는 없다는 거지요. 우리는 꼼짝달싹할 수가 없는 상태지요. 이는 거듭해서 읽을 수밖에 없어요"라고 나는 정중하게 말했다. "그렇지만 비판적으로요"라고 그는 진지하면서도 재치 있게 말했다. "여전히 읽고 있다는 거죠"라고 나는 대꾸했다.

지금 우리가 처한 위치는 그와 같다고 생각한다. 사람들은 내가 불쾌해하지 않는다는 확신이 선다면 종종 나에게 이런 질문을 던졌다. 문학 훈련을 받고 확실히 드라마를 전공으로 삼아 드라마 역사와 분석으로 글을 쓰고 가르치는 평범한 업에 종사하면서 왜 사회학이라 부를 만한 분야로 전향했냐는 — **전향이다** — 것이다. 이와 달리 판단한 사람들도 있었는데, 이들에게는 완곡하게나마 감사를 표하고 싶다. 이들의 논점을 반박하면서 존 러스킨은 건축에서 사회로 전향하지 않았다는 식으로 답변할 수도 있었다. 러스킨은 건축에서, 즉 건축의 스타일과 전반적인 의도, 권력과 감정의 구조에서, 파사드와 인테리어에서, 그리고 건축 간의 관계에서 사회를 발견했다. 그러고는 건축과 사회를 새로운 방식으로 해독하는 법을 깨칠 수 있었다. 그러나 나는 스스로 변호하는 쪽을 선택하고 싶다. 내가 드라마 분석에서 배운 바는 이 드라마가 사회의 특정한 측면을 파악하는 한 방안일 뿐 아니라 우리가 사회 자체로 뭉뚱그리는 일부 근본적인 관습에 도달하는 방안으로서도 효과적이라는 사실이다. 또한 역으로 이 배움을 통해 드라마의 일부 문제점을 아주 새롭게 활성화할 수도 있다. 나는 폐쇄된 방, 즉 제거된 네 번째 벽이라는 새로운 은유로 무대 위에 제시된 방이 드라마적인 사실로서뿐 아니라 동시에 사회적 사실로서 갖는 의미를 발견했다고 생각하는데, 이 발견은 양쪽을, 즉 무대와 텍스트를 살펴보는 과정을 통해 그리고 그 양쪽에 실행되는 살아 움직이는 사회를 검토하는 작업을 통해 가능했다.

그 방이 존재하는 이유는 모든 가능한 여러 관습 중에서도 하나의 장면 표현 관습으로 채택되었기 때문만은 아니다. 또한 이 방은 적극적으로 환경을, 즉 우리 삶의 배경인 특정한 구조를 형성할 뿐 아니라 연속성, 유산, 위기 상태로 존재하는 우리 삶의 방식과 소중히 여기는 대상의 가시적 형태이자 관습적 선언이기도 하기 때문이다. 무대 위의 이 방, 이 폐쇄된 거실에서는 중요한 사건이 발생하고 다른 중요한 공지가 차단된 외부 세계의 소식 형태로 도착하기도 한다. 이 방은 연극의 관습이자 이제는 습관이다. 더 나아가 미묘하면서도 일관되게 인격체, 배우이기도 하다. 즉 우리를 규정하고 옭아매는 장치, 이제 우리를 세상에 대변하는 소외된 대상이다. 나는 이 방이 해체되는 것을 아주 흥미롭게 지켜보았다. 가구는 제거되고 공간이 비워진다. 사람들은 텅 빈

공간 너머 서로 마주 보는데, 신체만이, 즉 오직 대상 혹은 리듬으로서의 신체만이 발견, 희롱, 소진의 대상이 될 뿐이다. 그러나 이보다 더 중요한 것은 이 방이 해체되는 역동적 과정이다. 무대 위의 장면은 더 이상 외부이면서도 여전히 작동하는 장치가 아니며, 우리가 보는 것은 관찰되고 기억되고 욕망의 대상이 되는 이미지의 투자일 뿐이기 때문이다. 1900년 전후 스트린드베리는 움직이는 이미지로 된 새로운 드라마를 집필하고 있었다. 벽에는 얼굴 모습을 여기저기 붙였고, 캐릭터와 외모의 측면들은 해체, 파편화, 융합, 반복되었으며, 대상들은 글자 그대로 바라보는 동안에도 변화해 갔다. 스트린드베리가 당시의 극장이 감당할 수 없는 수준의 이러한 작품을 집필하는 동안, 방식은 아주 다르지만 다른 사람들은 이미지를 움직이게 해 주는 수단을 발견하고 영화의 기술적 토대를 마련하고 있었다. 페이드, 디졸브, 컷, 플래시백, 보이스오버, 몽타주 등의 기법은 기술적 형태일 뿐 아니라 우리 방식에 대한 새로운 지각, 관련짓기, 구성, 모색의 방안이기도 했다.

나는 또한 여전히 습관상 드라마적인 대사, 심지어 대화라 불리던 것을 마치 처음인 양 듣게 되었다. 체호프의 작품을 들어 보았을 때 나는 이제는 습관화된 생소함을 포착했다. 즉 작품의 목소리는 더 이상 타인을 겨냥하거나 서로 마주 본 상태에서 전해지지 않았다. 아마도 서로 상대를 염두에 둔 상태에서 이야기하든지 타인의 존재를 의식하면서 자신과 이야기하고 있었는지도 모른다. 그러나 어떤 집단이 발언하는 새로운 구성 방식이 등장했는데, 이는 낯설고 부정적인 집단이다. 어떤 개인도 자신이 말하기 시작한 것을 끝내지 못하고 산발적이고 혼란스러운 타인의 발언과 교차하고 그러한 발언으로 차단당하는데, 이 타인의 발언 역시 미완성 상태로 남는다. 즉 여전히 부정적이긴 해도 어떤 집단이 발언을 하지만 어떤 사람도 결국 분명하게 표현하지 못하는 식으로 목소리가 서로 뒤섞이는 상황이 된다. 이제는 드라마적인 스피치에서 이러한 방식이 너무나 정상적인 과정으로 자리 잡아서 어떤 날이든 텔레비전 연속극에서도 들을 수 있는데, 이는 그냥 흉내 내기 수준이 아니다. 이는 이제는 말하기와 듣기의 한 방식이자 특정한 의식의 구체적인 리듬이 되었다. 이는 따지고 보면 무대나 텍스트에 등장하는 미완성의 일시적이며 불안정한 관계의 한 형태다. 이는 또한 친숙하면서도 복잡한 찰나성을 특징으로 하는 역사적 시기인 바로 현대 세계에 만연한 감정 구조이기도 하다. 만약 양쪽을 두루 살펴보지 않았다면 나는 이 드라마적인 절차를 **방법**으로, 말하자면 중요한 일반적 양식으로 이해할 수가 없었으리라 생각한다. 아마도 이것들을 기술로, 즉 직업적 시각이지만 내 경험으로는 충분히 전문적이지 못한 시각으로 파악했을지도 모르겠다. 이 난해한 학문 분야의 모든 어려운 질문들이 출발하는 곳은 바로 기술과 방법이 일체를 이루거나 아니면 요즘 흔히 나타나듯이 의미 있는 균열을 이루는 지점이기 때문이다.

11

문화과학으로서의 커뮤니케이션

1974

윌리엄스는 원래 학문 배경이 드라마와 문학이었지만 교육 측면에서는 '커뮤니케이션,' '문화연구' 혹은 '미디어 연구'라는 다양한 이름으로 불린 신생 대학 연구 분야의 형성에 가장 의미 있는 기여를 했다. 이 특정한 논문에서 윌리엄스는 개인적으로 사실상 '문화연구'를 가장 선호한다고 분명히 밝힌다. 그는 미국의 저널리즘과 커뮤니케이션 교육 과정과 연구의 주류인 실증주의 유산에 의문을 던지면서 유럽 대륙의 '문화과학' 전통을 추천한다. 이 문화과학은 해석학적 스타일의 사회학을 탄생시켰고 윌리엄스 자신이 옹호하는 유형인 학제적인 문화 분석과도 조화를 이룬다.

Communications as Cultural Science

인간 커뮤니케이션에 대한 진지하고 철저한 연구의 역사는 체계적 사고의 기록이 남아 있는 한 먼 과거까지 거슬러 올라간다. 서구 문명에서 문법과 수사학은 2,000년 동안 교육의 핵심이었고, 이름은 바뀌었을지라도 언어와 실용적 언어 기술 연구는 여전히 중심적인 위치에 있다. 이와 대조적으로 커뮤니케이션 연구들은 — 이는 복수라는 점이 중요하다 — 적어도 언뜻 보기엔 현대적 현상이다.

이처럼 정의가 바뀐 데는 두 가지 명백한 이유가 있다. 첫째, 현대사회에서 커뮤니케이션 제도의 규모와 중요성이 엄청나게 커지면서 필연적으로 사회적, 정치적으로도 중요할 뿐 아니라 점차 경제적 중요도도 커졌다. 둘째, 커뮤니케이션에서는 잘 알려진 대로 일련의 기술 발전이 일어났는데, 여기에는 전송과 수신의 가능성뿐 아니라 이에 못지않게 중요한 바로는 재생 가능성과 복제 가능성에서 일어난 근본적 변화가 포함된다. 이러한 변화 때문에 우리가 주목하고 연구하는 부류 역시 바뀌게 됐다.

이런 이유로 커뮤니케이션 과학자 역시 필연적으로 수많은 전문화된 형태로 구현된다. 그는 이러한 제도와 그 효과에 관심을 두는 사회학자다. 설계, 이해, 통제에 필수적인 테크놀로지와 체제에 관심을 두는 공학자이기도 하다. 시와 회화에서 영화와 신문에 이르기까지, 건물에서 패션에 이르기까지 특정한 의미 구성물이나 구성물 집단의 의미와 가치에 관심을 두는 문화 분석가이기도 하다. 면 대 면이든 (만약 우리가 늘 서로 마주 본 상태에서 면 대 면으로 대화한다면 문제점은 훨씬 더 간단해지긴 하겠지만) 기계 활용 정도가 천차만별인 소통이든 커뮤니케이션 상호 작용의 기초 단위와 패턴에 관심을 두는 심리학자이기도 하다. 아니면 표현과 커뮤니케이션 행위의 기초적 형태와 구조를 다루는 언어학자나 언어 철학자일 수도 있다.

관련된 문제점이 너무나 방대하기에, 그리고 방대할 뿐 아니라 엄청나게 미묘하고 복잡하기도 하기에 우선 일반적으로는 이처럼 강조점과 학문 분야의 다양성에 대해서는 환영해야겠다. 그러나 현실은 전혀 그렇지 않다. 정작 커뮤니케이션 과학자들은 서로 커뮤니케이션이 잘 안 된다는 오랜 농담은 자꾸 되풀이하다 보니 이제는 우울해질 지경이 됐다.

이 상황은 전 세계에서 라틴어 학자들이 참석한 어느 라틴어 연구학회 행사에 관한 아마도 거의 묵시록적인 이야기를 생각나게 한다. 어떤 참석자가 학회 진행을 라틴어로 해야 한다는 그럴듯한 발상을 내놓았는데, 이게 생각대로 풀리지 않았다. 이들에게 공통된 주제는 실제로는 이들을 구분하는 근거가 된 바로 그 언어사에도 미치지 못했다. 이처럼 논의가 표류하자 일부는 일종의 실망감을 느낀 게 분명하다고 나는 확신한다. 또 다른 사람들은 집으로 돌아간 후 'vir'라는 단어 대신에 'veer,' 'wire' 아니면 그와 비슷한 수준의 이해할 수 없는 이상한 단어를 쓴 이상한 사람들을 비웃었을 것이라고 확신한다. 그러나 적어도 일부는 자신들을 뭉치게 하면서 동시에 분열시키는 어떤 역사에 대해 깨닫고 그 상황에 관해 성찰하게 되었기를 희망할 뿐이다. 즉 모든 커뮤니케이션에서 그렇듯이 공통된 관심사와 천차만별인 습관, 그리고 말하고 주장할 뿐 아니라 귀를 기울일 필요도 있다는 사실에 대한 깨달음이 그러한 성찰 대상이다.

단기적으로 할 수 있는 일은 기껏해야 그런 수준의 것뿐이다. 영국에서 특히 고등 교육의 풍토는 현재 아주 이례적일 정도로 혐오스럽다. 지금까지 해오던 일을 사실상 아무런 도전 없이 계속할 수 있는데도 새로운 것을 제안할 경우 진실성에 대한 인신공격을 모면하는 데 그친다면 행운이라 여겨야 할 정도다. 제안자의 지성과 감수성은 마치 오래전 사망한 것인 양 여겨질 것이다. 예컨대 이런 제안을 내놓았다고 가정하

자. “지금까지 이처럼 다양한 종류의 커뮤니케이션 연구가 진행되었습니다. 가령 다음 5년 동안 달리 실제 접촉은 없을지라도 어떤 형태로든(학과든, 콜로키움이든, 학제적 프로그램이든) 물리적으로 융합을 시도해 보고 배울 점이 있는지 살펴보면 어떨까요?” 그렇게 되면 제안자는 취향과 판단에서 오류를 범했을 뿐 아니라 잘 길든 문학 연구자가 마치 무장 군인이나 유령처럼 홀연히 일어서 사회학을 멀리하는 게 얼마나 지고지순하게 막중한 일인지 계속 우겨대거나, 아니면 잘 길든 사회학자가 똑같은 말을 반대로 하는 모습을 보게 될 것이다. 그리고 ‘사회학’이나 ‘문학’에 가해질 수 있는 빈정거림을 듣는 일은 우리 시대의 대표적인 커뮤니케이션 경험의 하나다. 하지만 다행히도 모든 인간이, 심지어 모든 학자가 길이 잘 든 것은 아니다. 어떤 어려움하에서도 그러한 작업은 해야 할 것이고 일부 장소에서는 실제로 시도되고 있다.

내가 기술하고자 하는 접근 방식은 문화연구인데, ‘문화과학’의 영어식 표기다. 여기서 핵심 부분은 커뮤니케이션이 실천이라는 점이다. 이 실천의 토대에 관해 배울 부분만 있다면 커뮤니케이션 연구는 어떤 접근 방식에도 열려 있다. 표현과 상호 작용에서 언어와 동작의 세부적 과정, 물론 인간의 구조와 관습 저변에 흐르는 모든 일반 특징이 그러한 토대다. 이는 또한 특정한 테크놀로지가 이 과정과 특징에 미치는 효과에도 개방되어 있다. 커뮤니케이션 연구는 현대의 학문이기에 필연적으로 인쇄된 서적과 사진에서 방송과 영화, 그리고 이를 넘어서 전문화된 전자 미디어에 이르기까지 광범위한 테크놀로지를 검토한다.

살아 있는 문화 내부에서는 이러한 과정의 너무나 많은 부분이 자연화되었을 것이고, 그렇게 되지 못한 부분은 의식적이고 분리할 수 있는 모더니즘으로 규정되었을 것이기에, 이처럼 근본 과정에 대한 개방성의 차원이 없다면 진행 중인 분석의 상당 부분은 세상 물정 모르는 수준에 그치거나 아니면 기껏해야 그 문화의 검토되지 않은 관습에 국한될 것이다. 그럼에도 불구하고 문화연구는 실천을 다룬다. 이 덕분에 상당수 학생이 문화연구가 문화적 구성물 이해에 관심사를 국한하는 분야라고 여기면서 이 분야에 매력을 느끼게 되었고 현재 그 숫자도 눈에 띄게 늘어나고 있다.

수백 년이 지나는 동안 방식은 다양하고 으레 논쟁적이긴 했지만, 시, 회화, 건축, 음악, 소설, 영화, 교향곡, 신문, 광고, 정치 연설, 의상 스타일 등의 특성을 정확히 짚어 내는 다양한 방안이 발굴되었다. 각기 좀 더 특수한 연구 대상인 문화 구성물별로 분리할 수는 있지만 실천적 커뮤니케이션으로 간주해야 마땅한 전 범위에 걸친 문화적 실천이 그 대상에 속했다. 이는 아니면 좀 더 엄격하게는 어떤 식으로든 특정한 장소와 시간대의 특정한 사람들이나 계급 집단에 관한 기록이라는 이유로 살아남은 것의 특별한 일부였다.

이 구성물을 다루는 수많은 분야는 각자 고유의 틀에 따라 놀라울 정도로 잘 발전되었으며 학술적 맥락에서는 서로 분리될 수도 있다. 또한 이 구성물은 실제적이고 중요한 사회관계 속에서 실제 장소의 실제 사람들에 의해 생산되었다는 좀 더 핵심적 인식으로부터도 분리될 수 있었다. 좀 더 핵심적으로는 각 분야가 인위적 구성물에 초점을 맞추면서 특히 학술적이고 역사적 방식으로 발전함에 따라 모든 실천을 인위적 산물로 전환시킬 수도 있다고 보게 됐다. 그러고 나서는 이러한 착시 현상에 현혹되는 바람에 과거의 탁월성과 성취라는 명분을 내세우면서 스스로 당대의 상응하는 실천을 다룰 필요에서 면제되었다고 착각할 수도 있다.

그래서 예컨대 옥스퍼드의 문학 연구는 1830년 이후 고전적인 시간 정지 상태에 있었다. 우리의 까마득한 조상과 그들의 당혹스러울 정도로 열성적인 후손들의 실천이 지나치게 기복이 심하고 불확실했기 때문이다. 혹은 케임브리지의 영어사 연구에서는 영어가 현재 우리가 쓰고 말하는 형태대로 굳어진 (그리고 계속 변해 가는) 중세 후기의 시점에 사실상 시간이 멈춰선 채로 있다. 그뿐 아니라 어떤 실천이 관심을 끌 만한 자격을 갖추려면 인위적 구성물, 더구나 관습적으로 도서관과 박물관에서나 보는 부류의 구성물이 되어야만 한다. 17세기 정치 팸플릿은 세심하게 주의를 기울여볼 만하지만, 현재의 정당 정치 방송은 그렇지 못하다.

이렇게 해서 기준이라는 명분으로 아주 광범위한 현대의 문화적 실천 영역에 대한 거부 반응이 생겨났다. 더구나 이렇게 유도된 (실천을 구성물로, 실제 표현과 커뮤니케이션 과정을 각기 별개의 대상으로 전환하는) 사고 습관 때문에 실천의 인정에 근거하는 여러 분석 양식(즉 구성의 재구성, 실천이 발생하는 맥락인 사회관계의 연구, 서로 구분할 수 있는 구성물을 낳으면서도 여전히 서로 연관을 맺는 관련 실천에 관한 연구)인 이 모든 것과 다른 양식은 희석되거나 시도조차 나오지 않게 되고 분야는 협소해지면서 삶과의 접점을 상실하게 된다.

우리가 문화연구라는 이름을 사용하는 이유는 실천과 실천 간의 관계에 관심을 두기 때문이다. 문화 자체가 원래 실천이었다. 즉 밀을 키우고 보살피거나 마음을 키우고 돌보는 행위였다. 문화의 현대적 의미(문화를 구체적 문화 실천에서 일반적 과정이나 상태로 바꿔 놓은 그 의미)의 등장이 중요한 것은 개인적 실천을 전반적인 발전이나 성취에서 서로 관련된 부분들로 파악했다는 점에 있다. 18세기에 이르러 문화는 세속적 측면에서 전반적인 인간 개발을 표현하는 관념이 되었는데, 이러한 측면에서 문화가 섭리적 혹은 비정상적 문명이란 형이상학적 개념을 넘어 진전을 이룩했다는 사실은 주목할 만하다.

그러나 거의 동시에 문화는 이후의 모든 문화연구에서 핵심적인 문제와 부닥치게 됐다. 즉 각 실천의 개별성에도 불구하고 전반적인 발전으로 간주하던 현상 내에서 다양한 실천 간의 관계라는 문제였다. 이러한 난점의 첫 번째 형태는 문화가 모든 일반적인 인간 발전을 — 이는 문명의 성장을 세부적으로 풀어놓은 보편적 역사라는 대중적 형태로 표현된다 — 지칭하는 데 사용되었으면서도 특정 민족, 국민 문화의 특수한 발전 양상을 지칭하는 데 '문화'라는 똑같은 용어를 사용하는 대안적이고 거의 당대적인 용례도 있었다는 점이다.

이러한 어려움은 지속되었고 여전히 인류학과 역사학에서 근본적인 이론적 중요성을 지니는 문제다. 이 어려움의 다음 단계는 더욱 까다로워졌다. 관념론적 사상에서는 이러한 전반적인 문화 과정을 주도하는 요소가 정신이나 의식이라고 단정했다(물론 이 요소의 후기 형태에서 문화는 신성한 정신이 아니라 인간의 정신이었다). 마르크스는 이 주도적 요소(심지어 그가 계승한 언어로는 결정적 요소)를 물질적 생산과 그 생산이 구현하는 사회관계로 이름 붙여 관념론의 주장에 이의를 제기했다. 이 이론적 갈등 역시 여전히 엄청난 중요성을 지닌다. 우리 자신과 직접 관련된 틀에서 보면, 이는 실천 간의 관계에 관한 모든 질문의 근간을 이루며, 이 질문에 대처하지 못한다면 어떤 커뮤니케이션 연구도 그다지 진전을 볼 수가 없다.

실천 간의 관계에 관한 이 주장으로부터 새로운 문화과학 개념이 탄생했고 이와 더불어 현대 사회학의 상당 부분도 등장했다. 예를 들면 빌헬름 딜타이Wilhelm Dilthey는 연구 분야, 경험 형태, 연구자 태도의 역할이란 측면에서 자연과학과 문화과학을 구분하려 하였다. 그의 구분은 수많은 문제점을 미해결 상태로 두었긴 해도 여전히 토대가 된다고 믿는다.

막스 베버Max Weber는 한층 더 철저하게 근본적인 사회적, 문화적 실천 간의 관계에 꾸준히 관심을 기울였다. 그가 제시한 선별적 근접성 가설은 때때로 좀 더 현대적인 '상응 관계'와 '상동 구조' 모습으로 나타나는데, 이는 문화 분석에서 매력적인 중간 지점이 되었다. 즉 단순한 관념론적 이론과 더 단순한 부류의 유물론적 결정론 사이의 중간 지점이거나 그렇게 보인다.

이제 이 탐구 전체의 정신은 — 여기에는 글자 그대로 수천 명의 사람이 기여했다 — 철저하게 개방적이고 깨어 있고 일반적이다. 여기에는 불쾌하거나 심지어 비열한 논쟁도 있었지만, 이는 이해할 만한 일이다. 그러나 이는 기질과 접근 방식에서는 머리를 숙인 채 땅을 가는 데 몰두하는 소규모 경작자로 이루어진 듯한 우리 세계와는 완전히 다른 차원에 속한다. 아니면 만약 이들이 머리를 숙이고 있다면 행운을 빌어 줄 뿐이다. 왜냐하면 벽과 울타리를 치는 일에 훨씬 더 바쁘고, 무단침입자를 처단할 것이라는 어처구니없는 표지판이나 세우며, 사익에 가득 찬 분야의 규정과 그 경계를 활용해 자격증과 공인을 받고자 하는 젊은 남녀의 자연적 욕망을 악용하는 사람도 적어도 일부는 존재하기 때문이다.

내가 문화과학의 정신을 회고하는 이유는 문화과학의 방법을 변화시키면서도 그 철저하고 일반적인 인간성을 여전히 계승해 줄 상속자들에게 관심이 있기 때문이다. 나의 발언에 감정이 다소 실린 이유는 아주 최근까지 바로 이러한 부류의 전통이 아주 풍부한 나라인 여기 영국에서는 문화연구를 효과적으로 재구성할 기회를 포착하지 못했기 때문이다. 핵심적인 부류의 커뮤니케이션 연구는 바로 문화연구의 그러한 재구성 안에서 추구되어야 한다고 나는 주장한다.

우리가 기회를 놓친 것은 주로 경계 구획 논쟁 때문이다. 문화연구 전통에 속한 사람이 커뮤니케이션 분석에 들어오면 사람들은 그를 아래위로 훑어본 후 결국 문학적 유형으로 규정하곤 했다. 이러한 오류가 발생하는 이유는 부분적으로 설명할 수 있다. 문학 연구 자체는 앞서 언급한 이유로 어떤 곳에서는 고립된 구성물에 대한 전문화된 분석으로 축소되었다. 실로 점차적인 범위 축소의 오랜 과정이 마침내 결정적인 귀결에 도달한 것이다. 개념으로서의 문학 자체는 르네상스 시대에 글쓰기와 말하기라는 좀 더 일반적인 담론 영역을 전문화한 것인데, 바로 인쇄된 서적과 직접 관련된 전문화였다. 18세기 말과 19세기 초에는 추가적인 전문화가 이루어졌다. 당시까지 모든 글쓰기 형태를 포함하던 문학이 약간의 예외와 중복은 있었지만, 창작 문학으로 전문화하게 되었다. (이러한 제한 두기에서 발생하는 이론적 부작용은 이제 막 파악되기 시작했을 뿐이다.) 현대적인 문학 연구가 대학에 포함되면서 한 가지 더 추가적인 전문화가 이루어졌는데, 문학은 그러한 작품 중에서 '훌륭하거나' '진지한' 부분이 되었다.

따라서 이러한 부류의 인간에게 자연스러운 관심 영역은 글쓰기와 말하기의 모든 담론이 대상으로 되어야 마땅한데도, 일정한 수준을 갖춘 인쇄된 창작물로 전문화되고 심지어 그렇게 한정되었다. 물론 사람들이 주변을 살펴보면 이러한 작품 대다수는 과거에 집필되었음을 알 수 있다. 오늘날에는 오직 텔레비전과 그 모든 쓰레기만 남았다고들 한다. 이 때문에 어떤 곳에서는 문학이 속담 속의 새처럼 끊임없이 원형을 그리며 하강하다가 마침내 근원적으로 소멸하는 존재를 닮게 되었다고 한다.

이제 이 분야에 대한 이러한 정의는 그를 따르는 일부 추종자를 이상한 존재처럼 만들어 버렸다는 데는 의심의 여지가 없다. 이들이 모두 이상한 구경거리가 된 것은 놀랍지 않다. 그러나 쳐다보는 쪽은 누구였을까? 내 친구 한 사람이 일종의 문화 분석을 시도했다가 사회학 영역에 대한 무분별하고 무지한 침범이라며 비판을 받았던 일이 생각난다. 정작 비판을 가한 그 분야 종사자는 당시 이 나라에서 나름대로 문화 분석을 단 한 편도 내놓은 적이 없었고 실로 그러한 시도를 할 기미조차 보이지 않았다.

이처럼 다양한 문화연구와 어떤 방향을 지향하든 구체적으로 미학적이거나 구체적으로 사회적인 연구 간에는 핵심적인 중복 영역이 있었는데, 이 부분은 대략 적절하게 인정받고 절충된 것이다. 미학적 분석의 실천이 기여한 부분은 자세하게 실제 문화 작품 분석을 꾸준히 수행할 역량을 입증했다는 점이다. 이보다 훨씬 더 의문의 여지가 있었던 부분은 이러한 부류의 분석과 통찰력을 문화적, 사회적 일반화 문제로 확장한 것이다. 그러한 작업에서는 아주 적절하게도 다른 실제 학문 분야들이 견제 장치나, 더 낫게는 유인책 역할을 하고 있었다. 미학적 분석에 근거한 구상으로는 문화 제도 연구나 문화적 효과 연구는 제대로 추구할 수가 없었다.

하지만 한 세대 동안 한편으로는 현대의 커뮤니케이션을 이른바 '고급문화'의 시각에서 접근한 사람들과, 다른 한편으로는 정통파 사회, 정치학자들이 우연히도 널리 공유하던 개념에 의해 이 문제점은 은폐됐다. 이 개념은 — 그런 것이 존재했다면 이데올로기임에 틀림없다 — 바로 근본적인 사회적, 문화적, 정치적 가정과 경험에 근거한 '대중 사회' 개념이었다.

그래서 커뮤니케이션 연구는 당당히 '매스 커뮤니케이션' 연구라는 이름을 붙이는 바람에 철저하고 거의 참혹하게 기형화해 버리는 참사가 발생했다. '매스 커뮤니케이션'은 모든 언어와 온갖 학교에 침투해 학과와 연구 프로그램, 학회 행사를 기술하고 더러는 예측하는 용어가 된 듯한데 이제는 폐기할 때가 된 용어다. 말하기와 글쓰기에는 늘 살펴보아야 할 공통된 담론 영역 전체가 있는데도, 이 용어는 방송과 영화 같은 소수의 전문화된 영역, 대중 문학이라는 잘못된 이름의 영역으로 커뮤니케이션 연구를 한정하는 바람에 파괴적인 효과를 가져왔다. 그뿐 아니라 그 결과 '매스 미디어'라는 정의에도 불행한 결과를 초래했다.

'매스'라는 은유는 대규모의 최종 수용자라는 가장 취약한 의미로 우리를 압도하는 바람에 대다수의 구체적인 현대 커뮤니케이션 상황과 대다수의 구체적인 현대적 커뮤니케이션 관습과 형태에 대한 분석을 적극적으로 방해하게 되었다.

그러나 이 때문에 한 가지 잔상 효과가 아직도 남아 있다. 만약 대다수 사람이 대중이라면 본질적으로 어리석고 불안정하고 쉽게 영향을 받을 수밖에 없다. 섹스와 폭력은 그 추악한 머리를 쳐들고 퍼져나가게 된다. 재즈나 텔레비전, 영화, 심지어 축구에 관해(한동안 미디어는 정치를 배제했다) 던져 볼 만한 유일한 질문은 우선 어떻게, 그다음에는 과연 미디어가 사람들을 타락시켰는가 하는 문제뿐인 것처럼 보였다. 그에 따른 또 다른 결과는 그 어떤 부류의 작업보다도 텔레비전 등의 효과 연구에 — 아마도 타락 연구라 불러야 할지도 모르겠다 — 자원을 확보하기가 여전히 더 쉽다는 것이다. 이렇게 해서 이른바 커뮤니케이션 사회학의 상당 부분은 이러한 부류의 효과 연구가 되었는데, 물론 이 중 일부는 가치가 있는 연구였다. 하지만 아주 엄밀한 행태 관찰법을 훈련받은 사람이라면 누구나 동의하겠지만, 효과의 과학적 탐구와 제시는 진입하기 가장 어려운 영역 중 하나라는 사실은 늘 덧붙일 필요가 있다.

왜냐하면 타락은 끝이 없기 때문이다. 이 연구에 상응하는 연구 기금 제도가 있었으면 좋겠다. 텔레비전 등등의 소비에 관한 모든 탐구에 맞춰 생산에 대한 탐구에도 똑같은 자원이 투입되어야 한다는 것이다. 거대한 혹은 적어도 대규모 현대 커뮤니케이션 기관은 철저하고 지속적인 연구가 필요하다. 이 주제는 지금까지 오직 짬짬이 식이나 간헐적으로만 연구가 이루어졌다. 그리고 나의 이 발언에 덧붙여 읽기 습관과 일부 관련 행태에 관해 영국에서 나온 가장 자세한 정보는 내가 보기에 광고실무자기구Institute of Practioners in Advertising의 정기적이고 아주 구체적인 서베이와 보고서에 들어 있다는 점도 밝혀야겠다. 즉 이는 아무리 좋게 말해도 고도로 의도적인 연구 형태에 불과하지만, 이 나라의 그 어떤 유사한 학술적 작업에 비해서도 뛰어난 연구다.

완전한 의미에서의 제도 연구(즉 생산 제도, 수용자, 이들 간의 관계 형태 연구)는 사회과학의 절차에 따라 수행되어야 할 것이며, 모든 문화 분석가는 그러한 절차의 결과에서든 예에서든 많은 배움을 얻을 것이다. 실로 이 점에서 문화연구에 대한 주류의 의심은 합리화될 수 있으며, 양측 모두 실제 작업을 통해서만 의심을 극복할 수 있다. 그러나 물론 이러한 부류의 연구가 문화 분석의 전부는 아니며 특정한 작품을 단순히 기술하고 분석하고 일반화하는 일에만 문화 분석을 국한할 수도 없다. 자세한 미학적 분석도 지속되고 확장되는 경향이 있다. 그러나 형태 문제에 이르러서는 실질적 질문이 부상하게 된다. 커뮤니케이션에서 형태에 관한 질문은 제도와 사회관계의 조직에 관한 질문이기도 하다. 예를 들어 보자.

나는 커뮤니케이션에 흥미를 갖게 될 무렵 처음으로 사회과학과 정치학 문헌을 읽기 시작했는데, 이때 커뮤니케이션 과학의 표준이라고들 하는 "누가 무엇을 어떻게 누구에게 말해 어떤 효과를 얻었나?"라는 공식을 접하게 되었다. 문학 연구를 어느 정도 거친 후라 상당히 흥미로웠다. '무엇'과 더불어 '누가'와 '누구에게'가 있었다는 점도 긍정적으로 보였고, 물론 '효과'는 어쨌든 우리가 모두 화제로 삼던 문제였다. 그러나 계속 관심을 기울이면서 '무엇'의 위축이라 할 만한 현상을 간파하게 됐다. 덧붙여 말하자면 이는 관계(즉 커뮤니케이션이 당연한 가정으로 삼는 '누구'와 '누구에게' 간의 관계)와 실체는 사실 분리할 수 없는 현상인데도 많은 커뮤니케이션 연구에서는 이 관계가 커뮤니케이션의 실체 전체를 압도하게 될 수도 있다는 데서 발생하는 문제점이다.

누구든 문학의 경험이 있는 사람이 보기에 '무엇'이란 역동적일 뿐 아니라 환원할 수 없는 현상으로, 가장 중요한 측면에서는 '누구'와 '누구에게'를 파악하는 방안이자 분명히 '효과'를 이해하는 방안으로서 엄밀하게 주목할 필요가 있다. 바로 이 때문에 나는 이 공식에서 가장 눈에 띄게 누락된 부분을 간파하게 됐다고 생각한다. 즉 "누가 무엇을 어떻게 누구에게 말해 어떤 효과를 얻었나?"에서 "무슨 의도로?"는 생략된 것이다. 이 부분에 대해서는 언급하는 사람도 파고드는 사람도 없는 듯했다. 이처럼 **의도**를 배제하는 것은 다른 분야에서와 마찬가지로 커뮤니케이션에서도 기능주의 사회 이론 단계 전체에 특징을 이룬다는 사실을 이제는 깨닫게 됐다. 그러나 내가 이러한 배제를 간파하게 된 것은 무엇보다 의도를 진지하게 지속해서 탐구하지 않는다면 '무엇'이란 어떤 것인지에 관한 질문에 아무도 대답을 내놓을 수 없고, '누구'와 '누구에게'로 추상화된 변인에 현실성과 구체성을 부여할 수도 없으며, '효과'에 관해서도 무의식적인 조작 이외의 방식으로 발언할 수 없을 것이라는 사실을 깨닫게 됐기 때문이다. 그러한 의도는 반드시 의식적인 의도만이 아니라 '무엇'에 개입된 의도, 늘 단순한 대상 이상의 것(커뮤니케이션이란 실천)을 형성하는 의도이자 적극적으로 구성하는 의도다. 그래서 나는 사회과학 저널에 실린 논문에서 이 공식을 수정했다. 그러나 새로운 사람들이 등장해 새로운 영역을 탐색하고 있었기에 이러한 수정은 어쨌든 이루어졌을 것이다.

지금 우리는 단지 출발점에 있을 뿐이라는 자각은 존재한다. 바로 이러한 정신을 따라 나는 커뮤니케이션 연구가 어떤 일을 다루는지 나름대로 예를 제시하고자 한다. 텔레비전 토론(영국에서는 〈파노라마 *Panorama*〉, 〈미드위크 *Midweek*〉, 〈네이션와이드 *Nationwide*〉 등에서 볼 수 있는 부류의 프로그램)은 이제 대다수 사람에게는 공식적인 사회적, 정치적 주장의 주된 미디어라는 생각이 최근 문득 떠올랐다. 이미 말했듯이 이에 대해 과거의 고급문화적 반사 작용이 뒤따를 것이라는 점은 알고 있다. 여러분 중 몇이나 경험했는지는 모르나 "그렇다면 맙소사, 신이여 우리를 도우소서!"라는 식의 반응일 것이다.

그러나 나는 그런 식의 생각은 들지 않는다. 아마 이제는 아주 많은 사람이 적어도 일반적 토론을 최소한이나마 접할 수 있게 되어 다행이라고 느끼기 때문일 것이다. 말하자면 나는 텔레비전 토론이 탐구할 가치가 없다고 무시해 버리지는 않는다. 이와 반대로 비록 텔레비전의 한계와 단점에 동의할 때조차 텔레비전에 대한 탐구를 옹호한다. 이 탐구를 수행하는 방식은 하나의 전례를 보여 준다는 점에서 커뮤니케이션 연구의 임무를 설정하는 일로 보인다.

첫째, 사회과학과 정치학을 통한 접근이 필요하다. 심지어 고등 교육을 이수한 사람들조차도 그러한 토론이 마련되는 맥락인 정확한 사회 구조에 관해서는 상대적으로 아는 바가 거의 없다. 가령 공식적인 조사, 편집, 생산 관계라든지 방송 제도 내부의 부서 간 관계, 이 기관의 구조와 다른 기구와의 관계 등을 말한다. 이러한 문제에 대한 사실적 기술과 분석, 거기서 발생하는 사회적 질문도 있다. 즉 아주 분명한 예를 들자면 제도의 모델, 수용자의 모델, 다양한 시각의 대변 모델 등에 관한 핵심적 비교가 있다.

이러한 접근과 더불어 우리는 의식적, 무의식적 모델을 분석하고 구분해야만 하는 영역으로 진입하기 시작하게 된다. 가령 적극적인 의장 모델의 예를 들자면 바로 이 상황에서 그의 역할에 관해 풍부한 질문이 제기될 수 있다. 무엇보다 특히 발표와 소개, 회의 주재와 인터뷰 개념, 혹은 매개자와 중재자라는 과거의 개념을 분석하는 방식으로 접근할 수 있는 질문이 그렇다.

이 질문 중 일부는 이미 알려진 사회 분석 도구를 활용해 다룰 수도 있다. 다른 질문에는 이와 다른 분석 차원이 필수적일 수도 있다. 언어 분석 훈련을 받은 사람도 어쨌든 기여할 부분이 많을 것이다. 즉 기술적 차원에서는 의식적인 정치를 관찰하고 분석하는 작업에서 그렇고, 비평 차원에서는 담론 형태에 주목해 어법과 상상뿐 아니라 말 걸기와 대면, 회피 등의 기본적인 전략, 질문과 답변 양식, 수사학적 문제와 무응답 등이 그 예다. 이 모든 사례에 언어 분석 기법을 활용한다면 아주 유용한 도구가 될 것이다.

드라마적인 분석에 대한 감수성을 갖춘 사람도 필요할 것이다. 한 가지 예만 들자면 물리적인 무리 결성의 의미에 주목하거나 구체적인 텔레비전 환경에 의해, 즉 내부적으로는 스튜디오 내부라는 조건에 의해, 이와는 아주 달리 송출 버전으로 (편집된 채로든 라이브로든) 전달된다는 점에 의해 이루어지는 이러한 현상의 변조를 파악하는 데도 필요하다. 시점, 클로즈업, 앵글 변화, 커팅의 의미는 기술적인 문제이면서도 엄밀한 커뮤니케이션 상황 분석에 핵심적인 부류의 분석으로서 유용하다.

테크놀로지의 적극적인 필수 요건, 그리고 그러한 테크놀로지를 사용하는 전문 직업인이 보기에 이와 중첩되지만 똑같지는 않은 필수 요건 버전에 대한 이해도 필요할 것이다. 아주 세밀한 작업을 위해서는 실험 심리학자들이 언어적, 비언어적 상호 작용의 엄밀한 분석용으로 개발한 기법도 필요할 것이다. 실로 이 기법을 드라마적이고 영화적인 분석과 결합한다면 말할 수 없을 정도로 큰 도움이 될 것이다. 더 나아가 커뮤니케이션 상황의 다른 부분인 시청자도 포함해야 할 것이다. 지속해서 나타나는 효과와 영향을 연구할 뿐 아니라 그 과정이 전개되는 동안 녹화해서 좀 더 엄밀하게 논의해 보아야 한다.

이 모든 방법을 연쇄적으로 기술할 수야 있겠지만 정말 흥미로운 질문 중 대다수는 이 발견을 모두 종합하거나, 좀 더 확실하게는 여러 발견을 서로 냉정하게 비교해 볼 때 비로소 떠오르게 될 것이다. 예를 들면 텔레비전 토론은 정치적 사건일 뿐 아니라 문화적 형태이기도 하다든지, 이 형태는 수많은 명시적 관계와 더불어 은밀한 관계도 드러내 보여 준다든지 하는 명제에 비추어 검토해 보는 방식이 될 것이다.

이러한 작업을 수행해야 하는 이유는 지금 우리 중에서도 충분히 많은 사람이 기득권 세력의 방어를 이겨 내기 위해 이러한 방식으로 작업하고자 하기 때문이다. 전반적으로 실망감이 만연해 있고 심지어 당대 정통파 문화의 타성은 훨씬 더 뿌리 깊게 퍼져 있는데, 이 분위기를 극복하기 위해서도 그렇다. 이는 사실상 공모 상태임을 공개적으로 선언하는 것이나 마찬가지다. 이 일은 꼭 해 내야 하므로 우리는 새로운 방식으로, 시행착오를 거치지만 늘 공개적이고 공적인 자세로 이 작업을 완수할 것이다.

12

문화사회학의 전개 양상

1975

레이먼드 윌리엄스는 주로 문화사학자이자 비평가였지만 1975년 영국사회학회(British Sociological Association: BSA)의 초청을 받아 문화사회학의 주제에 관한 강연을 했다. 윌리엄스는 이 강연록을 시작으로 또 다른 초빙을 받아 사회학의 다양한 지류에 관한 시리즈용으로 문화사회학 교과서를 집필하게 됐고, 이 글은 1981년 《문화*Culture*》라는 단순한 제목으로 출간되었다. 영국사회학회 강연록에서 윌리엄스는 사회학이라는 학문 분야에서 이를테면 종교 사회학과 비교하더라도 문화사회학이 어떻게 상대적으로 낙후된 상태에 있는지 개관했다. 윌리엄스는 문화에 관한 사회학적 작업에서 실증주의가 갖는 한계를 지적했는데, 특히 사회학이 심리학과 공유하는 '효과'에 대한 집착을 비판했다. 따라서 윌리엄스는 문화사회학을 특히 문화적 형태와 문화 구성체 연구이자 실제로 자신의 주 관심사인 인문학에 더 가깝게 옮겨 놓으려 했다. 이를 위해서는 제도적 과정에 관한 연구뿐 아니라 기호의 물질성에 중요성을 좀 더 부여하고, 사회과학자가 인문학에 전형적인 실천인 텍스트 분석을 좀 더 진지하게 수용해야만 했다.

초록

이 논문은 문화사회학의 이론과 실천에서 일반적인 측면들을 개관한다. 효과, 제도, 구성체 분석 등에서 주류 사회학이 어떤 기여를 했는지 살펴본 후, 효과를 강조하고 제도에 대한 강조는 선별적이고 미약했으며 상대적으로 구성체를 소홀히 했던 경향이 정통 사회학의 이론적, 방법론적 가정과 어떤 관련이 있는지도 검토한다. 그 후 전통과 형태 연구에서, 형태를 구성체와 관련지으려는 시도에서 (루카치, 뤼시앵 골드만Lucien Goldman, 프랑크푸르트학파 등) 다른 학문 분야가 문화사회학에 어떻게 기여했는지도 고찰한다. 이러한 연계 속에서 이 글은 정통 문화사회학에서 형식주의와 구조주의의 이론과 실천에 이르기까지 선별적으로 검토한다. 마지막으로 이 논문은 기호의 물질성과 이에 따라 문화적 테크놀로지('기호 체계')를 역사적, 사회적 관계와 실천 형태로 파악하는 관점에 근거한 접근 방식을 제안한다.

1. 서론

현재 문화사회학은 흔히 상대적으로 전문화되고 주변적인 영역으로 통한다. 문화사회학이 미발전 상태에 있다는 점도 분명하다. 사회사상의 포괄적인 역사적 맥락에 비추어 보면 이러한 상황은 나름대로 역설적 부분과 교훈을 동시에 갖고 있다. 현대 사회학의 중요 부분은 다름 아니라 역사와 관련해, 그리고 특히 경제적, 정치적 체제 분석의 새로운 범주와 관련해 문화과학이 어떤 학문이어야 하는지에 관한 19세기 말의 논쟁에서 등장했다. **문화**라는 어려운 용어는 이보다 더 길고 심지어 더 중요한 역사를 갖고 있다. 농작물 경작과 동물 사육, 또한 여기서 확장되어 정신 가꾸기라는 과정을 지칭하는 명사로 시작해 18세기 말 특히 독일어와 영어에서는 사람들의 총체적 삶의 방식을 상징하고 일반화한 용어가 되었다. 요한 고트프리트 폰 헤르더Johann Gottfried von Herder[1]•는 단일하고 현재의 시각에서는 단선적인 **문명화**civilization로 규정할 만한 의미와 구분해 **복수로서의 문화**cultures라는 중요한 정의를 처음으로 내렸다. 이러한 용례는 인류학과 사회학 발전에서 이례적일 정도로 중요했지만, 이 용어는 여전히 복잡한 의미로 남아 있다. 즉 과거의 과정이라는 의미를 유지했을 뿐만 아니라 어떤 사회에서 의미와 가치의 구체적인 실천과 제도를 뭉뚱그리는 새로운 의미도 갖게 됐다. 그러한 실천과 제도는 또한 종교, 학습, 교육, 예술 등으로도 분류되고 전문화되었다. 이러한 대안적 의미들이 이후에도 계속 상호 작용하고 더러는 혼용되기도 했다는 사실은 때로는 유감스럽게 여길 만한 일이다. 그렇지만 여기서 상호 작용이란 부분이 중요한데, 이는 또한 문화의 과학을 정의하려는 시도에서 이슈가 되는 문제를 지칭하기 때문이다. 당시 이슈가 되었고 지금도 여전히 이슈로 남아 있는 것은 바로 의미와 가치의 실천과 제도, 그리고 정치적, 경제적(즉 한마디로 사회적) 제도의 총체적인 일반적 성격 간의 까다로운 관계였다. 그렇다면 문화사회학을 발전시키려는 시도는 이처럼 서로 구분할 수 있는 실천과 제도를 파악하는 사회적 방법과 분야를 개발하려는 시도일 뿐 아니라 필연적으로 의미와 가치 형성이라는 복잡한 문제가 명시화되는 어떤 시점에서 모든 사회적 실천과 제도를 좀 더 일반적으로 이해하는 데 기여하려는 시도이기도 하다.

• 요한 고트프리트 폰 헤르더는 18세기 독일의 사상가, 신학자, 문예비평가다. — 옮긴이

2. 주류 사회학의 기여

주류 사회학이 기여한 부분은 세 영역으로 구분할 수 있는데, 바로 **효과** 연구, 표면적으로 구조화된 **제도** 연구, 지적 **구성체** 연구다. 이 기여는 산발적이고 불균등하게 이루어졌다. 영어권 전통에서 압도적인 경험적 사회학에서 **효과** 연구는 발전된 탐구 방법으로 접근하기 가장 손쉬운 영역이었다. 20세기 중반에 이르면 주로 현대의 신문과 방송 등 새로운 부류의 확장된 커뮤니케이션 체제의 효과 문제를 무시하기 어려워졌다. 예컨대 텔레비전의 효과에 관한 작업(Halloran, 1970을 참고하라)은 탄탄하고 유용했다. 효과에 관해 주장과 추론이 난무하는 사회적 맥락에서는 이러한 부류의 통제되고 체계적인 연구가 특히 필요했다. 하지만 이 작업은 일정한 한정된 사회학적 규범을 가정한 채 이루어진 것이 특징이었다. 정상적인 정치 과정이 작동하고 있는 경우, 만일 효과가 있다면 어떻게 텔레비전 정치는 정치 과정에 영향을 미치는가? 가족, 공동체, 교육을 통해 통상적으로 사회화 과정이 전개되는데, '매스 커뮤니케이션'은 이 과정에 어떻게 영향을 미치는가? 일부 해답은 이 시각 안에서도 제시될 수 있다. 그러나 질문에는 필연적으로 몇 가지 제약이 가해진다. 의미와 가치의 명시적 실천을 단지 규범 변형의 근거가 되는 영역으로 옮겨 놓는다면 이중적 효과가 발생한다. 이렇게 해서 의미와 가치의 과정에 대한 탐구가 규범 자체 내부로 제한됐다. 또한 (여기서는 심리학, 커뮤니케이션 이론과 문학 비평의 일반적 경향을 따라) 수용과 관찰할 수 있는 반응이 의미와 가치 생산의 사회 과정에서 분리됐다. 각 경향은 이 분야를 참혹하게도 '매스' 커뮤니케이션 연구로 묘사한 데서 잘 드러난다. 그러한 연구에서 **매스**란 외적 파생어로서 대규모의 공중과 수용자를 지칭하고, 구체적으로 자본주의적 사고의 틀 안에서는 **대중 시장** 개념과 연결되도록 기능한다. 사실 텔레비전의 사회학에서는 어떤 수준에서든 (그리고 이는 방식은 다르지만 신문과 라디오에도 적용되는데, 영화에서는 상당히 양상이 다르다) 사실상 반대 부류의 구조적 범주가 반드시 필요하다. 어떤 어휘든 어렵기 마련이겠지만 제대로 된 사회학이라면 이러한 실제 체제와 관련이 있는 범주와 절차를 찾아낼 때 비로소 시작할 수 있다. 즉 텔레비전 수용자를 추상적이고 단계화된 정체성으로 파악할 때 가능하다. 그렇지만 이 수용자는 연쇄적이고 복수의 존재이면서도 특히 덩어리에 불과하지는 않다는 점이 중요하며, 중구난방식으로 메시지를 수용하는 존재가 아니라 구체적이면서 조직적인 **흐름**으로 파악해야 한다. 나는 최근 이 필수적인 범주와 절차 일부를 묘사하려 시도했다(Williams, 1974).

이 새로운 커뮤니케이션 과정에 특징적인 **제도**에 관한 연구는 대체로 사회학 외부에서 시작되었다. 즉 대개 자본주의와 (일부 사례에서는) 전체주의 사회 체제에 대한 급진적 비판의 요소로서 시작되었다. 발전된 제도 분석 절차, 특히 구조의 세부 사항과 공식적 상호관련성 문제 분석은 이처럼 계속되는 작업에서 아주 절실하게 필요하다. 20세기 중반에 이르기까지 그 규모, 복잡성, 투자 수준 측면에서만 언급하자면 이 제도 중 다수는 선진 산업 사회의 주요 요소가 되었다. 그 산물의 특징에 관해서 어떤 혼선이 빚어질 수 있다고 할지라도 이 제도들을 전문화되거나 주변적이거나 상부구조적인 위치로 분류하는 것은 타당하지 않다. 특히 미국에서 그렇지만 영국의 초기 단계에서도 필요한 연구가 나오기 시작했으며, 기존의 무수한 사회학적 절차와 범주가 직접 기여할 수 있는 부분이 바로 여기임에는 분명하다.

공식 제도에 관한 이러한 부류의 작업은 주류 사회학 전통이 이미 기여해 온 제3의 부류 연구와 반드시 연계할 필요가 있다(물론 측정할 수 있는 분류 기법이 사회 분석을 지배해 온 문화권에서 이 기여는 상당히 미미했다). 이는 바로 지적 **구성체**에 관한 연구다. 즉 이 구성체란 고전적으로는 상당히 가변적이고 흔히 공식 제도와 불투명한 관계에 있는 문화적 기여자들의 집단과 움직임을 말한다. 종교 사회학과 교육 사회학에 관해 나은 연구가 [문화사회학보다는] 그나마 더 나았던 것은 우연이 아니다. 그러한 사회학에서는 조직, 훈련, 실천의 사회적 구조가 상대적으로 분별하기 쉽고, 적어도 종교의 경우 의미와 가치가 이미 상당 부분 체계화되어 있어 현대 사회에서는 새로운 사회적 정체성 규정 범주가 필요하게 될 분야, 이를테면 예술이나 문학, 사회사상 자체의 사회학에서보다는 사정이 더 낫다는 것이다. 지식인에 관한 그람시[2]의 저작은 미완성이긴 해도 여전히 그러한 부류의 모델로 남아 있다. 카를 만하임Karl Mannheim[3]의 저작과 다른 연구자, 특히 독일 연구자의 저작은 적어도 현재 지식사회학이라 불리는 영역에서 출발했다(그러나 지식사회학은 그렇게 불리는 바람에 오직 상대적으로 정적인 요소에만 주목하게 유도하기 때문에 어떤 문화에서든 아주 핵심적인 실행과 수행의 실천을 포착하기는 분명 더 어렵게 됐다). 분명히 이러한 작업은 계속해서 발전을 이룰 것이다. 이러한 부류의 그 어떤 구성체든 결국에는 필연적으로 관계를 맺는 다른 사회 집단으로부터 분리될 수 없으므로 이 작업 역시 어느 정도는 효과 연구와 상호 작용하게 될 것이다. 예를 들면 텔레비전 효과의 사회학은 텔레비전 생산의 사회학과 연계되기 시작했다. 특정한 독서 공중[4]에 관해서는 이미 기술적이고 분석적 연구가 나와 있고, 창의 집단 구성체에 관해서도 기술적인 연구와, 엄격하게 사회학적이기보다는 흔히 역사적인 분석적 연구도 한두 편 존재한다. 특히 파리지앵 보헤미아Parisian Bohemia 구성체에 관한 발터 벤야민Walter Benjamin[5]의 저작은 주목할 만한 이정표다. 그러나 대다수는 여전히 손대지 않은 상태로 있다. 읽기의 사회학에서 영어로 된 최고의 저작은 광고 실무자기구의 조작적 서베이라는 독특한 형태로 나와 있다. 이와 대조적으로 즉각 충족해야 할 조작적 목적이 없는 부분에서는 영국의 그 누구도 극장 관객이 몇이나 되는지도 모르고, 이들에 관한 믿을 만한 사회적 사실도, 극장 공중과 대본 생산, 집필 간의 관계에 관한 어떤 사실도 알지 못한다. 선진 산업 사회에서는 대다수 인구가 다양한 부류의 공연 관람에 가령 식사보다 더 많은 시간을 보내는데, 이는 그 자체로도 경악할 정도의 사회 현상이다. 그렇다면 이 소수용 형태와 텔레비전 방송 드라마라는 다수용 형태 간의 복잡한 관계를 감안할 때 심지어 상대적으로 정통파에 속하는 문화사회학조차도 초기의 실로 원시적인 단계를 넘어섰다고 확신하기는 어렵다.

3. 문화연구의 기여

문화사회학에서 상당수의 활발한 작업은 어쩔 수 없이 특정한 학문 분야에서 이루어졌는데, 주류 사회학 바깥에 있을 뿐 아니라 체계적 연구가 되고자 하나 종종 체계적인 사회 조사로 인정받지도 못하는 그러한 분야였다. 그 접근 방식의 절차는 낯선 것이었는데, 역설적으로 딜타이와 베버의 저작에서 문화과학의 정의를 유발한 바로 그러한 의미에서 그랬다. 여기에는 납득할 만한 사유가 있다. 이 사유는 고전 사회학이 형성되던 무렵에 나온 미완성 상태의 주장과 관련이 있고, 그 후 사회학이 인정받고 잘 알려진 기관의 측정 가능한 효과에 집중하게 된 것과도 관련이 있다. 객관화와 계량화를 추구하던 신생 분야의 방어적으로 전문화된 직업 세계에서 판단하기에 문화 과정에 대한 이들의 정의는 어설프게만 보였다. 그러나 이들은 그럼에도 불구하고 세 가지 종류의 기여를 했는데, **전통**, **형태**에서의 기여, 그리고 이 지적, 문학적, 예술적 의미의 '형태'와 좀 더 친숙한 사회적 의미의 '형태'와 '구성체' 간의 예외적일 정도로 복잡한 **관계** 측면에서의 기여였다.

전통에 관한 작업은 주로 경험적으로 예술, 음악, 문학, 철학과 사회사상의 역사 분야 내부에서 이루어졌다. 그러나 이 작업은 두 가지 이유에서 사회학적 관심사가 된다. 첫째, 전통은 중요하면서도 상대적으로 개발되지 못한 사회학적 개념이라는 사실이었다. 둘째, 현재 통상적으로 이루어지는 형태로서 보자면 이 부류의 작업은 구체적 전통과 특정한 작품과 실천 간의 관계에 대한 적극적인 검토를 포함한다는 점에서 그러한 대상은 더 광범위한 분야에서 커다란 이론적 관심사가 된다는 것이다. 만일 전통을 단지 특정 사회 구조의 상대적으로 타성적인 부문에 불과한 것으로 본다면 부차적이라고 여기거나 심지어 무시해 버릴 수도 있다. 그러나 당대의 주된 강조점은 우선 **선별적** 전통에 두는데, 여기서 어떤 전통의 구체적인 구성체는 물론 이전의 사회적 경험의 요소와 사실상 연속적인 버전들에 의존하기는 해도 당대의 사회적 행위이자 실로 당대 사회 조직의 한 측면이 된다. 둘째로는 **활동 중인** 전통을 강조하는데, 이는 당대의 모든 사회 조직을 관통해 작동하는 노선으로서, 이에 따라 사회 조직을 정태적이고 추상적으로 파악하는 데 따르는 위험을 끊임없이 환기해 준다. 현대 문화에 관한 나 자신의 작업은 이러한 고려 사항에서 근본적으로 영향을 받았기에, 주어진 문화나 문화적 실천 더미가 특정한 사회 구조와 맺는 관계에 관해 통상적으로 제기되는 질문 수준을 넘어서 구조적, 역사적 차원을 모두 파악할 수 있도록 해주는 질문을 던지려 한다. 통일되고 일반화한 관계를 파악하려는 접근 방식이라면 이처럼 전통을 작동 중인 연속성이자 현대적인 구성체로 파악하는 단계를 반드시 거쳐야만 한다. 이 점을 표현하기 위해 내가 잠정적으로 사용하는 용어는 **잔여적**, **지배적**, **부상 중**인데, 이것들은 범주로서는 분리할 수 있지만 특정한 문화 작품에서는 구체적으로 결합한 형태로 흔히 발견될 것이다. 특히 **잔여적**, **부상 중**이란 어떤 적극적 개념이 없다면 많은 문화적 실천을 이해할 수 없을 것이고, 문화 분석은 단지 환원론적인 데 그치거나 아니면 절대적으로 사회학적 분석을 거부하는 범주(가령 비전, 상상력, 환상, 오락, 미학)를 필사적으로 고집하는 영역으로 밀려날 위험에 처하게 된다. 언어, 표기법, 관습, 전통, 노동 숙련도에서의 사회적 성취로 가능해진 실제 인간 실천으로서, 이러한 자질을 — 이 자질은 우리가 가진 사회성의 버전이 빈약한 바람에 대개 추상화되어 구분된다 — 적극적으로 구현하고 전달하는 작품이라면 어떤 사회 조직에서든 실제 구성 요소로 자리 잡아 그 고유의 틀 속에서 파악될 수 있다.

이보다 훨씬 더 발전된 **형태**에 관한 작업은 더욱더 중요하다. 예술의 특정 형태는 확실히 사회적 성취물이다. 그러나 사회학적 의미에서는 이와 동시에 대단히 구체적이면서도 거의 변함없이 중요한 역사적, 전통적 차원을 갖고 있다는 사실은, 즉 가장 두드러지게는 어떤 실천의 틀 안에서, 그러나 흔히 더 광범위하게 이루어진다는 점은 이 형태 중 다수의 특징을 이룬다. 19세기에는 정형적 인물에서 대표적 인물에 이르기까지 소설과 드라마의 **유형**type에 관해 중요한 작업이 이루어졌다. 이는 중요한 사회학적 관심사이며, 좀 더 최근의 작업과도 연결된다. 가장 단순하게는 내용 분석이 있고, 가장 정교한 저작으로는 반복적으로 등장하는 주제, 상황, 액션, 결말 분석이 있는데, 여기서는 흔히 작품의 문화적 분석과 문화에 대한 좀 더 일반적인 사회적 분석 간의 연계가 특히 뚜렷하게 나타난다. 빅토리아 시대 초기 소설에서는 전체 집단이 공감하고 유지하던 성향과 문제 해결이 20세기 소설에서는 개인이 소속 집단에서 벗어나고 해방되는 부분을 강조하는 방식으로 바뀐 것처럼, 소설의 관습적 결말에서 일어난 변화를 분석하는 작업은 직접적인 사회학적 분석 결과와 직접 비교해 볼 수 있는 부류의 작업을 뚜렷하게 예시하는 사례다. 이를테면 '실제 내면의 역사'로 투사하거나 단순히 '문학적' 증거로 치부해 버리는 대신 **비교**해 보는 작업인 셈이다. 비교의 틀에는 내용에 관한 작업뿐 아니라 형태에 관한 작업도 반드시 필요하다. 어쨌든 대표적이든 매개적이든 이데올로기적 인물이든 사회적 유형의 전 범위가 이제는 매일 우리 눈앞에 펼쳐진다. 말하자면 탐정이나 경찰관 같은 인물의 형상화에 관한 비교 작업은 이제 여러 가지 이유로 시급하다. 그러나 이처럼 자명한 내용도 중요하기는 하지만, 어떤 완전한 분석이라면 대단히 가변적인 형태에 대한 분석도 포함해야 한다. 그러한 형태에는 내러티브적 위치, 인물과 사회적·물리적 배경 간의 관습적 관계, 언어 수준 등과 같은 까다로운 기술적 문제도 포함된다. 분석은 종종 반대 방향으로 진행될 수도 있다. 이제는 장르(Lukács, 1962), 장르 안의 계기(Goldman, 1956), 구체적인 매개 방식(Benjamin, 1973), 구성 형태(Adorno, 1949) 등을 사회학적 분석의 진입점으로 삼아 출발하는 중요한 저작 무리가 이미 존재한다. 나 자신의 작업에서는 어떤 분석은 결국에는 사회학적으로 간주되었지만 아주 형태적인 탐구로 시작한 것도 있다. 방, 이동성, 장면 전환 장치로서의 무대, 집단 대화에서 부정적 집단의 대화로의 이동 같은 드라마 관련 사실에 대한 탐구가 그렇다(Williams, 1968). 그러한 모든 작업은 물론 예술 분석에서 아주 뚜렷이 구분되고 종종 서로 적대적이기도 한 경향과 중복되는데, 현대 유럽 문화에서 그러한 경향은 형식주의, 실제 비평, 신비평과 동시대적 구조주의의 단계 등으로 추적할 수 있다. 이 다른 경향에서는 가장 넓은 의미의 형태에 관한 작업이 가장 중시되긴 했지만, 각 단계의 중요한 계기에서는 뚜렷하게 반사회학적으로 변해서 분리해 낼 수 있거나 적어도 근본적으로 구분되는 실천 영역의 존재를 가정하고는 가장 엄격하고 가장 형태적 방식으로 전통에 관한 작업을 활용하곤 했다. 우리에게 이는 여전히 핵심적인 논쟁 영역이며 더구나 현재 상황은 극도로 복잡한 상태다. 그러나 분명해진 사실은 형태에 관한 작업은 유형에 관한 작업보다 훨씬 더, 문화사회학의 이전 단계에서라면 만족스러운 범주와 절차로 여겨졌을 것을 근본적으로 복잡하게 만들어 버렸다. 반영, 재현, 배경, 이데올로기, 상부구조가 그러한 범주다. 최근의 마르크스주의 저작에서는 실로 불가피한 일이긴 하지만 바로 이 단계에서 두 입장 간에 의미심장한 갈등이 벌어졌다. 한편에서는 형태에 관한 작업을 통해 모든 사회적 실천을 형태로 전환시켜 버렸다(이는 존재론을 인식론으로 대체한 셈으로, 형식주의 전통의 후기 단계 내에서 이미 도달한 입장이다[Frye, 1957; McLuhan, 1964]). 다른 한쪽은 여전히 직접적인 사회적 실천을 고수하면서도 이데올로기와 문화적 헤게모니에 관한 주장을 흔히 급진적일 정도로 새롭게 진술해야 했다. 그뿐 아니라 좀 더 중요하게는 창의성과 그 원천, 구성체에 관한 입장도 새로운 수정 대상이 되었는데, 이미 형식주의 전통이 여기에 대해 정면 도전했고 중요하면서도 필수 불가결한 증거까지 제시한 바 있기 때문이다.

이러한 경향의 결과 문화사회학 전체에서는 새로운 이론적 입장이 엄청나게 증가하게 됐다. 심지어 이러한 수준의 이론에 대한 일종의 집착까지 생겨났는데, 일부 입장에서 보면 이는 실로 자연스러운 사태 전개로 대다수의 직접적인 탐구는 이미 경험주의나 실증주의라며, 혹은 더 심하게는 인본주의와 도덕주의를 오염시키는 존재라며 배척되었다. 그러나 다른 입장에서도 이러한 집착은 뚜렷하게 나타나지만 전략적 측면에서는 불가피하기도 하다. 현대의 사회 위기의 한 가지 주요 형태는, 아주 새로운 방식을 취하고 그에 어울리게 낯선 기술적 어휘로 무장하긴 했지만, 이제는 지배적인 부류가 된 지적 구성체의 직접적인 문화적 실천으로 나타나기 때문이다. 말하자면 문화는 새로운 구성체가 두드러지게 부상한 대단히 중요하면서도 아주 제한적인 영역으로 옮아갔기에, 문화 분석에서도 과거처럼 아주 광범위하고 일반적인 문화적 기여 영역에 대해 기울이던 관심은 부분적으로 퇴색했다. 간단히 말해 문화 이론의 여러 형태가 특권화된 상황에서 특권화된 실천으로 변해 버린 고등교육의 제도적 테크놀로지가 그렇다.

문화 분석에서는 이러한 차원이 결여되어 있기에, 당혹스러울 정도로 다양한 입장만 넘쳐났고 그 결과 절충주의 — 이 역시 어떤 경우에는 일종의 실천이 될 수도 있겠다 — 가 등장했을 뿐 아니라 지식은 사회 과정의 실제 추진력인 테크놀로지로 급속하게 전환해 버렸다.

다양한 부류의 사회적 문화적 제도와 실천 간의 관계에 관한 여러 새로운 개념은 이제 활발하게 통용되고 있다. 내가 보기에 어떤 가능한 해결책 모색을 위한 진입점을 선택하기 전에 이것들을 간단하게나마 제시하겠다. 가장 강력한 해결책 중 하나는 루이 알튀세르Louis Althusser(1969, 1970)로 대표되고 특히 인류학과 언어학에서 가장 확고하게 정착된 구조주의판 마르크스주의다. 이 경향은 **상부구조**의 초기 개념에 대해 의미 있는 비판 제기라는 성과를 냈고, **구조**와 **실천** 개념의 재검토도 이와 마찬가지로 중요하다. 그러나 이 관점은 그 무엇보다도 탐구 수준에서 테크놀로지에 해당하는 것을 위해 실제 문화적 실천을 이론적으로 대체해 버렸다. 형식화된 구조와 체계적인 결정에 대한 구조주의의 집착은 국지적 논쟁 수준에서는 이전의 반영, 재생산된 내용과 중심적으로 결정된 체제 개념(**토대와 상부구조**)과 극명한 대비를 이룬다. 그러나 바로 이 집착 때문에 구조주의는 문화 분석에서 실로 늘 매력적이며 설득력 있는 입장이던 객관적 관념론을 새로운 기술적 형태로 재탕한다. 과거식의 마르크스주의 분석에 내재하던 환원론 — 구체적인 내용을 다른 내용으로 환원 — 은 극복되지만 곧 새로운 환원론으로 대체되는데, 다만 새로운 환원론에서는 특권화된 관찰자가 모든 실천을 체계적인 지형으로 환원시켜 그러한 지형만이 창조하고 투쟁할 수 있게 되도록 만들어 버린다. 이 주장을 그와 밀접한 사촌 중 하나인 골드만(1970)의 **발생적 구조주의**genetic structuralism와 나란히 놓고 보면 요점은 더 선명해진다. 여기서는 공시태적 구조주의synchronic structuralism의 취약점이 사실상 확인된다. 심지어 가장 심층적인 지형과 구조도 당연히 그렇게 되어야 하기 때문에 역사를 가진 것처럼, 즉 지속적이고 의미 있는 구성체를 성취할 뿐 아니라 형성하고 붕괴시키기도 하는 것처럼 파악된다. 그러나 골드만의 두 가지 개념은 어떻게 해서 주장이 어느 쪽으로든 전개될 수 있는지를 예시해 준다. **구조의 상동**homology of structures 개념은 문화 분석에서 대단히 중요하다. 이는 단순한 반영과 재생산의 문화 과정(이는 그럼에도 불구하고 실제다)에 대한 집착을 거부한다. 그러나 동시에 모든 문화적 실천을 그 형태적 결정 요소로 추상화해 버리는데, 이는 수많은 실제 작품과 과제를 새롭게 조명하면서 동시에 구체적 경험의 상당 부분과 실제의 역사적 문화 활동을 대부분 선험적으로 배제하는 식으로 (예컨대 골드만은 분석을 '위대한 작품'에 국한한다) 작동한다. 또한 **집단 주체**collective subject라는 매우 중요한 개념은 형태에 대한 사고에서 구성체에 대한 사고로 나아가는 한 방안인데(그래서 그러한 의미에서 정통 구조주의에 대한 급진적 교정 방안에 해당한다), 역으로 모든 구체적인 프로젝트를 하나의 배치 형상configuration으로 환원시키는 그러한 부류의 구성체를 강조하는 식으로 흘러갈 수도 있다. 그러한 접근은 새로운 부류의 역사적 주체라는 중요한 개념을 제안하면서 때로는 역사적으로 물질적인 세계에서 역사적으로 물질적인 존재의 구체적인 연속성과 구체적인 정체성을 해체해 버릴 수도 있다. 어느 버전이든 인간을 대체하는 것은 자신의 물화된 산물, 즉 구성체, 구조, 범주다. 루카치가 제시한 **실제적 의식**actual consciousness과 **가능한 의식**possible consciousness 간의 구분에서도 똑같은 부류의 난점이 발생한다(1923. 이 용어는 영어로 표현하기 특히 어렵다). 접합과 헤게모니의 문제점(즉 경험적으로는 흔히 문화 **수준**의 문제점으로 기술되는 문제점)을 헤쳐 나가는 한 방안으로서 이는 시사점이 풍부한 개념이다. 그러나 이 구분은 **가능한 의식**을 **이상적 의식**ideal consciousness으로 이름만 바꿔 놓는 식으로 재빨리 변질할 수 있는데 — 이는 일종의 정치적 전위 이론과 '위대한 작품' 이론을 통합해 놓은 셈이다 — 이 구분 자체는 베버의 착오에서 비롯하거나, 좀 더 중요하게는 일종의 부르주아 마르크스주의자의 특징적인 계급주의에서 유래한다고 볼 필요가 있다. 이 모든 경향은 대중문화의 문제점을 다루는 데 실패했다는 점이 특징이지만, 정말로 살펴보아야 하는 문제는 어떻게 이들의 개념이 이러한 실패에 빠지지 않도록 방어할 것인가다. 그리고 이러한 방어 장치는 이들의 효과가 미치는 반경이자 최악의 경우 이념을 테크놀로지로 전환시키는 자연적인 토대이기도 한 특권화된 고등 교육 영역에서도 되풀이된다.

프랑크푸르트학파의 중요한 저작은 문화사회학에서 특히 의미가 있었다. 구체적인 구성체 연구에서 가장 잘 구현된 이들의 **매개**mediation 관련 저작은 이 분야에서 중심을 이루어야 마땅하다. 이는 장폴 사르트르Jean-Paul Sartre가 말한 **프로젝트**라는 적극적 개념, 그리고 이와 구체적인 매개의 만남과 비교해 보면 도움이 될 것이다. 기호학은 좀 더 역동적인 게 특징이고 부분적으로는 구조주의를 넘어서는 또 다른 경로이긴 하지만, 어쨌든 **기호학**(어떤 면에서 이는 데이터 처리의 이론과 실천의 복잡한 발전 과정에서 경제적 발전과 그 정치적 결과와 엄밀하게 관련지어 연구할 필요가 있다)의 부활은 부분적으로는 구조주의의 구체적 변종이다. **코드**code라는 중요한 개념은 흔히 문화 분석에서 큰 영향을 미치고 있고 이데올로기 개념을 구체적이고 능동적인 방식으로 새롭게 파악하는 유용한 방안이기도 하다. 똑같은 환경의 제약 안에서 수많은 똑같은 압력의 영향을 받긴 하지만, 롤랑 바르트Roland Barthes(Barthes, 1967)가 그랬듯이 이러한 부류의 작업은 상당히 광범위한 문화 영역을 다루었고, 예컨대 영화에 관한 작업[6]에서는 구조주의 언어학의 폐쇄된 범주를 넘어서 결국 역사적인 현상이라고 깨달을 수밖에 없게 되는 (물론 실패는 시도를 시사해 주는 징후였다) 문화 체제 분석으로 필연적으로 나아가게 된다. 아마도 이 점은 중요한 사항이 될 것인데, 그 이유는 (**대중성**the popular의 변동 사항과 다양성에 대한 엄정한 사회학적 구분이 시급하게 필요한) 대중문화 형태 영역에서는 이론적으로 무장이 훨씬 더 잘된 프랑크푸르트학파의 저작이 (대중문화의 복원력, 냉소주의, 대안적 창작의 잠재력을 근본적으로 저평가하는) 미국의 **대중문화**mass culture 이론과 흥미로우면서도 치명적인 공생 관계를 맺게 되면서 역설적이게도 막다른 골목에 도달했기 때문이다(Marcuse, 1964).

전망

내가 언급한 모든 부류의 작업이 앞으로도 계속될 것이라는 데는 의심의 여지가 없다. 이러한 작업은 최선의 경우 그간 상대적으로 소홀히 했고 일반적 함의도 풍부한 사회적 삶의 일부 현실(즉 문화 **과정**과 문화 **구성체**)을 다룬다는 점 때문에 사회학의 다른 영역에도 파급 효과를 미칠 것이다. 그러나 수많은 잠재된 이론적, 실천적 문제점을 표면에 드러낸다는 점에서 의미 있는 발전 가능성이 있는 한 가지 영역을 지적해야만 한다면, 내 방식으로 표현하자면 **기호의 물질성**을 강조하게 되었다는 사실이 될 것이다. 이 점은 수많은 분야에서 대단한 중요성을 지니게 된다. 다양한 종류의 형식주의가 성공을 거둔 주된 원인은 적확하게도 기호 체제를 모든 문화 과정의 근본적인 요소로 강조했다는 점이다. 이러한 부류의 작업이 **비평**을 대체해 가고 있다는 사실은 놀랍지 않다.

비평은 잔여적 요소로서 여전히 인본주의 연구를 지배하고 있지만 지금은 구체적으로 부르주아식 문화 활용 방식의 이론적, 실천적 일반화로 보는 것이 더 낫다는 사실은 분명하다. (현대 통용되는 형태로서의 **비평, 문학, 예술** 개념은 모두 부르주아 사회와 동시대적인 것으로, 그 사회의 문화적 전문화와 통제를 이론적 형태로 표현한 것이다.) 그러나 형식주의가 지금까지 버텨 낼 수 있었던 것은 그것이 부정하는 유물론이 기호의 유물론을 포함하지 않았기 때문이다. 기호의 유물론이란 미디어 테크놀로지가 두드러지게 활약하는 20세기 문화 체제에서 우리가 사실상 벗어날 수 없을 뿐 아니라 근본적으로는 언어 자체에도 내재하는 유물론이다. (페르디낭 드 소쉬르Ferdinand de Saussure와 포스트소쉬르주의 전통의 지배적인 범주에 맞서 언어학에서 발전한 사적 유물론은 비록 비극적으로 중단된 형태이긴 하나 발렌틴 볼로시노프Valentin Volosinov[Volosinov, 1973]로 가장 잘 대표된다.) 우리 시대 문화에 관한 사회학에서 결정적으로 중요한 탐구 영역은 (대개 '매스 커뮤니케이션'으로 신비화되는) 독특한 사회관계 형태와 (이른바 '대중문화'와 '고급문화' 간의 관계가 극적으로 변화했고 실제 구성체는 훨씬 더 광범위하긴 하지만 대개 '미디어 종사자'로 투사되는) 독특하게 기여하는 구성체가 다른 요인과의 관계 속에서 구체적으로 조직되는 영역이다. 그러한 다른 요인으로는 현재 엄청나게 사회적으로 중요한 제도(방송 조직, 신문과 출판 복합 기업)뿐 아니라 구체적인 테크놀로지, 더구나 중립적인 송출 기구인 미디어가 **아니라** 구체적인 기호 체제의 물질적 조직인 테크놀로지가 있다. 물론 이처럼 엄청나게 복잡한 실체를 수용자와 공중의 사회학, 기여자 사회학, 문화 제도 사회학, 또한 굳이 끼워 넣자면 콘텐츠의 사회학 등 여러 개별 분야로 세분해서 살펴보는 것은 구미가 당기는 일일 뿐 아니라 종종 필요하기도 하다. 하지만 이렇게 되면 대변되지 않는 부분이 기호 체제의 사회학인데, 바로 이러한 부재야말로 문화적 구조주의가 성공을 거둔 원인이었다. 문화적 구조주의는 그러한 체제를 언급하기는 하지만 다른 모든 실제 실천을 부수적인 요소로 배제해 버리는 단점을 드러낸다. 기호 체제를 다루는 진정한 사회학이라면 이제는 반드시 그 체제에서 지배적 형태가 된 구체적인 테크놀로지를 역사적이고 유물론적 방식으로 접근할 뿐 아니라 이러한 테크놀로지를 추상화된 기술적 수준에서가 아니라 **기호 체제**로서 다루게 될 것이다. 더구나 이 수준에서는 테크놀로지가 필연적으로 새롭고 선진적인 사회 조직 형태로 간주되기 때문에 (항상 관계의 콘텐츠인) 콘텐츠 분석뿐 아니라 제도와 구성체 분석까지도(이 제도와 구성체는 그것들이 독특하게 형성되는 근거가 되는 테크놀로지에 의해 통제되지도 않지만, 마찬가지로 거기서 독립적이지도 않다) 재구성할 수 있는 토대가 마련된다. 이러한 입장에 도달하는 데는 오랜 시간이 걸렸고, 이를 제대로 입증하려면 아직도 더 긴 시간이 소요될 것이다. 하지만 여러 종류의 기존 작업을 발전시키되 새로운 이론적 시각에서 그렇게 한다면, 선진 산업 사회의 문화에 관한 사회학이 될 문화사회학이 어떤 모습일지를 그러한 입장에서 예측하고 제안할 수 있게 된다.

주

1. J. G. Herder, *Reflections on the Philosophy of the History of Mankind, (1784~1791)*. Chicago: University Press, 1973, XIV.
2. A. Gramsci, *Gli intellettuali e l'organizzazione della cultura*. Torino: Einaudi, 1949.
3. K. Mannheim, *Ideology and Utopia*. London: Routledge & Kegan Paul, 1949.
4. R. D. Altick, *The English Common Reader*. Chicago: University Press, 1963. R. H. Webb, *The British Working Class Reader*. London: Allen & Unwin, 1955. R. Escarpi, *Sociologie de la littérature*. Paris: Presses Universitaires de France, 1958.
5. W. Benjamin, *Baudelaire: a lyric poet in the era of high capitalism*. London: New Left Books, 1973.
6. *Screen*, vol. 14, no. 1/2, Spring–Summer, 1973. London: SEFT를 참고하라.

참고 문헌

Adorno, T. *Philosophie der neuen Musik*. Tubingen, 1949.

Althusser, L. *For Marx*. London: NLB, 1969.

Althusser, L. et al. *Reading Capital*. London: NLB, 1970.

Barthes, R. *Elements of Semiology*. London: Cape, 1967.

Benjamin, W. *Baudelaire: a lyric poet in the era of high capitalism*. London: New Left Books, 1973.

Frye, N. *Anatomy of Criticism*. London: OUP, 1957.

Goldman, L. *Le Dieu Caché*. Paris: Gallimard, 1956.

Goldman, L. *Marxisme et sciences humaines*. Paris: Gallimard, 1970.

Halloran, J. D. (ed). *Effects of Mass Communications*. Leicester: University Press, 1964.

Halloran, J. D. *Effects of Television*. Leicester: University Press, 1970.

Jay, M. *The Dialectical Imagination*. London: Heinemann, 1973.

Lukács, G. *Geschichte und Klassenbewusstsein*. Berlin, 1923.

Lukács, G. *Aesthetik*. Neuwied am Rhein: Luchterhand, 1957.

Lukács, G. *The Historical Novel*. Harmondsworth: Penguin, 1962.

Marcuse, H. *One-Dimensional Man*. London: Routledge and Kegan Paul., 1964.

McLuhan, M. *Understanding Media*. London: Routledge and Kegan Paul, 1964.

Volosinov, V. N. *Marxism and the Philosophy of Language*. New York: Seminar Press, 1973.

Vygotsky, L. S. *Thought and Language*. Cambridge, Mass.: Beacon Press, 1962.

Williams, R. *Drama from Ibsen to Brecht*. London: Chatto and Windus, 1968.

Williams, R. *Television: Technology and Cultural Form*. London: Fontana, 1974.

이력: 레이먼드 윌리엄스는 1921년 출생했고, 케임브리지대학교 드라마 담당 교수이자 지저스대학 펠로우다. 저서로는 《문화와 사회》, 《커뮤니케이션》, 《기나긴 혁명》, 《시골과 도시》, 그리고 최근작으로는 《키워드: 문화와 사회의 어휘》가 있다.

13

리얼리즘과 비자연주의

1977

1977년 윌리엄스는 학자보다는 주로 텔레비전 산업계 종사자 모임인 에든버러 국제텔레비전페스티벌Edinburgh International Television Festival에서 강연했다. 당시 텔레비전에서 형식의 정치성 문제를 놓고 치열한 논쟁이 진행되었는데, 이 논쟁은 학술적인 문화 분석에서도 관심사로 떠올랐다. 여기서도 압도적으로 리얼리즘에 경도된 텔레비전 미학을 비판하면서 브레히트식의 비자연주의 미학을 주장하는 사람이 많았다. 이전에 마르크스주의 미학자인 죄르지 루카치가 주장했듯이 윌리엄스 역시 예리하게도 리얼리즘과 자연주의를 구분하였다. 하지만 루카치가 오로지 19세기식 리얼리즘을 옹호한 데 비해, 윌리엄스는 가령 베르톨트 브레히트Bertolt Brecht가 예시해 준 현대적인 실험주의도 변호하려고 하였다. 리얼리즘은 현상과 표면적 인상의 자연주의적 재현만으로 규정되지는 않는다. 그 대신 리얼리즘은 표면 아래로 들어가 저변에 흐르는 현실의 동학을 파악하려고 하였다. 그러므로 리얼리즘은 자연주의로 환원할 수 없으며 실제로는 온갖 다양한 형태를 취할 수도 있다.

현재 '리얼리즘'과 '자연주의' 같은 핵심 용어를 둘러싸고 텔레비전 드라마에 관해 아주 중요한 몇몇 질문이 논쟁 대상이 되고 있다. 논쟁 과정을 지켜보면서 가장 인상 깊었던 부분은 이 용어들이 일반적으로 대단히 느슨하고 피상적으로 사용된다는 점이었다. 어쨌든 이 둘 다 아주 난해하고 복잡한 용어이며 각기 길고 복잡한 역사를 갖고 있다. 두 용어가 겨냥한 문제점 역시 분명히 복잡하고 난해하다. 그러나 내가 시도할 수 있으면서 나름대로 유용한 첫 번째 개입은 용어 자체에 대한 것이다. 동시에 작가이기도 한 일개 교수의 현학적 표현으로 이를 진단하기 전에 나에게 거슬렸던 부분은, 혼란스럽고 근시안적인 용어 사용일 뿐 아니라 이러한 용어를 통해, 또 이 용어를 넘어서 몇몇 핵심적인 창의적, 생산적 이슈가 간과되거나 대체되었다는 점이라고 말할 수 있을 것 같다. 그러한 이슈는 우연히 교수이기도 한 작가로서 내가 실제로 관심을 두는 부분이기도 하다.

나는 '리얼리즘'과 '자연주의'라는 용어에 관한 몇 가지 명제를 진술할 예정인데, 이 명제에 관해 좀 더 자세한 설명을 보고자 하는 사람들에게는 이전에 쓴 글을 참고하길 권하며, 이를 위해 부록에 다섯 편의 참고 문헌을 제시했다.

(i) '리얼리즘'과 '자연주의'라는 용어들은 원래 예술, 문학, 드라마에서 관습과 기술적 방법이 아니라 '현실' 자체와 인간과 사회, 모든 관계의 특성에 대해 변화된 태도를 지칭했다. 따라서 '자연주의'는 '초자연주의'에 대한 의식적 대안이었으며, 초인간적 혹은 인간 외적 권력을 지배적 혹은 적어도 지칭적 차원으로 포함하는 이전의 드라마, 픽션, 예술 부류와 구분해 전적으로 인간적, 세속적 측면에서 인간 행동을 의식적으로 표현해야 한다고 주장했다. '리얼리즘'은 이보다 좀 더 복잡하지만 현대에 와서 결정적으로 발전하는 과정에서 똑같은 강조점을 갖게 되었으며,

이러한 수준에서는 흔히 '자연주의'나 '유물론'과 호환되는 용어였다.

(ii) 자연주의는 별도로 분리할 수 있는 철학적 발전 내용이 아니지만 예술, 픽션, 드라마에서 새로운 관습과 방법이 형성되는 토대가 되었다. 따라서 자연주의는 특히 새로운 과학적 자연사와 연관되면서 캐릭터와 환경은 서로 불가분 관계로 얽혀 있으므로 캐릭터를 이해하려면 환경을 '기술'(제시, 구현, 실현)할 필요가 있다는 점을 원칙으로 제안했다. 따라서 자연주의 드라마 작가들은 자세한 물리적 사회적 배경을 포함시키지 않았다. 이는 새로운 무대 설치 기술과 자원을 활용하면 기술적으로 가능했기 때문이기도 하고, 다른 방법과 대비되는 하나의 공식적 방법이기 때문이기도 했다. 하지만 또한 캐릭터와 행동을 형성하는 물리적, 사회적 환경을 그 자체로도 일종의 캐릭터나 행동인 것처럼 완벽하게 직접 제시하지 않으면 캐릭터와 행동을 이해하는 일은 불가능할 것이라고 이들은 주장했기 때문이다.

(iii) '로맨스'와 '신화'에서는 세계를 재현하면서 초인간적, 초자연적 요소를 포함하고 이러한 측면에서 비합리적인 (이해 불가능한) 세력으로 파악하는 특징을 보인 데 비해, 19세기의 예술적 의미에서의 '리얼리즘'은 앞서와 비슷하게 '실제 세계'를 강조했다. 이러한 강조점은 '연극성theatricality,' '허구성fictionality'을 거부한다. 즉 이전의 글과 과거에 근거하고 '환상'과 '사실'의 분리에 바탕을 두며 핵심적으로는 자신이 창조하고 이제는 통제하는 사회적, 인간적 세계를 살펴보는 일을 피하고자 하는 부르주아의 관심사와 기피 사항에 근거해 '대체 세계'를 제시하는 방식을 거부한다.

(iv) 분명히 자연주의는, 그리고 이보다 정도는 덜하지만 리얼리즘 역시 어떤 특정한 관습과 방법에 국한되게 되었는데, 이 때문에 사실상 그러한 관습과 방법을 유발한 원래의 추동력에서 멀어지게 되었다. 이

렇게 해서 필연적으로 '고도의 자연주의'와 '자연주의적 습관' 사이를 구분하게 되었다. 동시에 **현실을 좀 더 잘 설명하고 '외부적' 현실뿐 아니라 '심리적' 현실도 포함하고 사회적, 물리적 세계를 단순히 수동적이고 결정력을 행사하는 환경보다는 역동적인 환경으로 보여 주기 위해** 새로운 방법과 관습이 개발되었다. 1890년과 1920년 사이에 이러한 움직임은 '자연주의로부터' 단절 혹은 '리얼리즘을 넘어선' 단절로 흔히 묘사되었다. 하지만 이 중 대다수는 리얼리즘과 자연주의 운동의 원래 추동력을 좀 더 심층적이고 좀 더 적절하게 구현하려는 시도였다는 사실은 우리를 헷갈리게 하는 역설이다. 이러한 이유로 이들은 리얼리즘과 자연주의가 비판한 세계관의 복원 시도에 근거한 다른 방법이나 관습과는 구분해야만 한다. 인간 행동과 캐릭터를 통제하거나 거기에 작동하는 초자연적이거나 형이상학적 세력과 차원을 의도적으로 다시 도입하려 한다든지, 아니면 이보다는 간파하기 쉽지 않지만 인간의 역사와 '무한한' 원형과 신화를 넘어서고 초월한 세력을 도입하려는 것이 그러한 부적절한 시도일 것이다. 그러한 부적절한 시도로는 엘리엇, 윌리엄 버틀러 예이츠William Butler Yeats와 사뮈엘 베케트Samuel Beckett의 일부 작품을 보라. 이와 대비되는 사례로는 스트린드베리의 후기작, 표현주의자, 브레히트의 희곡을 보라.

(v) 드라마에서 리얼리즘은 새로운 사회 세력과 새로운 버전의 사회관계에서 분리해 파악할 수 없다. 총체적 형태로서 '리얼리즘'이 발전한 것이 핵심적인 계기가 됐는데, 이는 이전의 '리얼리즘적인' 장면, 에피소드, 삽입물과 구분해야 한다. 새로운 총체적 형식으로의 급격한 변화는 세 가지 혁신을 도입한 18세기 부르주아 드라마에서 일어났다. 이러한 혁신은 우선 드라마에서 행동은 **당대적**이어야 한다는 것(관습상 과거의 거의 모든 드라마는 역사적 혹은 전설적 과거를 배경으로 전개되었다), 드라마에서의 행

동과 결말은 세속적이어야 하고(초자연적이거나 형이상학적 차원에 대한 언급이 없이 오로지 인간적 측면에서 구상되고 전개되어야 한다), 드라마의 행동은 관습화된 사회적 배타성(과거 비극은 왕족에게 국한되었다)을 넘어서야 하며 모든 인간의 삶을 포함해야 한다("여러분과 비슷한 신분의 사람이라고 해서 공감이 가지 않도록 해서는 안 된다"). 이러한 움직임은 19세기 말에 와서야 완성되었으며 여전히 대세처럼 통한다. 단기적으로 어떤 표현 관습과 방법이 채택되었든 희곡의 절대다수는 이러한 움직임의 틀 안에서 당대적이고 세속적이며 사회적으로 확장되는 쪽으로 (포섭적으로) 바뀌었다.

(vi) 부르주아가 이러한 움직임을 시작하긴 했지만 당대성, 세속성, 사회적 포섭성이란 핵심적 측면에서는 노동 계급과 사회주의 운동에 몸담고 부르주아에 적대적이던 신흥 세력 역시 동시에 이를 공유하고 더 진전시켰다. 이 수준에서 볼 때 '리얼리즘'을 부르주아 형식으로 진단하는 것은 헛소리에 불과하다. 과거를 돌이켜볼 때 봉건적, 귀족적 관습과 대립하는 존재로 부르주아 리얼리즘을 진단하는 것은 어느 정도 말이 된다. 미래 지향적으로 보면서 리얼리즘을 드라마의 당대성, 세속성, 사회적 확장성에 대한 급진적 혹은 프롤레타리아의 대안으로 구상한다면 이 역시 전혀 말이 되지 않는다.

(vii) 세계관과 형식에서 일어난 이러한 진전에 중심적인 부분은 바로 수용자의 실질적인 확장, 그리고 궁극적으로는 질적 변화다. 드라마는 궁정, 교회나 국가에 대한 의존에서 탈피해 그 본질적 구성에서 당대적이고 세속적이며 사회적 확장성이 높은 상업적, 포스트상업적 제도로 옮아 갔다. 이와 동시에 이러한 일반적 과정이 어떤 제도 내의 특수한 계급 소속이나 배제와 맺게 되는 모순도 무수하게 드러났다(19세기의 '웨스트엔드' 극장과 '대중적' 극장 간의 분열, 1890년대 전 유럽에서 새로운 '자유' 극장과 '독립' 극장과 관련되어 일어난 사회적 단절, 아니면 1930년 이후 '공동체' 극장과 유랑 기

업 간의 균열도 참고하라). 모순으로 점철된 이 과정은 극장의 역사에서 아주 두드러지게 나타난다. 처음에는 라디오로 (그러나 이는 내부적 전문화와 함께 이루어졌는데, 〈일요일 밤 극장*Sunday Night Theatre*〉과 이전의 〈제3 프로그램 드라마*Third Programme Drama*〉를 비교해 보라) 나갔고 그다음엔 결정적으로 텔레비전으로 나간 방송은 심지어 이처럼 일반적인 변혁성 변화까지도 크게 바꿔 놓았다. 드라마는 사상 최초로 전체 수용자에게 정기적으로 제공되었고, 이전에 상상하던 것보다 사실상 훨씬 더 빈번한 수준으로 활용되었다.

텔레비전 드라마의 문제점에 대한 적용

그렇다면 드라마 창작과 생산을 이러한 역사적 시각과 관련지을 때 발생하는 주된 이슈는 무엇인가? 그리고 우리가 드라마 해석에 사용하는 용어를 그때그때 되풀이하는 데 그치지 않고 그 용어의 실제적 복합성과 관련지어 창작과 생산을 파악할 때는 어떤 이슈가 발생하는가?

(a) 텔레비전 드라마에 관해 가장 중요한 일반적 사실은 드라마가 수용자와 질적으로 새로운 사회관계를 맺게 된다는 점이다. 여기에는 잠재적으로든 실제로든 과거 중세 이후의 어떤 드라마보다 사회적 도달 범위가 비교할 수 없을 정도로 더 넓다는 점, 중세와 이전의 드라마와 비교해 대중 수용자가 구조화된 행사로서 드라마를 경험하던 데서 벗어나 일상적으로 접근할 수 있도록 바꿔 놓았다는 점이 포함된다. 역사적으로 보면 이는 사회적 움직임으로서 리얼리즘과 관련되었던 과정의 궁극적 완성에 해당한다.

(b) 이 질적 변화는 계급 사회 내부에서 일어나 모순된 결과를 초래했다. 접근성은 타협되어 노출로 변했으며, 새로운 대중 수용자는 대

량 시장이 되었다. 하지만 문해력을 비교해 보라. 문해력은 노동자가 성서와 간단한 지시 사항을 읽을 수 있도록 하는 방안으로 보급되었다. 그러나 다행히도 사람들에게 성서와 공식적 공지 사항을 읽는 법을 가르치면서 동시에 급진적 신문이나 원하는 다른 어떤 것이든 읽지 못하게 하는 방도는 없었다. 문제점은 생산 지점에서 생산과 통제 수단 소유 문제로 옮아 갔다. 형태와 관련해 당대에 나온 수많은 주장은 이러한 주장의 대체된 버전이다(존 맥그래스John McGrath의 《자연주의를 거부한다*The Case Against Naturalism*》의 마지막 부분을 비교해 보라).

(c) 제도가 내부적으로 점차 복잡해지는 가운데 '대중적' 드라마를 위한 투쟁은 불균등하면서도 혼란스럽게 전개되었고 지금도 여전히 그렇다. 신문에서 그랬던 것처럼 '대중성'의 경향은 피할 수 없다. 어떤 양식으로든 대다수 삶의 폭넓은 영역을 재현하는 방식을 포함해 '대중적' 작품을 생산해야 한다는 압력이 작용한다. 여기에는 재현 과정에서 모든 부류의 기피나 대체가 포함되었다. 또한 특히 영국에서는 (대개 내부 투쟁을 거쳐) 노동 계급 삶과 역사 영역을 여러 다양한 방식으로 드라마화하는 경향이 여기에 포함되는데, 이 주제는 과거 비슷하게 배포된 어떤 생산물에서도 존재하지 않았을 뿐 아니라 (수용자 규모는 별도로 하더라도) 과거 어떤 문화 형태로든 그렇게 많은 숫자가 생산된 적이 없었다. 이 단계는 리얼리즘 발전이 계급 의식의 발전 단계라는 식의 역사적 관점(지금까지 배제된 경험을 포함하라는 요구)에서 파악하는 편이 적절할 수도 있다.

(d) 직접적인 형태의 문제점은 늘 콘텐츠와 수용자의 성격과 관련하여 살펴보아야 한다. 이론적으로 형식이란 늘 구체적인 전달 방법, 구체적으로 선별된 경험, 생산자와 수용자 간의 구체적인 관계가 융합된 것이다. '형태'(전달 방법)를 이 상호 결정하는 관계로부터 분리해서 보는 것은 잘못된 선택이다. 바로 이야말로 전달 방법의 선택을 순수하게 기술

적 문제로 가정한다는 점에서 형식주의다. 이러한 의미에서의 형식주의는 미디어 물신주의에 의해 강화되었다. 실제 생산 과정은 물질적 속성, 그 속의 의미 작용 과정, 생산자 간의 사회관계, 생산자와 수용자 간의 사회관계, 앞의 요인들의 산물이자 자체적이기도 한 콘텐츠 선별 결과 등의 복합체다. 이 모든 과정과 관계를 지배하는 목적, 속성을 가정하면서도 이 복합체를 '미디어'로 환원시키는 것은 엄격히 말해 물신 숭배다.

(e) 그렇다면 형식은 '미디어'가 아니라 총체적 생산 과정에서 도출되어야 한다. 이처럼 어려운 부류의 분석에서는 전 과정의 문제점을 다루려 하면서도 기껏해야 어설픈 흉내에 그치고 최악의 경우 단순한 헛소리에 불과한 틀을 도입하지는 않도록 해야 한다. 더구나 생산 과정은 구체적이기 때문에 주장에 방해만 될지도 모르는데 다른 구체적 과정의 틀을 아무 생각 없이 모방하는 일도 피해야 한다. (존 맥그래스가 인용한 트로이 케네디 마틴Troy Kennedy Martin의 다음 주장을 참고하라. "모든 자연주의 희곡의 공통분모는 대화를 통해 이야기를 전한다는 점이다." 이 점이 모든 자연주의 희곡에 적용된다면, 아이스킬로스Aeschylos[•] 이후 집필된 모든 희곡에도 적용된다. 모든 극장용 드라마를 자연주의라 부르는 것은 말도 안 된다. 텔레비전 드라마를 포함해 모든 드라마에서 반복해서 등장하면서 다양한 방식으로 해결된 문제점은 대사와 다른 의미 작용 형태 간의 관계다. 자연주의는 원칙상으로는 물리적 환경을 의미 작용에 포함하는 방식에 의존했기에 실제로 다른 드라마 형태보다 대사를 **적게** 사용했다. 만약 주장을 계속 펼쳐 나가려 한다면, 이처럼 상대적으로 의미 있는 역사적 기술 내용을 비틀어 우리가 반대하는 모든 다양한 것을 포괄하는 구호로 사용하는 습관을 버려야 한다. 자연주의에서 구체화의 기제로 가정되는 또 다른 요인인 자연적 시간은 사실 **신고전주의** 극장의 유명한 신조에 불과하다.)

• 아이스킬로스는 고대 그리스의 대표적인 비극 작가다. — 옮긴이

(f) 실제적인 역사 전개 과정에서는 결국 '자연주의'와 '리얼리즘'을 구분하게 되었으며, 이 구분은 여전히 중요할 수도 있다. 환경에 의해 형성된 캐릭터라는 교의로서의 자연주의는 수동적 형태로 등장할 수도 있고, 일부 운동에서 이러한 움직임이 등장하기도 했다. 즉 사람들은 자신이 속한 곳에 묶여 있었다는 뜻인데, '방으로서의 무대'라는 후기 부르주아 버전 내부의 '올가미로서의 방'과 비교해 보라. 주로 마르크스주의와 연관되고 이와 반대되는 리얼리즘의 의미는 모든 '환경'이 역동적 속성을 지니며, 이 내재적 운동 형태 내부에서 이를 변화시키기 위한 개입의 가능성은 남아 있다고 주장했다. 따라서 상당수 '포스트자연주의' 드라마는 이동성, 불연속성, 시점 변화 등의 관습을 만들어 냈다. 이러한 관습은 새로운 기술적 방법 자체로 나온 것이 아니라 역동적 현실에 대한 이러한 감각을 의미화하고 실현하기 위한 것이다. 영화 카메라가 발명되기 전에는 (예컨대 스트린드베리의 후기작에서는) 이동성, 불연속성, 변화를 무대 위에서 의미 구현하려는 시도가 이루어졌다. 분명히 이 모든 새로운 부류의 의미 작용이 갖는 기술적 가능성은 카메라의 이중적 (촬영되면서 촬영하는) 이동성에 의해, 그리고 영화와 비디오테이프의 커팅과 편집 과정에 의해 혁명적으로 확장되었다. 따라서 텔레비전 드라마는 상대적으로 손쉽게 이 '포스트자연주의' 세계로 진입할 수 있다.

(g) 하지만 새로운 드라마의 경우 이동성, 불연속성, 변화가 자신을 형성하는 현실에 대한 관점에 의식적으로 결부되어 있었다. 이 속성들이 단순한 기술성으로 추상화되면 아주 다양한 시각에서 활용될 수 있고, 실제로도 그렇게 활용된 것으로 보인다. 역설적으로 이 속성들은 이제 부르주아 문화 내에서 오직 표면적으로만 유동적이고 역동적인 사고나 세계에 관한 서로 연결성도 인과성도 없는 인상들을 전달하는 데 아주 빈번하게 사용되고 있으며, 이 인상들을 담은 더 거시적인 세계관은

보편주의 심리학이나 영원히 소외된 문명의 '인간 조건'이거나 '상징적' 혹은 '원형적' 영구성을 띠는 정적인 속성으로만 거듭 통용된다. 형식주의 분석은 언뜻 똑같아 보이는 기법이 서로 근본적으로 다른 용도로 활용되고 있는 현상을 구분해 낼 수가 없다.

(h) 그렇다면 텔레비전 드라마에서 리얼리즘이 구현될 기회는 다음과 같은 것으로 보인다.

(i) 드라마 창작자와 수용자 사이의 변화되고 잠재적으로 변화될 가능성이 있으며 변경할 수 있는 관계.

(ii) '대중적'인 미디어가 필연적으로 갖게 되는 모순 내에서 이루어지긴 하지만 (지금까지 배제되었다는 점에서) 재생산 수준, 파괴적 수준, 재구성 수준에 이르기까지 수많은 다양한 수준에서 역사적으로 배제되거나 예속적 위치에 있던 사회적 경험 영역을 포함시키는 것.

(iii) 생산 과정 내부에서는 무대나 방 같은 배경의 규모를 넘어서 가장 공적인 부류의 행동에 접근할 수 있게 해 주는 것.

(iv) 직접적인 의미 작용 과정 내에서는 변화된 사회관계와 콘텐츠의 의도적 회복이나 혁신이라는 틀 안에서 이동성, 불연속성, 관점의 변경 절차에 접할 수 있게 해 주는 것. (리얼리즘은 '연극성'과 '허구성' 거부라는 오래된 감각에 의존한다는 점에서, 의식적으로 당대의 세속적이고 사회적으로 확장된 세계관을 고수한다는 점에서, 나아가 절대다수의 경험과 다수가 접근할 수 있는 미래에 정치적으로 헌신한다는 점에서 이 절차를 다른 틀에서 활용하는 다른 작품은 리얼리즘으로부터 구분될 수 있다.)

확장하는 문화 내부에서는 모든 부류의 작품이 확장하는 경향이 있다. 가장 흥미로운 새로운 작업은 공적 행동, 이동성, 의미 작용과 관점의 변경 영역에서 이루어질 것으로 생각한다. 그러나 절대다수의 순종적이고 갈팡질팡하며 자기 부정적인 경험의 버전(이는 자연주의에 가장 중요한 의도가 배제된 자연주의적 습관이며 이름을 잘못 붙인 리얼리즘이다)이 계속 대대적으로 재생산되고 있음을 감안하면, 심지어 가장 직접적인 재생산 방법에 의해 지금까지 배제되거나 예속된 경험을 단순히 적극적으로 끼워 넣는 수준의 이동성과 시각 변경이 이루어질 여지도 풍부하게 남아 있다. 심지어 지금 이러한 시각이 아주 흔히 유발하는 투쟁은 문화를 변화시키는 전체 과정의 일부이며 유일하게 문화의 형태를 변화시킬 수 있는 시각이기도 하다.

부록

- 용어로서의 자연주의와 리얼리즘의 역사로는 《키워드*Keywords*》(Fontana, 1976, pp.181~184, 216~220)를 보라.
- '리얼리즘'의 여러 버전으로는 《기나긴 혁명》(Penguin, 1965), 2부, p.7을 보라.
- 현대 드라마의 리얼리즘과 자연주의에 관해서는 《입센에서 브레히트까지의 희곡》(Pelican, 1973, pp.382~400)을 보라.
- 리얼리즘과 텔레비전 대본으로는 *Screen*, vol. 18, no. 1, Spring 1977, pp.61~74를 보라.

14

리얼리즘에 관한 강연

1977

영화텔레비전교육협회(Society for Education in Film and Television: SEFT) 후원으로 열린 이 강연은 SEFT의 이론 저널인 〈스크린*Screen*〉에 게재되었으며, "리얼리즘과 비자연주의"와 짝을 이루는 글이다. 이 글은 당시 프랑스 구조주의에서 강하게 영향을 받은 〈스크린〉의 대다수 글과 아주 달랐다. 레이먼드 윌리엄스의 이 글은 1960년대 말경 BBC의 유명한 〈오늘의 연극*Play for Today*〉* 시간대에 방영한 텔레비전 영화 단 한 편을 분석했지만, 드라마 형식의 복잡한 역사에 근거를 둔다. 짐 앨런Jim Allen이 각본을 쓰고 켄 로치Ken Loach가 감독, 토니 가넷Tony Garnet이 제작자로 참여한 〈거대한 불꽃*The Big Flame*〉은 당시 영국 좌파 진영 정치를 전형적으로 보여 주는 기록이다. 이 영화는 만약 리버풀 부두의 파업이 혁명적 점거로 변했다면 어떤 사태가 벌어졌을지 상상한다. 이러한 측면에서 〈거대한 불꽃〉은 '만약 …… 이면 어떻게 될까' 식의 내러티브로 되어 있다.

• 〈거대한 불꽃〉은 1969년 2월 19일에 〈수요일의 연극*The Wednesday Play*〉 시리즈 중 하나로 방영되었다. 〈수요일의 연극〉은 1964~1970년에 BBC1에서 방영한 프로그램으로 주로 연극 대본이나 소설을 텔레비전용 드라마로 제작해 방영했고, 당대의 사회 문제를 다루는 내용이 많았다. 이 프로그램은 1970년에 방영일을 목요일로 옮기면서 〈오늘의 연극〉으로 이름을 바꾸어 1984년까지 이어졌다. 그런데 〈거대한 불꽃〉이 〈오늘의 연극〉에서 방영되었다고 소개한 것은 편집자의 착각인 듯하다. 이 시리즈에 방영된 작품은 형식상으로는 텔레비전 프로그램이긴 하나, 매시간 개별적인 에피소드로 방영되었고 마치 독립 영화처럼 제작자와 감독의 개인적 시각과 개성이 강하게 배어 있는 작품이 많았다. 윌리엄스 역시 이 글 원문에서 '영화'라는 용어를 자주 사용했다. 그래서 〈거대한 불꽃〉을 지칭하는 용어는 원문대로 영화라고 표기한다. — 옮긴이

〈거대한 불꽃〉은 짐 앨런이 집필하고, 토니 가넷이 제작을, 켄 로치가 감독을 맡은 BBC 텔레비전용 희곡이다. 나는 리얼리즘을 이해하는 방식과 관련지어 이 영화를 논의해 보고자 한다. 우선 특정 학파의 국지적 어휘를 제외하면 리얼리즘이 대단히 가변적이고 본질적으로 복잡한 용어라는 사실은 분명하다. 사실 용어로서 리얼리즘은 19세기 중반부터 오직 비평 어휘로만 존재하지만, 이 용어가 지칭하는 방법이 훨씬 더 오래되었음은 분명하다. 나는 특정한 예술적 방법 측면에서 파악한 리얼리즘과 이른바 '현실'에 대한 특정한 태도 측면에서 파악한 리얼리즘이라는 한 가지 분명하고 일반적인 구분을 제시하겠다. 그런데 만약 첫 번째 정의를 취해 방법에 초점을 맞추면 곧 이 방법이 시간을 초월한 것처럼 간주할 수 있는 입장을 취하게 된다. 말하자면 여기서 방법은 어떤 특정한 예술가에게든 선택할 수 있는 가능성으로 영원히 남게 된다. 이러한 부류의 강조에서 어떤 함의를 얻을 수는 있다. 하지만 이 방법 내에서도 역사적 가변성이 존재한다는 사실을 깨닫고 나면 어떤 작품 내에서 이 방법과 다른 방법들의 관계나 다른 목적, 의도와의 관계를 무시해 버리는 식으로 추상화하는 데 분명 불만을 느끼게 된다.

이 점에 관해 한두 가지 예를 들겠다. 《타운리 목동의 연극*Play of the Townley Shepherds*》으로 알려진 중세 희곡은 기본적으로 그리스도의 탄생과 목동들에게 예수 탄생 소식이 전해지는 내용의 연극이며, 이러한 의미에서 실로 대부분 그러한 방식으로 작성된 중세 당시의 독특한 종교적 형식의 드라마였다. 그런데 이 중세 희곡 내부에서 그 유명한 예수 탄생 에피소드는 분명히 리얼리즘이란 용어를 적용해야 마땅하다. 내가 지금 언급하는 추가 에피소드는 탄생 고지 이전에 (희곡이 작성되고, 공연된 구역의 목동으로 보이고, 말하자면 그러한 관점에서 인식되는) 목동들이 목동으로서 자기 삶에 발생하는 문제점을 논의하고 바로 그러한 구체적인 상황에서 자신들을 소개한다. 그 후에 탄생 고지가 전해진다. 그런데 이 상황은 여러 가지 방식으로 파악할 수도 있다. 이 장면이 삽입된 이유는 이 삶에 관해 알거나 그 삶을 공유하는 사람들에게, 또한 이 장면이 자기 구역 목동들의 삶임을 알아채는 사람들에게 관심거리가 되기 때문이라고 말할 수도 있는데, 이 경우 이 정의는 이후 상식화한 리얼리즘 개념과 비슷해질 수도 있다. 아니면 이를 아주 다른 방식으로 파악해 지역, 국지적 리얼리즘, 이 요크셔 목동의 정착이 그 작업 전체의 조건이라고 말할 수도 있다. 팔레스타인의 목동에게 일어났어야 할 탄생 고지는 보편적 고지이며, 국지적 리얼리즘의 조건은 종교적 사건이 보편성을 띠기 위한 조건이라는 점에서 그렇다. 달리 말하면 그 리얼리즘의 기능은, 그리고 이에 따라 리얼리즘에 대한 그러한 묘사의 핵심적 중요성은 국지적 방법뿐 아니라 그 방법과 작품 내의 다른 방법과 다른 의도 간의 관계까지 분석하고 난 후에야 최종 판단을 내릴 수 있다.

아니면 영국의 르네상스 비극에 흔히 삽입되는 장면들을 살펴보라. 이 비극에서는 드라마의 주요 인물이 과거의 고귀한 인물에서 대개 의식적인 사회적 이동을 거친 후 새로운 인물로 설정된다. 이 인물은 말투조차도 다른 사회 질서에 속하는 인물이면서도 흥미롭게도 이탈리아 궁정이나 로마의 광장, 혹은 어떤 훨씬 이전 시대에 벌어지는 듯한 행동일 때조차 흔히 확연하게 당대의 영국인 같은 인물로 등장한다. 이 지점에서의 의도가 (보편성을 함께 갖춘 지역성이 아주 구체적인 관습을 이루는) 《타운리 목동의 연극》에서의 의도와 똑같지는 않다. 반면에 방법 측면에서는 어떤 장면이 리얼리즘적이라 기술해야만 한다. 즉 문어체 대사는 평범한 일상적 삶의 모방에 훨씬 더 가까워진다. 이후 이 모든 것은 리얼리즘의 조건으로 간주된다. 하지만 이 아주 이질적 부류의 희곡 내에 삽입된 장면은 더 넓게 작품 전체의 의도와 관련지을 때만 비로소 어느 정도 정확하게 리얼리즘이라고 기술할 수 있다. 여기서는 종교적 드라마의 국지적/보편적 구체성이 아니라 상호관련성과 행동의 확장 문제가 존재하는데, 그러한 문제에서는 주 캐릭터와 이 보조 캐릭터의 행동 양식과 대사 양식 간의 대비 자체가 드라마 행동 전체에 대한 정의에서 파생하는 기능이 된다. 이 방법으로서의 리얼리즘이라는 버전과 근본적 태도로서의 리얼리즘이라는 대안적 버전 사이의 대비는 다음과 같이 역사적으로 볼 때만 파악할 수 있다고 생각한다. 즉 드라마 형식의 발전 과정을 추적해 보면서 흔히 이 초기의 특정 장면에 사용되던 것과 아주 비슷한 리얼리즘적 방법이 전체 형태 구성에 확장되어 뚜렷한 질적 차이를 드러내는 것을 발견할 때, 그리고 희곡 전체가 이 방법들을 사용할 뿐 아니라 완전히 다른 의도를 구현한다고 파악될 때 그러한 이해가 가능하다는 것이다. 만약 이 이후의 의도를 논의하려 한다면서, 의도는 제쳐두고 방법만 논의하거나 의도 문제를 방법 문제로 환원할 수 있다고 생각한다면 분명 큰 낭패를 보게 될 것이다.

전례가 있긴 하지만 리얼리즘이 완전한 형식으로서 발전하게 되는 중요한 변화의 계기는 18세기 드라마에서 일어난다. 예컨대 왕정복고기의 산문 희극 중에 아주 흥미로운 사례가 하나 있다. 우연하게도 이 희극은 왕정복고기 허가제 극장의 아주 엄청나게 계급 제한적 성격의 한도 내에서도 대본, 배우, 수용자 간에 이례적으로 통합된 관계를 보여주었다. 궁중을 중심으로 한 소수 계급의 삶에 관한 글은 그 삶에 속한 드라마 작가들이 집필하고, 공연 역시 거의 전적으로 그 삶에 속한 수용자를 대상으로 이루어지는데, 이 극은 한 가지 정의에 따르면 아마도 영어로 된 최초의 리얼리즘 희곡일 것이다. 이 극은 그 계급의 틀 안에서 당대의 일상적 현실에 초점을 맞춘다. 대사 양식은 이전의 어떤 드라마보다도 훨씬 일관성 있게 대화의 모방을 지향했다. 더구나 여기엔 어떤 변화가 뒤따랐는데, 이 자체가 전적으로 예술적 의도에 의해서만 결정된 것은 아니었다. 즉 여성 역할의 연기에서 소년 배우를 여배우로 교체한 것은 한 가지 명백한 예일 뿐이다. 하지만 오늘날엔 대개 그렇게 분류되는데도 그러한 양식적 코미디류에 리얼리즘이란 이름이 그렇게 흔히 거부되었다는 점은 의미심장하다. 이러한 폭넓은 측면에서 방법과 의도는 리얼리즘에 속하지만 완전한 형식으로서의 리얼리즘이란 이후의 정의는 현실에 대해 차별화되고 실로 의식적인 저항성을 띠는 태도와 관련이 있었기 때문이다. 그 특정한 드라마 형식으로 구현된, 이 계급의 제한된 관심사와 제한된 습관은 완전한 의미에서 당대 현실과의 대면이 아니라고 여겨졌다.

완전한 형식으로서의 리얼리즘에 도달하고 어떤 확정적 특징을 규정할 필요가 생기는 것은 실로 이 이후의 드라마, 특히 18세기 부르주아 드라마에 이르렀을 때다. 우선 사회적 확장을 향한 의식적인 움직임이 일어난다. 부르주아 비극의 초창기에는 비극의 행동을 고귀한 사람 — 당시까지는 관습과 지침에 의해 비극은 대개 이들에게 국한되었다 — 에서 그 당시 표현으로 '당신과 비슷한 반열, 우리 반열의 사람'으로 확장할 필요가 있다는 중요한 주장이 나왔다. 이러한 사회적 확장의 움직임 (즉 여러분과 '비슷한 신분의 사람이라고 해서 공감이 가지 않도록 해서는 안 된다'는 인식) 은 오늘날 리얼리즘식 의도로 규정할 수 있는 현상에서 핵심 요인이다. 둘째로는 행동을 현재에 배치하고 행동을 당대적으로 만들려는 움직임이 있다. 대다수의 이전 드라마가 역사적 혹은 전설적 과거를 배경으로 삼는 것이 거의 드라마 형식의 구성 요소인 듯했다는 사실은 놀랄 만한 일이다. 당대 세계의 행동을 강조하는 것은 이 새로운 부르주아 리얼리즘을 규정하는 두 번째 특징이다. 아마 궁극적으로 가장 중요한 세 번째는 이전의 희곡에서는 형이상학적 혹은 종교적 질서의 요소가 직접 혹은 간접적으로 인간 행동을 틀 짓거나 좀 더 강한 의미로는 결정했다는 사실과 똑같은 의미에서 세속적 행동을 강조한다는 점이다. 이전의 그러한 차원은 폐기되고 그 대신 구체적으로 인간적 관점에서, 오로지 인간적 관점에서 인간 행동이 내내 전개된다. 이러한 변화는 중요성의 상실이자 드라마의 편협화로 간주되었다. 이는 흔히 비극적 행동의 감상주의로 매도되었는데, 실로 국지적 측면에서 보면 이는 종종 사실이었다. 그러나 이 의식적 세속화, 그리고 우리가 드라마적 방법의 리얼리즘보다는 좀 더 폭넓은 의미의 리얼리즘과, 말하자면 합리주의, 과학적 태도, 사회에 대한 역사적 태도의 발전과 관련지어야만 하는 태도 개발 간의 연계가 존재했음은 결코 간과할 수가 없다.

이와 동시에 구체적인 상황에서는 이 일반적인 리얼리즘적 의도가 구체적인 이데올로기 특징에 의해 제한되었다. 조지 릴로George Lillo의 희곡인 《런던의 상인*London Merchant*》은 이 유형의 중요한 예다. 하지만 이는 이러한 일반적 의도가 아니라 특정 계급의 이데올로기와 관련이 있는 특정한 국지적 구조 내에서 공유된다. 아니면 이 일반적 외도는 구체적 이데올로기를 통해 매개된다. 이 희곡은 정직하고 부지런하며 순종적인 도제 이야기로서, 자신의 부와 쾌락을 독자적으로 추구하는 다른 도제와 대비를 이룬다. 이러한 동기 때문에 이 다른 도제는 절도와 살인에 빠지게 되며, 반면에 착한 도제는 주인의 딸과 결혼하고 성공을 거둔다. 착한 도제와 딸은 사악한 도제와 그 애인의 처형을 지켜보며, 이를 통해 수용자들은 의식적으로 자신의 운명을 예정하고는 피하는 법을 깨치게 된다. 런던 상인 길드가 후원해 이 희곡을 이후 매년 도제들을 대상으로 공연했으며, 이 공연이 한 세기 이상 지속되었다는 사실은 그다지 놀랍지 않다. 어떤 점에서는 바로 이데올로기적 내용 때문에 희곡의 리얼리즘적 의도에 대한 동의가 완곡하게 이루어졌음을 볼 수 있다. 사건에 대한 이러한 묘사가 똑같은 상황에 부닥친 사람들에게 하나의 교훈, 도덕적 교훈으로 제시되기에는 리얼리즘 측면에서 매우 명쾌하고 설득력이 있다고 여겨졌다. 이 사람들은 드라마의 행동을 직접 자기 삶에 적용할 수 있기 때문이다.

이 초창기 부르주아 희곡에서 시작해 19세기 말의 중요한 고도의 자연주의에 이르기까지 드라마에서 리얼리즘의 발전 과정은 느리고 복잡했지만, 예컨대 19세기 말 입센에 이를 무렵에는 이 세 가지 강조점에서 새로운 주요 형식이 발전되어 나왔다는 사실은 분명하다. 당시 흔히 의식적으로 리얼리즘으로 묘사된 세 가지 강조점은 세속성, 당대성, 사회적 확장성이다. 어떤 면에서 이 정의들은 물론 모든 것을 포괄하지는 않았지만 너무나 널리 보급되는 바람에 그 전반적인 정의 내에 [리얼리즘] 방법의 수많은 국지적인 변종을 포함하게 되었다.

19세기 말에 이르면 리얼리즘을 자연주의와 구분하려는 시도가 일어났다는 점에서 문제가 여기서 좀 더 복잡해진다. 그래서 잠시 이 구분을 살펴볼 만한 가치가 있다. 사실 자연주의는 심지어 리얼리즘보다 좀 더 뚜렷하게 주로 드라마적이거나 좀 더 일반적인 예술적 방법으로 정의되지 않는다. 원래 자연주의란 좀 더 엄격하게 국지적 성격을 강조하고 인간 행동을 오로지 인간적 측면에서 묘사하려고 시도하면서 인간 행동에 대한 초자연주의적이고 형이상학적인 설명을 의식적으로 거부했다. 과학, 실로 의식적으로는 자연사와의 관계, 당대 현실에 대해 철저하게 분석적인 묘사 방법, 철학적으로 연계된 자연주의와 리얼리즘이란 용어 등은 한동안 상호 호환적인 특징이었다. 스트린드베리는 유명한 개념 정의에서 리얼리즘이란 카메라 렌즈 위의 작은 티끌에 이르기까지 모든 것을 복제하는 방법이지만, 자연주의는 표면 아래로 들어가 본질적 운동과 갈등을 발견하려는 방법이라 불렀는데, 이 사실에 의해

[용어의] 이러한 용례가 더 복잡해졌다. 이제는 모두 알게 되었겠지만, 궁극적인 관습적 구분은 동일하지만 용어는 서로 뒤바뀌게 된다. 자연주의는 어떤 정태적 속성을 지닌 현실의 밋밋한 외부적 모습을 단순히 복제하는 방법으로 간주되었고, 반면에 리얼리즘은 예컨대 마르크스주의 전통에서 이 표면 근저로 들어가 본질적인 역사적 운동과 역동적 현실을 파악하려는 방법과 의도였다. 그리고 이러한 구분의 틀 안에서 보면 자연주의, 즉 일상적 현실의 현상(겉모습) 복제라는 의미에서의 자연주의는 폐기되었다는 사실은 이제 상식처럼 되었다. 이 정의는 당대의 감독이나 드라마 작가와의 모든 인터뷰에서 거의 정형화된 그림처럼 보인다. 이 모든 선언에 비추어 보면 물론 당대 드라마의 절대다수가 바로 이러한 틀 안에서 일상적 현실의 복제에 불과했으며 정말 놀라울 정도로 국지적 변종이 적었다는 사실은 그저 경이로울 뿐이다. 비록 역동적 운동에 대한 언급 덕분에 허용되는 범위는 더 넓었긴 하지만 리얼리즘은 이처럼 추상적이고 궁극적으로 무의미한 거부 속에서 도매금으로 밀려나는 경향이 있었고, 이 때문에 심리적 리얼리즘, 네오리얼리즘 등에서는 다양한 형태의 부작용까지 드러났다.

이 몇 가지 예만 살펴보더라도 지금까지 역사적으로 가변적이었음을 알 수 있는 개념을 사용할 때는 특히 주의를 기울여야 한다. 특히 궁극적으로 어떤 실체적 분석에서도 용납될 수 없는 방식으로 의도로부터 방법을 추상화해 내는 정의를 사용할 때 그렇다. 기술적 정의와 일반적 정의 간의 관계라는 이 문제에 관해 내가 제시할 수 있는 가장 좋은 예는 19세기 드라마에서 사용되던 무대 위의 방이라는 사례다. 이는 분명히 아주 구체적인 역사적 발전의 산물이다. 즉 19세기 유럽 전역의 극장에서는 **방**으로서의 무대, 혹은 무대 위의 방을 재현하게 되었다. 그 이전에는 심지어 방이 실제로 등장했던 곳에서도 무대는 여전히 주로 연기의 공간이었다. 물론 이전의 행동이 갖던 성격을 감안하면 방, 구체적으로는 가정의 단위는 거리, 궁전, 광장, 궁정 등 좀 더 공적인 공간보다는 훨씬 적게 사용되었다. 그런데 무대 위에서 방의 발전을 무대 설치 기술 발전(즉 가스 조명, 무대 설치 기술 개선 등)과 관련짓는 낯익은 부류의 기술결정론적 역사도 존재한다. 그러나 19세기 이전의 사람들이 19세기 말이나 20세기 극장에서 한 것처럼 무대 위에 방을 설치하고자 했어도 기술적으로 그렇게 할 수는 없었을 것이라고 가정한다면 이는 얼토당토않은 발상이다. 이보다 진실에 더 가까운 추정은 무대 위 방의 설치는 드라마적 행동의 자연스러운 중심을 사회적 확장성 측면에서 특수하게 해석하고 당대성을 강조하면서 나온 결과라는 것이다. 이는 또한 이후의 발전 과정에서 그랬듯이 캐릭터와 환경 간의 떼놓을 수 없는 관계를 철저하게 특수한 자연주의 방식으로 해석했기 때문이기도 하다. 그러한 해석에서 방이란 그 속에 거주하는 캐릭터의 성격에 의해 조성되고, 근본적으로 그 성격에 영향을 미치며, 근본적으로 그 성격을 드러내기도 하는 구체적인 환경이기 때문에 방이 곧 캐릭터였다.

진정한 역사는 기술적 역량의 증가라는 관점에서 본 역사나, 캐릭터와 환경 간의 관계를 이러한 과학적 측면에서 파악한 역사보다는 더 복잡하다. 사실 영국에서 여러 방을 재현한 '상자형 무대'가 최초로 무대에 도입될 당시를 살펴보면(영국과 프랑스의 극장은 이 측면에서 거의 비슷한 속도로 움직였다), 방이 존재하는 이유는 환경을 식별해 주거나 표현한다는 인상을 주기 위해서가 아니라 단순히 일종의 사치를 과시하기 위해서였다. 이는 의식적으로 과시하려는 부류의 (오늘날에는 최신 유행성 부류라 할 만한) '상류 사회' 연극이다. 박스형 무대 설치 기술의 대다수와 이후 극장을 더 완벽한 대형 박스형 무대로 개조하는 기술은 1870년대에 이르러서야 완성되었는데, 당시에는 다른 의도보다는 이처럼 '화려한 장치 과시'라는 조건에서 더 영향을 받았다. 그러나 방을 인간 행동의 현실에서 중심으로 설정하는 방식은 급격하게 발전하는데, 이러한 변화는 영국의 드라마보다는 스칸디나비아, 독일, 러시아에서 더 활발했고, 이후 유럽 전역으로 확산했다. 즉 사적인 가정의 방은 물론 인간 행동의 장소라는 특별한 해석과 완전히 일치했는데, 이 공간이야말로 부르주아 가족의 삶 **자체였고**, 그러한 가족의 방에서는 이 가족의 삶에서 중요한 일이 일어난다고 보았다. 내가 말하고자 하는 바는 만일 그러한 부류의 형식을 분석하려 할 때는 방법에 주목하고 이를 어떤 추상적인 리얼리즘 개념과 관련짓는다거나, 방의 재현은 드라마 전반의 의도에서 어떤 고정된 함축적 의미를 지닌다고 단정하는 식으로는 충분하지 않다는 것이다.

이러한 요지는 이후 영화를 다양하게 활용하게 된 것과도 관련이 있다. 분명히 영화는 어떤 식으로든 방의 재현, 방에서 방으로의 이동성, 이러한 단순한 틀 안에서 구상된 다양한 장면의 재현을 좀 더 적극적으로 개발할 수 있을 것이다. 영화는 다시 문을 나와, 연극적인 드라마가 대체로 포기해 버린 거리로, 공적 장소로 진출할 수도 있다는 사실 역시 분명하다. 이와 동시에 이미지를 아주 다양한 목적에 활용할 가능성은 카메라 자체에 내재했다. 영화의 활용 중 대다수는 영화가 수용한 드라마 전통의 관점에서 규정되었기에 메시지와 의도의 똑같은 변종, 방법과 의도의 다양한 결합, 용어의 (혼동은 말할 것도 없고) 똑같은 가변성도 발견할 수 있다. 바로 이러한 측면에서 아마도 〈거대한 불꽃〉의 정의 문제는 내재적 변종의 가능성을 의식하면서 접근하고, 이에 관해 어떤 질문을 던져보는 것이 아마 최선일 것이다.

우선 다음과 같은 질문은 던져볼 만하다. 〈거대한 불꽃〉의 제작자들은 자기 작품을 과연 어떻게 묘사할까? 이 작품이 리버풀 부두의 실제 삶을 보여 준다고 말할까? 그럴 수도 있을 것이다. 그러나 이것만이 이들이 전할 내용 전부는 아닐 것이다. 이 작품이 내가 서술한 이전의 역사와 어떤 연속성이 있다는 사실은 분명히 확인할 수 있다. 어떤 점에서는 이 특정 작품이 속하는 운동은 역사적으로 부르주아 드라마의 첫 번째 시기를 규정한 사회적 확장 단계의 연장선에 배치할 수 있다. 부르주아 비극 작가들이 '당신과 비슷한 반열, 그들과 동일 반열의 사람들'에 대한 관심으로 옮겨 가는 방안을 논의했을 때 사실은 자신의 소속 계급을 지향했다. 여전히 자신의 계급 너머로 확장은 거의 이루어지지 않았다. 부르주아 드라마 형식을 규정하는 세 가지 핵심 특징 중 하나인 추가적인 사회적 확장성 측면에서 이후 이러한 부류의 드라마 형식의 역사를 완벽할 정도로 정확하게 해독할 수도 있다. 이는 바로 심지어 대다수의 드라마에서조차 명백하게 배제되었던 삶의 영역으로 드라마 소재를 의식적으로 확장하는 것이다. 이렇게 해서 텔레비전은 종종 특정한 드라마적 확장용 공간으로 파악되었는데, 이는 텔레비전이 이미 철저하게 사회적으로 확장된 수용자를 확보하고 있었기 때문이다. 텔레비전은 사회적 측면에서는 꾸준하게 소수의 수용자와 계급적 측면에서는 훨씬 더 한정된 수용자를 대상으로 삼는 연극에 의식적으로 대항했다는 점에서 대안이 되기에 적합한 장소로 여겨졌다. 이러한 대안적 공간에서는 대중 수용자가 대상이 되고 주제도 훨씬 더 전면적으로 확장된 드라마, 즉 노동 계급적 삶의 드라마로 확장될 여지도 크며 노동 계급은 드라마상의 행동에서 중심으로 부상했다.

이러한 운동이 완성되었음을 보여 주는 예는 아직 충분하지 않다. 연극 분야에서 이는 아주 최근의 움직임에 불과하다. 이를테면 1892년 나온 게르하르트 하웁트만Gerhart Hauptmann의 〈길쌈쟁이들*The Weavers*〉은 자연주의 연극의 고전이자 어떤 의식적인 정치적 의도도 갖춘 작품인데, 그 이전에도 그런 움직임의 사례가 있는지는 모르겠다. 먼저 좀 더 광범위한 사회적 삶을 더 폭넓은 수용자에게 보여 주기 위해 상대적으로 열린 관점에서 접근하는 의식적인 정치적 시각 없이는 이러한 부류의 확장을 결코 구상할 수가 없다. 하지만 〈거대한 불꽃〉을 한번 보기만 해도 단순한 확장 이상이 연루되어 있음을 깨닫게 된다. 노동 계급의 삶으로 확장된 일부 사례에서 보듯이 이는 수용자에게 이국적인 것을 구현한 작품이 아니다. 어떤 의미에서는 과거에 '하층민의 삶'의 드라마로 불리던 것은 부르주아 드라마 자체가 부수적으로나마 의도한 바이기도 하다. 흔한 표현을 빌리자면 '나머지 절반은 어떻게 사는지 보기' 자체가 특수한 의도가 되고 심지어 특수한 오락 형태가 되기도 한다. 실로 〈거대한 불꽃〉에 관해 던져보아야 할 질문 중 하나는 이 드라마가 부두 내부의 특정한 행동을 더 광범위한 수용자에게 해석해 주는지, 아니면 그 계급을 자신에게 해석해 주는지에 관한 것이다. 작품에는 두 가지 의도의 존재를 모두 보여 주는 증거가 있다고 생각하며, 양자를 구분하는 것은 어떤 완벽한 분석을 위해서든 중요하다. 결론적으로 〈거대한 불꽃〉은 사회적 확장성, 당대성, 세속성이라는 규정적 특징 외에 네 번째 용어가 필요한 부류의 리얼리즘 드라마에 속한다고 말하고 싶다. 이 네 번째는 특정한 정치적 관점과 관련해 의식적으로 해석적 성격을 띤다는 것이다. 이는 흥미롭게도 예컨대 브레히트의 드라마와 상호관련성을 갖고 있다. 브레히트는 여러 측면에서 리얼리즘의 저변을 흐르는 의도와 철학적 입장을 공유하긴 하지만 그의 드라마 중 상당 부분에서 (물론 분명 세속성의 강조를 유지하고 강화하긴 하지만) 당대성에서 벗어났다는 사실은 흥미롭다. 브레히트의 저작 중 상당수가 과거를 배경으로 삼고 그러한 방식으로 일상을 다룬다는 점은 그의 드라마에서 여전히 주목할 만한 사실이다. 사건의 **해석**에 작용하는 의도는 브레히트의 드라마 형식에서 내재적인 일부가 되었고, 사건을 단순한 공감 대상으로 제시하는 다른 작품 형식과도 구분되는 특징이다. 이러한 특징은 〈거대한 불꽃〉에서도 아주 뚜렷이 나타나는데, 아마 브레히트가 영향을 미친 어떤 부분이 의식적으로 도출된 것으로 보인다.

〈거대한 불꽃〉은 구체적인 작업장에서 기존의 노동 계급 역사와 의식 수준을 설정하는 데서 시작한다. 이 영화는 데블린의 부두 실태 보고서•가 출간되었던 무렵의 리버풀 부두를 대상으로 한다. 〈거대한 불꽃〉은 이러한 관조적 부류의 리얼리즘 영화에서 발전시킨 특징, 예컨대 1920년대 초 소련 영화, 실로 소련의 연극에서 개발된 특징을 활용한다. 비직업 배우, '자신을 연기하는' 사람들의 의도적인 사용이 그 예다. 촬영 장소는 극화된 행동의 장소일 뿐 아니라 역사적 행동, 당대의 행동이 벌어진 장소(아니면 그 일부)이기도 하다. 영화 초반부에는 이렇게 국지적으로 규정된 특징 안에서 부두 노동자들의 대화에 뚜렷한 의식 수준을 설정한다. 이 잘 알려진 장소의 특정 지점에까지 행동을 끌고 가기 때문에 어떤 극적이면서도 정치적인 가설이 확립된다는 점에서 그 후 여기서 발생하는 효과는 협소한 리얼리즘 정의와 아마도 부조화를 초래하는 듯하다. 이처럼 기존의 여건, 이 여건을 규정하거나 변경하려는 기존의 시도에 맞서는 이 특정한 투쟁의 관점을 넘어선다면 어떤 일이 발생할까? 우리가 스스로 권력 장악을 지향하는 쪽으로 움직였다면 어떤 일이 발생했을까? 만일 파업을 넘어 점거로 나아갔다면 구체적인 관점에서 어떤 일이 벌어졌을까? 따라서 〈거대한 불꽃〉에서 리얼리즘의 성격을 판단할 때는 기존의 식별 내용을 확정하는 친숙한 방법과 그 식별 내에

• 1964년 영국의 노동부 장관이 위촉해서 활동한 데블린 위원회의 활동 보고서를 말한다. 이 보고서는 당시 영국 항만 운송 산업의 노사 분규와 고용 문제를 분석했다. — 옮긴이

서의 가설 — 이 가설은 리얼리즘의 틀에 따라 수행되면서도 정치적으로 상상된 가능성이란 범위 안에서 작동한다 — 이라는 대안적 방법 사이에 가능한 흥미로운 결합, 아마도 융합, 그리고 이 융합 내의 어떤 균열에 주목해야 한다. 이 가설은 내내 가동되지만, 덧붙이자면 유토피아적 방식으로 그리하지는 못한다. 점거 시도에서 발생하는 것은 물론 상당한 정도의 성공, 상당한 희열, 사람들이 자기 삶을 통제할 수 있게 될 때 나오는 에너지 분출이라는 친숙한 개념이다. 그러나 그 속에는 항상 배신의 조짐, 조직의 어떤 무능함과 준비 부족을 보여 주는 증거, 궁극적으로 군의 공격에 대비한 어떤 실제적인 경고 부재 등이 존재한다. 노동자 자신의 권력 과시를 겨냥해 국가의 무력이 가동될 것이며, 이 가동은 기만뿐 아니라 폭력에 의해서도 이루어질 것이라는 주장도 나온다. 결국에는 특정한 가설이 패배했음이 입증되지만, 국지적 행동 측면에서만 패배할 뿐 여전히 가설로는 유지되기에 사상으로서는 패배하지 않음이 드러난다. 비록 특정한 행동은 패배하지만 조직 위원회가 교체되고, 마지막 장면에서는 점거 위원회를 추스르기 위해 모여드는 어른들 뒤로 젊은 아이들이 등장하는 아주 특징적인 결말이 이어진다. 이 소년들은 구세대의 과업을 계승할 다음 세대인데, 이 장면은 노동 계급이 승리뿐 아니라 패배에서도 이해와 가르침을 얻어야 한다는 교훈적인 시각에서 다루어진다. 이 전반적인 움직임 내에서 구체적인 기법을 좀 더 유심히 살펴보면 흥미로운 점을 발견하게 된다. 우선 사용되는 기법은 가장 단순한 의미에서 리얼리즘 영화의 기법이다. 즉 카메라는 단일한 시선을 취하며 대안적 시각의 가능성은 없다. 시청자는 카메라의 시각을 따라가든지 거리를 두어야 하며, 액션 내에서 시청자가 복잡한 시선을 취할 가능성은 존재하지 않는다. 실로 상황에 대한 지식과 식별에는 상당 부분이 당연시된다. 데블린 보고서를 언급하긴 하지만 이 보고서는 알려지든 그렇지 않든 어떤 면에서 당연시된다. 이를 확정하기 위해 구체적으로 어떤 조치도 취해지지 않는다. 확정되는 부분은 부정적으로 대응만 할 수 있다는 점에서 불완전한 전투성에 대한 인식뿐이다. 이처럼 제한된 전투성에서 의식적인 권력 장악이란 다음 단계로의 핵심적 이행은 기법 변화로 이루어진다. 다음에 전개될 사태를 명확하게 파악한 강력한 남성이 등장하는데, 신분도 확실하지 않고 흥미롭게도 정치적 뿌리나 이 행동과의 관계조차 명확히 밝히지 않았지만 이전과는 다른 의식의 목소리로 등장한다. 이 부분에서는 자연주의의 관점에서 다루어지는 다소 중구난방식 토론 장면이 의식적인 보이스오버로 대안적 시각을 제시하는 장면으로 이행한다. 주로 자연주의의 관점에서 식별 가능한 행동이란 틀에 따라 가설의 드라마화가 이루어질 때 복합적 시선과 가변적 시각 제시의 가능성을 허용하는 관습이 이행 양식으로 도입된다. 이 관습은 대체로 다시 사용되지 않으며 특히 결말에서는 이 관습의 부재가 중요한데, 만약 패배로부터 배우는 바가 있다면 이는 마지막 장면에 의해서 달성되기 때문이다. 여기서는 실제 교훈의 체득과 실제 사건의 분석을 통한 새로운 의식 달성을 보여 주는 관습을 사용하기보다는 이 계급이 이후 세대에서 그리고 자체적 대체를 통해 새롭게 태어날 것이라고 암시하는 방식의 기법이 사용된다. 이 새로운 관습은 브레히트가 자신이 집필한 드라마에서 불규칙하지만 꾸준히 사용하면서 정착시키려 한 것이다.

여기서는 분석해 보면 흥미로운 한 가지 국지적 사항이 있다. 어느 텔레비전 인터뷰어가 등장하는 짤막하면서도 효과적인 장면이 나오는데, 그는 점거의 이유를 발견하긴 했지만 이를 특정 텔레비전 방송사의 기자라는 기능의 틀 안에서 수행해야만 했다. 사실 우리가 그에게 들려준 내용을 그가 요약하면 우리는 이를 부정하는 장면이 나오는데, 텔레비전 인터뷰어가 이러한 부류의 사건을 보도하게 될 때 수행하는 기능에 대해 수많은 노동 계급 사람들이 느끼는 감정을 이 장면은 효과적인 풍자 방식으로 전달한다. 이는 고립된 장면이긴 하지만 그 자체로도 효과적이다. 하지만 이는 전반적인 자연주의식 전달 방식 때문에도 흥미롭다. 만일 우리가 이 장면 바깥에서 이미 들은 바를 기억한다면, 비록 인터뷰어의 요약 내용을 입증하기보다는 훨씬 더 중구난방식의 수준이긴 하지만 사실상 사람들이 직장으로 되돌아가기 너무 힘들다는 식의 느낌으로 듣게 된다. 이는 마치 이 장면이 독자적으로 풍자적인 전달로 구상된 것 같은 인상을 준다. 이처럼 텔레비전 인터뷰의 작동 양식에 대한 사전 지식에 의존하고 이를 영화 나머지 부분에서 지배적 관습에 삽입하는 또 다른 관습이 활용되는 바람에 어떤 미해결의 긴장감과 심지어 모순까지도 조성된다.

아니면 시점이라는 또 다른 문제점을 살펴볼 수도 있는데, 이는 좀 더 적극적인 강조를 반드시 낳게 하는 기법이다. 이는 실제 사건의 재연, 즉 사물을 발생하는 그대로 보여 준다는 미디어의 익숙한 주장 내에서 언뜻 우리도 깨닫지 못하는 듯한 상태에서 의미를 생산하는 요소 중 하나다. 여기서 이는 경찰과 일종의 사회적 소요에 가담한 것처럼 재현되는 사람들 사이의 싸움이 벌어질 때 카메라의 위치 문제가 된다. 뉴스 영화에서든 그러한 부류의 소요에 관한 픽션화된 보도에서든 **경찰 배후에** 자리 잡은 카메라의 위치가 얼마나 정상적으로 여겨지고 자연화되는지는 아주 놀라운 일이며 물론 그 이유도 명백하다. 경찰은 카메라와 **함께** 있는 것처럼 제시된다. 군중, 소요는 대상이 된다. 〈거대한 불꽃〉에서는 이러한 관습의 정상성과 대비를 이루면서 시점이 공격받는 사람들 측에 있다는 사실이 중요하다. 이 작품 분석을 위해서든 다른 방향에서 파악해야 할 수백 편의 사례 분석에서든 이는 사물을 실제 일어나는 대로 보여 주는 관행이 어떻게 해서 바로 카메라 위치라는 엄격하게 기술적 측면의 시각에 의해 본질적으로 결정되는지 환기해 주는 유용한 사례다.

분석해 볼 만한 또 다른 국지적 사항은 작품 말미에서 확정되지 않은 정치적 시각 문제가 드러나는 법정 장면이다. 이 작품은 확장된 의미에서의 고전적 리얼리즘 기법(즉 가설을 가미한 리얼리즘)과 넓은 의미에서의 정치적 의도를 결합한 것이라고 이미 밝혔다. 이러한 주장은 한 가지 부류의 전투성에서 또 다른 전투성, 즉 구체적으로 좌파 시각이긴 하지만 이 수준에서는 여전히 다소 광범위한 좌파의 시각에 불과한 의식 발전으로의 이행이 갖는 성격을 이해하기 위한 것이다. 법정 장면에서 발생하는 내용은 내가 보기에 사실 영화 안에 존재하는 좀 더 구체적이고 실로 분파주의적인 시각의 산물인 어떤 다른 의식의 전개다. 판사의 연설은 작품의 나머지를 지탱하던 자연주의식의 관습을 훌쩍 넘어선다. 이 판사는 부두 노동자와 학생 간의 관계에 관해 엄청난 주장을 펼친다. 즉 학생이 이런 사상을 갖는 것은 괜찮지만 노동자가 그렇게 되면 아주 위험하다는 것이다. 내가 보기에 학생이라면 괜찮다는 발상은 지식인 전반에 관한 시사점으로 발전하게 되는 특정 분파식 입장의 산물이다. 판사는 사실상 이러한 부류의 분파적인 생각을 지녔기 때문에 올바른 사람이 된 것이다. 발언이 전형적인 내용에서 벗어나지 않는 등 작품은 대체로 좀 더 일관된 관습에 따라 전개되는데, 이러한 작품 안에 삽입되지 않았다면 이 장면은 그다지 눈에 잘 띄지도 않았을 것이다. 판사는 마치 브레히트의 작품에서 등장하는 캐릭터처럼 발언하는데, 이러한 비일관성은 단지 방법과 기법에 관한 문제점으로서만 중요한 것은 아니다. 방법과 기법의 구체적인 사용이 내가 보기에 결국에는 어떻게 해서 의식적이든 무의식적이든 근본적인 입장, 시각, 의도와 분리할 수 없게 되는지 필연적으로 예시해 준다는 점에서도 이러한 비일관성은 중요하다.

〈거대한 불꽃〉에서 결말이 가까워지면 "조 힐의 발라드Ballad of Joe Hill"라는 노래를 부르는 장면이 나오는데, 이 역시 간략히 살펴볼 만하다. 분명히 어떤 점에서 이는 패배를 표현하는 고전적인 발라드로서 이러한 패배에서 새로운 에너지, 새로운 의식이 도출될 수 있다. 즉 조 힐은 살해되었지만 죽지 않았다는 사실, 발라드의 분위기는 바로 마지막 장면의 분위기로 이어진다는 사실을 시사하는데, 마지막 장면에서는 패배로부터 서서히 새로운 조직, 새로운 의식, 미래의 가능성이 등장한다. 이 장면이 흥미로운 데는 몇 가지 이유가 있다. 어떤 수준에서 발라드와 분위기는 서로 공명을 이루지만 자연주의 관습에 관해 아주 구체적인 문제점을 일으킨다. 이 장치는 물론 훨씬 더 광범위한 역사와 노동 계급 운동 전체의 훨씬 더 폭넓은 의식을 도입하고 또 다른 장소, 또 다른 시간대의 노래를 활용한다. 영화 전체에 걸쳐서 그랬던 것처럼 이는 또한 가장 직접적인 부류의 자연주의적 재현과 표면적으로 발생하는 현실 저변의 역사적 움직임에 관한 의식 — 이는 자연주의와 대비되는 존재로 고전적으로 규정된 리얼리즘으로서의 의식이다 — 을 도입하려는 시도(종종 성공적인 시도) 간의 결합(종종 결합 실패가 되기도 한다)이라는 문제이기도 하다. 이는 자연주의와 리얼리즘 방법의 너무나 근본적이고 영구적인 문제점이어서 이 국지적 사례 역시 아주 분명하게 일반적 관련성이 있다.

그리고 마지막으로는 부두의 삶과 부두의 투쟁에 관한 이 작품에서 '실제 사람들,' 비배우, 실제 부두 노동자를 배우로 기용했다는 문제가 있다. 초창기 소련 영화와 연극에서는 비직업 배우가 널리 사용되었다. 아마도 그러한 제작에서만 군중 문제를 그런 식으로 처리할 수 있었는데, 이는 자원 조달이라는 이유 이상은 아니었다. 그러나 이는 또한 방법에 관한 문제를 일으킨다. 예컨대 하웁트만의 〈길쌈쟁이들〉에서는 노동 계급 연극의 특징과는 어긋나게도 대표자나 심지어 좀 더 흔하게는 지도자라는 좀 더 친숙한 인물보다는 계급 전체의 모습이 등장한다는 사실이 흥미롭다. 이것이 드라마 방법 문제로 이어짐에 따라 발생하는 몇몇 흥미로운 차이에 주목할 필요가 있다. 〈거대한 불꽃〉에서는 분명히 전반적 의도는 일반적 삶의 제시인데, 부두 노동자들이 독자적으로 발언할 때는 훈련된 귀를 가진 사람이라면 진짜이면서도 연습을 거친 발언이 등장하는 부분을 식별해 낼 수 있다. 말하자면 이 대사는 실제 삶의 상황을 재현하는 사람들의 악센트와 스피치 양식 그대로라는 점에서는 진짜다. 이는 또한 특정 시점에 어떤 발언을 할지 서로 어떤 관계 속에서 그리할지 사전에 정해 둔다는 점에서 사전 연습을 거친 대사이기도 하다. 이는 대단히 흥미로운 사항으로, 로치와 가넷은 그 세대의 다른 어떤 사람보다도 이 문제에 관해 가치 있는 생각거리를 제시해 주었다.

제작 지점에서 이 부분의 자세한 특징을 살펴보면 흥미롭다. 제작자와 이들이 봉사하고 동시에 재현하며 — 잊지 말아야 할 부분으로는 — 지도 대상인 사람들 간의 관계는 우리가 탐구하고 좀 더 알아야 할 부분이기 때문이다. 또한 어떤 점에서는 방법이 함축하듯이 지배적 방법으로 보이는 이미 완성된 대본에 따라 의식 발전만을 재생산하기보다는 이러한 부류의 작품 제작이 제작자에 의한 의식 획득으로 발전해 나가는 것을 목격할 수 있기 때문이다. 실로 사전에 마련된 대본과, 의미심장한 구절로 표현하면 '자신의 역할을 연기'하지만 대본 내부의 배역으로서 '자신의 역할을 연기하는' 사람들의 활용 간의 관계라는 바로 이 지점에서 제작 과정을 자세하게 수많은 예를 통해 탐구해 볼 필요가 있다. 또한 사람들의 이러한 재생산에서는 이들이 자신의 상황에서 자신이 처한 여건을 이해하려 노력하고 영화 제작이라는 바로 그 행동 안에서 의식을 발전시키는 문제가 있다. 이 행위와 또한 분명히 일종의 자신의 상황을 깨우쳐 가는 실제 사람들을 대상으로 하는 — 다음에 해야 할 일에 관한 주장을 이들에게 제시하는(왜냐하면 이야말로 〈거대한 불꽃〉의 가설이기 때문임을 명심하라. 이는 이들이 이미 성취한 것이 아니라 다음에 성취할 수도 있는 일이다) — 일종의 '호소,' 그리고 자신들이 다음엔 무슨 일을 할 수 있는지에 관해 이들을 넘어서 수용자에게 호소하는 양식 간의 관계 문제도 있다. 영화 결말에서는, 비록 패배한 것처럼 보이긴 하지만 점거 소식이 다른 사람들에게 퍼져나가면서 이들이 행동 근거로 삼을 모델을 제공하는 것으로 비치게 된다는 뚜렷한 암시가 나타난다. 이 작품이 제작된 1960년대 말의 시기 — 그리고 실로 이 시대는 현재까지 계속된다 — 를 기억한다면 점거를 지향하는 운동, 노동 계급 의식과 행동의 이 새로운 단계를 지향하는 운동은 영국 정치에서 의미가 있었다. 이는 아마도 영국 정치 내에서 가장 중요한 당대의 행동일 것이며, 의심의 여지 없이 가넷은 — 그는 이 점에 관해 이야기한 적이 있다 — 영화 전체를 (자연주의 영화 내에서의 드라마적인 가설은 논외로 하자) 작품과 텔레비전 수용자 간의 이처럼 더 큰 관계 내의 가설로 간주할 것이다. 이러한 의미에서 보면 이 영화 제작자의 입장에 상당 부분 공감하기에, 말하자면 영화에 드러난 이들의 전반적인 정치적 가치, 전반적인 드라마적 의도를 공유하기에 이 문제들, 즉 리얼리즘과 자연주의 양식 내부의 기술적 문제점과 그 양식 내부의 일관성 문제들은 모두 내가 보기에는 이러한 부류의 분석을 해 볼 만한 가치가 있는 것 같다.

지금까지 내가 서술한 내용은 아주 개략적이며, 문제에 해답을 제시하기보다는 문제를 제기하는 수준이다. 그러나 내가 생각하기에 지금까지 리얼리즘은 어느 정도는 단일한 방법으로서의 리얼리즘에 대한 부정이자 드라마 속성의 회피라는 측면에서의 서술로 변질할 위험성이 있었고 순수하게 형식주의적 분석 경향에 빠질 위험성이 있었는데, 우선 이를 넘어서는 리얼리즘을 논의하고자 했다. 이러한 시도는 방법과 의도란 어떻게 대단히 가변적인 것이어서 항상 구체적인 역사적, 사회적 분석과 결부시켜야만 하는지 보여 주고, 그 후 그러한 요지가 확립되고 나면 중요한 리얼리즘 작품 분석이라는 몹시 어려운 과업과 더불어 이러한 부류의 작품에서 거의 해결되지 않은 문제의 해결에 착수하기 위한 것이다. 우리 자신이 당장 직면한 상황에서 한 가지 마지막으로 강조하고 싶은 부분이 있다면, 어떤 의미에서 우리가 사는 사회는 비평으로 넘쳐나고 있고 여기서 문화적 생산의 좌절 자체가 사람들을 생산에서 비평으로, 타인의 작품 분석으로 내몰고 있다는 것이다. 다름 아니라 이 제작자들은 적극적인 생산에 종사하는 당대인이기 때문에, 우리에게 필요한 것은 비평이 아니라 분석이며, 그러한 분석은 다른 사람이 이미 수행한 작업에 대한 분석 이상이어야 한다. 바로 역사적 방법의 분석이자 변해가는 드라마 형식과 그 변종의 분석이어야 한다. 그렇지만 비평의 계보 찾기식의 추상화보다는 분석을 복합적 시선으로 접근하면서 다양한 깨우침의 정신을 추구하는 분석을 희망한다. 그리고 우리 자신의 의식을 포함해 스스로 의식을 변화시킬 방안, 우리가 몸소 생산에 나설 방안, 만약 리얼리즘이 의도하고 대변한 일반적 가치를 실로 공유한다면 스스로 그 분석을 더 명쾌하게 규명하고 발전시켜 나갈 방안도 그러한 깨우침의 대상이다.

15

생산 수단으로서의 커뮤니케이션 수단

1978

이 글은 원래 사회주의 유고슬라비아가 붕괴하기 전 크로아티아 자그레브에서 열린 학회에서 한 연설 내용이다. 여기서 윌리엄스의 이론적 입장이 명확하게 드러난 유물론을 볼 수 있는데, 그는 나중에 이를 '문화적 유물론'으로 명명하게 된다. 윌리엄스는 커뮤니케이션이 그냥 부차적이고 상부구조적 현상이 아니라 사회의 생산 체제에서 일부라고 주장한다. 윌리엄스는 또한 기술적 매개와 관련지어 구체적인 커뮤니케이션 형태를 묘사하려 한다. 그리고 오늘날 디지털 미디어와 관련해 너무나 널리 펴진 부류의 기술결정론을 다시 한번 거부한다. 다른 글에서와 마찬가지로 여기서도 윌리엄스는 의미 작용과 의미 작용 실천, 즉 문화의 물질성을 강조한다.

Means of Communication as Means of Production

일반 이론 문제로 볼 때 커뮤니케이션 수단 자체는 생산 수단으로 파악하는 편이 편리하다. 가장 단순한 물리적 언어 형태에서 최첨단 커뮤니케이션 테크놀로지 형태에 이르기까지 커뮤니케이션 수단은 그 자체로는 사회적으로, 또 물질적으로 생산되고 물론 재생산된다는 것은 사실이다. 하지만 이들은 생산 형태일 뿐 아니라 생산 수단이기도 하다. 커뮤니케이션과 그 물질적 수단은 인간의 모든 독특한 노동 형태와 사회 조직에 고유한 속성으로, 이에 따라 생산력뿐 아니라 생산의 사회적 관계에 필수 불가결한 요소를 이루기 때문이다.

더구나 생산된 산물로서뿐 아니라 생산 수단으로서 커뮤니케이션 수단은 직접 역사 발전의 대상이 된다. 이는 첫째, 커뮤니케이션 수단이 구체적인 생산의 역사를 갖고 있어 늘 생산과 기술 역량의 일반적인 역사 단계와 대개 직접 관련되어 있기 때문이다. 둘째로는, 역사적으로 변화하는 커뮤니케이션 수단은 생산력의 일반적 복합체와 역사적으로 가변적인 관계를 맺을 뿐 아니라 생산력에 의해 생산되고 일반적 생산력이 생산, 재생산하는 일반적인 사회관계와도 관련이 있기 때문이다. 이러한 역사적 가변성에는 커뮤니케이션 수단과 좀 더 일반적인 사회적 생산력, 생산 관계 간의 상대적 상동성homologies, 그리고 어떤 시기에 특히 두드러지게 나타나는 특징으로는 일반적 부류와 특수한 부류의 모순도 포함된다.

세 가지 이데올로기적 장애

사적 유물론의 관점 안에서 커뮤니케이션 수단을 이렇게 파악하는 이론적 관점은 우리 시대에는 세 가지 특징적인 이데올로기적 입장에 의해 저항에 부딪히거나 거부되고 있다.

첫째, 커뮤니케이션 수단은 사회적 생산 수단의 위치에서 축소되어 오로지 '미디어'로만 간주된다. 즉 일반적으로 혹은 어떤 구체적인 생산 행위 측면에서 접근해 커뮤니케이션 과정에서 추상화되어 논란의 여지 없는 '송신자'나 '수신자'로 파악되는 사람들 사이에서 '정보'와 '메시지'의 전달 장치가 된다. 말하자면 사람들은 추상적인 개인으로 파악되어 이 추상적 기능 측면에서 도식적으로 제시되거나 기껏해야 다음과 같이 광범위한 특징을 지닌 존재가 되어 버린다. 즉 이들은 (i) 일반화된 ('인간적') 사회성(추상적인 '사회화' 혹은 '사회 과정'으로서의 커뮤니케이션)의 담당자, (ii) 명시화되긴 하나 여전히 추상적인 사회성(어떤 사회 집단 내에 고유한 분화된 사회관계를 언급하지 않은 채 대개 국가나 문화적 수준의 사회 집단 '구성원' 간에 이루어진다고 파악하는 커뮤니케이션), 아니면 (iii) '표현주의' 언어 이론과 관련된 극단적인 형태로, 특정화되지 않은 '개인'으로서의 (각자 '나름대로 할 말이 있는' 추상화된 개인에 의해 이루어지지만, 수용을 암시하는 송신 행위로서의 커뮤니케이션) 존재다. 심지어 정보와 커뮤니케이션 이론에서 나온 이와 달리 상당히 정교한 저작조차도 이 첫 번째의 철저하게 부르주아적 이데올로기 입장에 의존하며 그러한 입장을 종종 은폐하기도 한다.

그다음 두 번째로는 **일부** 커뮤니케이션 수단을 생산 수단으로 파악하려는 좀 더 그럴듯한 시도가 있는데, '자연적' 커뮤니케이션 수단과 '기술적' 커뮤니케이션 수단 사이를 구분하는 이제는 좀 더 흔해진 입장이 그렇다. '자연적' 커뮤니케이션 수단은 '면 대 면' 상황에서 사용되는

'평범하고 일상적인 언어'로 특징 지워지고는 대개 무시되는 것이라면, '기술적' 커뮤니케이션 수단은 발전된 기계적, 전자적 커뮤니케이션 장치를 중심으로 뭉뚱그려진 후 '매스 커뮤니케이션'으로 일반화된다. 여기서는 기술적 수단에서 추상화된 사회관계로 이데올로기적 이동이 특히 두드러지게 나타난다. 이 입장은 현대 부르주아 문화과학의 거대한 영역을 지배했지만, 또한 '매스 커뮤니케이션'이라는 동일한 이름하에, 특히 좀 더 응용된 형태로 사회주의적 사고의 상당히 많은 영역에도 무비판적으로 수입되었다.

이 입장은 두 가지 이유 때문에 이론적으로 용납할 수가 없다. 첫째, '평범한 일상적 언어' 실천에서 '매스 커뮤니케이션'을 분리하는 것은 '매스 커뮤니케이션' 과정이, 대부분 필연적으로, 분명히 다양하게 차별화된 양식으로 이루어지는 '평범한 일상적 언어' 사용 형태를 포함한다는 사실을 은폐하고 아울러 일반적으로 의미 있는 커뮤니케이션 **상황**의 모사 혹은 관습적 생산을 포함한다는 사실도 은폐하기 때문이다. 둘째, 모든 혹은 대다수의 기계적, 전자적 수단을 '매스 커뮤니케이션으로 뭉뚱그리는 것은 이질적인 부류의 기계적, 전자적 수단 사이의 근본적인 차이를 (자본주의의 실천에서는 '수용자'나 '공중' 자체가 항상 사회적으로 특수한 형태로 분화되어 존재하기 마련인데도 의견과 소비의 '대량 시장'으로만 간주되는데, 그러한 실천에서 도출한 공식을 위장막으로 삼아) 은폐하기 때문이다. 사실 서로 차별화된 형태로 존재하는 이 현상들이 '면 대 면 상황'의 '평범하고 일상적인 언어'와 맺는 관계란 필연적으로 천차만별일 수밖에 없다(가장 명백한 사례는 인쇄물과 텔레비전 간의 차이처럼 용례와 커뮤니케이션 상황 간의 근본적인 차이다). 그뿐 아니라 구체적인 커뮤니케이션 관계와 다른 사회관계 형태 간의 관계 역시 유동적일 수밖에 없다. 수용자의 가변성과 가변적 구성, 수용의 사회적 여건의 가변성도 마찬가지로 발생하는데, 밀집된 영화 관객, 가정

기반의 텔레비전 수용자, 집단 읽기와 고립된 읽기 간의 차이가 그 예다.

이 두 번째 이데올로기적 입장의 변종은 특히 마셜 매클루언Marshall Mcluhan과 관련이 있는데, '미디어' 간의 구체적인 차이는 인정하지만, 곧 국지화된 기술결정론에 빠지고 만다. 여기서 이용과 관계는 미디어가 개발되고 이용되는 배경인 사회적 생산력과 생산 관계의 복합적 총체와 무관하게 미디어별 속성 차이에 따라 기술적으로 결정된다. 따라서 커뮤니케이션 수단은 생산 수단으로 인정하면서도 추상적으로만 그리하며, 실로 이데올로기적으로는 커뮤니케이션 수단이 유일한 생산 수단으로 투사되는 바람에, 여기서 생산되는 것이라고는 복원되고 '타락하지 않은' 자연인의 '재부족화re-tribalization,' 이른바 '글로벌 부락'밖에 되지 않을 것이다. 미디어를 특정하는 데서 발생하는 본질적으로 추상적인 유물론을 넘어서 이 입장이 갖는 피상적인 매력은, 총체적인 역사적, 사회적, 물질적 과정의 본질적이고 관련되고 결정된 부분으로서 커뮤니케이션 수단이 복잡한 역사적 발전을 거쳐 가는 과정에서 '매스 커뮤니케이션'을 독특한 수사적 기법으로 분리해 낸 데 있다.

그다음 세 번째로는 일정 부분 마르크스주의의 변종에 해당하면서도 부르주아적인 '매스 커뮤니케이션' 개념의 일부 수용을 허용하는 이데올로기적 입장이 있다. 이 입장은 생산 수단으로부터 커뮤니케이션 수단을 추상적이고 선험적으로 분리하는 관점에 근거한다. 이는 우선 '생산'이란 용어를 특수한 용도로 사용하는 것과 관련이 있다. 여기서는 생산의 유일한 형태가 마치 자본제 생산, 즉 상품 생산, 혹은 좀 더 일반적인 '시장' 생산뿐인 것처럼 보기 때문에 어떤 생산물이든 모두 고립할 수 있고 처분할 수 있는 대상의 형태를 띠게 된다. 마르크스주의 내부에서 이는 또한 토대와 상부구조의 기계적 공식화와 관련이 있고 실제로 그러한 공식화에 의존한다. 이 공식에서는 대상 생산을 포함해 모든 생산 형태에서 커뮤니케이션 수단의 본질적 역할은 무시되고 커뮤니케이션은 이차적 수준의 혹은 이차적 단계의 과정이 되어 결정적인 생산 관계와 사회 물질적 관계가 확정되고 난 **후에야** 비로소 진입할 여지가 생긴다.

그동안 이런 식으로 수용된 입장은 '토대'와 '상부구조'의 가변적이고 역동적이며 모순된 형태를 그냥 부르주아의 관성대로 필연적으로 보편적인 형태와 관계에 포함하기보다는 역사적으로 파악할 수 있도록 아주 전반적으로 수정되어야만 한다. 그러나 20세기 사회에서도 이 입장은 특히 엄격한 현대적인 여건에 맞춰 반드시 수정해야만 한다. 사회적 생산 수단으로서의 커뮤니케이션 수단, 그리고 이와 관련해 커뮤니케이션 수단 자체의 생산은 현대 사회의 전반적으로 확장된 커뮤니케이션의 특성 안에서, 그리고 여러 현대 사회 간에도 아주 새로운 중요성을 띠게 되었기 때문이다. 이 점은 현대의 '경제적,' '산업적' 생산의 총체성 내에서 아주 뚜렷하게 발견할 수 있는데, 교통, 인쇄, 전자 산업에서는 '커뮤니케이션 생산'이 생산 전반과의 관계에서, 좀 더 엄격하게는 점유 비율에서 이전과 질적으로 비교할 수 없는 위상에 도달했다. 더구나 이처럼 현저한 변화는 여전히 상대적으로 초기 단계에 있을 뿐이며 특히 전자 산업에서 훨씬 더 큰 발전을 이룩할 것이라는 사실은 분명하다. 그렇다면 이러한 질적 변화를 간파하지 못할 경우 '토대'와 '상부구조'라는 기계적인 공식화를 수정할 기회가 늦춰질 뿐 아니라 커뮤니케이션 수단과 과정이 선진 자본주의 사회의 위기나 문제점과 맺는 중요한 관계, 그리고 아마도 선진 산업 사회주의 사회가 직면한 다른 위기나 문제점과의 관계에 대해서는 분석조차 하지 못하거나 엉뚱한 분석에만 매달리게 될 수도 있을 것 같다.

'커뮤니케이션 생산'의 역사를 향하여

일반적인 사회적 생산력 복합체 내에서의 생산 수단으로 커뮤니케이션을 이론적으로 강조하게 되면 커뮤니케이션 수단 자체의 역사를 새로운 관점에서 접근할 수 있거나 그러한 접근을 활성화하게 된다. 하지만 물론 일부 영역에서는 주목할 만한 경험적 저작이 나왔지만, 상대적으로 이러한 역사는 아직 제대로 개발되지 못했다. 위에서 설명한 이데올로기적 입장 안에서 보면 글쓰기에서 알파벳, 인쇄술을 거쳐 영화, 라디오, 텔레비전에 이르기까지 가장 친숙한 부류의 역사는 뉴 '미디어'로 간주되는 현상에 관한 전문화된 기술적 연구였다. 이 전문가용 역사에서는 필수 불가결한 세부 사항은 상당히 많이 수집되었지만, 일반적인 생산력과 사회 질서, 관계의 발전사에서 대개 상대적으로 격리되어 있었다. 또 다른 친숙한 부류의 역사는 '수용자'나 '공중'의 사회사다. 이러한 역사 역시 필수 불가결한 세부 정보를 담고 있지만 대개 '소비'의 관점 안에서만 다루어졌다. 소비 양식은 흔히 좀 더 일반적인 사회 조직 형태이기도 하고 기술적이면서도 동시에 사회적인 구체적 생산 양식이기도 한데, 지금처럼 소비에서 접근하는 관점은 이 여러 소비 양식 간의 늘 중요하면서도 때로는 결정적인 관계를 발전시킬 수가 없다.

수정된 이론적 입장의 주요 결과는 커뮤니케이션 수단의 일반적인 발전사에 관한 지속적인 역사적 탐구가 되어야 하며, 여기에는 우리 사회의 현재 발전 사항까지 아울러 특히 역동적인 역사적 단계까지 포함된다. 이처럼 주목할 만한 발전 덕분에 물론 우리는 현대 커뮤니케이션 체제의 위기와 문제점에 이미 주목하게 됐다. 그러나 대체로 [앞서 소개한] 이전의 특정 이데올로기적 입장의 관점에서 보면 이 변화는 정태적으로 취급되거나 다른 체제와 다른, 말하자면 이미 완료된(아니면 대체로 완전히 파악된) 역사적 전개 사항의 효과로만 논의되는 경향이 있다. 현대의 사회적 현실을 다루는 분야 중 이처럼 탄탄한 역사적 이해가 결여된 곳은 없다. 다른 역사, 다른 분석 방법과 틀을 피상적이고 이데올로기적으로 적용하는 방식이 유행한 것은 이러한 공백에서 유래한 직접적이면서도 치명적인 결과다. 필요한 작업은 범위도 넓고 종류도 엄청나게 다양하지만 지금 시급한 것은 공동의 작업이자 상대적으로 장기적인 작업이다. 지금 이론적 개입 형태로 가능한 사항은 모두 앞으로 유력한 노선 일부를 예시한 것이다.

따라서 커뮤니케이션 수단을 생산 수단으로 간주한다면 여러 이질적인 기술적 수단 간의 경계를 이론적으로 구획할 수 있는데, 이렇게 그어진 경계는 곧 커뮤니케이션 양식 자체의 기본적인 차이를 나타낸다. 또한 이 양식이 좀 더 일반적인 생산 양식, 다양한 부류의 사회 질서, 그리고 (우리 자신의 시대에 중요한 부분이기도 한데) 숙련도, 자본화, 통제라는 기본적 문제와 맺는 관계에 관해서도 주된 질문을 발굴할 수 있다.

첫째, 인간의 생생한 신체적 자원에 의존하는 커뮤니케이션 양식과 노동에 의해 비인간적 재료의 변형에 의존하는 다른 양식을 구분해 보면 도움이 된다. 물론 첫 번째 양식은 '자연적'이라고 추상화할 수가 없다. 구어나 현재 흔히 '비언어적 커뮤니케이션'으로 일반화되는 풍부한 신체적 커뮤니케이션 행동 영역은 그 자체가 필연적으로 사회적 생산 형태가 된다. 즉 진화하는 인간 자원의 근본적인 질적, 역동적 발전 과정이자, 더구나 탈진화적일 뿐 아니라 인간 진화 자체에서도 핵심적이던 발전 과정이다. 모든 그러한 형태는 인간 역사의 초창기에 나타나지만, 그 형태의 중심성은 이후의 놀랍게 발전한 단계에서도 줄어들지 않는다. 이러한 단계를 거치는 동안 인간은 의식적인 사회적 노동에 의해 비인간적 재료의 활용이나 변형에 의존하는 커뮤니케이션 수단을 발전시켰다. 모든 현대 사회와 예견할 수 있는 미래 사회에서도 신체적 스피치와 신체적 비언어 커뮤니케이션('보디랭귀지')은 여전히 중심적이며 결정적인 커뮤니케이션 수단으로 남을 것이다.

그다음에는 이처럼 커뮤니케이션 목적으로 이루어지는 비인간적 재료의 활용이나 변형이 어느 정도 지속해서 직접적 중심성을 띠는가 하는 문제와 관련해 유형을 구분해 볼 수 있다. 그 결과 단순한 시간적 순서에 따른 유형과는 전혀 다른 유형이 도출된다. 그러한 활용이나 변형에는 세 가지 주요 유형이 있는데, 바로 (i) **증폭성**amplificatory, (ii) **지속성**durative(저장성), (iii) **대안적** 유형이다. 몇 가지 예를 들어 보면 이 개략적 분류가 더 명확해질 것이다. 따라서 생생한 신체적 커뮤니케이션 수단이 어느 정도 계속해서 중심성을 띠는지와 관련해 **증폭성** 유형은 메가폰 같은 단순한 장치에서 직접 송출되는 라디오와 텔레비전의 첨단 테크놀로지에까지 다양하게 존재한다. **지속성** 유형은 직접적인 신체적 자원에 비해 대체로 비교적 늦게 발전했다. 일부 비언어적 커뮤니케이션 종류는 그림과 조각으로 지속성을 띠게 되지만, 스피치는 반복적 (관습적) 구두 전송이라는 중요하고 특수한 사례를 제외하면 음성 녹음 발명 이후에야 지속성을 갖게 되었다. 반대로 **대안적** 유형은 인간 역사에서 비교적 일찍 등장한다. 기호와 같은 물리적 대상의 관습적 활용이나 변형, 글쓰기, 그래픽, 그것들의 복제 수단 같은 풍부하면서도 역사적으로 중요한 발전이 그 예다.

이 유형론은 여전히 추상적이긴 하지만 핵심적으로는 커뮤니케이션 과정 내부의 사회관계나 사회 질서 문제와 관련이 있다. 따라서 일반성의 첫 번째 수준에서 증폭적 유형과 지속성 유형은 사회적으로 대안적 유형과 구분할 수 있다. 적어도 증폭적 과정과 대다수의 지속성 과정에서 모든 당사자에게 필요하고 이에 따라 일반적으로 사회적 접근의 잠재력을 갖게 되는 기술은 이미 일차적인 사회적 커뮤니케이션에서 개발된 부류의 기술이다. 즉 말하고 듣고 동작을 취하고 관찰하고 해석하는 기술이다. 언어가 다르거나 사회마다 몸짓 체계가 다른 상황에서처럼 일차적 수준에서도 장애가 무수하게 발생하지만, 커뮤니케이션 과정 자체 내에는 선험적으로 어떤 사회적 차등화도 존재하지 않는다. 이 과정에서 사회 질서와 관계의 문제는 발전된 증폭 수단이나 지속 수단의 통제와 접근권 이슈로 집약된다. 이러한 이슈는 지배 계급의 직접적인 관심사가 되는 것이 특징이어서 모든 종류의 통제와 접근 제한이 되풀이해서 시행되었다. 그러나 그러한 통제와 제한에서 그러한 수단의 적어도 부분적인 이용에 이르는 과정은 어떤 배제된 계급에든 여전히 대안적 수단보다는 더 손쉬운 경로다. 대안적 수단의 경우 접근권뿐만 아니라 핵심적인 일차적 기술(예컨대 글쓰기나 읽기 능력)도 습득해야 하기 때문이다.

사회 질서 문제는 단순히 계급적 차등화의 하나로만 여길 수는 없다. 증폭성과 지속성의 상대적 권력과 그러한 역량을 갖추고 활용하는 데 드는 자본의 양 사이에는 어느 정도 직접적이고 중요한 관계가 있다. 분명히 메가폰보다는 라디오 송출에서 자본제적 혹은 국가 자본주의식 독점을 확보하기가 훨씬 더 쉽다. 그러한 독점은 여전히 핵심적인 사회적, 정치적 중요성을 지닌다. 하지만 증폭적, 지속적 수단 내부에도 수많은 역사적 모순이 작용한다. 과정의 어느 쪽에서든 모두 직접 접근이 가능하므로 신축성의 여지가 상당히 크다. 단파 라디오 수신기, 그리고 지금은 특히 트랜지스터라디오 덕분에 우리는 자신의 사회 체제 외부의 목소리를 들을 수 있다. 집중화된 증폭과 녹음용 첨단 테크놀로지에 대한 자본주의식 통제를 포함해서 독점 자본주의의 핵심적 발전 단계에서는 트랜지스터라디오와 테이프 녹음기 같은 기계의 집중적인 발전도 이루어졌다. 이 기계는 원래 자본주의식 소비의 일상적 채널용으로 출시되었지만, 일차적인 커뮤니케이션 기술만 필요한 기계이기 때문에, 제한적으로나마 대안적 말하기, 듣기, 녹음용과 일부 직접적인 자율적 제작용 설비 구실도 했다. 집중화된 방대한 증폭, 녹음 체제는 중심적인 사회 질서의 이익을 위해, 정도 차이는 있지만 항상 상당한 정도의 통제와 선별성에 근거하는데, 이러한 체제에 비해 대안적 유형은 아직 주변적인 영역에 불과하다. 하지만 비록 주변적이긴 해도 현대의 정치 풍토에서 그 중요성은 절대 적지 않다.

더구나 항상 모순된 사회적 생산 과정 내부에서는 이 범위를 확장하는 기술적 발전이 무수하게 이루어지는데, 예컨대 더 저렴한 라디오 수신기가 그렇다. 사회주의의 시각에서 보면 이 자율적 커뮤니케이션 수단은 자본주의에서나 사회주의의 어려운 초기 단계에서처럼 집중된 지배적 증폭성이나 지속성 체제의 대안으로 간주할 수 있다. 그뿐 아니라 민주적인 공동체적 이용의 시각에서 보면 인류 역사상 처음으로 일차적인 신체적 커뮤니케이션 자원과 노동이 창출한 증폭성과 지속성 형태 간에 잠재적으로 완전한 일치도 가능해졌다. 더구나 사회적 해방의 이 엄청난 행위는 그 자체로도 기존의 생생한 신체적 자원의 질적 개발이 될 수 있을 것이다. 바로 이러한 시각에서 볼 때 우리는 마르크스가 구상한 '커뮤니케이션이라는 바로 그 형태의 생산'으로서의 공산주의를 상당 부분 그리고 실질적으로 성취할 수 있다. 그러한 사회에서는 커뮤니케이션 생산 양식 자체 내에서 분업이 사라지면서 개개인은 '개인 **자격으로**' 통합된 인간 존재로서 발언하게 될 것이다.

생생한 신체적 커뮤니케이션 자원 활용의 기술적 **대안**에 해당하는 커뮤니케이션 과정에는 극복 못할 정도는 아니지만 더 어려운 점이 존재한다. 전자 커뮤니케이션 테크놀로지는 글쓰기와 인쇄 테크놀로지보다 훨씬 뒤에 등장했음에도 불구하고 일부 주된 활용 방식에서는 (앞으로 논의할 일부 핵심적인 예외 사항을 제외하면) 생생한 신체적 커뮤니케이션 형태(즉 말하기, 듣기, 동작, 관찰)와 양식 면에서 훨씬 더 비슷하다는 점이 두드러진 사실이다. 이는 이 일반적 양식 내에서는 기술적 분업을 폐지하는 데 장애 요인이 사실상 훨씬 더 적다는 뜻이다. 전반적인 사회적, 경제적 분업의 혁명적 철폐는 물론 모든 양식에 공통되지만, 다른 생산 영역에서와 마찬가지로 여기서는 심지어 혁명적 사회 내에서도 적어도 그러한 구분의 실질적 종식 시점에 영향을 미칠 만한 의미 있는 기술적 차별성이 존재한다.

대안적 커뮤니케이션 양식에서 첫 번째 사실은, 바로 수행 자체를 위해서는 가장 기초적인 사회적 교섭에서 개발된 범위를 넘어서는 기술이 반드시 필요하다는 것이다. 글쓰기와 읽기가 명백한 예인데, 산업화 이전 사회나 산업화 중인 사회는 물론이고 심지어 선진 산업 사회에서도 문맹이나 불완전한 문해력 수준은 커뮤니케이션이라는 이 핵심 영역에서 분업 철폐의 주요한 장애임이 분명하다. 따라서 문해력 증진 프로그램은 어떤 사회주의 시각 내에서든 기본이 된다. 그러나 문해력이 필수적이긴 해도 그 성공 정도는 좀 더 생생한 신체적 커뮤니케이션 과정 안에서 이미 성취된 수준에까지만 도달할 뿐인데, 이는 과정 양측에서 잠재적 접근이 보장되어야 하기 때문이다. 직접적 양식에서 부닥치게 되는 문제점은 아직 해결되지 않은 상태로 있다. 즉 실효성 있는 접근성, 계급이나 국가에 의한 통제와 선별, 일반적 배포의 경제학 문제 등이 그 예다. 이론적으로는 이 문제점들이 직접적 양식의 민주화 과정에서 만나게 되는 문제와 동일한 반열에 속하지만, 모든 대안적 형태에 내재하는 변형 과정의 비용은 적어도 그 문제점이 해결되는 시점에 상당한 영향을 미칠 수도 있다.

하지만 여기서도 기술 발전 덕분에 일종의 보편적인 접근이 더 간단해졌다. 기계적, 전자적 인쇄, 복제 형태는 이제 상대적으로 저렴한 자본 비용으로도 활용할 수 있다. 이 기술 발전 너머에는 사회적으로나 경제적으로 좀 더 모호한 기술 발전의 역동적 영역이 있다. 컴퓨터 조판에서 전자적 방식의 직접 식자에 이르기까지 — 더 나아가 아마 아직 좀 더 훗날 일이긴 하겠지만 음성과 활자 간에 전자적 방식으로 직접적인 쌍방 호환도 가능해졌다 — 이제는 커뮤니케이션 생산 수단의 변화가 생산 과정 내부의 계급 관계에 영향을 미치는 동시에 필요한 자본화 수준에서의 변화도 (적어도 첫 번째 단계에서는 실로 급속한 증가도) 낳고 있다. 따라서 전통적 테크놀로지에서 발전된 쓰기와 인쇄의 관계는 기술적이면서도 동시에 사회적 분업을 보여 주는 두드러진 사례였다. 그러한 환경에서는 작가가 인쇄 작업을 맡지는 않지만 그런 식의 분업은 오직 기술성 측면에 근거한다고 보는 데 비해, 중요한 부분으로는 인쇄기술자는 글을 쓰지 않고 타인의 글을 단지 전송하는 데 도구 역할만 해야 한다고 본다는 사실이 중요하다. 예를 들면 신문 내에서의 계급 관계(즉 할 말도 있고 글도 작성하는 편집인이나 언론인과 그 후 이 타인의 말을 기술적으로 제작하고 복제하는 광범위한 장인들 간의 관계)는 자명하며 이제는 더욱 심각해졌다. 중요한 사건 발생 시 인쇄 장인들이 도구성 이상으로 자신의 존재감을 주장하고 타인이 쓴 글의 인쇄를 거부하며 좀 더 드문 일이긴 하나 스스로 인쇄도 하고 글도 쓰겠다고 나서게 될 경우, 자본주의 언론 내에서 이데올로기적 위기가 발생하게 된다. 부르주아 이데올로기 내에서라면 이러한 상황은 '언론의 자유'에 대한 위협으로 비난받겠지만, 이 틀을 통해서 우리는 이 부르주아식 자유의 정의가 근본적으로는 어떻게 (영구적일 것으로 가정되는) 분업뿐 아니라 인간적 지위 구분(할 말이 있는 사람과 없는 사람)에도 근거하는지 간파할 수 있게 된다.

하지만 이제 새로운 테크놀로지에서는 '글을 쓰는' 언론인이 직접적인 과정에서 식자도 할 수 있다. 전통적인 장인 기술은 위협받고 낯익은 부류의 노사 분규가 일어나고 있다. 이 관계의 틀은 제한적이지만, 어떤 혁명 이전의 사회에서든 이 한계는 기본적인 사회적 분업에서 발생하는 필연적인 결과다. 이론적으로는 해결책이 분명하다. 어떤 형태로든 인쇄에 대한 직접적인 접근 확대는 목소리의 직접 송수신 개선에 필적하는 사회적 이득이다. 그러나 자본 비용은 많이 들고 접근의 현실은 자본의 통제 형태, 그리고 관련된 일반적 사회 질서와 직접 관련이 있을 것이다. 심지어 이러한 형식이 민주화된 곳에서도 여전히 보편적 접근에 근거한 커뮤니케이션의 실제 비용에 관해, 그리고 분명히 다양한 미디어에서 그러한 접근 기회의 비용 차이에 관해서도 광범위한 질문이 제기된다. 첨단 테크놀로지의 상당 부분은 확고하게 자본주의적인 사회관계 안에서 개발되고 있고, 투자는 편차가 있긴 하지만 직접적이고 좀 더 일반적 측면에서 자본제 재생산의 시각 안에서 정해진다. 현재로서는 지금까지 수용된 문화적 분업을 진정으로 초월하여 보편적 접근 형태를 갖춘 자주 관리 커뮤니케이션 체제는 인쇄 체제에서보다는 음성 체제에서 더 일찍 구현되고 이후에도 계속 중요한 경제적 이점을 누릴 가능성이 커 보인다.

'직접적' 커뮤니케이션과 '간접적' 커뮤니케이션

지금까지 한편으로는 증폭성, 지속성 체제와 다른 한편으로는 대안적 체제를 놓고 일차적 수준에서만 비교해 보았다. 이 비교를 통해 문제점을 아주 자세하게 파악할 수 있게 되었지만, 이제는 중요한 이차적 수준의 비교로 넘어가고자 한다.

주로 증폭성이고 지속성인 기술 형식은 이미 살펴보았듯이 어떤 계급 분화된 사회 내에서든 일반적 제공 가능성이란 추상적 정의에 단서 조건을 부여하는 어떤 사회적 여건을 포함한다. 증폭은 대단히 선별적일 수도 있고 실제로도 거의 어디서든 그렇다. 오직 일부 목소리만 증폭된다. 지속성은 이뿐 아니라 다른 추가적인 선별 과정에서도 근본적으로 영향을 받는다. 그러나 그다음에 이론적으로 구분해야 하는 것은 생산 수단으로서의 커뮤니케이션 수단 내부에서 발생하는 차이, 즉 증폭성 (그리고 정도는 덜하지만 지속성) 체제와 대안적 체제 간의 질적 차이다. 여기서 대안적 체제는 이제 글쓰기와 인쇄 같은 양식뿐 아니라 일부 용례에서는 오로지 증폭성이나 지속성만 띠는 양식도 포함한다.

따라서 라디오와 텔레비전에서는 (사회 통제와 선별의 강력한 과정을 잠시 제쳐 두자면) 기술적으로 이미 일반화한 커뮤니케이션 수단인 스피치와 동작의 직접 송수신이 가능하다. 그러나 대다수 라디오와 텔레비전에는 변형과 부분적인 변형에 해당하는 추가 노동이 투입되는데, 지속성 기능에서는 이 경향이 필연적으로 더 강화된다. 가장 폭넓은 의미에서 단축과 재배열에서 새로운 의도적 시퀀스 구성에까지 이르는 편집 과정은 적어도 효과에서는 완전히 대안적인 체제와 질적으로 비슷하다. 하지만 그 후 송출되는 것은 가장 일반화된 커뮤니케이션 수단의 직접적인 송수신이란 겉모습을 취한다는 바로 그 이유 때문에 이 점을 깨닫기는 매우 어렵다. 우리는 어떤 사람이 자신의 목소리로 말하는 것을 듣거나 화면에서 '자기 모습으로 등장'하는 것을 본다. 하지만 통상적인 편집 과정을 거친 후 실제로 전달되는 것은 일차적인 신체적 자원이 추가적인 매개 노동에 의해 변형된 양식이다. 이 변형은 대개 정의상 은밀한 방식으로 이루어지기에 편집에서 잘린 발언은 들을 수 없다. 이 노동에서 일차적 커뮤니케이션 수단은 또 다른 커뮤니케이터가 작업 도구나 작업 대상으로 삼는 재료가 된다.

이는 배제와 선별 문제에 그치지 않는다. 배열과 병치 과정에 의해 새로운 의미 작용을 하는 부류의 관계를 생성할 수도 있으며, 이는 심지어 원래의 일차적 단위를 원래 상태대로 두는 이례적인 경우에도 적용될 수 있다. 영화에서는 모든 것이 중간 과정으로 녹화되기에 정의상 일차적인 신체적 커뮤니케이션 자원의 직접적인 전송은 전혀 이루어지지 않는다. 그렇지만 영화에서도 이러한 일반적 위치의 변형이 일어나며 중심적인 커뮤니케이션 행동은 관례적으로 바로 이러한 구성으로 간주된다. 여기서 타자의 일차적 커뮤니케이션 과정은 구체적 감독하에 있든 아니든 상관없이 사실상 타자에 의한 커뮤니케이션적 변형의 원료가 된다.

바로 이러한 의미에서 가장 단순한 직접 송신 이외에 모든 형태의 라디오와 텔레비전, 그리고 비디오와 영화는 단지 증폭성이거나 지속성이라기보다는 결국 대안적 양식으로 보아야 한다. 텔레비전에서는 심지어 직접적인 송신에서조차도 카메라 위치와 같은 언뜻 너무나 기술적인 문제도 핵심적인 의미 작용 요소다. 경찰과 시위대의 대결에서는 예컨대 카메라가 (흔히 그렇듯이) 경찰 배후에 위치하느냐, 이와 다른 사회적 관점에서 그리될 수 있듯이 시위대 뒤에 자리 잡느냐, 아니면 더러 일어날 수 있듯이 양자와 불편부당한 관계를 맺느냐 하는 선택은 절대적으로 중요하다. 언뜻 자연스러운 듯한 형식으로 '보이는' 것은 명백하게, 그리고 부분적으로 혹은 대부분 '보이도록 만들어진' 것이다. 전통적인 대안적 체제에서는 스피치가 인쇄물로 옮겨지거나 기록되는, 혹은 관습에 의해 인쇄용으로 직접 옮겨지는 커뮤니케이션 구성이 이루어지곤 했다. 그래서 이러한 전통적인 체제는 필요한 기술 습득이라는 초기의 모든 사회적 난점이 있지만 직접적인 커뮤니케이션의 겉모습이 사실상 구체적인 기술적 노동 과정에 의해 생산되는 실질적인 대안적 체제보다는 흔히 대안적 체제로 **식별하기**가 더 쉽다.

마르크스의 혁명적 시각에서는 현대의 보편적 커뮤니케이션이 모든 개인에게 귀속될 수 있을 때만 비로소 개개인이 누릴 수 있는 대상이 된다고 본다. 따라서 이 시각은 모든 그러한 사회적 변혁에 내재하는 문제점 외에 새로운 부류의 문제점도 제기한다. 사회적 혁명의 통합된 운동과 새로운 기술적 역량 활용으로 커뮤니케이션 생산 수단의 일반적 전유가 아주 실질적으로 달성될 수 있게 되는 그러한 사회 발전 단계를 우리는 예견할 수 있다. 예를 들면 민주적이고 자율적이며 자주 관리적인 공유 라디오 체제의 창조는 이미 우리 가시권에 있다. 이는 전통적 형태로서의 '방송'뿐 아니라 아주 유연하고 복잡한 다방향 상호 작용적 양식도 포함하는데, 이러한 장치를 통해 '대표적이고' 선별적인 송신을 넘어서 직접적인 개인 대 개인, 다수 대 다수 간의 커뮤니케이션으로 나아갈 수 있다. 텔리텍스트에 대해서도 비록 좀 더 비싸긴 하지만 비슷한 체제를 상상해 볼 수 있는데, 여기서는 커뮤니케이션 생산 수단, 특히 지속성 생산 수단의 일반적 전유를 구현할 수 있는 광범위한 영역이 존재한다. 하지만 이와 동시에 가장 가치 있는 커뮤니케이션 행위와 과정의 상당수를 포함하는 현대의 다른 대안적 체제 내에서 가능한 그러한 전유의 존재 양식에는 좀 더 까다로운 부류의 문제점이 존재한다. 본질적으로 변혁적인 과정 내에서는 그러한 생산에 전반적으로 존재하는 성격을 변화시키기 위해 공동체적 자율성과 자주 관리 양식이 상당 부분 진전을 보일 것이라는 점은 사실이다. 좀 더 단순하고 직접적인 양식에는 쉽게 접근할 수 있고 진정으로 일반적인(보편적인), 즉 오직 일차적이고 이미 보급된 커뮤니케이션 자원만을 활용하는 테크놀로지에 직접 접근해 이루어지는 전유 형태가 존재한다. 그러나 반면에 변형에 의존하는 과정에서는 그러한 체제가 필연적으로 채택하는 세밀한 생산 수단의 (일반적이고 보편적인) 좀 더 실체적인 전유보다는 상대적으로 더 추상적인 전유가 좀 더 실질적이고, 그러므로 좀 더 가능성이 크다는 것이 오랫동안 사실처럼 통용됐다. 예컨대 텔레비전과 영화와 관련된 본질적인 변형 과정을 지속해서 논의하고 제시하는 작업은 이러한 측면에서 핵심적인 중요성을 띠고 어떤 효과적인 이행에서든 필요한 기반을 이룬다. 이러한 커뮤니케이션 생산 수단은 실로 너무나 강력하여서 그 수단이 '자연화' 되는 양식은 반복해서 분석하고 강조할 필요가 있다. 그리고 새로운 세대가 이 수단에 너무나 익숙해져 버린 바람에 여기 현대 사회 경제 과정에서는 다른 어떤 곳과 마찬가지로 뚜렷하게 인간의 실제 활동과 관계가 물화된 형식, 물화된 양식, '현대의 미디어' 배후에 은폐된다.

그러나 비판적 탈신비화만으로는 오직 부분적으로만 성과를 볼 수 있다. 물화는 공개적이고 의식적인 작품 구성과 구분해야 할 것이며, 그렇지 않다면 유일하게 나올 성과는 오늘날의 일부 기호학적 경향에서처럼 부정적일 것이다. 기호학적 경향은 비관론적이고 보편주의적 심리학의 관점에서 그러한 모든 실천에 의문을 제기해 실천을 탈신비화한 후 예측할 수 있게도 보편적 (본질적이고 극복 불가능한) 소외라는 개념으로 후퇴해 버린다. 비판적 탈신비화는 실로 계속되어야 마땅하지만 늘 실천과 관련을 맺은 채 그리해야만 한다. 정상적 교육의 일부로서 이 변형 노동 과정 자체에서 이루어지는 정규적 실천, '동일한 사건'에 대한 여러 대안적 '이미지'를 생산하는 실천, 기본적인 편집과 시퀀스 제작 과정의 실천, 이에 따라 직접적인 자율적 구성으로 이루어지는 실천이 그러한 실천의 예다.

가장 직접적인 커뮤니케이션 수단과 체제를 우리 자신의 직접적이고 일반적인 통제하에 두게 된다면 우리는 새로운 사회적 세계에 이미 진입한 셈이 될 것이다. 상품이나 권력 구조의 요소라는 오늘날의 통상적인 기능으로부터 이 수단과 과정을 떼내어 이미 변혁시킨 셈이 될 것이다. 우리의 사회적 생산에서 중심적인 이 요소들을 수많은 종류의 수탈자로부터 탈환한 셈이 될 것이다. 그러나 사회주의란 커뮤니케이션 생산 수단을 포함해 자본주의가 수탈해간 생산 수단의 이론적, 실천적 '탈환'에 그치지 않는다. 특히 커뮤니케이션의 사례에서 사회주의란 물론 분명히 '원시적인' 직접성과 공동체 회복을 포함하긴 하지만 거기에만 그치지 않는다. 심지어 직접적인 양식에서조차도 사회주의는 회복보다 제도가 되어야 한다. 사회주의란 전례 없이 광범위한 사회적, 문화 간 범위에 걸친 접근과 확장의 요소를 변혁시키는 작업을 포함해야 마땅하기 때문이다.

그렇다면 이 부문에서, 그러나 좀 더 중요하게는 발전된 간접 커뮤니케이션 양식에서 사회주의는 구체적으로 소외된 인간 역량의 전반적인 '회복'일 뿐 아니라 좀 더 결정적으로는 새로운 아주 정교한 커뮤니케이션 역량과 관계에 필요한 제도이기도 하다. 이 점에서 사회주의는 무엇보다 사회적인 물질적 과정의 핵심 부분에서 새로운 생산 수단(새로운 생산력과 생산 관계)의 생산이다. 그리고 동시에 이러한 새로운 생산 수단을 통해 커뮤니케이션과 공동체 간의 결정적인 생산 관계를 좀 더 발전되고 좀 더 정교한 형태로 실현하는 것이다.

16

'산업' 사회와 '탈산업' 사회

1983

레이먼드 윌리엄스는 가장 중요한 후기작인 《2000년을 향해》의 한 장으로 실린 이 글에서 산업주의란 오로지 테크놀로지에 의해서만 규정되지는 않으며 생산 관계의 관점에서 파악하는 편이 훨씬 더 낫다고 주장한다. 그는 노동 과정과 노동의 분류(제조업, 숙련 노동 등)에서 일어난 역사적 변화를 훑어본다. 윌리엄스는 대중화된 미국식의 '탈산업주의' 개념에 비판을 제기하는데, 이 개념은 제조업 노동 쇠퇴와 '서비스' 노동 성장으로 규정된다고 탈산업주의자들은 주장하지만, 더 오래된 산업 국가에서는 실제로 극도로 모호한 범주에 불과하다. 상대적으로 가격이 비싸진 오래된 산업 국가의 노동 시장에서 신생 산업 국가의 저렴한 노동 시장으로 제조업 노동의 상당 부분이 이전된 것은 사실이나 세계는 결코 '탈산업적'이지 않다. 더구나 새로운 정보 노동 형태는 결코 '탈산업적'이지 않다. 사실 새로운 테크놀로지와 그와 관련된 노동 과정은 '산업주의'가 선진화된 단계의 특징을 이룬다.

"중요한 기술적 단계에서 산업 혁명은 지속되고 있다." 지당하신 말씀이다. 지난 25년간 기술적 변화의 속도와 정도는 그 자체로도 엄청났지만, 특히 최근에 와서 노동의 관습과 종류에 미치는 효과는 더욱더 놀라웠다. 이 변화가 한 단계 더 가속화하면서 수많은 기존의 노동 종류에서 일어난 추가적인 산업화에 근거해 구조적인 부류의 지속적인 대량 실업이 널리 예측되었다. 하지만 동시에 이 변화가 '탈산업' 사회로 이어진다는 식의 주장도 흔해졌다.

이러한 주장의 틀은 모두 어느 정도 새로 분석해 볼 필요가 있다. 정통적인 설명에서는 '산업 혁명'뿐 아니라 2차, 3차 산업 혁명을 언급하는 사례도 잦아졌다. 1780년대에서 1840년대까지의 1차 산업 혁명은 증기 동력의 적용에 근거한 것으로 간주된다. 1860년과 1910년 사이의 2차 산업 혁명은 석유와 전기라는 새로운 동력 형태의 적용에 기반했다고 본다. 이러한 부류의 분류에서 3차 산업 혁명은 1950년대부터 등장한 핵에너지라는 새로운 동력에 근거한다고 보았지만 좀 더 친숙한 틀은 준거점을 이동해 전자적인 체제(컴퓨터, 자동화, 반도체)를 더 광범위한 생산과 통제 영역에 적용하게 된 현상으로 이 혁명을 정의한다.

이 모든 주요 이행이 물질적 중요성을 지닌다는 사실은 의문의 여지가 없다. 하지만 각 서술은 오로지 '산업' 혁명의 기술적 의미에만 의존한다는 사실도 명백하다. 사실 만일 이처럼 오로지 기술만 강조하는 시각을 갖고 수많은 주요 테크놀로지의 실제 역사로 들어가 보면 그런 식으로 사건 간의 인과적 연쇄 찾기는 너무나 단순하고 허술하다는 사실을 깨닫게 된다. 그리되면 하나, 둘, 세 가지 산업 혁명뿐 아니라 수많은 산업 혁명을 거론해야만 할 것이다.

정말로 진술해야 할 것은 이와 아주 다르다. 산업 혁명의 전면적인 중요성은 오로지 새로운 생산**력**의 도입과 발전에서만 찾아서는 안 된다. 1780년대부터 변화하기 시작한 것은 총체적인 생산 **관계**였고 이는 결국 새로운 사회 질서를 구성하게 됐다. 애초부터 새로운 생산력과 새로운 생산 관계 사이에는 밀접한 관련이 존재했음은 분명하다. 그러나 기술과 테크놀로지에서 일어난 변화를 추상화한 후 이에 의해 광범위한 사회적, 경제적, 문화적 변화가 결정된다고 설명하는 것은 매우 허약한 부류의 추론이다. 지금은 '기술결정론'으로 규정되는 이러한 오류는 이후의 모든 산업화 단계에 대한 해석과 특히 밀접한 관련이 있다. 이러한 해석은 특히 '탈산업' 사회의 묘사와 예측에서 혼동을 초래한다. 따지고 보면 가장 최근의 가장 임박한 단계를 포함해 그 어떤 단계에서든 생산력 변화만으로는 산업 혁명을 이해할 수 없기 때문이다.

우선 나름대로 설득력 있게 제안할 수 있을 법한 또 다른 인과적 연쇄 찾기를 고려해 보자. 즉 자본 시장 설치, 수백만 명의 자작농과 농업 노동자의 축출을 초래한 토지 소유 변화, 주식회사 시작, 자유 무역 도입, 대기업과 카르텔 결성, 새로운 국제 통화 체제 발전, 다국적 기업 성장 등이 그 예다. 이 모든 사건과 그것들이 결합한 인과적 연쇄는 (물론 이 연쇄를 완결지으려면 더 많은 항목이 필수적이다) 현대 사회에서 생산 기법에서 일어난 것과 같은 그 모든 주요 변화가 발생하는 데 근본적으로 영향을 미쳤다. '산업 혁명'처럼 친숙하면서 축소되고 편협한 개념이 가능해진 것은 오로지 산업화를 역사적으로 밀접하게 얽힌 자본주의와 관련짓지 않고 기술결정론 같은 취약한 지적 형태로, 혹은 기존의 이데올로기 형태로 제시했기 때문이다.

산업 생산과 자본주의의 관계를 진단하는 방식에는 커다란 문제점이 있는데, 잠시 후 이를 자세히 살펴볼 것이다. 역사적으로 양자는 서로 밀접하게 연계되어 있어 종종 상호 의존적이라 볼 수 있을 정도다. 하지만 대다수의 현대 사회주의자들은 자본주의 없이도 현대적인 산업 생산을 이룩할 수 있을 것이라 믿었다. 실제로 동유럽에서는 이러한 시도가 널리 이루어졌고 그 목표가 달성됐다고 말하는 사람도 일부 있을 것이다. 하지만 동유럽 사회주의에서든 서유럽의 이른바 좀 더 제한된 부류의 사회주의에서든 그 결과는 여전히 기본적인 논쟁거리가 되고 있다. 산업 생산력 발전을 별도로 떼놓고 파악하는 사람들에게 이는 지적인 문제가 되지 않는다. 더구나 자본주의를 주장하고 옹호하는 사람들은 양자 간의 근본적 관계에 대해 각자 나름대로 견해를 갖고 있다. 즉 생산력을 발전시키는 것은 자본주의의 제도와 유인책이며 실질적으로 다른 방안은 없다고 이들은 말한다. 하지만 생산력과 생산 관계는 서로 통합적으로 연계되어 있고 실로 상호 의존적이라고 믿는 전형적인 사회주의자에게, 자본주의 없는 현대적 산업 생산 형태라는 명제는 통상적으로 인정하거나 마지못해 인정하는 것보다는 훨씬 더 어려운 문제다. 최근 테크놀로지와 자본주의에서 일어난 변화의 무거운 압력으로 우리가 최근 진입하게 된 역사 단계에서 이 주장은 실제적으로도 막중한 중요성을 지닌다.

2

산업 혁명의 근본적 성격이든 지금 우리가 경험하기 시작한 산업 사회의 심각한 위기에 관해서든 분석은 **고용** 개념에서 시작해야 한다. 이 분석은 '소비자'와 '시장'이란 측면에서 이루어진 이전의 분석을 뛰어넘게 된다. 지금은 으레 **고용**을 **노동**과 연관 짓는다. 노동 연령에 있는 대다수 사람에게 고용되지 않은 상태는 곧 일하지 않는다는 뜻이라는 믿음이 널리 퍼져 있다. 가정과 가족 내에서 장시간 흔히 힘들고 고된 일을 하는 여성은 노동에 종사하지 않는 여성이라고들 하지만, 만일 어떤 자리든 이 여성이 고용되면 노동하는 여성이 된다. 이러한 생각이 너무나 압도적이어서 독립 장인, 전문 컨설턴트, 프리랜서, 계약 노동자, 자영농自營農 등 독자적으로 일하는 사람들은 **자영업자**self-employed라고 불린다. 자신을 고용하는 고용주라는 법률적 허구는 모든 노동이 고용이라는 압도적 인식에 부응하기 위해 고안되었다.

산업 혁명이 고용으로서의 노동이라는 제도나 개념을 발명하지는 않았지만 양자를 엄청나게 강화했고, 산업 혁명이 고도로 발전하면서 양자는 압도적으로 지배적인 형태가 됐다. 이전의 사회 질서에서는 수백만 명의 남녀가 생계 수단 때문에 실질적으로 권력과 재산의 통제에 예속되었다. 하지만 임노동 계약, 특히 정규 임금 노동 계약이라는 기본적인 의미에서 고용의 등장은 엄청난 질적 변화였다. 산업 혁명이라 불릴 만한 현상이 등장하기 수세기 전에도 그 초기 형태는 뚜렷하게 존재했다. 하지만 공장 체제가 완전하게 발전해 이전의 가내 생산과 소규모 장인 생산 형태를 꾸준히 대체하게 되면서 정규적인 임금 관계가 널리 보급됐다는 점은 분명하다. 이와 동시에, 그리고 실로 그 이전에도 소규모 토지 구역이나 공유지 이용에 근거한 여러 농업적 생계 형태는 주변화하거나 소멸해 버렸다. 새로운 정부, 상업, 대규모 기업, 화폐 시장 형태 자체가 발전하면서 주요 고용 영역이 새로 등장했다. 바로 이러한 변화가 전개되고 나서야 비로소 그 반대말인 **실업**과 대비되는 특수한 의미에서의 고용이라는 단어가 등장하기 시작했다. 19세기를 거치는 동안 실업은 정상적이고 예견된 노동이라는 사회 조직에서 벗어난 여건을 의미하게 되었다. 바로 현대 산업 사회의 내부적 핵심인 이러한 정상화가 이후에는 반대로 생산력이 더 대대적으로 발전하면서, 특히 두드러지게는 새로운 자동화 체제가 도입되면서 위협받게 된다.

하지만 정규적인 임노동 계약이라는 이러한 의미에서의 고용은 지배적이긴 해도 결코 전면적인 현상이 된 적이 없다. 1980년대에 이르러 대다수의 산업 사회는 대량 실업을 겪고 있지만 여전히 역대급으로 높은 수준의 대량 **고용**이란 특징도 갖고 있다. 만일 고용을 노동 연령 인구 중의 비율로 표현한다면, 1930년대 초의 수치가 60퍼센트 이하였던 데 비해 영국의 현재 수치는 70퍼센트에 조금 못 미치는 수준이다(출처: H. Neuburger, *Guardian*, 1982. 7. 21). 남성 고용률은 1930년대 초에 80퍼센트였으나 지금은 80퍼센트 훨씬 아래로 떨어졌다. 전반적인 차이는 여성 고용이 36퍼센트에서 61퍼센트로 늘어났다는 사실로 설명할 수 있다. 하지만 이러한 전반적인 추이 내에서도 주기적이고 아마도 다시는 돌아오지 않을 고점이 존재하는데, 1950년대와 1960년대의 남성 고용률이 90퍼센트 이상에 달했고 1970년대의 여성 고용률은 65퍼센트를 넘었다는 것이다. 여러 다른 측면에서 그랬지만 이러한 점에서도 현대 산업 사회는 그 가정된 규범에 비추어 보면 1950년대와 1970년대 사이에 주요 성장기의 정점에 달한 것처럼 보인다. 생산의 집적화와 합리화 과정은 산업 혁명 첫 수십 년 동안 체계적으로 시작되었는데, 이 변화와 더불어 이 생산 형태 내 고용이라는 지배적 노동 개념이 탄생했다. 자신의 지속적 발전을 위한 논리가 원래의 사회 질서가 의존하게 된 바로 그 고용 규범을 무너뜨리고 위협하게 되었다는 사실은 역설적이다.

또한 이는 일련의 기술적 변화에 그치지 않았는데, 바로 로봇이나 반도체 등이 도래하게 된 것이다. 생산의 집적화와 합리화라는 이 과정의 목적은 그때도 그렇고 지금도 사회 내 모든 사람의 전반적인 복지에 있지 않다. 생산 증가와 임금의 정규화와 인상이라는 혜택은 실제였다. 그러나 진정한 일차적 목적(생산 증가, 비용 감소, 따라서 시장에서의 성공과 투자 자본의 수익 증가)과 가변적인 이차적 효과(고용 증가, 임금 생활자의 생활 수준 향상, 심지어 공동의 부의 전반적 수준 향상) 사이에서 선택을 내려야 할 때마다 어느 쪽을 택할 것인지에 대해서는 어떤 실질적인 의문의 여지도 없었다. 다름 아니라 이러한 근본적인 의미에서 우리는 여전히 그 모든 중요한 기술적, 제도적 변화 속에서 그리고 그 변화를 통해 '산업 혁명'을, 좀 더 구체적으로는 산업 자본주의 혁명을 논의해야 할 것이다. 20세기 후반의 핵심 현상인 '구조적 실업'은 결코 '테크놀로지 수준의' 진행 결과에 그치지 않는다. 이 실업은 또한 구체적인 자본주의 경제 내에서 그리고 경제 간의 일반적인 생산 관계에서 발생하는 기능이기도 하다. 그렇다면 이는 '탈산업' 사회 도래라는 정통적인 예측에도 특별한 영향을 미치게 된다.

3

'탈산업' 사회라는 표지는 대개 '노동'의 변화라는 관점에서 명시된다. 제조업 고용은 특히 역사가 오랜 산업 국가에서 두드러지게 쇠퇴하고 있는 것으로 간주된다. 동일한 국가에서 서비스 부문 고용은 많이 증가한다고 본다. 정보 수집, 처리, 배포와 관련된 새로운 형태의 서비스 부문 고용이 지배적으로 된다고 간주한다. 실제로 '탈산업' 사회는 흔히 '정보 사회'로도 불린다.

이 분석에서는 실제적이고 대대적인 변화를 포착하지만, 지적으로는 혼란스러운 방식으로 그리한다. 분석의 근거가 되고 분석을 예시하기 위해 생산된 사실 자체가, 분석이 부분적으로 규명하면서 동시에 부분적으로는 은폐하는 사회 질서에 속하는 이데올로기적 가정에 예속된다. 노동 범주에 대한 초기의 정의에서 이 점을 아주 뚜렷하게 발견할 수 있다.

1930년대부터 노동 유형을 세 가지로 구분하는 정통적인 주장이 존재했다. 이 구분은 농업과 원자재 획득 등의 일차 부문으로 시작한다. 그다음에는 재화(상품)를 생산하는 2차 부문이 있다. 그 후에는 흔히 '서비스 산업'이라는 이름이 붙는 3차 부문이 나오는데, 정통적인 고용의 정의에 의하면 기타 모든 업종이 여기에 속한다. 이 범주들을 감안하면 1차 부문이 급격하게 쇠퇴했음을 입증할 수는 있다. 즉 산업 혁명 전체 기간에 1차 부문은 50퍼센트를 훨씬 넘는 수준에서 10퍼센트 이하로 하락했다. 똑같은 기간 동안 2차 부문인 제조업은 35퍼센트 이상의 정점에 도달했다가 지금은 20퍼센트 가까이 하락하고 있다. '서비스'로 인용되는 잡다한 3차 부문은 나머지 수치를 차지하며 지금은 이 틀 안에서 분명히 실질적 다수를 이룬다. 그러고는 이를 '탈산업' 경제의 성격이라고 간주해 버린다.

이러한 혼선은 여러 수준에서 따져 보아야 한다. 첫째, 최근의 여러 분석(B. Jones, *Sleepers, Wake!*, 1982를 참조하라)은 정통파가 이야기하는 3차 부문이 어불성설이라는 사실을 입증했다. 이 부문은 한편으로는 건축, 건설, 교통, 다른 한편으로는 전문직, 상업, 오락 부문의 고용처럼 다양한 노동을 포함한다. 분명히 이 '서비스' 중 일부는 제조업 유통의 하부 구조로 필요하고, 다른 서비스는 공공질서의 수행자이며, 또 다른 서비스는 개인용 서비스로 제공된다. 이 모든 서비스 업종 중에서 사실 '정보' 부문 고용의 성장이 두드러진다. 가장 발전된 산업 사회에서 이 부문은 모든 고용의 50퍼센트 이상으로 집계되었다.

그러나 지금까지 통용된 전반적인 범주 내에서 이런 식의 집계는 잘못된 인상을 줄 수도 있다. 이른바 '정보 사회'와 그 사회의 주요한 새로운 테크놀로지의 특수한 문제점들은 '문화와 테크놀로지'에 관한 장에서 좀 더 자세히 검토할 것이다. 이 단계에서 주목해야 할 부분은 시장의 관점에서 노동을 고용으로 보는 이데올로기가 이 노동 부문에서 엄청난 혼선을 초래한다는 사실이다. 세 부문 모델은 물론 현실 세계에서 넘어온 일부 잔여적 흔적 때문에 구분을 흐리게 만드는 데 성공하긴 했지만, 사실은 산업 자본주의 내에서 시장용 생산의 단계들을 재현하는 데 불과하다.

가장 단순화해서 보면 이 모델은 원자재 획득, 이를 상품으로 제조, 그 후 상품의 배포라는 틀을 가정한다. 시장용 생산의 틀은 아예 사회를 대체해 버렸고, 심지어 사회조차도 주로 노동 측면에서 파악된다. 전 체제의 기반이 되는 인간 존재를 양육하고 돌보는 모든 노동은 임금 고용이 아니면 배제된다. 모든 사회 발전과 교육은 배제되거나 3차 부문으로 분류되고, 현실에서는 모든 부문이 상호 의존적인데도 3차 부문의 일부로서 1차와 2차로 규정된 부문에 의존하는 것처럼 파악된다. 또한 이 모델에서는 삶의 모든 단계, 특히 질병과 노령 단계의 사람 돌보기는 일차적 원자재 획득과 이차적 제조 과정이 완성된 후에야 주목받는 업종이 된다. 이윤과 생산 증가라는 틀을 위해 나온 이러한 식의 분류와 배제는 산업 자본주의 사회의 내부 역사에 해당한다. 이 분류가 실제로는 모든 인간의 우선순위와 관심사를 원래 희망하던 서열화로 전환할 수 없었지만, 체계적으로 지배적인 이념으로 자리 잡는 데 성공했다. 그러고는 이처럼 생산 수단과 자원의 통제를 통해 목적을 달성했다. 이 때문에 소수를 제외하면 거의 모든 사람이 자체적인 수단과 자원으로 생계를 유지할 수 없게 되어 시장에 나온 고용을 수용할 수밖에 없게 되었다.

산업 자본주의의 가정 안에서 구상된 것과 같은 정통적인 노동 분류에 관해 또 한 가지 지적할 사항이 있다. 현대적인 생산에서 기만적인 부분 중 하나가 **숙련도**skill의 정의인데, 이는 **숙련, 반숙련, 미숙련** 등의 직업 범주로 나타난다. 이 개념에서 우선 발생하는 엄청난 효과 중 하나는, 이 개념이 고용으로서의 노동 개념과 상호 작용하면서 대다수의 기본적인 인간 노동 형태를 **비숙련**으로 분류한다는 것이다. 모든 일상적인 인간 양육과 돌봄, 모든 일상적인 가사 노동과 음식 장만은 여기서 가장 낮은 범주나 그 이하에 속한다. 그리고 심지어 고용 내부에서도 경작, 정원 가꾸기, 어로, 임업 등의 오랜 숙련도는 미숙련으로 평가된다. (1974년 《노동과 독점 자본*Labor and Monopoly Capital*》에서) 이처럼 엄청난 왜곡에 대한 분석을 시작한 해리 브레이버만Harry Braverman은 더 나아가 관행적인 기계 작동으로 규정되는 **반숙련** 범주가 어떻게 해서 산업 생산에서 숙련 노동의 증가라는 아주 잘못된 주장을 뒷받침하는 데 사용되었는지 자세하고 명쾌하게 보여 준다. 예를 들면 상대적으로 빨리 습득되는 기계 작동법(이 기계 사용법의 전형적인 훈련 기간은 수주에서 수개월 정도다)과 비교해 토지를 돌보고 식량 거리를 키우는 심오한 숙련도가 범주상으로 평가절하되는 데 그치지 않는다. 또한 산업 생산의 일반적 경향은 산업적으로 숙련된 장인을 대체하거나 감소시키는 방향으로 진행되었는데, 모든 초창기 기계적 생산이 절대적으로 의존하던 도제제 기반 업종은 흔히 집중적인 자동화 과정을 도입하면 줄어들 수 있다. 숙련도를 둘러싼 혼선은 이른바 3차 부문에서 특히 두드러진다. 이 부문은 가장 긴 공식 훈련 기간을 거치는 일부와, 상대적으로 빨리 습득되는 반복적 기술을 갖춘 대규모 노동자, 그리고 주로 경험에 의존하며 이데올로기적으로 미숙련으로 분류된 전통적 기술자를 포함하게 되었다.

이와 동시에 점차 많은 종류의 노동에서 첨단 테크놀로지의 발전과 적용으로, 전형적으로는 실용적 지식뿐 아니라 이론적 지식도 갖춘 최고도의 숙련 노동자가 점점 더 많이 필요하게 되었다는 점도 물론 사실이다. 그러나 동일한 과정의 결과로 꾸준한 노동 양극화가 일어나고 있는데, 한편으론 이처럼 중요한 집단이 필요해지는가 하면, 다른 한편으로는 기존의 반복적 노동 업무 — 하지만 이러한 반복적 업무는 생산 방식의 점진적 합리화가 감축하거나 철폐하고자 하는 중심적인 목표 중 하나다 — 의 유지, 재생산에 생계 수단을 의존하는 노동자가 점점 더 절대다수로 되어 가고 있다. 이는 앞으로 다가올 세대를 지배할 고용 위기다. 이는 이제는 산업 자본주의 생산에서 지휘자들의 전투 구호가 된 단어, 즉 인력 과잉으로 요약할 수 있다. 노동 과정이 합리화되고 경쟁 시장에서 비용 절감의 압력이 가해짐에 따라 이 노동의 사회 질서는 사회 구성원들에게 이렇게 말한다. 이런저런 산업에서 인력을 감축해야 할 뿐 아니라 전반적으로 사회 자체가 인력 과잉이라는 것이다. 산업 자본주의가 자신의 관점으로는 달리 사고하고 행동할 수 없기에, 바로 이처럼 불행하고 궁극적으로 파멸적인 결론이야말로 산업 자본주의의 진정한 위기다.

4

아니면 다른 방안이 있는가? 기존에 존재하는 부류의 사회, 경제 질서 안에서 방안이 있을지도 모른다는 희망이 '탈산업' 사회 명제의 근저에 흐른다. 농업과 제조업의 노동력이 가파르게 줄어듦에 따라 이미 강력하게 진행 중인 '서비스' 고용으로의 이행, 특히 '정보 부문 고용'으로의 이행이 그냥 일자리를 재분배해 줄 것이라고 이들은 믿는다. 역사적으로는 추방된 농업 노동자가 공장에 진입한 사례에 근거한 이 '이행'에 대한 믿음은 사실상 아주 새로운 사회적 조건에 무비판적으로 확장된다.

왜냐하면 첫째, ('즉석식'의 기술에서처럼) 상당수의 서비스 부문 고용에서, 특히 정보 부문 고용에서는 (부기, 타이핑, 파일 정리에 대응해 컴퓨터, 텔리텍스트, 워드프로세서 도입) 자본 집적화와 노동 감축이라는 똑같은 과정이 지금 아주 강력하게 전개되고 있기 때문이다. 모든 부류의 전문 직종은 어떤 기술적 이유에서든 감축될 것 같지 않지만 자본주의 경제의 우선순위 안에서 재원 조달 문제에 의해(의학과 교육에서처럼) 자연적인 성장은 이미 제약을 겪고 있다. 물론 계속해서 유용한 기술적 지원은 받겠지만 결코 잉여가 되지 않을 한 가지 방대한 노동 영역은 사람들에 대한 양육과 돌봄 부문이다. 지금은 흔히 다른 압력과 우선순위 때문에 그러한 노동이 상대적으로 소홀히 대접받는 바람에 극적으로 드러나기도 하지만, 그러한 노동에 대한 영구적인 수요가 존재하는 것을 보면 어떤 미래 사회에서든 나누어 줄 일거리가 충분하지 않을 것이라는 주장은 어불성설이다. 삶의 다양한 단계에서, 특히 유아, 질병, 장애, 노령 등의 단계에서도 노동의 비율은 결코 일대일 이하가 아니며 오히려 제대로 실행되려면 3 대 1의 비율만큼 높아질 수도 있다. 하지만 그렇다면 '고용'이란 범주가 가장 왜곡되는 곳은 바로 이 영구적인 필요 영역이다. 자본주의 경제의 관점에서는 건강하고 유능한 인간을 양육하고 돌보는 일을 '부의 창출'로 강조해서 보지 않는다.

하지만 노동 절약의 결과가 새로운 종류의 사회 창조에 활용될 수도 있을 것이라는 희망도 널리 존재했다. 그러한 사회에서는 최악의 신체적 부담은 제거되고 노동 연수나 시간도 급격하게 감축할 수 있으며(자본주의 고용의 사회 질서에 대한 영구적인 대응을 표현하는 고도로 의미 있는 단계에 이르면) 사람들이 '자신만의 시간을 더' 갖게 될 수도 있을 것이라고도 기대했다. 이는 모두 합리적인 희망이다. 이 희망의 구현을 위한 기술적 조건은 이미 존재한다. 그러나 이 모든 것은 '노동 절약'의 두 가지 의미에서 어떤 쪽을 선택하는지에 달려 있다.

인간적인 선택은 너무나 명백하다. 한동안 힘들고 더럽고 위험한 노동에 종사했거나 마찬가지로 끝없이 반복되는 단순한 비인간적 임무에 종사해 본 사람이라면 진정한 노동 절약이 더 발전되길 바랄 것이다. 대개 이 노동 절약이 대체하는 실제 노동에서 편안한 거리를 둔 채 글을 쓰면서 산업 생산이나 전자 테크놀로지 자체를 비판하는 일부 인사는 대다수의 실제 인간과 인간적 접촉을 상실한 사람이다. 이 중 어떤 쪽보다도 더 나은 종류의 노동이 있고, 아주 다양한 방식으로 우리 대다수는 그런 일에 더 종사하고 싶어 하는 것도 사실이다. 그러나 우리 중 충분한 다수나 모든 이가 그러한 선택의 조건을 확보하는 유일한 방안은, 모든 필요하면서도 어렵고 힘들고 지루한 노동에서 모든 실질적인 노동 절약의 발전이 추가로 이루어지는 것뿐이다.

반면에 지금 '노동 절약'의 지배적 의미는 이와 완전히 딴판이다. 절약되는 것은 노동이라기보다는 노동자, 즉 '피고용인,' '노동 비용,' 봉급이다. 이러한 현실은 산업 혁명 자체에 관한 중요하면서도 회고적인 주장과 연결된다. (모든) 산업 혁명 비판자들은 진보와 생산에 적대적이었다는 주장이 최근 널리 나왔다. 심지어 영국 문화에는 그러한 진보를 거부하도록 하는 어떤 요소가 있으며 그러한 요소야말로 현재 영국의 산업 쇠퇴에 책임이 있다고 했다. 이는 용납할 수 없는 착각이다. 영국 문화에서 생산과 상업에 적대적이던 요소는 바로 지대 생활자 부문과 이들을 옹호하는 작가나 사상가에 자리 잡고 있었다. 이 부문은 토지 지대나 내부적 외부적 생산과 상업에서 나오는 이윤으로 생활하면서 농업 발전뿐 아니라 산업 발전과도 물리적 거리를 유지했다. 하지만 거의 전적으로 화폐 세계에 국한된 확장에도 불구하고 이 집단은 세심하게 보존되고 모방된 스타일과 작위, 의례 속에서 토지 향사landed gentry 계급의 더 오랜 문화와 상당한 문화적 연속성을 굳건히 했다. 이들은 본질적으로 특권화된 재산 보유에 의해 규정되기에 당연히 이론적으로는 생산과 상업에 반대했다. 이들의 주된 요구는 다른 사람들이 이러한 업을 수행해 (자신에게 돌아올)

이윤을 남기되 가능하면 멀리서 했으면 좋겠다는 것이었는데, 바로 생산적 자본의 수출이 충분히 궤도에 오를 만한 조건이었다.

그러나 이 부문은 현재 느슨하게 러다이트 운동가Luddites•라 불리는 다른 사람들과는 딴 세계에 속했다. 실제 러다이트 운동가는 '노동 절약'의 의미에서 첫 번째 위기 중 하나에 관여했다. 자신의 노동을 줄여줄 기계나 방법을 거부하고자 하는 노동자는 거의 없었다. 실제로 산업 자본주의 질서는 생산 기계와 방법에 대한 이들의 적극적인 헌신을 두드러진 추진력으로 악용했다. 이들은 자신들의 고용을 빼앗아 가고 그러므로 독립적 생산 수단이 현저히 줄거나 아예 사라질 경우 수입, 생계 수단까지도 박탈해 버릴 기계와 방법의 도입을 거부했고 계속해서 거부하고 있다. 그러한 사람들과 지대 생활자의 특권화된 거부감을 혼동하는 것은 이성의 남용이다. 더구나 이는 한 가지 필요한 질문에 관한 사고를 차단하는 데 활용된다는 점에서 이제는 이데올로기적 남용이기도 하다. 새로운 노동 절약 수단이 전반적인 복지를 위해 활용될 것인가? 만일 그렇다면 여기에는 새로운 기계와 방법이 대체하는 모든 사람의 복지도 포함된다. 하지만 현재 흔히 시행되는 관행은 이 절약이 애초부터 시장의 관점에서 비용을 감축하고 대규모의 노동자를 처분하며 이를 통해 생산의 이윤을 회복하거나 극대화하는 데 이용된다는 것이다. 기본적인 선택이 아주 자명한데도 잘못된 노동 개념, 노동에서 발생할지도 모르는 사회적 서열 변화라는 잘못된 개념 때문에 용납할 수 없을 정도로 착각이 초래됐다.

• 러다이트는 19세기 영국 방직 노동자들이 조직한 비밀 결사를 말하는데, 당시 기계가 노동을 밀어내고 장인의 숙련도를 무용지물로 만든다면서 방직 기계 파괴에 나섰다. 여기서 유래해 새로운 기술 도입에 반대하는 운동을 러다이트라고 부른다. — 옮긴이

이 점은 '탈산업' 사회라는 개념과 어떤 관련이 있을까? 우선 현재 등장하고 있는 사회는 결코 '탈산업적'이지 않다. 실로 점차 첨단화되는 테크놀로지 측면에서 이 사회는 구체적으로 그리고 아마 절대적으로 산업주의 자체의 정점에 있다. 흔히 느슨한 의미로 사용되는 부분은 제조업의 상대적 중요성 하락으로, 제조업은 조만간 농업을 뒤따라 소규모의 고용 부문으로 전락할 것이라는 뜻이다. 일부 사회에서는 이러한 쇠퇴 자체가 사실이다. 하지만 심지어 그러한 사회에서도 세계 자본주의 체제 내에서 노동 비용이 훨씬 더 낮고 노동 계급의 조직화가 거의 혹은 전혀 이루어지지 않은 나라로 제조업 수출이 진행되는 경향을 볼 때 이 평가는 정확하지 않다. 문제점의 이러한 측면은 "계급, 정치와 사회주의"라는 글에서 더 논의할 것이다. 하지만 현 단계에서는 제조업 쇠퇴가 '산업주의'의 쇠퇴가 아니며 분명 산업 자본주의의 쇠퇴도 아니라고 주장할 필요가 있다. 생산 수단 소유자가 고용한 정규직 임노동 체제 내에서 테크놀로지 적용 확대에 근거한 합리화된 생산 체제는 약화되지 않으며, 이 체제 운영에는 점점 더 소규모의 노동자만 필요하게 된다는 점에서 오히려 단기적 측면에서는 강화된다. 더구나 정보 배포와 확인을 비롯해 배포와 점검 등 관련된 부류의 서비스 부문 고용 자체도 동일한 과정에 휘말리게 되므로 불필요한 노동을 이전시킬 방대한 (통상적 의미에서) 잔여 부문으로 머물지도 않는다. 유일하게 이전이 가능한 영역은 또한 거대한 희망의 근거이기도 한데, 상대적으로 직접적인 인간 노동과 활동 영역이다. 하지만 시장은 주변부나 불가피한 잔여 부문으로서가 아니면 이 영역을 그리 선호하지 않는다.

기존의 사회 질서 안에서 이처럼 시장이 축소된 부류의 '탈산업' 사회가 실제로 어느 정도 빠르게 발전할지는 전혀 확실하지 않다. 여기에 맞선 저항의 중심지가 무수하게 존재하는데, 이는 노동조합뿐 아니라 여전히 선거에서 위력을 발휘하는 정규직 임금 고용에 대한 기대 습관 속에도 있다. 잘 규제된 체제 내에 남아 있거나 새로 개발된 노동 습관 역시 가장 철저한 저항의 원천이 되기도 한다. 위대한 생산 합리화 추구자라면 낙담하고 분노할 만한 일인데, 아직도 많은 사람은 일터에서 다른 사람과 다른 일에 관해 이야기하거나 수많은 주변적인 무임금 활동을 하는 데 많은 시간을 투입한다. 이는 보상 활동이며 돈을 벌려고 출근한 후 일터를 최대한 활용하려는 행동이라고 해도 좋다. 훨씬 더 짧게 일하고 모두 퇴근해 버리는 게 더 나을 것이라고 주장할 수도 있다. 그러나 많은 사람이 일터를 필요로 하는 이유는 이처럼 다양한 사회관계를 제공해 주기 때문이다. 현실적 측면에서 이것들은 실제 사람들이 내려야 할 선택이다. 이론적으로는 위대한 합리화 추구자인 사람들의 행태를 포함해 지금까지 나온 증거의 상당 부분은 일자리를 필수 불가결하게 만들어 주는 듯한 일거리를 찾아내는 데 사람들이 큰 재주가 있음을 보여 준다. 물론 현대 산업과 서비스의 정상 가까이에서 가장 두드러지듯이 이는 퇴행적으로 될 수도 있다. 상대적으로 여건이 가혹한 일부 상황에서는 이것이 심지어 소중히 여기던 장소를 파괴할 수도 있다. 그러나 선거를 통해 강제할 수 있는 정규 고용 임금이나 직접적인 대체 수입에 대한 요구, 그리고 이제는 대다수 상황에서 강제력은 덜하긴 하지만 단순히 일자리 보전을 위해 나선 노조의 완강한 저항을 함께 고려해 볼 때 이처럼 기술적으로 가능하고 (그 관리자들이) 이론적으로 갈망하는 경제의 도입은 단순한 기술적 분석이 시사하는 것보다는 완성에 가까워지는 데 더 많은 시간이 소요될 수도 있다.

하지만 일부 시점에 국한되고 정도 차이도 있지만 이는 이미 그 흔적을 남기고 있다. 그렇다면 오래된 고용 체제가 꾸준히 축소됨에 따라 소득과 생계 수단의 미래에 발생할 주요 문제점을 살펴볼 필요가 있다.

그러나 그 이전에 우리는 똑같은 일반적 과정으로 보이는 현상에 대한 중요한 대안적 설명을 살펴보아야 한다. 즉 '탈산업' 사회 도래가 아니라 영국과 같은 나라에서 나타나는 치명적이고 심지어 공포스럽기까지 한 '탈산업화'다.

5

영국 경제가 '탈산업화'하고 있다고 모든 사람이 이야기하는 듯한데, 무슨 뜻인지는 분명하지 않다. '탈산업화'는 예컨대 산업 생산 전체의 쇠퇴를 의미하는가, 아니면 산업 노동자 전체 혹은 일부의 쇠퇴인가? 우연하게도 영국 경제는 최근 양자를 다 겪었지만, 이 중 어느 쪽을 의미하며 어느 쪽이 더 중요한지는 아직 핵심 질문으로 남아 있다. 단순한 시장 측면에서, 그리고 생산을 미분화된 일반적 총량으로 측정하는 습관에 따르면 생산 수준이 더 중요하다는 것은 분명하다. 노동자는 줄어들지만 생산을 동일하게 유지하거나 증가하도록 하는 것은 자본주의에서 신성시하는 의도다. 동시에 전체적으로든 특정 부문에서든 생산 하락은 이례적으로 나쁜 소식이다. 수요가 안정적이거나 증가하는 여건에서 이는 현재 영국에서 광범위하게 나타나듯이 핵심적으로는 해외 경쟁자를 포함해 경쟁자들이 생산의 더 큰 지분을 차지하게 되기 때문이다. 수요가 줄어드는 여건에서는 이러한 경쟁의 압력이 더욱 커진다.

반면에 산업 고용 감소는 생산 감소의 지표이거나 기술 변화의 결과다. 두 가지 조건이 모두 존재할 때 이처럼 구분할 수 있는 원인을 수치 분석으로 밝히기란 실제로는 매우 어렵다. 현재 정치의 거의 전체가 이 문제를 둘러싸고 전개되며, 어떤 경우에는 진정한 우려에 근거하기도 한다. 생산 수준을 일차적으로 선택하는 사람은 전형적으로는 '인력 과잉' 감축을 포함해 모든 범위의 조치로 산업을 좀 더 경쟁력 있게 만들고, 그런 식으로 해서 생산을 다시 증가시키려고 작심한다. 다른 이들은 가능성 있는 선택안으로 양자를 동시에 선택한다. 즉 생산을 늘리는 **동시에** 기존 부류의 일자리도 늘린다. 이러한 문제들의 시급성에 직면해 우리 중 이 주장들을 꿰뚫어 볼 수 있는 사람은 거의 없다. 대다수의 관련된 선택은 근본적으로 너무나 당혹스러워서 설혹 머릿속으로는 선택을 내릴 수 있다고 해도 현장에서 실제 사람들을 대하면 전혀 달라진다.

그렇다면 논의할 필요성이 가장 큰 부분은 산업 혁명이란 단일한 경제의 과정이 아니며, 모든 단계에서 한 경제를 국가 경계 내로 고립해서 국가라는 비현실적 틀 안에서 정책을 제안하는 것은 불충분하거나 실제로 오도의 가능성이 있다는 것이다. 국가별로 살펴본 경제 간에는 상대적으로 유리하고 불리한 시기가 존재하는 것은 사실이다. 다양한 국가 정책과 변화하는 객관적 조건은 눈에 띌 만큼 큰 효과를 미친다. 하지만 산업 혁명이 완전히 성숙한 상태에서 조성한 것은 세계 시장 — 이를 위한 일부 조건은 일반적인 산업 생산 이전에 조성되었다 — 만이 아니라 서로 맞물리고 상호 의존적이며 (국가적 측면에서는) 상호 침투하는 세계 시장이다. 산업 생산과 산업 고용에서 모두 전 세계적 규모로 발생한 현재의 위기는 이처럼 그 저변을 흐르면서 지속되는 현실을 아주 명확하게 보여 준다. 그 안에는 항상 부침이 있고 유리한 변화도 불리한 변화도 일어나지만, 궁극적으로는 항상 일반적 과정이 지배적이다. 그렇다면 역설로 의도한 것은 아니지만 결국 국지적, 국가적 탈산업화가 다양한 형태로 나타나는 데는 탈산업화 자체의 일반적 과정이 그 주된 원인 중의 하나로 작용한다고 말할 수밖에 없다.

어느 정도는 항상 그랬다. 집적화와 합리화에 근거한 본질적 생산 과정에 의해 산업 자본주의 체제가 미치는 효과는 사회적으로나 경제적으로 불균등했다. 아직 단일 국가만의 문제였을 때도 불리하고 주변적인 지역과 작고 좀 더 전통적인 생산 유형은 꾸준히, 때로는 가차 없이 주변화되거나 퇴출당하였다. 세계 무역이 발전하는 과정에서도 다른 사회와 그 토착적 생산 양식에 대해 똑같은 조치가 가해졌다. 전체 과정이 일반화되고 더욱더 치열해짐에 따라 생산에서 유리한 고지와 시장을 쟁취하려는 전 세계적 투쟁이 시작됐다. 생산은 더 이상 사회적으로 결정된 욕구가 아니라 끊임없는 팽창의 움직임에 의해 규정되었고 쓸모가 다된 영역이나 이익이 나지 않는 공동체는 퇴출당했다. 따라서 특정한 부문, 지역, 국가의 탈산업화는 이처럼 갈수록 더 지배적으로 되는 생산 양식에서 발생하는 완벽하게 예측할 수 있는 결과였다.

자신 주변 사람들에게 그런 일이 일어나면 힘이 드는 법이다. 타인에게 일어날 때보다 더 힘들지는 않지만 더 실제적이다. 그렇다면 유일하게 현명한 대응은 이처럼 필연적으로 생산적이면서도 파괴적인 과정을 한층 더 강화하는 것이 아니라 이 과정을 합리적으로 통제할 수 있는 수단을 찾는 것이다. 지금 전반적으로 일어나고 있는 상황은 그렇지 못하다. 특정한 경제학에서는 대다수의 논의가 경쟁적 비교 우위 추구에 초점이 맞춰지는데, 현재로는 대량 실업이라는 대가와 다른 모든 사회 부분의 빈곤화에 집중되고 있다. **모든 사람**, 모든 경제가 이렇게 하고 있다는 사실을 깨닫게 될 때까지는 이 방식이 한동안 그럴듯해 보일 수도 있다. 나는 이 친숙한 주제에 관해 한동안 영국 신문을 읽다가 그 다음엔 수주 동안 프랑스나 이탈리아, 혹은 독일 신문까지 읽어 보았는데 결국 언어 차이에도 불구하고 마치 각 나라 사람들이 이 세계의 유일한 민족인 것처럼 똑같은 분석을 적용하고 똑같은 대책을 제안하고 있다는 사실을 깨달았다. 실무자들은 이러한 논의가 까다롭긴 하나 현실적이라고 묘사하지만, 심지어 관대한 논의의 경우에도 이는 환상에 불과하다. 거의 상상할 수 없는 수준으로 세계 무역이 확장되어 천연자원의 가능한 한계뿐 아니라 지금까지 고질적이던 빈곤 문제, 최빈층의 구매력 부족까지도 극복할 수 있게 되면, 오래된 산업 국가, 신생 산업화 국가, 이제 산업화를 계획 중인 국가를 모두 망라한 수출 계획이 아마도 실현될 가능성이 있거나 그 예상치에 조금이라도 근접할 수 있게 될 것이다. 하지만 이 점을 깨닫는 대신 어리석은 과격한 논의만 계속되고 있다. 이 논의의 어휘가 폭력적인 것은 산업 자본주의 역사의 정신을 따르고 있기 때문이다. 즉 '공격적 마케팅,' '시장 침투,' '소비자 충격' 등의 어휘가 그 예다. 하지만 이러한 대화는 대부분 멋진 사무실의 세련된 사람들이 정작 아무런 위험도 감수하지 않은 채 뱉어 낸다. 진정한 과격함은 모두 다른 쪽에 존재한다. 여기서는 일시적인 비교 우위의 자의적 악용이 세심하게 배려하면서도 효율적인 생산을 뒤집어 놓을 수도 있다. 현대의 가장 경쟁력 있는 경제의 위력이 (자신의 노동자와 시민에게 어떤 희생을 초래하든) 다른 사회에 침투해 그 사회를 불황에 빠뜨리거나 몰락시킬 수도 있다. 혹은 현재 경쟁력이 없는 경제에서는 수백만 개의 일자리가 필요한데도, 수백만 명이 실업자가 되기도 한다.

다른 부문에서는 새로운 산업화가 일어나듯이, 일부 부문에서는 '탈산업화'가 발생할 것이다. 그러나 유일하게 달성할 수 있는 일반적 해법은 기본적인 생산 양식 자체를 일종의 재구성한 형태다. 이는 오직 필요한 국내 생산과 계획적인 해외 무역의 결합이라는 원칙 위에서만 가능하다. 자체 경제에 의해 지탱되는 사회라는 원칙이 시장에 의해 결정되는 사회의 실체를 대체해야만 한다.

그렇다면 방대한 실질적 문제점이 남는다. 그러한 사회의 적정 규모에 관한 규정이 그중 첫 번째에 속한다. 국민 국가에서 자명한 정의는 두 가지 방향에서 부적절하다. 여기에는 내부적으로는 불황에 빠지고 주변화된 지역이 포함되는데, 이 지역의 생산은 다른 곳의 더 대규모 세력에 의해 결정된다. 이와 동시에 실제 자원과 숙련도의 다양성을 감안하면 이 단위는 자체 생산으로 안정적이고 적절한 경제를 지탱하기에는 흔히 규모가 너무 작다. 그러나 지금처럼 점차 절망에 빠져들어 그러한 사회를 국제 시장에서 낙후된 곳으로만 간주하기보다는 어떤 현실성 있는 사회의 정의에서 출발해 그에 필요한 생산과 상업을 직접 결정하는 식으로 하지 않는다면, 이 경제적 문제점 중 어떤 것도 새로운 방식으로 해결할 수가 없다.

6

생산 양식을 어떤 식으로 재구성하든 노동과 수입의 어떤 기본적 문제점은 지속된다. 하지만 이미 가능한 일부 해결책은 점차 모습을 드러내는데, 이러한 해결책의 가시화는 이처럼 대대적인 재구성이 시작되고 난 후에만 가능하다. 자본주의 시장의 틀 안에서, 그리고 일시적으로 가장 강력한 경제가 부과한 자유 무역 안에서는 필요한 국내 생산을 심지어 정의하기조차 어렵다. 가장 저렴하거나 가장 구하기 쉽거나 가장 최근의 재화가 어디서든 공급될 것이며, 흔히 그 재원이 부채로 조달되기도 한다. 그런데 해외 무역은 상호적이고 안정된 이득의 문제가 아니라 본질적으로 불평등한 세계 경제 내에서 자의적인 상호 침투가 이루어지는 과정이다. 여기서 물러나 사회 구성원의 전체 욕구에 따라 생산과 상업을 결정하기 시작하려면 분명히 자본의 (실제로는 점차 국제 자본의) 자의적 권력을 처음에는 제한하고 그다음엔 분쇄하는 조치가 필수적이다.

지금 문제는 어떤 일이 일어날 가능성이 있으며 그다음엔 어떻게 될 것인지에 관한 세부적인 실행 가능성이다. 자본의 자의성에 도전하고 격퇴하려는 의지가 성립하려면 오로지 우리 중 나머지가 실제로 우리 문제를 꾸려나갈 수 있으며 쇠퇴하면서도 이를 숙명처럼 받아들이는 피고용인의 처지 이외의 미래가 존재한다는 믿음이 필수적이다.

가장 일반적인 수준에서 희망의 현실성은 의심할 수가 없다. 모든 사회는 현실에서 물질적 한계 안에서 자신을 규정하는데, 무작위적인 외부 세력에서 해방된 사회는 주어진 물질적 한계 내에서 자체적인 생산과 이용 패턴을 정하고 노동 규모와 리듬도 결정할 수 있게 될 것이다. 그렇다면 가능한 제도적 장치는 아주 다양하다. 우선 실효적인 사회의 범위 (예컨대 웨일스에서 서유럽까지의 범위) 내에서의 선택이 있다. 더 대규모 사회는 자원의 다양성이라는 측면에서나, 단번에 변화에 휘둘리지 않을 만큼 세계 시장에서 안정적 경제를 지탱할 역량이 있다는 측면에서 큰 이점이 있다. 이와 동시에, 내가 속한 지역인 웨일스가 거듭 경험했듯이 어떤 더 큰 규모의 정치 단위를 지향하는 과정에서는 자체적으로 생산과 상업을 결정하는 진정한 사회가 상실될 수도 있다. 이러한 문제점과 선택안은 "국민 문화"라는 글에서 다시 논의한다.

좀 더 일반적으로, 그리고 이 역시 해결하기 어렵긴 하지만, 노동과 수입 간의 관계 문제가 있다. 오직 고용주만이 아니라 사람들이 구체적인 사례별로 실제 노동 절약을 그 장점과 일자리 기회에 미치는 효과와 관련지어 어느 정도 어떤 유형으로 도입할 것인지 결정할 수 있게 되는 것은 생산 양식 변화에 따르는 주된 이점 중 하나일 것이다. 이 모든 선택이 어떠한 결과로 나타날 것인지 아무도 예측할 수는 없으나 확실히 제조업과 유통에서 필요한 노동의 양은 줄어들 가능성이 있어 보인다. 그렇다면 분명히 각 부문에서 노동일과 노동 시간 단축으로 이 축소분을 분담할 수는 있지만 물론 이와 더불어 수입, 즉 생산의 지분도 분담해야 한다. 더구나 재화보다는 사람들과 직접 관련된 노동이 증가할 가능성이 있고 그렇게 될 필요성이 있음을 감안하면, 정의상 시장 판매되지 않는 노동에서 가치와 그에 따른 수입을 결정해야 한다는 아주 새로운 문제가 생겨난다. 또한 이처럼 다양한 부류의 활동 중인 노동자 외에도 연령, 질병 혹은 장애 등의 이유로 일하지 않는 사람들에게, 혹은 (노동과 무관하게 일반적인 최소 소득을 지급해야 한다는 주장에서처럼) 다른 이유로 노동-소득 관계에서 벗어나 있는 사람들에게 생계 수단을 이전해 주는 수준을 결정하는 문제도 있다. 전혀 다른 수준이긴 하지만 '가계 소득 단위'로서 가족의 개념과 실제에서 모두 이미 전개 중인 변화에서도 이러한 문제는 가시화할 것이다. 사람들이 선택할 가능성이 있어 보이는 좀 더 다양한 일차적 관계(그리고 어떤 새로운 단일한 패턴보다는 이 선택의 다양성과 상대적 자유를 강조할 필요가 있다)는 완전 고용 패턴이 약해짐에 따라 아주 새로운 물질적 생계와 관계의 조건을 마주하게 될 것이다. 고용이 언뜻 제공하는 것처럼 보이는 자유주의적인 '독립'과 달리 어떤 새롭고 변화된 부류의 적극적인 결속이 분명히 필요해질 것이다.

그렇다면 만약 앞으로 도래할 경제의 첫 번째 문제점이 우리 자신의 생산에 대한 통제 회복이라면, 두 번째 문제는 소득과 이전의 정치와 문화라는 문제다. 고용과 소득 간의 절대적 연계는 사실 이미 깨졌다. 공적 교육과 의료 서비스 제공뿐 아니라 좀 더 직접적으로는 이 혜택을 노동자에게만이 아니라 시민에게 확장하는 조치에서 천박한 시장 원칙은 이미 교정되었다. 하지만 소득 분배에서 갈등이 일어난 것과 꼭 마찬가지로 이러한 혜택의 분배 조절 역시 수많은 파괴적 혼란과 저항을 유발하기도 했는데, 이를 간파하지 못한다면 어리석은 일일 것이다. 자체적인 생산을 아직 완벽하게 통제하지 못한 사회에서는 판매할 수 있는 고용이 줄어드는 여건이 되면 이러한 일이 실제로 증가할 수도 있다. 지금처럼 아주 적극적으로 노동에 종사하는 소수의 숙련층 및 고도 숙련층과, 수지가 맞는 노동에 고용되지는 않았으나 타자의 열정과 자원으로 지탱되는 다수라는 식으로 재편될 것이라는 공통된 예측이 현재 나오고 있는데, 이는 분명 완전히 비현실적이고 미덥지 못한 생각에 불과하다. 여기서 나올 가능성이 가장 큰 결과는 좀 더 적극적으로 권위주의적이고 좀 더 범죄성이 강한 사회가 될 것이다.

오직 생산의 통제를 완벽하게 회복하고 이에 따라 노동과 생계 지분을 결정하는 사회적 수단도 완벽히 탈환해야만 이 문제점들은 해결할 수 있으며, 게다가 그 역시 아주 진전된 민주적 논의와 결정 형태에 의해서 이루어질 때만 가능하다. 어떤 면에서는 정치 시장의 근거가 되는 경제 시장과 마찬가지로 현재의 정치 시장 역시 그러한 복잡한 문제를 해결하기에는 한마디로 너무나 엉성하다. "사회적 서비스는 …… 새로운 사회가 아니라 구사회에 속하는 가정과 규제의 제약 속에 남아 있다"라는 주장은 1959년에 나왔는데, 여전히 맞긴 해도 불완전한 것이다. 모순되게도 체계적인 불평등과 다른 모든 곳에서의 경쟁이 남아 있는 상황에서 진정한 돌봄 사회를 위한 새로운 구상과 제도가 **예외적** 부문으로 존속할 방안은 전혀 없다. 사실 구질서에서 전수된 구호와 '보장' 모델을 기반으로 삼았기 때문에 지금처럼 소득이 늘어나는 시대에 보편적인 사회적 공급이란 구상은 꾸준히 약화하였고 그나마 선별적 '자격 부여'와 부담스러운 '비용'으로만 해석되었다. 아무리 정교하다 해도 관료적 규제가 아니라 직접적인 공동체적 관리에 의해서만 공동의 복지 개념은 현실화할 수 있다.

이와 동시에 끝없이 팽창하고 끝없이 경쟁하며 끝없이 성공하는 생산이라는 자본주의적 이상에 영향을 받아 성장한 부류의 환상에 근거한 조치로는 이 문제점 중 어떤 것도 해결할 방도가 없다. 어떤 선택도 내릴 필요가 없도록 모든 사람에게 점점 더 많은 것을 제공하겠다는 식의 달콤해 보이는 환상도 낡은 사회민주주의의 단말마적인 외침에 불과하다. 자본주의자들이 늘 이야기해 주듯이 세상은 그냥 힘겨운 정도가 아니라 그보다도 훨씬 더 힘겨운 곳이다. 자본주의 체제와 그 정치적 하수인들은 재화의 생산과 소비가 무한하다고 여겼고 그렇게 장담했지만, 최종적인 범위는 어디가 될지 모르고 바뀔 수는 있을지언정 그러한 재화 생산과 소비에 물질적 한도는 엄연히 존재한다. 진정한 공유는 이루어져야 하지만, 어떤 경우에는 증가한 생산과 가용 시간 내에서, 또 다른 경우에는 안정된 혹은 사실상 줄어든 자원과 가용성의 한도 내에서 이루어져야 한다. 만약 공유가 성공한다면 우리는 산업 자본주의 질서를 극복할 수 있게 되기에, 공유라는 힘겨운 정치적 문제는 자원의 희소성이라는 비현실적인 핑계•로 회피할 수도 보류할 수도 없다. 어쨌든 공유하는 사회는 가진 자원을 실제로 공유하는 데서 시작해야 하며, 그렇지 않으면 공유에 관한 그 모든 논의는 거짓이거나 기껏해야 대세에 지장 없는 공론에 불과하다. 더구나 공유란 단순히 받는 쪽의 문제가 아니다. 이는 또한 애초부터 공유된 노력과 책임의 문제이기도 하다. 이것들은 강요되고 자의적인 안정성 혹은 불안정한 혼란을 벗어날 수 있는 유일한 조건이다.

• 원문에는 'by the old fable of the cake'라고 되어 있는데, 프랑스 혁명 당시 왕비 마리 앙투아네트가 빵을 요구하는 군중의 외침에 대해 "빵이 없으면 케이크를 먹으면 되지"라고 말했다는 이야기에서 따온 듯하다. 이를 자원의 희소성에 대한 비현실적 대책이라는 의미로 해석했다. — 옮긴이

7

현재 노동과 생산에서 전개되는 대대적 변화에 대해 통용되는 산업 사회와 탈산업 사회 개념은 허술한 해석을 제시하는 데 그치고 있다. 마지막으로 이러한 변화는 위험의 증거인 만큼이나 기회의 증거라는 사실을 밝혀야만 하겠다. 오직 거짓되고 불필요한 체제 내에서만 과잉 생산이나 불필요한 노동, 혹은 이른바 가혹하게도 '잉여'와 '과잉 인력' 같은 것이 실제로 존재할 수 있다. 노동 절약이 실현되고 새로운 숙련도와 활동이 가능한 상황에서 우리는 아주 실제적으로 새로운 인간 노동의 세계로 접어들 수도 있다. 그렇다면 현실을 그렇게 만들려는 정치적 노력의 공유는 실천에서 우리의 으뜸가는 과제다.

17

국민 문화

1983

《2000년을 향해》의 한 장으로 실린 또 다른 글에서 윌리엄스는 민족주의와 세계주의의 모순을 다루면서 애국적 정서가 어떻게 전형적으로 사람들의 행동과 모순되기도 하는지 언급한다. 하지만 그러한 모순은 단지 개인적 비일관성 문제가 아니라 오늘날의 사회 세계에서 두드러진 특징이기도 하다. 그는 또한 자본주의가 노동, 천연자원과 시장을 끊임없이 추구하는 과정에서 어떤 나라에도 반드시 충성하지는 않는다고 지적한다. 아울러 윌리엄스는 이동성 사유화라는 이전의 대단히 통찰력 있는 개념으로 되돌아가 이 개념이 왜 현재의 일상생활에서 전형적인 특징을 이루는지 설명한다.

1

미국에 본부를 둔 다국적 기업의 런던 지사에 근무하는 한 영국인이 있었다. 이 사람은 어느 날 저녁 일본제 자동차를 몰고 집으로 돌아왔다. 독일제 부엌 장비를 수입하는 기업에 근무하는 부인은 이미 귀가해 있었다. 부인의 소형 이탈리아산 자동차는 흔히 교통 혼잡을 더 빨리 피해 다니기에 안성맞춤이었다. 부부는 뉴질랜드산 양고기, 캘리포니아산 당근, 멕시코산 꿀, 프랑스산 치즈와 스페인 와인을 포함하는 저녁 식사를 마친 후 핀란드산 텔레비전 수상기 앞에 앉아 프로그램을 시청했다. 프로그램은 포클랜드 탈환 전쟁을 회고적으로 기념하는 내용이었다. 프로그램을 시청하는 동안 이들은 가슴이 벅차오르는 애국심을 느꼈고 영국인임이 아주 자랑스러워졌다.

2

국민 의식nationality이 그리고 심지어 애국심이 의미하는 바의 모순은 이제 아주 선명하게 드러났을 것이다. 일부 사람들이 다른 이보다 이 감정에 더 주목하고 더 자주 떠올린다고 해도 이 감정은 여전히 가장 분명하게, 또 실질적으로 확신이 없는 사람에게만 투사될 수 있는 부류가 아니다. 상대적으로 오래된 국민 의식이란 개념은 인종 개념을 넘어서 사실상 강하게 지속되고 있지만, 이와 동시에 강력하게 침투한 국제적인 형태나 준국가적인 형태와의 공존도 이례적이긴 해도 널리 수용되고 있다. 이러한 현상은 식품과 제조 상품의 세계 시장이라는 자명한 사례뿐 아니라 정치적, 군사적 동맹과 준국가적인 경제 공동체에 대한 적극적인 가입에서도 발견할 수 있다. 이 각 사례는 주권의 성격을 근본적으로 바꿔 놓았지만, 이 개념은 여전히 아주 핵심적으로 유지되고 있다. 우리가 사례로 든 부부는 미국의 핵무장 항공기가 영국 기지에서 이륙해 자택 위 높은 상공을 비행하고 있음을 깨닫지 못했거나 우회 도로에는 유럽경제공동체(EEC) 규정에 따라 정기적으로, 또한 체계적으로 중량이 결정되는 무거운 화물 트럭이 다니고 있음을 알지 못했을 수도 있으나, 이것들은 이미 존재한다.

'모순'은 흥미로운 분석적 용어다. 이는 사람들이 실제로 모순된 말을 하거나 모순된 신념에 기반해 행동하는 사례에 아주 손쉽게 적용될 수 있다. 만약 누군가가 자신에겐 조국이 전부라고 말하면서도 소비자로서는 제조국이 어디든 가격과 품질이 가장 적당하고 원하는 상품을 구매해야 한다고 말한다면, 여기서 모순의 요소는 자명하다. 그러나 이 용어는 훨씬 더 까다로운 사례에도 확장되었는데, 여기서 모순이란 사람들이 말하고 믿는 것이라기보다는 사회의 실제 세력이 반대되는 방향이나 적어도 서로 다른 방향으로 작동해 긴장과 불안정을 조성할 때를 말한다. 언어나 일상적 실천의 모순이라는 앞의 사례는 주장을 통해 해결할 수 있다. 이러한 모순은 우리 대다수가 삶의 다양한 시점에 정말로 어떤 것을 (가장) 믿는지 판단해야 할 때 깨닫게 되는 것이다. 다른 종류의 '모순'은 그리 손쉽게 해결할 수가 없다. 이것들이 그냥 모순이라고 말한다면 실제로 이미 많은 부분을 단정한 셈이다. 우리가 일관성이나 양립 가능성을 검증할 때 적용하는 사고 모델은 단지 상황에 적용하는 도구에 그칠 수도 있다. 어떤 것은 선택된 틀 안에서는 모순되어 보이지만, 사실은 그 자체적 틀 안에서는 충분히 일관성을 띠는데도 다만 생소한 체제라서 그리 보일 수도 있다. 그렇다면 우리가 발언 대상으로 삼는 것이 모호하거나 부분적으로 모순될 때 발생하는 문제점이 여전히 남아 있다. 그러나 긴장과 불안정을 조성할 뿐 아니라 유지하고 관리하는 체제 자체는 주장만으로 반박할 수 없다.

내가 보기에 이 점은 '국민 의식,' '애국주의'와 (동일한 복합체에서 일부라는 점에서) '국제주의'에 관한 논의가 드러낸 이 핵심적 문제점에서 밝혀졌다. 여기서는 무수하게 많은 모호성과 어불성설이 발생하며, 이러한 난맥상과 진짜 난점은 일부에서 정치적으로나 문화적으로 철저하게 악용되고 있다. 그러나 일반적으로 이는 정치와 문화의 표면적 문제점일 뿐이다. 이러한 문제점은 그 근거가 되는 당대 사회의 근본적이고 은폐된 문제점이 그리 심각하지 않다면 상대적으로 쉽게 해결될 수 있을 것이다.

3

사회에 소속되고자 하고 그 소속에서 가치를 발견하려 하는 것이 인간의 속성이다. 우리는 관계 속에서 탄생해 관계를 거치면서 살아가고 성장한다. 다양한 장소와 시간대에 속하는 그러한 관계 형태는 넓은 범위에 걸쳐 존재하지만 어떤 실제적 형태든 관계 속에서 관계를 통해 살아가는 사람과 밀접하게 구체적으로 연결되어 있다. 역사적 혹은 비교식의 지적 분석은 그러한 형태가 얼마나 '제한적'이고 '국지적'인지 아주 손쉽게 보여 줄 수 있다. 압력과 변화의 시기에는 사람들이 수많은 다양한 종류의 관계와 사회에서 의미와 가치를 찾아낼 수 있음을 보여 준다는 점에서 이처럼 더 폭넓은 시각이 유망하다. 하지만 이러한 접근은 사람들이 자신의 의미와 가치로 해결하고자 하는 실제 문제점에 대한 사실상의 회피가 될 수도 있다.

따라서 현대의 여러 지적 체제에서는 보편성 — 모든 곳의 모든 사람에게 작용된다고 믿는 것 — 형태를 향한 급속한 진전이 이루어졌는데, 이러한 보편성은 다시 대다수 사람이 단순히 국지적 환상과 편견을 준거로 삼아 살아가려고 한다고 규정하는 데 활용된다. 어떤 계급의 사회적 상황이 보편성을 띠는 것처럼 확정하려는 실제 움직임은 국민 의식이나 종교에 의한 완고한 자기 규정을 해소하는 방안으로 제시된다. 정신분석학에서처럼 일차적 관계별 상황이 보편성을 띠게 된다는 가정은 그럼에도 불구하고 계속해서 재생산되는 관계 형태를 교화하고 그 관계에 대해 의문을 던지는 방안으로 제시된다. 다른 유사한 체제와 마찬가지로 이 각 체제는 수많은 사람이 자신의 관계에 대해 사고하는 법을 익히는 데도 뚜렷하게 영향을 미치지만, 어떤 아주 구체적인 집단을 제외하면 이들은 제안된 보편성이 자체적으로만 명백한 논리를 통해 좀 더 국지적인 여러 형태를 압도하게 된다는 사실은 전혀 깨닫지 못했다.

하지만 이는 전체 이야기의 절반에 불과하다. 진정한 '보편성' — 좀 더 국지적인 형태들을 압도하는 데 성공하는 더 큰 형태 — 은 지적 체제가 아니라 관련 영역을 사실상 지배하는 실질적이고 잘 조직된 관계에서 찾아야 한다. '국민nation'이라는 현대의 시급한 문제는 바로 이러한 식으로 살펴보아야 한다. 인간이라는 종이 갖는 보편성을 제시한 후 거기에서 후퇴해 바로 그 사실만을 근거로 사람들이 자신의 직접적이고 실제적인 집단 결성과 관계를 부차적인 것으로 취급하면서 스스로 삶을 재조직화할 것이라 기대하는 것은 실효성도 없을 뿐 아니라 심지어 지엽적이기도 하다. 인간종에게 의미, 그리고 이 의미가 지니는 인간 삶의 평가는 실제로는 다른 인간 존재와의 의미 있는 관계를 통해서만 실현되며 그조차도 아마 실로 이론상으로만 실현될 수 있을 것이기 때문이다. 어떤 독자적인 추상화도 이처럼 가장 구체적인 의미를 구현하게 될 수 없을 것이다. 충분히 실질적인 방식으로 이 의미를 확장하고 일반화하는 데는 사람들이 삶을 영위하는 수단이 되고 그렇게 해야만 하는 좀 더 한정된 관계와 의미 있는 연속성을 지니는 (그리고 모순되지 않는) 새로운 관계의 형성이 필요하다.

따라서 '국민'에서 벗어나 투사된 '국제주의'로 바로 넘어가는 것은 아무런 의미가 없다. 그 대신 이처럼 널리 수용된 '보편성'이 현재 실제로 무슨 의미를 갖는지 살펴보기 위해 먼저 다른 방향으로 이동해 보아야 한다. "모든 현대인은 스스로 국민으로 조직되었다." 정말 그런가? 현대의 '국민 의식'과 '애국주의'의 수많은 형태가 작위성을 띠고 있음은 이미 흔히 지적되었다. 일부 상대적으로 거리를 두거나 유동적인 사람들은 이들을 그냥 '후진적'이거나 '원시적'으로 여기며 어떤 전쟁이 발발해 슬픔에 빠지게 될 때까지는 이들을 조롱거리로 삼는다. 그러나 정말로 분석의 진입점으로 삼아야 할 부분은 이 작위성이 기능적이라는 사실이다. 말하자면 이것들은 후진적이지도 원시적이지도 않으며 당대에는 효과적이며 의도적인 형태다. 그렇다면 이 이념들이 지금은 점차 작위성을 띨 뿐 아니라 또한 잔여적으로 상당히 현실성을 띠는 문제에 아주 심각한 영향을 미친다는 사실이 핵심 사항이다.

4

용어로서의 '국민'은 근본적으로 '태생성native'과 연결되어 있다. 우리는 전형적으로 장소에 기반을 둔 관계 속으로 **태어난다**. 이처럼 일차적이고 '장소성'을 띠는 유대는 인간적으로나 자연적으로 아주 근본적인 중요성을 지닌다. 하지만 여기서 현대적인 국민 국가 같은 존재로 비약하는 것은 완전히 작위적일 뿐이다. 처음에는 ('나'와 '내 것'보다는 훨씬 그렇지만)

'우리'와 '우리의'라고 말하는 것이 중요하기도 하고 필요하기도 했지만, 이 단어는 교육과 습관을 통해 정체성이라는 평범하거나 모호한 일반성으로 은근슬쩍 변해 버린다. 장소성 유대의 가장 강력한 형태는 항상 훨씬 더 국지적이다. 이는 부락이나 마을, 도시가 될 수도 있고 특정한 골짜기나 산이 될 수도 있다. 오늘날에도 웨일스와 이탈리아처럼 이질적인 사회에서 사람들은 이처럼 끈질기게 국지적 방식으로 자신이 어디 출신이고 어디서 성장했거나 어디 소속인지 이야기한다. 물론 이처럼 실제적인 감정을 더 넓은 지역으로 확대할 수는 있다. 요즈음 흔히 '광역성 regional' 단위의 정체성이나 소속감으로 이야기하는 것이 그 예다. 그러나 '광역'이라는 용어는 이와 아주 다른 과정을 조명해 준다. 한때 '광역'은 하나의 영역이자 구분되는 사회였다. 이와 반대로 현대적 의미에서는 애초부터 더 큰 통일체에 예속된 일부였으며 지금은 전형적으로 '국민'의 일부다. 그 결과 태생적 장소와 태생적 구성체에 대한 실제적이고 강력한 감정 등으로 압축되어 본질적으로 전혀 다른 뿌리에서 탄생한 정치적, 행정적 조직 속으로 포섭되었다. '지역적,' '광역적,' 정체성과 소속감은 여전히 허용되고 심지어 어떤 수준에서는 장려되지만 이처럼 훨씬 더 규모가 큰 사회의 정체성과 소속감 내에서, 그리고 필요하다면 예속되는 상태로 존재하게 되어 있다.

물론 이 광범위한 정체성과 소속감 중 일부는 현실적 관계를 통해 사실상 성취되었다. 절대다수의 사례에서 그렇듯이 심지어 더 대규모 사회가 원래 폭력적 정복, 억압, 경제적 지배에 의해서나 지배적 가문 간의 자의적 동맹으로 결성되었다손 치더라도 사람들은 이 강제된 형태 안에서 여러 세대에 걸쳐 살아가는 경험을 하게 되고 그렇게 해서 그 공동체에 익숙해지거나 심지어 애착을 느끼게 된다. 하지만 여전히 남는 문제는 왜 이러한 원래의 '태생적' '장소성' 감정이 현대 국가 형태에 투사되었는가 하는 점이다. 예컨대 문화적으로 압도적인 '영국England'의 이미지만큼 현재 더 인상적인 것은 없다. 수많은 도시 어린이들은 진정한 '영국'이 무엇인가 하는 질문을 받으면 군주제, 깃발, 웨스트민스터 궁전, 그리고 가장 흥미롭게도 '시골,' '푸르르고 쾌적한 땅' 등의 이미지라고 답변한다. 바로 여기서 작위성의 요소가 가장 자명하게 드러나는데, 바로 여기서 정체성의 틀은 정치적 중심부에서 하향으로 흘러가면서, '태생적'이면서 '충성'한다는 아주 이질적 느낌들이 환기되고 이런 식으로 결합된다.

오래되고 복잡한 역사를 갖춘 국민에서 환기와 결합의 절차는 전체 사회 과정에 깊숙이 뿌리박고 있다. 하지만 정치적 결합과 정의의 과정이 지배 계급에 의해 시작되었다는 것은 분명한 역사적 사실이다. 실로 그렇게 말하는 것 자체가 사실상 동어반복적이다. 어떤 수준에서든 국가 건설은 본질적으로 지배 계급의 작업이다. 그 후 정복과 복속에서 좀 더 뿌리 깊은 구성에 이르는 복잡한 이행이라는 강력한 과정이 뒤따르지만, 이 과정은 필연적으로 훨씬 더 광범위한 사회 영역에 걸쳐 발생한다. 전쟁은 단연 근본적인 결집과 일반화의 경험 중 하나로 두각을 나타낸다. 외부의 적과 더불어 흔히 실제적인 위험을 규정하는 행위는 '국민적' 정체성을 강력하게 촉진하고 흔히 사실상 완성한다. 애국심에 관한 이야기가 재빨리 전쟁에 대한 기억과 상징을 떠올리고 심지어 그 기억과 상징으로 국한될 수도 있다는 것은 우연이 아니다. 그런데 다양한 실제 공동체에서 사람들을 징발해 이처럼 단일하고 압도적인 조직으로 만드는 군대 결성은 실질적인 일반화와 통일 과정에서 가장 두드러진 부분 중 하나다.

신민 집단에서 시민사회로 이행하는 현대 사회에서는 교회와 그다음에는 주로 학교에서 이루어지는 모든 종류의 교육이 좀 더 정기적인 압력을 행사한다. 아동이 학교에 다니기 시작하면 으레 처음으로 자신이 영국인이나 대영제국인 등의 존재라는 사실을 배우게 된다. 군주의 노래나 국기에 배움의 즐거움이 부가된다. 멀리 존재하면서 지배적인 조직에 대해서는 친구와 이웃이라는 느낌이 부가된다. 가령 영국에서는 너무 야만적으로 들리기 때문에 '브리튼'으로 표기해야 마땅한 '연합 왕국United Kingdom,' 'UK'가 그 예다. 이처럼 각인된 정체성 저변을 흐르는 역사에 대해서는 단순한 이미지와 일화에서부터 언뜻 진지해 보이는 교과서 역사에 이르기까지 모든 수준에서 선별적인 버전이 규칙적으로 제시된다. 그다음에는 대다수의 경우 어떤 사회에 소속되고 싶은 강력한 감정이 이 거창한 정의에 결속된다.

이러한 결속감은 가장 작은 사회적 실체인 가정 내부에서 가능한 한 가장 규모가 큰 국민 국가로 단번에 이동할 수 있다는 것도 흔히 사실이다. 이 단위들은 서로 모순되지 않는 것처럼 제시된다. 실로 개인과 사회 등의 수준별로 합리화되기도 한다. 그 후에는 다른 많은 종류의 결속감도 발생할 수 있다. 거리 단위나 마을, 부락 일부 단위로도 구분이 될 수 있고, 젠더나 연령대별로도 구분이 가능하며, 도시나 넓은 지역 단위로도 구분이 발생한다. 수많은 종류의 적극적인 '지역' 혹은 '광역' 단위 집단과 팬이나 지지자 같은 좀 더 수동적인 집단이 이러한 구분을 중심으로 성장해 강력한 감정을 지니게 된다. 그러나 전형적으로 이 감정은 '가족-개인'과 '국민' 간의 원래 결속 안에 무비판적으로 수용되는데, 이 감정은 모든 중요하고 핵심적인 사례에서 보듯이 원래의 결속에서 확장된 것(예컨대 지역별로 구분된 군 연대)이거나 그 결속을 압도하는 것처럼 느껴진다.

과거의 국민 국가, 특히 제국 국가에서 그러한 결속에 대한 냉소주의와 비판이 거의 전적으로 급진적 인사의 몫이었다는 사실은 정치적으로 대단히 중요성을 띠는 문제다. 이러한 결속 형태가 사람들을 전쟁에 동원하고 사회적, 정치적 통제와 복종을 윤색, 은폐하도록 작동한다는 사실을 이들은 간파했고, 이는 정확하다. 저항은 또한 국민 국가에 포섭되었지만 불완전하게 동화되거나 아직도 적극적으로 적대적인 소수 민족에게서 나오는데, 이러한 저항은 독특하게도 정치적 복속 내에 있지만 언뜻 동일한 결속에 의존하는 대안적 민족주의(아일랜드, 스코틀랜드, 웨일스 혹은 브레턴Breton,• 바스크Basque) 형태를 띠는 것도 사실이다. 물론 더 대규모 국민 국가에서는 정의상 불가능한 국민적-급진적 결속이라는 독특한 형태도 등장해서 강력한 영향을 미친 것이 대체로 사실이지만 그러한 여러 민족주의와 좀 더 일반적인 급진주의 간의 복잡한 상호 작용 역시 뚜렷하고 주목할 만한 현상이었다. '자신만의' 국민 국가를 보유한 다수 민족뿐 아니라 소수 민족 중에서도 다수가 **이러한 부류**의 민족주의를 파괴적이거나 퇴행적으로 여기면서 심지어 이에 대항해 '국제주의'를 우월한 정치적 이상으로 자신 있게 촉구한다는 점 역시 슬프지만 사실이다. 이는 마치 이미 국민 국가를 보유한 정말로 확고한 민족주의자가 스스로 '민족주의적'이라는 사실을 전혀 깨닫지 못하는 것이나 마찬가지다. 어떤 민족주의는 단순히 아직 진행 중이라 불완전하다고 판단하는 반면, 자신의 독특한 결속은 자연스럽고 자명하다고 여긴다. 이 지점에서 급진주의자와 소수파 민족주의자는 정착된 '상식적' 국민 국가의 작위성을 강조하면서도 이에 스스로 도취해 이를 역사와 사회 이론 측면에서 얼토당토않은 주장으로 전락시켜 버린다.

여기서 정치적으로 중요한 부분은 그렇게 되면 급진주의가 심지어

• 브레턴은 켈트족 계열의 종족 집단의 한 갈래로서 3세기에서 6세기 사이에 영국 남서부(콘월, 데본)에서 이주한 프랑스 브리타니 지방의 토착민을 말한다. — 옮긴이

원칙상으로도 '국민'에 대한 거부와 엮이게 된다는 점이다. 과거의 국민 국가에서 이는 엄청나게 치명적인 주장이었다. 하지만 국민이란 오직 실제 사회 질서의 역사와 구성 과정을 통해 살펴볼 때만 이해할 수 있다. 왜냐하면 쿠바에서 베트남에 이르기까지 세계의 수많은 다른 지역에서 민족주의가 무장 투쟁을 포함한 정치 혁명과 성공적으로 융합되었다는 사실은 20세기에 가장 두드러진 특징이기 때문이다. 그러한 융합의 조건은 분명 이전에 존재하던 식민지나 반식민지 위치에서 유래하는데, 그러한 여건에서는 외국인과 착취자에 대항해 정체성과 열망을 통해 상대적으로 직접적이고 강력한 결속이 형성될 수 있기 때문이다. 그러고 나서 이후 단계에서는 대개 다른 민족 혁명 국가와의 관계에서 큰 문제점이 발생하고 투쟁에서 융합된 요소 간의 결속이 더 이상 당연시될 수 없는 새로운 단계에 진입한다. 그런데 과거의 국민 국가에 머물러 있어 과거 식민지 인민의 민족 해방 투쟁과 쉽게 일체감을 느끼는 급진주의자에게 정치적 문제란 자기 국민을 대하는 근본적인 태도에 있다. 이들은 국민과 애국주의의 지배적인 정의가 사회적 현실을 신비화한다며 몸소 거듭해 공격하는 바람에, 결국 기존의 지배자나 수호자와 맞설 뿐 아니라 자신이 옹호하고자 하는 실제 대다수 사람의 좀 더 근본적인 욕구나 이익과도 맞서게 되었기 때문이다.

이 기본적 문제점을 해소하는 잘못된 방안은 무수하게 있다. 이 모든 방안은 기존 정의의 틀을 수용하는 데 의존한다. 특히 당대의 사회민주주의자들은 열심히 머리를 굴린 후 애국주의와 국제주의, 사회 정의를 뒤섞어 깜짝 놀랄 만한 기상천외한 묘안을 들고나오는데, 상황에 따라 그때그때 원칙을 선택하거나 수사적으로 이 요소들이 서로 양립할 수 있거나 심지어 동일하다고까지 선언한다. 이 모든 것은 이들이 기존의 이해관계 형태에 철저하게 굴복했음을 보여 준다. 오래된 국민 국가에서 사회민주주의 정치가 점차 중요성을 잃어 가는 것은 이처럼 근본적인 굴복에서 직접 비롯된 결과다. 다른 여건에서라면 좀 더 중요성과 일관성을 지녔을지도 모를 낡은 이름을 그냥 모호하게 유지한 채 실로 사회민주주의 자체는 변질해 버린 현상 역시 그렇게 해서 발생한 결과다.

왜냐하면 선별적이고 주변적인 방식을 제외하면 이들은 자본주의 자체에는 도전하지 않을 것이기 때문이다. 하지만 민족과 국민, 그리고 그에 필연적인 소속감과 유대감을 둘러싸고 일어난 당대의 모든 혼란의 주 원천은 특히 가장 발전된 단계의 자본주의다. 더구나 자연 공동체를 괴멸시키고 인위적 질서를 강제한 것 역시 현 시기의 자본주의다. 그렇다면 자본주의 국가가 자기 고유의 형태로 또 자신의 이익을 위해 애국적 감정을 동원하는 데 거듭 성공한 것은 잔인한 역설이다. 그렇다면 이러한 부류의 국가들에서 현대 민족주의와 애국주의의 작위성은 어떤 지적 차원에서 허물어지고 있는 보편성이 아니라 필연적으로 인위적 구성물 형태로 지금 반드시 수행되어야만 하는 엄격하고 강력한 기능을 지칭한다고 파악해야 한다.

5

초기에 국내 시장을 창출하는 과정에서나 이후의 글로벌 시장 조직에서나 자본제 생산 양식은 늘 기존의 사회 조직 형태나 경계는 무시한 채 자원, 그다음엔 필연적으로 사람을 공략 대상으로 삼았다. 경작에서 양조, 직물 제조에 이르기까지, 소규모 제조업에서 지역 서비스까지 잘 정착된 가내 생산 형태를 갖춘 모든 공동체가 좀 더 발전되고 좀 더 집적화, 집중된 자본주의, 자본주의–산업 형태에 단번에 짓밟히고 말았다.

단순한 수준에서 상대적으로 균형 잡힌 생계 형태를 유지하던 공동체는 흔히 아무런 예고 없이 공략당하거나 주변으로 밀려나 수많은 사람이 '잉여'가 되거나 새로운 생산 중심지로 언제든 이전될 지경에 처했다. 자본주의식 직물 생산, 제철, 광업, 곡물 생산, 그리고 수많은 다른 산업 과정은 대대적인 이주와 이민 행렬, 인구 집중과 인구 이탈을 연쇄적으로 유발했다. 더구나 전형적으로 사람들이 단기적인 이익과 편의 계산에 따라 이동을 거듭하는 바람에, 이후 상업과 생산이 자신의 이익을 좇아 옮겨감에 따라 폐광촌이나 폐업한 방직 산업 도시, 낡은 조선소 구역에서, 도심 빈민가 자체에서 오도 가도 못하는 신세가 되었다.

지금도 세계 구석구석에서 진행 중인 이처럼 대규모의 장기적인 인구 이탈과 재정착을 통해 과거의 전통적인 정체성과 공동체 형태도 강제된 이동성과 어쩔 수 없는 새로운 정착 과정에서 뿌리 뽑히고 새로 정착되기도 했다. 윌리엄 코벳William Cobbett•은 가장 결정적인 단계 중 한 곳에서 바로 이 과정을 목격한 후 사실상 영국 최후의 진정한 급진주의자가 되었다는 사실은 의미심장하다. 즉 그는 출생지에 대한 애정, 조국에 대한 사랑, 전 사회 질서에 대한 철저한 저항이 진정하게 통합될 수 있다고 믿은 사람이다. 그가 생각하던 과거의 영국 개념이 새로운 영국의 현실과 부닥침에 따라 그가 추구한 정치적 방향의 급진적 변화 저변에는 긴장감이 발생했다. 이후에는 어떤 시기에든 가정과 출생지에서 주와 나라에 이르기까지 — 이 중 어떤 것도 서로 긴장 관계나 상호 부정 관계에 있지 않았다 — 코벳이 이상으로 여겼던 부류의 연속성은 점차

• 윌리엄 코벳(1763~1835)은 영국의 언론인이자 정치인으로 농장 노동자와 자작농의 빈곤 타개와 선거구 개혁을 위해 힘쓴 사회 개혁 운동가이기도 했다. 그의 노력은 1832년 선거제도 개혁법이 통과되는 데 큰 역할을 했다. — 옮긴이

현실에서 불가능해졌다. 그 자리를 대신한 것은 인위적 구축물이었는데, 이는 점차 일반화하고 집중화된 이미지로 정의되어야 했다. 왜냐하면 산업에 의한 인구 이탈, 재정착 과정과 여전히 양립할 수 있어 보이는 유일하게 실효성 있는 정치적 정체성은 이제 의도적으로 거리를 두고 설정된 수준에서만 가능했기 때문이다.

그러나 이 역시 아직 초기 단계에 불과했다. 최초의 산업 사회 내에서 달성된 것들은 곧 접근할 수 있는 세계 구석구석에서 훨씬 더 빠른 속도로 시행되었다. 사람들이 자기 나름대로 삶을 영위해 온 모든 토지 구역은 금속 광물, 광석, 보석, 비료 등의 채취를 위해 강탈당했다. 사람과 동물이 살아온 산림은 전체가 벌목되어 수출됐다. 단순 자급 경작 공동체는 땅을 빼앗기고 고무, 목화, 설탕, 커피, 차 혹은 그 어떤 품목이든 수출 지향적 단일 경작에 적합한 용도로 재편되었다. 경작용 품종은 주민의 욕구나 선호도와 무관하게 토지의 물리적 여건에 따라 이윤을 거둘 수 있는 작물로 정해졌다. 인간을 노예로 삼아 새로운 부류의 노동에 투입하는 장기간의 강제적 인간 무역은 다양한 부류의 경제적 강제로 이어져 때로는 전 공동체와 주민이나, 때로는 선별적으로 젊은이만 새로운 노동과 생계의 중심지로 이주해야만 했다.

이러한 사태 전개의 일부는 오래된 경제에도 타격을 입혀 다른 전통적 부류의 생산에 불황을 초래하거나 몰락시켰으며 '주변 지역'으로 전락한 곳에서는 어쩔 수 없는 내부 이주를 새로 유발하기도 했다. 이처럼 외부적으로 유발된 상업과 부의 흐름을 따라가는 사람들의 흐름은 이주의 양쪽에서 모두 정체성과 직접 관련이 있던 과거의 정착지와 공동체 유형을 붕괴시켰다. 더구나 최초의 산업 사회에서 그랬듯이 이는 결코 어떤 새로운 조정 상태에 머무는 최종적인 움직임이 아니었다. 생산과 교역이 유리한 지점이 바뀜에 따라 수많은 사람이 다시 이동해야 했거나 쓸모가 없어진 경제의 폐허더미에서 오도 가도 못하게 되었다. 이러한 부류의 대대적인 이동은 여전히 일어나고 있는데, 수천 명의 합법적, 불법적 이민과 이주가 되기도 하고, 농경 사업에 의해 살던 땅에서 쫓겨나 이미 인구가 밀집된 도시 변두리 판자촌으로 가는 처절한 경로가 되기도 한다.

정말로 경악스러운 일은, 언제든 말을 바꿀 태세를 취한 채 정착, 공동체, 소속감 등의 전통적 가치에 관해 우리에게 떠들어 대는 자들이 바로 이처럼 지속되는 범세계적 과정의 계승자, 적극적 홍보자, 이데올로기 옹호자, 하수인이라는 사실이다. 다른 민족의 정착뿐 아니라 자신의 명목상 국민 다수의 삶을 흔들어 놓는 이 거대한 훼방꾼들은 필수적이고 바람직한 사회에 관한 기본적인 인간 감정 중 상당 부분을 흔히 아무런 도전도 받지 않은 채 병합하고 수탈했다. 이들은 우선순위가 전혀 다른 오래거나 새로운 음모를 꾸미기에 끊임없이 바쁜데도 이러한 수탈을 계속한다. 이들은 비용–편익, 이윤, 생산의 비교 우위 등의 계산하에 이러한 음모를 통해 실제 사람과 공동체를 몰락시키거나 아예 사라지게 만든다.

이러한 일이 발생했고 그렇게 되도록 방치했다는 사실은 말도 안 된다. 이러한 틀 안에서도 저항하고 투쟁할 수는 있겠지만 이제는 아마도 결정적일 또 다른 차원을 도입할 때만 이 상황을 분석하고 이해할 수 있을 것이다. 이처럼 방대한 인구 이탈과 재정착을 옹호하고 실행하는 자들만 살펴보는 대신 사실상 이 모든 조치가 겨냥한 대상의 사고에서 실제로 일어났고 여전히 일어나는 변화도 살펴보아야 한다.

6

인간 대다수는 변화된 환경, 심지어 급격하게 변화된 여건에도 적응하는데, 이는 그렇게 할 수밖에 없기 때문이다. 이는 이미 그러한 변화의 첫 세대에서 두드러지게 나타났다. 2세대와 3세대에 이르면 애초에 강제된 여건은 새로운 사회 규범은 아닐지라도 — 왜냐하면 강도는 천차만별일지라도 이 여건에 대한 거부감은 존재할 수 있기 때문이다 — 적어도 새로운 사회적 시각이나 일상적인 상식이 될 가능성이 크다. 더구나 너무나 많은 변화가 새로운 생산 수단과 새로운 재화의 의도적인 악용으로 강제되는 데 때로는 실패하지만 훨씬 더 흔하게는 모든 부류의 재화를 증가시키기 때문에 새로운 여건에서는 항상 불균등하긴 해도 대대적인 물질적 이점이 존재한다. 체제로서의 자본주의는 본질적으로 일차원적 이동성을 특징으로 하기 때문에, 그 실패와 효력이 소진된 영역에서 벗어나 해당 지역 주민만 그 영역에 옴짝달싹 못 하게 버려둔 채 아주 빠르게 전진할 수 있다. 자본주의는 외골수적인 성격 때문에 적어도 실효적인 잠정적 다수의 단기적 이익을 위해 새롭고 유리한 생산을 주도할 수 있다. 그 어떤 주기적인 위기에 처하든 자본주의는 운명이 경각에 달한 사람 열 명 중 한 명 내지 세 명 중 한 명을 잉여 인력으로 전락시키면서도 여전히 다른 아홉 명이나 다른 두 명의 충분한 지지나 허락을 얻어 작동을 지속할 수 있다. 더구나 자본주의는 개선된 상품과 서비스의 긍정적인 이점과 떼놓을 수 없을 정도로 동일시되기에, 진보를 주장할 뿐 아니라 진보로 인정되기도 한다.

따라서 역사적 수준이나 비교 수준에서 놓고 보면 자본주의의 강제적인 작동은 자의적이고 더러는 냉혹하다고 여겨지지만, 어떤 국지적이고 잠정적으로 안정된 수준에서 보면 자본주의는 마치 천사의 날개처럼 은혜로워 보인다. 자본주의는 공장과 슈퍼마켓, 고용과 풍요를 가져오고, 다른 모든 것은 국지적이고 일시적인 어려움일 뿐이거나 — 보이지 않고 시간대가 다르면 걱정거리가 안 되는 법이다 — 고통받는 사람들의 명백한 잘못이거나 심지어 심각한 잘못이다. 어떤 전반적인 검토를 해 보아도 체제는 투명하면서 동시에 추악하다. 그러나 수많은 국지적 시각에서, 그리고 지금까지 항상 충분히 다수였던 국지적 시각에서 보면 자본주의는 실제 다수에게 용인될 뿐만 아니라 의식적으로 선호되기까지 하는 질서다.

현재 자본주의는 입장을 변덕스레 바꿔 소비자 이야기를 들먹인다. 즉 만족할 뿐 아니라 심지어 흡족하기까지 한 소비자, 주권적 소비자다. 그런데 주권적이라고? 이는 문제가 될 수 있지만, 생산 공정이 잘 굴러가고 쇼핑 카트가 상품을 실어 나를 준비가 잘 되어 있는 한 이 새롭고 강력한 사회적 정체성은 기꺼이, 심지어 열렬하게 채택된다. 소비자는 잘해야 근본적으로 축소된 정체성이고 최악의 경우 비열하고 탐욕스러운 정체성이다. 그러나 물론 '소비자'는 '시민'이나 '주체'와 같은 반열에 있는 다용도 단어일 뿐이다. 이 용어는 오직 특정한 삶의 수준을 묘사하는 용도로만 수용되는데, 바로 북적거리는 슈퍼마켓의 수준이다. 장바구니의 상품을 차에 싣고 집에 도착하면, 문 열쇠를 돌리는 순간 좀 더 완벽하고 좀 더 인간적인 정체성이 마련되어 있다. 가족, 결혼, 자녀, 친척, 친구 같은 정체성이 그 예다. 소비자의 경제 행태는 좋은 것을 집에 가져오기 위해 취해야 할 대상이다.

그다음에는 내가 이전의 책(《텔레비전: 테크놀로지와 문화 형태》, 1974))에서 '이동성 사유화'로 정의한 바 있는 독특한 현대의 여건이 있다. 이는 전례 없는 여건을 지칭하는 흉측한 구절이다. 이 구절이 의미하는 바는 대다수의 적극적인 사회적 수준에서 사람들이 점차 사적인 소가족 단위로 살아가거나 심지어 이 단위까지 무너지면서 사적이고 의도적으로 자폐적인 개인으로 사는데, 이와 동시에 그처럼 제한된 프라이버시가 전례가 없는 수준의 이동성을 갖게 된다는 것이다. 나는 《2세대*Second Generation*》(1964)라는 소설을 집필하면서 오래된 산업 사회에서 지금 지배적인 이 사회관계군을 묘사하기 위해 현대적인 교통 흐름의 이미지를 만들어 낸 적이 있다. 바로 바깥에서 바라보면 교통의 흐름과 규제는 분명 결정된 부류의 사회 질서이지만, 내부에서 경험되는 것(즉 이 창으로 덮인 작은 방의 편안한 분위기와 내부 음악)은 움직임, 방향 선택, 스스로 결정한 사적 목적 추구다. 다른 모든 세포도 비슷하지만 각자 나름대로 사적 목적으로 움직인다. 이들은 완전한 의미에서 타인이 아니라 사적 이동성이 안전하고 상대적으로 방해받지 않은 채 진행될 수 있도록 서로 신호를 주고받는 다른 단위일 뿐이다. 만일 이 모든 것을 외부에서 보고 철저하게 결정된 것이거나 아니면 도매금으로 탈인간화된 현상이라 여긴다면, 함께 있고 싶어 하고 더불어 원하는 곳으로 향하는 중인 세포 내부에서 느끼는 감정과 전혀 맞지 않는다.

따라서 현재 지배적인 사회관계 수준에서 볼 때 정주 이외의 체제나 더 오랜 의미에서의 공동체는 활발하면서도 지속해서 재생산되고 있다. 이를 유일하게 방해하는 것은 상당히 바깥에서 일어나는 움직임(효과적이지만 당연시되는 공적 체제의 실제 작동인 움직임)이 흐름을 늦추고 가격을 변화시키고 피고용인–소비자 간의 연계를 축소, 훼손할 때, 즉 진정으로 공적인 세계를 선택적이고 철저하게 중시하는 부분 위주의 프라이버시 문제로 다시 축소해 버릴 때뿐이다.

모든 종류의 상품 분야의 국제 시장은 이처럼 이동성–사유화 기반의 사회관계 체제에서 열렬한 지지를 얻는다. 가정이든 차든 직장이든 세포처럼 작은 단위 안에서 보면 유일하게 관련이 있는 계산은 자신의 여건을 지속하거나 개선하는 조건뿐이다. 그러한 계산의 결과가 가리키는 것을 다른 명목상의 '국가'에서 구입하는 행위가 다른 사람의 작은 단위를 파괴하거나 약화시키는 결과를 직접적으로든 간접적으로든 낳는다면 '너무 안 됐어'라고만 말해야 할 것인가? 그러나 연계 관계는 흔히 그런 식으로 직접적이지 않으며, 그보다는 엄청나게 복잡하고 더러는 해독 불가능한 시장 체제를 거쳐 작동한다. 그 결과는 통계치나 텔레비전의 일반적 언급으로 등장한다. 잘못이 있다면 주로 다른 모든 작은 단위가 하는 일 때문일 것이라고 우리는 으레 결론짓는다.

현대 국제 자본가 시장의 가장 격렬한 추동력은 명목상의 국경을 넘어 이러한 흐름을, 즉 (가장 경이로운 사람들에 의한 조치를 포함해) '공격적 마케팅'이라 불러야 마땅한 불평등하지만 쌍방적인 침투를 확장하고 가속화하는 데 있다. 잘 가꾼 딸기밭이나 사과 과수원 골짜기가 있는데 모두 열매를 풍성하게 맺어 가고 있다고 가정하자. 어떤 결정적 순간 이웃일 수도 있는 어떤 사업가가 수입 딸기나 사과를 더 낮은 가격에 들여오는 바람에 당신 농산물을 갈아엎거나 썩도록 방치하게 할 수도 있는데도, 이는 오히려 긍정적인 이점이라고들 한다. 자연 농작물에서는 가시적이며 참혹한 결과(그리고 연례적으로 발생하는 사건)가 다른 모든 생산 종류에 발생하면 똑같이 참혹하지만 덜 가시적으로 된다. 따라서 가장 강력한 국가 경제학에 의해, 그리고 이미 국경과 무관하게 작동하는 다국적 기업에 의해 계획적인 침투나 다른 사람의 경제 파괴가 이루어질 때는 의심의 여지 없이 일반적 선에 속하는 것처럼 제시된다. 만약 당신이 손해를 입으면 더 많은 타인이 혜택을 입는다. 당신이 해야 하거나 할 수 있는 일이라면 고작 비용을 절감하고 생산물의 질을 개선하는 조치뿐이다. 만약 어느 쪽도 충분하게 할 수 없다면 잉여가 되어야 한다. 파산하고 더 효율적인 적자에게 밀려나서 냉혹한 현실에 뛰어들어야 한다.

그 어떤 완전히 인간적 기준에 비추어 보아도 이는 사악한 체제다. 그러나 그다음 던져 보아야 할 질문은 이렇다. 국경은 경제적으로 결국 해체하기 위해 존재하고 계산만 맞게 나온다면 국기는 편의성의 깃발로 재빨리 교환할 대상인데도, 왜 '그것'이 여전히 국민, 소속감, 애국심, 국기와 국경에 대한 찬양을 필요로 하는가? 요컨대 현대적인 자유 무역 자본주의 국제 경제에서 도대체 왜 '국민'이라는 것이 존재하는가?

7

가장 헌신적인 소비자라 할지라도 어느 한도까지만 소화할 수 있다. 소비 외에도 다른 인간적 욕구용으로 다른 관계와 다른 사람에 대한 인식도 필요하다. 이와 비슷하게 맙소사, 현 상태대로라면 시장은 일정 한도까지만 교환할 수 있다. 시장은 무기를 생산하고 판매할 수 있지만 일반적으로 어떤 실제적인 방식으로든 사람들을 보호할 수 없다. 시장은 생산자와 소비자를 움직이고 규제할 수 있지만, 본질적으로 이윤이 남지 않는 인간 욕구인 양육, 돌봄, 지원과 위안, 사랑과 정절, 소속. 소속감 같은 모든 것을 충족할 수는 없다.

그렇다면 이 욕구들은 어디서 충족할 것인가? 현재의 정통적 견해는 이 중 다수를 사적인 사안일 뿐 공적 문제가 전혀 아니라며 배제해 버린다. 하지만 현재 물질적으로 풍족한 사회에서 방치되고 결핍되고 정서적으로 불만 상태에다가 정서적 장애를 겪는 사람이 그리 많고, 고독 문제, 마약 중독은 아니라도 감당할 수 없는 우울, 긴장, 좌절이란 문제가 넘쳐난다는 사실은 확실히 공적인 문제다. 그 모든 것을 시장에 맡겨야 하는가? 그러나 비록 일부는 망각하려 계속 애쓰긴 하지만, 이는 용납할 수 없으며 위험하기까지 하다는 사실을 정책 결정자들도 안다. 그렇다면 이는 경계선을 어디에 그을 것인가 하는 문제가 된다. 정도 차이는 있으나 주류 정당들은 복지 국가, 의료 서비스, 교육 체제 등의 문제에 대책을 내놓는다. 여기서는 어떤 국가적인 조치('국가 지원')가 여전히 필요하지만, 그 수준은 협상 대상이고 항상 '경제'의 수요에 영향을 받는다. 보호는 어떠냐고? 이는 전혀 다른 문제다. 가장 운이 좋은 시장 수혜자는 말할 것도 없고 심지어 시장 자체도 그렇게 무수한 무작위적이고 예측 불가능한 개인의 의지 사이에서 무방비 상태로 있을 수는 없다. 따라서 '법과 질서,' 즉 '방어 세력'이라 불리는 무장 세력은 명백하게도 공격적인 무기를 일부 구사하는데도 불구하고 필요하다. 즉 이들은 의문의 여지 없이 국가의 실질적 기능이다. 그다음엔 국가라는 제도의 토대는 국민이 되는데, 여기서 어려운 숙제가 시작된다.

이 문제는 다음 두 가지 중 어느 쪽으로 파악해도 무방하다. 하나는 기존의 사회적, 경제적 질서를 방어하고 최소한의 비용으로 적이 악용할지도 모를 불만의 움직임을 방지하는 존재가 국민 국가 권력이라고 보는 냉소적 시각을 취하는 것이다. 다른 하나는 만약 필요하다면 시장으로부터의 보호를 통해 여전히 지탱해야 할 사회적 목적이 존재한다는 식으로 여전히 제한적이지만 좀 더 관대한 인식에서 국가를 파악하는 것이다. 목적과 방법으로서 이 해석들은 실로 가변적이고 부침을 거듭하기 때문에 어떤 특정한 시점에 이 해석 중 어느 쪽이 진실에 더 가까운지는 아주 중요한 문제다. 그러나 어느 쪽의 해석이든 심지어 완전한 사회라고 주장하지도 않는 국민 국가가 존재하도록 하는 것은 더욱더 중요하다. 냉소적으로 보든 너그럽게 보든 국가의 실체는 의도적으로 부분적인 체제에 불과하다. 총체적인 삶의 질서가 아니라 의도적이고 선별적인 상부구조라는 것이다.

바로 그러한 인위적 존재가 기능적으로 중요한 것은 이 때문이다. 현재 수많은 나라에서 집권한 공격적인 급진적 우파가 친국가 수사와 반국가 수사를 결합해서 사용한다는 사실은 중요하다. 이들은 군사력과 삼엄한 경찰력에 의존하는 법과 질서 추구에서는 친국가 수사와 실천을, 사회복지와 국내 경제, 국제 통화와 무역 거래에서는 반국가 수사와 실천을 활용한다. 위안이 되는 식으로 말하자면 이는 '모순'이라 부를 수 있겠지만, 치열한 경쟁과 엄청난 불안정을 안고 있는 후기 자본주의 세계에 대한 진정한 적응 양식으로 나온 공개적이고 계급 기반의 권력 분점으로 파악하는 편이 더 낫다.

국민 단위의 국가주의national statism는 일반적 목적으로뿐 아니라 공개적인 '국제적' 경쟁 표방의 결과에 대응하는 방안으로서 일관성 있는 국내 사회 질서를 보존하려 한다. 이는 전면적인 초국가 경쟁에 대한 노출을 통해 일정한 '민족' 산업의 몰락을 허용하지만, 나머지 산업에서 초국가적 효율성을 강제하는 방안으로서 그리한다. 즉 실로 더 이상 사회가 아니라 시장 부문인 'UK'의 효율성인 셈이다. 동시에 이는 (연금 기금과 보험, 그리고 좀 더 일반적인 화폐 시장의) 사회적으로 집적된 자본이 글로벌 경제에서 가장 높은 화폐 수익을 가져온다면 어떤 영역에든 투자용으로 유출되는 것을 허용하고 심지어 장려하기도 한다. 여전히 정치적 유권자인 공동체와 노동자의 정착된 이해관계에 어긋나는 일이지만 이들은 할 수 있는 한 자국의 '국민' 기업에 대해서도 [시장] 왜곡적이고 소모적인 지원이라고 간주하는 부분은 철회한다.

따라서 이상적인 조건은 끊임없는 추구 대상이다. 첫째는 재편되고 효율적인 '국민' 부분을 공개되고 상호 침투적인 시장의 흐름에 편입하기 위해 시행되는 글로벌한 생산과 무역 체제의 경제적 효율성 추구다. 그러나 동시에 사회적으로 조직되고 사회적으로 규율 잡힌 인구가 확보되어 잔여적이지만 아직 유효한 국가 경계를 따라 이들에게서 노력을 동원하고 세금을 징수할 수 있어야 한다. 여기서는 실효적인 정치적 경쟁자가 아직 없다. 진정한 국민이라 할 수 있는 실제적이고 다양한 사람들 내에서 점차 늘어나는 모든 실제적인 분열과 이해관계의 갈등을 진압하는 방안으로 점차 피상적이고 열정적인 민족주의의 수사가 바로 이러한 '국민' 모델에 적용된다.

이는 20세기 후반의 여건에 진정하게 적응한 결과라는 사실을 나는 거듭 강조한다. 이는 자칫 용납하기 어려운 수준이 될 수도 있는 분열과 혼란을 규제하고 억제하기 위한 의식적인 강령이다. 더구나 여기서 어떤 단순하고 일관성이 있는 민족주의로 되돌아갈 방도는 전혀 없다. 완전한 정치적, 군사적 주권과 (집중적인 국내 투자와 더불어 자본 수출과 수입에 대한 선별적 통제를 포함해서) 국민 경제 회복 계획을 결합하는 일부 대안적 강령도 지금 제시되고 있다. 언뜻 보면 이 조치가 어떤 '국민적' 심금을 울리지 못한다는 사실은 아주 놀랍다. 이처럼 국민 국가가 국가적 정치, 경제적 삶에 대한 통제 유지를 강조하는 조치가 시장 이동성과 자유로운 소비자 선택의 실천, 이상과는 아주 드러내 놓고 모순된다는 점에서 이는 정말 복잡한 문제다. 이동성 사유화와 소비자주의 그리고 가장 피상적이고 소외된 버전의 민족주의와 애국주의는 적극적인 사회관계의 자원을 심각하게 약화시켰다. 그런데 대안적 정책을 위해 필요한 수준의 '민족의식'을 구체화한다는 것은 그러한 적극적 사회관계에서의 자원에 의존한다는 뜻이다.

따라서 '국유화nationalization'는 '민족주의'와 연결된다고 인식되지 않는다. 이는 국가주의란 동전의 다른 면에서 온 이질적인 침입으로 널리 간주한다. 그런데 '애국주의'는 그 기능적 이미지(군주제, 유산, 군대, 국기)로 너무나 철저하게 대체되는 바람에 대안적 정책이 이것들과 연결되지 않을 뿐 아니라 다른 강조점과 우선순위를 언급하다 보면 종종 오히려 글자 그대로 모순을 드러내기도 한다. 따라서 '국유화' 강령은 '비애국적'으로(즉 '비영국적,' '비미국적'으로) 인식될 수도 있는 반면에, 무제한 경쟁 내에서 국가 경제가 심각한 손실을 보는 지경까지 추구하는 초국가 전략은 가장 인위적인 국민적 이미지를 구조적으로 유지한 덕분에 오히려 '애국적' 경로로 인식된다.

8

그처럼 참을 수 없는 혼선에 맞서 어떤 진전을 이룰 수 있을까? 내가 판단하기에는 이런 혹은 저런 보편성으로 지적 도약을 하는 낯익은 방식으로는 거의 혹은 아무것도 성취할 수가 없다. 다양한 세력을 생성하는 방안은 단순히 기존의 사회적 인식을 부정하는 데 있지 않다. 이 방안은 두 가지 적극적이면서 서로 연계된 대책에 있다. 첫째는 실질적인 사회적 정체성 확보를 위한 문화적 투쟁이고, 둘째는 효과적인 자치 사회에 대한 정치적 정의다. 나는 먼저 이것들을 별도로 살펴볼 것이다.

지금까지 '영국'이나 '브리튼'을 투사하는 방식에서 가장 용납할 수 없고 비현실적인 부분은 그 역사적, 문화적 무지다. 물론 'UK'는 역사적이지도 문화적이지도 않은 용어다. 그보다는 상업적, 군사적 계획용의 은어다. 어떤 노동당 지도자가 영국의 유럽공동체 가입을 반대하면서 이 조치는 '천 년 역사'의 종말이 될 것이라고 주장했던 기억이 난다. 왜 천 년인가 하는 궁금증이 들었다. 그러한 추론에서 유일하게 의미 있는 날짜는 노르만-프랑스 왕가가 스칸디나비아-색슨 왕가를 대체한 1066년경이 될 것이다. 그렇다면 잉글랜드 왕가는 어찌 되는가? 이는 대략 1,500년쯤 될 것이다. 브리튼인? 대략 2,500년쯤 될 것이다. 그러나 이 섬에 사는 사람들의 실제 역사는 그보다 훨씬 더 이전으로 거슬러 올라갈 것이다. 신석기 시대의 목동과 농부로 된 주목할 만한 사회까지는 적어도 6,000년이고, 단지 사라지지 않고 우리 조상 중에 속하게 된 수렵 민족은 그보다 더 오래되었을 것이다. 따라서 명색이 대중 정당의 지도자라는 사람이 자기 국민의 현실에 관해서는 사실상 생각해 보지도 못한 셈이다. 그는 중앙 집중적 국민 국가라는 동떨어진 형태를 제외하고는 자국 역사에 관해서는 생각조차 해 보지 못한 셈이다. 그는 더 광범위한 유럽 정체성의 결성 시도를 반대하는 자명한 주장에 이 빈약한 투사를 활용했다. 그런데 만약 기능적이고 횡포한 선별적 '애국주의'에 의해 문화적, 역사적 현실이 그렇게 체계적으로 왜곡되지 않았다면, 과거 유럽 재편을 놓고 이루어진 그 모든 실제적이고 공인된 조치에도 불구하고 그가 그런 발언을 했다는 사실은 도저히 이해할 수 없는 일이었을 것이다.

이 섬에서 살아온 모든 다양한 사람들은 실체적이고 물리적인 의미에서 여전히 이곳에 있다. 때때로 '섬나라 인종'으로 투사되는 존재는 현실에서는 연쇄적으로 이어지는 정복과 억압의 긴 과정이지만 연쇄적인 대체와 상대적인 통합의 과정이기도 하다. 모든 실제 과정은 문화적이고 역사적이었으며, 국가와 정체성에 관한 지배층의 선포가 이어졌다는 점에서 모든 인위적 과정은 정치적이기도 했다. 이제는 이처럼 기나긴 사회적, 물리적 과정의 여러 층위로 볼 수 있는 것 중 특정 층위로 단순히 되돌아갈 방도가 전혀 없다는 사실은 분명하다. 그러나 역사의 복잡성을 의도적으로 배제하고 그 과정에서 수많은 다채로운 잔여적인 정체성을 거부하는 식의 국사와 애국주의 전통으로는 이처럼 기나긴 미완성의 과정을 제대로 억누를 수 없다는 사실 역시 마찬가지로 분명하다. 따라서 이처럼 수많은 다양하고 불균등하며 서로 연계된 세대들의 진짜 유산을, 최근에 등장했고 원래는 해외에서 유입된 군주제나 국기로 환원할 수는 없는 노릇이다. 이러한 군주제나 국기는 바로 그 형태 자체가 강제된 정치적 통일의 흔적이기 때문이다. 잔여적이고 재구성된 아일랜드 정체성을 억압하거나 지워 버리려는 오랜 시도의 결과야말로 지배적인 버전의 애국주의가 가진 형편없는 어리석음을 너무나 뚜렷하게 증언해 주고 있음이 분명하다. 하지만 그 결과는 아일랜드인 자신에게 증오 대상이나 자기 만족적인 농담거리로만 투사되는 기능을 하는 것이 특징이다. 또한 이른바 단순한 '원주민 부족'을 겨냥해 영국 땅을 침범한 로마제국 침략자와 동일시하는 것은 지배 계급의 흔한 문화적 습관으로서 대다수 학교에서 세심하게 보급된 바 있다. 그러한 사람들이 '애국주의'를 독점할 수 있을까? 사실상 그렇다고 해야 할 것 같다. 자신의 실제 조상이 학살당하고 노예로 전락한 많은 사람조차 정복자가 퍼뜨린 이미지, 즉 동물 가죽을 뒤집어쓴 야만인, 심지어 만화 문화에서는 동굴 거주인의 이미지로 조상을 재구성했기 때문이다.

이 섬 사람들의 물리적, 문화적 역사에 관한 실제 지식을 갖춘다고 해서 이처럼 편협한 정통적 시각을 과연 어느 정도 물리칠 수 있을지는 모르겠다. 그렇다고 해서 **아무것도** 달라지지 **않을** 것이라고 믿지는 않으며, 이 잘못 재현되고 은폐된 과거에 적극적으로 흥미를 갖는 사람이 늘어난다는 사실에 나는 고무되고 있다. 그러나 언제든 직면해야 할 부분은 현재 이들의 통합이 어떤 단계에까지 실효성을 발휘하는가 하는 문제다. 바로 여기서 가시적으로 외모 차이가 더 큰 사람들의 이민에서 최근 큰 문제점이 발생하고 있다. 이 문제가 최근의 선별적 정체성 형태와 상호 작용할 때 엄청난 혼란과 편견이 발생할 수 있음은 분명하다. 간혹 다시 생각해 보면 좀 달라질 수도 있겠지만 정착한 원주민과 초기 이주민의 총체적 복합체를 대표하도록 만들어진 '진정한 태생적 영국인'이라든지, 아니면 새로 통용되는 정체성으로서 전 세계 수많은 민족을 지배하고 그들보다 태생적인 우위를 갖추는 데 경제적, 군사적 이점을 활용한 제국의 '브리튼인'이 그러한 정체성이다.

이와 동시에 여러 세대에 걸쳐 한때 다양했던 민족이 뿌리는 다르지만 중복되는 사회적 정체성을 경험했고 거기에 적응했는데, 상대적 통합의 모든 초기 단계에서 그렇듯이 새로 이주한 타민족에 대해서는 잘해야 깊은 불신을 갖고 최악의 경우 노골적으로 적개심을 드러냈다. 이는 현재 대략 '인종주의'로 해석되는 현상이다. 실제로 인종주의가 존재하지 않는다는 뜻이 아니다. 현대에서는 아일랜드인과 유대인에 대해 그랬듯이 인종주의는 최근의 선별적 형태에서 거침없이 파생되어 나온다. 그러나 새로운 민족의 도착에서 발생하는 모든 사회적, 문화적 긴장을 이러한 이데올로기 형태로 간주하는 것은 엄청난 착각이다. 어느 쪽으로든 실제 이데올로기의 작동은 현재 일어나고 있는 상호 공방 중 가장 의미 있는 사례에서 뚜렷하게 볼 수 있다. 여기서 (꾸준히 지속된 현대적 통합이라는 측면에서 영국인인) 어느 영국인 노동 계급 남성은 '외국인'이나 '이방인'의 도착이나 존재에 항의하고, 더 나아가 이들을 '흑인'으로 규정하며, 이에 대해 모범적인 자유주의자는 '이들은 당신과 똑같은 영국인이야'라고 반박한다. 많은 사람은 이 항의에 깔린 이데올로기적 구성요소를 간파한다. 즉 다른 어떤 관점도 존재하지 않는다면 낯선 이웃에 대한 불만은 '인종'과 '우월성'을 이데올로기적으로 구체적으로 지명하는 단계로 빠르게 옮아가게 된다.

그런 자유주의자의 답변에서 나타나는 이데올로기는 어떤가? 이는 단지 아주 소박하게 '영국인'이란 무엇인지에 대한 법률적 정의만을 채택한다. 이처럼 엄밀한 수준에서는 법 테두리 안에서 평등과 보호의 필요성을 주장하는 것은 필요하고 중요하면서 옳은 일이기도 하다. 마찬가지로 살던 곳에서 밀려난 취약 집단과 소수파에 대한 아주 적극적인 법적 (그리고 공동체적) 방어도 필수적이다. 그러나 사회관계 전체가 의문의 대상이 될 때는 공식적 정의로 사회 정체성의 문제점이 해결된다고 단정한다면 심각한 착각일 뿐이다. 불균등하게, 때로는 불안정하게, 그러나 항상 장기간의 탄탄한 경험을 통해 사회적 정체성에 대한 실효성 있는 자각은 실질적이고 지속적인 사회관계에 의존하게 되기 때문이다. 사회적 정체성을 국가 수준의 공식적인 법적 정의로 축소하는 것은 현대 지배 계급의 제한된 기능적 틀에 불과한 '국민'이란 소외된 피상성과 공모하는 것이나 다름없다.

사회주의자라면 오로지 철저한 근거를 갖춘 적극적인 사회적 정체성에 의존해야만 하는데도 일부 사회주의자까지도 그런 관점에서 대응할 수밖에 없었다는 사실은 시장과 교환 관계의 우세함을 보여 주는 또 다른 기호다. 한 가지 이유는 수많은 소수파 자유주의자와 사회주의자, 특히 직업이나 구성체의 성격상 스스로 국내적으로나 국제적으로나 떠돌이성이 강한 층은 뿌리 깊은 정착 경험이 거의 없었다는 점이다. 지금은 예외적으로 심각한 부작용과 압력하에 있지만, 대다수 사람은 여전히 자신의 공동체적 정체성을 이처럼 뿌리내린 정착에서 얻고 있는데도 그렇다. 많은 사회주의자는 국제 프롤레타리아가 국가 간의 구분을 극복한다는 식으로 이상적 부류의 보편주의 명제에서 영향을 받고 있다. 북미에서는 역사적 이유로 엄청나게 다양한 이동성이 주로 법률적, 기능적 수준에서 통합되었는데, 다수의 자유주의자는 그러한 북미의 사상에서도 영향을 받았다. 그렇다면 정착했다가 밀려나고 재정착을 거듭하게 되는 공동체의 모든 복잡한 실태를 지적으로 부정하는 사태가 빠르게 발생할 수도 있다. 그러다 보면 어떤 선구자가 일반적인 '사회적' 입장을 명확하게 파악했다고 생각했는데 결국 명목상으로 연결된 절대다수가 이를 따르기를 거부했음을 알게 되는 일도 발생한다. 종종 그렇듯이 이러한 상황이 그들에 대한 학대로 변할 때 결국에는 어떤 패배만이 남게 된다.

사회적 정체성에 대한 사회주의자의 입장은 지배 계급이 기능적으로 채택하는 식의 '인종'과 '국민'이란 분열적인 이데올로기를 분명 절대적으로 거부한다. 그러나 정착지 이탈과 재정착으로 새로운 구성체가 필요한 경우 이러한 입장은 그 이데올로기를 거부하면서 만일 가능하다면 정착된 부류의 정체성을, 아니면 잠재적으로 가능한 부류의 체험되고 형성된 정체성을 선호한다. 우연히도 나는 오래된 변방 지역인 웨일스 경계 부근의 시골에서 자랐는데, 여기서는 수세기 동안 처절한 투쟁과 습격, 억압, 차별이 발생했고, 내가 태어난 곳 20마일 이내에는 저 격동의 세기 동안에는 무려 네 가지 언어가 일상적 구어로 사용됐다. 바로 이러한 역사를 염두에 두고 나는 사회적 정체성이 실천적으로 형성된다고 믿으며 — 이 점은 그곳에서 아주 두드러진다 — 필연적으로 그 정체성은 체험되어야 한다고 확신한다. 그리 멀지 않은 곳에는 웨일스 광산지 계곡이 있는데 19세기에는 이곳에 온갖 이주민이 대대적으로 몰려들었다. 그렇지만 두 세대가 지난 후에는 기록에 남은 곳 중 가장 놀라울 정도로 탄탄하고 서로 애착을 갖는 몇몇 공동체가 형성되었다. 이곳이야말로 진정한 희망의 기반이다. 다름 아니라 더불어 노동하고 더불어 사는 경험에 의해, 동질감을 느낄 만한 어떤 진짜 장소와 공동의 관심사를 통해, 분열적이든 보편주의적이든 외부의 이데올로기적 정의에서 가능한 한 자유로울 때 진정한 사회적 정체성은 형성된다. 물론 자연스럽게 생겨난다는 뜻은 아니지만 경계지 시골에서든 광산 골짜기에서든 가장 어려운 단계에서 불가능해 보였을 수도 있는 일이 실제로 달성되었다. 물론 북아일랜드에서처럼 역사와 외부 이데올로기가 여전히 사람들을 분열시키고 갈가리 찢어 놓기도 하는 다른 사례도 있다.

이 점은 실효성 있는 자치형 사회의 재정의라는 두 번째 강조점과 연결된다. 현대 산업 사회의 발전 과정에서 고전적인 유럽식 형태의 국민 국가는 실제 사회적 목적의 범위를 감당하기엔 너무 크면서도 동시에 너무 작다는 사실이 이제 아주 분명해졌다. 영국과 같은 오랜 국민 국가에서조차도 이 국가 형태는 실질적인 다양성 속에서 완전한 사회적 정체성을 발전시키기에는 너무 크다. 이는 소수 민족(스코틀랜드인, 웨일스인, 아일랜드인, 서인도인) 문제에 그치지 않고 자의적으로 '권역region'으로 분류되는 아직 상당히 이질적인 여러 문화의 문제이기도 하다. 이러한 상황에서 '연합 왕국'과 'UK'의 '영국인다움,' '국익'과 '전국적인' 커뮤니케이션 망 등의 강제된 인위적 정의는 실제로는 불평등한 사회적, 경제적 발전을 승인하거나 억압하는 수단이자 무시되고 주변화된 지역과 소수파의 저항과 불만을 강제된 일반적 '애국주의' 안에 가두어 두려는 수단에 불과하다. 심지어 통일된 상태로 알려졌지만 소란스러운 '잉글랜드'의 북부와 동남부 간의 엄청난 경제적, 정치적 격차는 현 상황을 보여주는 명백한 예다.

만약 사람들이 체험과 노동, 장소성에 의해 형성된 사회적 정체성을 근거로 삼아 자신의 진정한 이해관계를 방어하고 추진하려 한다면, 그 누구도 아닌 자신의 관점에서 자신을 정의하는 새로운 실질적 사회를 통해 이제는 소외되고 중앙집중화된 권력과 자원의 상당 부분을 적극적으로 탈환해야만 한다. 앞으로 다가올 세대에는 모든 실효성 있는 사회주의 정책이 이러한 실천을 지향해야 한다. 다름 아니라 오직 이러한 전면적이고 적극적인 사회적 정체성의 재강조나 형성을 통해서만 진정한 사회 개념에 절대적으로 의존하는 사회주의 자체도 발전할 수 있기 때문이다. 정체성을 갖춘 공동체나 지역은 전국적 혹은 국제적 시장의 움직임에 의해 붕괴하였기 때문에, 특히 이점과 풍요에 적극적으로 의존하는 이동성 소비자라는 위축된 정체성은 오직 이러한 방식으로만 극복할 수 있다.

이와 동시에 여러 가지 목적상으로도 이처럼 좀 더 실제적인 사회뿐 아니라 기존의 국민 국가도 지나치게 작다는 사실 역시 분명하다. 이제 국민 국가의 이른바 '주권성'을 심각하게 침해한 무역, 통화, 군사적 문제점은 이 점이 사실임을 입증해 주는데, 장소성 기반의 공동체 자치를 향한 어떤 운동에서든 이러한 문제점은 사라지지 않을 것이다. 그렇다고 반드시 문제가 더욱 심각해질 것이라고 볼 수는 없다. 가장 까다로운 무역과 통화 문제 중 상당수는 국제 자본주의 경쟁 체제의 직접적인 결과인데, 계획된 대외 무역이라는 아주 새로운 형태는 국제 경제에 통합되고 거기에 봉사하는 '민족적인' 지배 계급의 이익보다는 자국인의 이익에서 진정으로 출발하는 사회에서라면 가능할 것이다. 군사적 문제 역시 대단히 어렵긴 하지만 우리에게 필요한 국방과 안보를 강화해 주기보다는 점차 위험에 빠뜨리는 것은 일반화된 적대적 블록이 자의적으로 구성되어 실제 대중의 이익의 다양성을 억압하기 때문이라는 사실은 이제 간파할 수 있다.

어떤 수준에서든 이 장소성 자치 사회가 '주권적'으로까지 될 수 있다고는 말할 수 없다. 이들이 '자율적'일 수 있다는 말까지도 아주 제한적인 의미에서만 그렇다. 정말 해야 할 말은 이와 다르다. 사회적 목적의 전 범위에 걸쳐 다양한 부류의 이슈와 결정 종류에 따라 온갖 규모의 사회가 규정되는 그러한 새로운 **가변적인** 사회 형태를 모색해야 한다는 것이다. 지역, 광역, 국가적, 국제적 기구 사이에 가정되는 '권력 분점'에서처럼 실제로 이 중 일부는 지금 일어나고 있다. 그러나 이는 거짓된 부류의 구분이다. 지역과 광역 기구는 실제로는 이름이 지칭하듯 본질적으로 국가 기구에 예속되고 국가에 의존한다. 국제적 수준에 미치는 기구는 우선 이 국가 체제에 의해 우선 집중화되거나 그냥 대체되어 버린다('이는 **런던에서도** 느껴졌다,' '**영국**은 해양법 인준을 거부했다'). 그런데 가장 효과적인 국제적 형태 중 다수(다국적 기업뿐 아니라 세계은행과 IMF)는 사실상 그 어떤 완전한 실제 사회에 대해서도 아무런 책임을 지지 않는다. 흔히 실제로 이들의 구체적인 업무는 오히려 그러한 실제 사회들을 무효화하는 일이다.

가변적인 사회주의(즉 수많은 사회주의의 형성)는 이와 아주 달라질 수도 있다. 실제 자치 사회의 참여와 타협에서 명시적 권력을 직접 도출해 내지 못하는 억압적 국가와 국제 기구를 절대적으로 거부하게 될 것이다. 이와 다른 수준에서는 실질적 토대에서 직접 그리고 흔히 다양하게 (유동적인 다자간 집단 형태로뿐 아니라 쌍방적으로도) 타협해 낸 모든 필수 불가결한 상호 부조와 장려 수단에 대해서는 필연적으로 개방성이 유지될 것이다. 더구나 이 타협의 상당 부분은 필연적으로 소외를 초래할 수밖에 없는 '다목적 대표자'라는 절차를 통하기보다는 적어도 부분적으로는 직접적으로 될 것이다. 평등한 교환, 뿌리 깊은 접촉과 이동성의 진정한 이점은 현재의 자의적 이동성에서나, 단순히 더 작은 사회와 주권 단위로의 방어적 퇴행에서보다는 이 가변적 사회주의에서 더 완벽하게 실현될 것이다.

이 두 가지 강조점을, 즉 실제적인 사회적 정체성을 위한 문화적 투쟁의 강조, 그리고 실효성 있는 자치 사회에 대한 정치적 재정의의 강조를 결합하는 것은 곧 현대 사회의 복잡성에 대처할 수 있으면서 실효성 있고 실질적인 대중적 이해관계를 다시 끌어들일 수도 있는 새롭고 내실 있는 부류의 사회주의를 의미한다고 믿는다.

세부적인 논의와 제안을 통해서 해야 할 일은 아직 많지만, 여하튼 기존의 '국제' 경제와 기존의 '국민 국가'가 주는 혼동을 더 이상 감내할 수는 없다. 이보다 더 실체가 있는 사회적 형태를 발견해서 알려줄 수 없다면 거짓되고 미친 듯한 민족주의와 무분별하고 통제 불능의 글로벌한 초국가주의의 갈수록 빨라지는 전개를 견뎌 내며 살 수밖에 없을 것이다. 더구나 그렇다면 인내조차도 낙관적인 추정일 뿐이다. 이것들은 이제 민중을 제약하고 굴복시키고 파멸시키는 정치 형태다. 우리는 다시 민중에서 시작해 새로운 정치 형태를 구축해야 한다.

18

희망의 여정을 위한 자원

1983

《2000년을 향해》의 결론에 해당하는 장에서 윌리엄스는 세기말 세계 정치를 치밀하게 개관한다. 이는 아마 그가 쓴 정치 관련 글 중 가장 오래 영향을 미친 중요한 저작일 것이다. 윌리엄스는 스스로 '플랜 X'라 이름 붙인 지배 이데올로기를 언급한다. 오늘날에는 이를 '신자유주의'라고 부를 수도 있겠다. 그가 보기에 이는 레이건이 1980년대에 추진한 군비 경쟁 가속화로 잘 예시되었다. 이 조치는 공산주의 격퇴에 기여했고 아마 좀 더 근본적으로는 현재의 자본주의 시대를 초래한 1970년대 오일 위기에 대한 정치적, 경제적 대응으로 대변될 것이다. 윌리엄스는 플랜 X를 "훨씬 더 오래된 경쟁 계획과 투쟁 형태와 연계된" "새로운 전략적 비교 우위advantage의 정치"로 묘사한다. 초금융화와 고위험 투기로 초래된 경제 위기의 여파 속에 있는 2010년대의 시점에서 보면, 윌리엄스가 여기서 플랜 X를 자신의 시절 이래 인기가 급증하면서 만연하게 된 도박 문화와 연결 짓는다는 사실은 주목할 만하다. 물론 윌리엄스는 플랜 X에 저항하는 정치적 흐름, 즉 '평화, 생태학, 페미니즘'에도 관심을 두었다. 사실 윌리엄스가 관여한 활동과 주장은 정치에서 경제적, 생태적 위기에 대한 녹색 사회주의 해결책을 뚜렷하게 지향한다.

1

현재를 변화시키는 방안으로서 미래에 관해 생각하는 일은 관심사가 유난히 진지할 뿐 아니라 친숙한 형용사로 표현하자면 미래 지향적이고 개혁적이며 진보적인 사람들이나 하는 선심성 활동이라는 인식은 대개 당연시된다. 모든 좋은 개념이 이쪽에 있고, 모든 나쁘거나 실망스러운 실천은 반대편에 전가된다. 이런 식의 손쉬운 가정을 어느 정도 더 계속할 수 있는가 하는 질문이 제기된다. 현재 상태라면 모든 좋은 개념은, 특히 이 개념들이 실제로 사람들이 살아가는 방식과 어떻게 연계되고 어떻게 그렇게 될 수도 있는지는 철저하게 재검토해야 한다.

하지만 이러한 가정에서 또 하나 확인할 사항이 있다. 반대 세력은 그 자체로 미래 지향적이지 않다고 당연시되곤 했다. 즉 이 세력은 마찬가지로 친숙한 형용사로 표현하자면 보수적이고 퇴행적이며 반동적이었다. 실제로 이 중 다수는 여전히 그렇지만, 이처럼 손쉬운 대비에 의존한다면 우리는 상황을 잘못 판단하게 된다. 어떤 개혁적이거나 진보적 집단만큼이나 미래를 생각하고 계획하는 데 긴밀하게 관여하는 정치권력에 어느 정도 실제적 근거를 둔 아주 중요한 지적 경향이 존재한다. 이 경향 내에서는 신호를 차단하지 않고 그 신호에 열심히 귀를 기울인다. 하지만 그러고 나선 아주 다른 경로의 의도적인 선택이 이루어진다. 즉 정보와 문제점의 공유를 지향하지도 않고 문제를 해소할 일반적 역량 개발을 지향하지도 않는 것이다. 그 대신 지적으로나 정치적으로 선택되는 것은 미래에 대한 새로운 강경 노선, 즉 새로운 전략적 비교 우위의 정치다.

나는 이 새로운 정치를 '플랜 X'라 부른다. 이는 실로 기분 풀이용의 무분별한 재생산과 구분된다는 점에서는 계획이다. 그러나 그 목적이 바로 'X'라는 점에서 다른 부류의 계획, 미래에 대한 다른 모든 중요한 사고방식과 다르다. 즉 의도적이고 계획적인 미지의 것으로 여기서 유일하게 결정적인 요인은 비교 우위뿐이다. 이는 경쟁 음모와 투쟁이라는 더 오래된 형태나 좀 더 체계화된 권력 정치와 연계되어 있음은 분명하다. 그 허술함과 가혹함 측면에서 선례는 너무나 많다. 그러나 '플랜 X' 정치에서 새로운 점은 진정으로 미래에 대한 해석을 포섭했고, 그것도 일반적 관점에서 현재 핵무기 경쟁이나 생태학적 위기의 피해 확산 반대 운동을 벌이는 사람들의 가장 극단적인 해독만큼이나 철저하게 비관적인 해석이라는 것이다.

'플랜 X' 신봉자에게 어떤 차이가 있다면 이 위험한 사태 전개 중 어떤 것도 멈추거나 되돌릴 수 있다고 믿지 않는다는 점이다. 심지어 기술적으로는 방도가 있더라도 정치적으로 가능한 방안이 있다고 믿지 않는다. 따라서 홍보 문제로서는 여전히 해결책이나 안정화 가능성 따위를 거론하지만, 이들의 진짜 정치와 계획은 이러한 방안이 아니라 극단적 위기와 극단적 위험의 무한한 지속을 수용하는 데 초점을 맞춘다. 이처럼 냉혹한 시각에서 보면 이들의 모든 계획은 정확히 말하면 이른바 게임 계획에서 늘 적어도 한 걸음 앞서게 해 줄 단계화된 비교 우위, 일시적일지라도 효과적인 강점을 위한 것이다.

플랜 X 정치를 보여 주는 분명한 기호는 1970년대 중반부터 재편된 핵무기 경쟁에서 처음으로 나타났다. 근본적으로 새로운 무기 체제와 새로운 과잉 살인 수준의 발전 때문에 단계적인 상호 군비 감축(공언된 궁극적 목표)도 어떤 안정된 전략적 균형(더 정규적인 정치적 인준)을 달성할 수는 없을 것이라는 사실을 이 무렵엔 모든 사람이 확실하게 깨달았다. 정상적 사고를 갖춘 수많은 사람은 이 새로운 사태 전개를 미친 짓이라 불렀지만 플랜 X의 사고 안에서는 완벽하게 합리적이었다. 진짜 목표는 군비 감축도 균형도 아니고 영구적이면서 불가피한 위험 속에서 잠정적인 경쟁의 비교 우위을 달성하는 것이었기 때문이다.

유가 인상에 대한 일부의 지배적인 대응 방식에서도 플랜 X의 징후가 보였다. 다른 집단들은 에너지 소비 감축이나 석유 의존도 감소, 석유와 다른 상품 가격의 전반적인 안정을 위한 협상을 제안했다. 플랜 X 사람들은 이와 달리 생각한다. 이들이 선택한 정책은 공급에 미치는 장기적 효과가 어떤 것이든 경쟁적 비교 우위를 유지할 수 있도록 석유 생산자의 권력을 약화시키고 분열시키고 축소시키는 것이었다. 이는 지속적인 해결책이 될 수 없다는 주장은 요점을 놓친 것이다. 이는 지속적인 해결책이 되고자 한 게 아니라 필연적인 것으로 미리 수용된 다음 경쟁에서 강점과 비교 우위의 획득을 노린 조치다.

또한 플랜 X는 최근 영국 정치에서도 등장했다. 노동 계급을 복지국가에 포섭하거나 국가, 고용주, 노조 간에 어떤 새롭고 희망컨대 안정적인 관계를 협상하는 정책과 달리(이 두 가지는 1945년 이후 정권의 지배적인 정책이었다) 플랜 X는 기존 임금 생활자의 조직과 기대치를 현격히 축소시키지 못한다면 미래에는 자본가의 채산성 하락이 확실하다고 해석했다. 이러한 해석을 감안할 때 플랜 X는 일상적 압력에 의해서뿐 아니라 필요하다면 영국 산업 자본 자체의 말살에 의해서도 작동한다. 이는 과중하고 (통상적 관점에서는) 예기치 못한 채 치러야 할 대가지만 필요한 강점을 획득하거나 다시 쟁취하려면 지불해야만 하는 비용이었다. 또다시 수많은 정상적 사고의 사람들은 이 정책이 미친 짓이라고 말하지만, 이는 단지 플랜 X식 사고의 성격에 익숙하지 않은 탓이다. 이 사람들은 우리에게 낯익은 강수를 둘 뿐 아니라 그러한 강수는 자본주의의 미래와 거기에 불가피한 필수 요건에 대한 합리적 분석과 진지하게 결합된 것이다.

이러한 부류의 결합에서 플랜 X 족속들은 어떤 대가를 치르든 자기들이 인식한 목표를 끝까지 추구하는 골수 혁명가를 닮았다. 그러나 플랜 X가 혁명과 다른 점은 비록 수사는 유지할지 몰라도 어떤 변혁된 사회나 새로운 질서, 지속적인 해방도 이 새로운 계산법에 포함되지 않는다는 사실이다. 어떤 때는 한 단계씩, 어떤 때는 10년, 또 어떤 때는 한 세대씩, 플랜 X에 따라 움직이는 사람들은 애초부터 끝이 없고 피할 수도 없는 투쟁을 받아들인 상태에서 상대적 비교 우위를 계산한다. 이들은 이를 퍼센트의 정치에 불과하다고 보며 그 어려운 조건 안에서는 현재와 미래가 어떤 다른 식으로 관리될 수 있다고 믿는 사람이나, 특히 문제점에 대해 헛소리하거나 유보 조항을 다는 사람, 아니면 필요한 대가를 부정하는 사람을 절대적으로 경멸하기 때문이다. 과거의 모든 이상론자와 마찬가지로 이 정신 나가고 늙고 분위기 파악도 못 하는 인간들은 방해가 되지 않는 이상 그냥 대세에 지장이 없는 존재다.

플랜 X는 위험하다고 말할 필요가 있을까? 이는 나름대로 이미 존재하고 뚜렷하게 예측할 수 있는 극단적 위험 안에서는 합리적 변종이기 때문에 그렇게 말하는 것은 거의 유치한 일이다. 강경하게 플랜 X를 옹호하는 사람과 가장 단호한 정치적 반대파 사이에는 흔히 놀랄 정도로 중복되는 부분이 많다. 동일한 부류의 문제점에 끊임없이 주목할 필요가 있다든지, 이 문제에 대한 시급하고 필요하다면 당혹스러운 조치의 필요성 역시 두 집단이 공통으로 내리는 자체 진단이다. 틀림없는 근본적인 차이는 플랜 X가 오로지 수행자의 비교 우위에 의해서만 결정된다는 것이다. 어떤 좀 더 일반적인 조건은 의도적으로 규정되지 않는데, 이와 반대로 대안적 운동은 안정적인 상호 이점의 관점에서 해결책을 파악하고 이 이점은 규정할 수 있고 달성할 수 있는 일반적 조건이란 원칙이 된다. 즉 미지의 규정되지 않은 X를 대체하는 실질적 조건이 되는 것이다.

이런 식으로 표현한다면 일반적 선택은 단순함이 틀림없다. 하지만 우리는 압력하에서 이루어지는 실제적 선택을 말하고 있는데, 그렇다면 현대 문화와 사회에서 플랜 X를 지지하거나 적어도 반대하지 않는 요소는 얼마나 되는지 파악해야 한다. 따라서 이 계획은 흔히 국가의 경쟁적 비교 우위 측면에서, 즉 '우리나라를 어떻게 한 단계 앞서게 할 것인가'라는 측면에서 제시된다. 이러한 관점에서 보면 이 계획은 자연스레 단순한 부류의 애국주의나 쇼비니즘에 의존하게 된다. 이 이념이 타인에게 미칠 치명적인 결과는 모두 외국인 공포증에 의해, 혹은 외국인에 대한 거부감과 불신이라는 좀 더 온건한 형태에 의해 매개된다. 현재 군사 정책에서 흔히 나타나듯이 아주 비슷한 감정이 더 광범위한 동맹의 이익을 위해 동원될 수도 있다. 또한 실질적 수준에서는 우리 가족과 우리 국민의 복지에 대한 철저한 관심이 자연스레 유도될 수도 있다. 이 복지에 어떤 식으로든 문제가 생기지 말아야 한다는 인식은 엄청난 노력을 유발하며, 이는 어떤 여건에서는 플랜 X로 나타날 수도 있다. 더구나 자본주의 사회의 오랜 경험을 통해 우리는 늘 우리 자신의 비교 우위에 신경 써야 하며 그렇지 못한다면 고통을 겪다가 몰락할 수도 있다는 상식이 광범위하게 자리 잡는다. 이러한 일상적 현실은 플랜 X를 불가피하게 여기는 여건을 생산하고 재생산한다. 그 후 이는 기본적으로 공동의 복지라는 대안적 윤리에 근거한 노동 운동에 깊숙이 침투하게 됐다. 어떤 노동조합이 노동의 사회적 유용성 측면에서가 아니라 예컨대 '임금 협상 테이블'에서의 위상 개선 측면에서 특정한 임금 수준을 주장할 때 조만간 플랜 X가 나서게 된다.

또한 이 계획을 뒷받침해 주는 더 근원적인 문화적 여건도 있다. 플랜 X는 살벌한 정치이자 고위험 정치다. 이는 일종의 남성성으로 손쉽게 제시된다. 플랜 X는 승산을 평가하고 게임 계획을 결정하는 양식이다. 이는 그 자체로 널리 보급된 도박과 그 계산법의 습관과 문화적으로 잘 들어맞는다. 플랜 X는 고도의 수준에서 보면 특정한 종류의 (과학과 기술적 요소를 포함해) 현장 정보 탐지와 어떤 고도로 전문화된 게임 계획 기술에 의존한다. 그러나 그러고 보면 교육의 상당 부분, 특히 (이른바 경영학의 버전에서뿐 아니라) 고등 교육은 이미 전문직주의를 경쟁적 비교 우위 측면에서 규정하고 있다. 이는 전문직주의가 봉사하는 인간적 목적이나 사회에 미치는 효과라는 완전한 의미에서보다는 단순히 기술 행사에서 발휘되는 숙련도 자체에만 의도적으로 협소하게 주목하도록 조장한다. 군사 전문직주의, 재정 전문직주의, 미디어 전문직주의, 광고 전문직주의 간에 현재 벌어지는 척박한 상호 덕담은 이 경향이 얼마나 극단화됐는지 아주 뚜렷하게 보여 준다. 따라서 미래에 유일하게 가능한 전략으로 플랜 X가 채택된 데는 실로 아주 강력한 사회적, 문화적 조건이 존재한다.

동시에 플랜 X는 이 경향 중 그 어떤 것 이상이며 모든 경향의 단순한 합계 이상이기도 하다. 지배적인 존재로 부상하려면 이 계획은 어떤 은폐성 구절을 유지하든 실제로는 자체에서 여전히 강력한 상호 관심과 책임의 감정과 습관을 제거해야 하고 이러한 감정과 습관을 지지하고 격려하는 아주 다양한 제도도 말살해야 한다. 더구나 플랜 X가 되려면 비교 우위, 위험, 직업적 행동의 습관 덩어리 이상이 되어야 한다. 이 계획의 실제 실행자는 여전히 극소수에 불과하지만 잡다한 국지적 경향의 뒤죽박죽 상태를 스스로 넘어서서 진정한 주요 우선순위를 결정하고 배정해야 한다는 사실에서 이 점은 아주 두드러진다. 핵무기 전략, 자본 집약적 첨단 테크놀로지(그리고 특히 정보 테크놀로지), 세계 시장 투자 정책, 반노조 전략 등 플랜 X가 이미 실행되고 있는 수준에서는 개인과 가족 간의 투쟁과 경쟁의 순전한 습관화, 통상적 도박의 순전한 오락화, 지역적, 국가적 충성심의 단순화(이는 일부 수준에서 합리적으로 필요해지면 플랜 X가 억압해 버리게 되어 있다) 따위는 전혀 관심 밖의 문제다. 말하자면 플랜 X는 그 성격상 모든 이를 위한 것이 아니다. 이는 위기관리의 시급한 경험에서 기원하지만, 흔히 단순한 생계형 행태에서 의도적으로 시선을 돌리고자 하는 자의식적인 엘리트들 사이에 부상 중인 합리성이다. 위기가 다가오고 있음을 간파하고, 그에 대비한 입장을 마련하고 대안적 대응 시나리오를 고안하고 검증하며 자원과 예비분을 가동해야만 비로소 이는 정교한 플랜 X가 된다.

이 강력한 경향에 이름을 붙이고 살펴본다고 해서 느슨하게 음모론이라 불리는 주장을 제안하고자 하는 것은 아니다. 대개 사건 이후에 적어도 일부 음모가 폭로되면서 결국 밝혀지듯이 수많은 정치적 음모는 존재한다. 플랜 X의 구성 요소들은 본질적으로 공모적 성격을 띤다. 그러나 이를 단순한 공모로 환원시킨다면 그 위험을 과소평가하게 될 것이다. 반대로 정말로 심각한 것은 플랜 X가 공개적인 고도의 정치적 상식으로 부상한다는 점이다. 단순한 탐욕스러운 난맥상이나 교묘한 일상적 관리와 달리 플랜 X는 제한적이지만 강력한 방식으로 미래를 파악하고 통제하려는 한 방안이다. 과거의 덜 합리적이고 상황 판단도 부족하고 덜 계획적인 정치와 달리, 심화하는 세계 위기 속에서 플랜 X는 강화될 것이 분명하다. 그러나 그렇다면 유일하게 진지한 대안은 그 모든 구체적 정책에서 적어도 플랜 X 못지않게 합리적이고 상황 판단이 정확하게 미래에 관해 구상하고 계획을 세우는 것이다. 그러한 대안은 공동의 복지에 관심을 둔다는 점에서 도덕적으로 더 강력할 뿐 아니라 이처럼 가장 일반적 수준에서는 **더** 합리적이고 상황 판단도 **더** 정확하다. 가장 뛰어난 합리성과 가장 폭넓은 정보는, 특정한 복지와 실로 생존의 가장 실질적인 토대로서 공동 복지와 안정적인 부류의 일반적인 상호 이익에 대한 관심을 지향해야 하기 때문이다.

2

진정한 정치적 문제점은 여기서 출발한다. 어떤 급진적인 방향 전환을 위해 필요한 실질적이고 즉시 가동할 잠재력이 있는 자원을 평가해 보는 데서 시작하는 편이 좋겠다. 두 가지 부문이 동시에 떠오른다. 현재 자세한 전문적 연구가 늘어나고 있는데, 이 중 대다수는 생태학, 대안적 테크놀로지와 군비 감축 등의 핵심 영역에서 여전히 확장 중인 과학 공동체에 의존한다. 구체적인 캠페인의 움직임도 빠르게 성장하고 있는데, 평화 운동과 생태적 행동 계획에서 가장 두드러지지만 아주 광범위한 사회적, 문화적 범위에 걸쳐서도 확대되고 있다. 다음은 급진적으로 새로운 부류의 정치에 활용할 만한 실질적이고 즉시 동원할 수 있는 잠재적 자원들이다.

하지만 어떤 점에서는 이것들이 두 가지 아주 이질적인 사람들의 집단임을 깨달아야 한다. 이들의 일부 활동 형태에서 양자는 아주 뚜렷이 구분되면서 연계가 희박해진다. 따라서 가장 유용한 과학 작업의 상당수는 마치 여전히 정통파 연구인 것처럼 기존의 정치 지도자나 일반적인 여론을 대상으로 삼는다. 현재의 정의에 따르면 이 중 상당수는 '정치적이지 않고' 물리적 사실에 대한 객관적 평가이기 때문에, 이 지식이 정치의 단순화에 관여하거나 길거리 시위 함성과 시위의 정서주의와 엮이는 것을 거부하는 경향이 존재한다. 또한 자신이 최고로 여기는 가치에 따라 캠페인의 다수는 주로 공적 증언과 저항 형태에 몸담거나, 개인적으로 일부 악에 대한 저항에 직접 관여하거나, 대안적 부류의 직접적인 관계의 성장에 관심을 둔다. 그러고는 초기 종교 운동과 비슷하게 이 캠페인은 일부 대표자에 의해 정확히 말해 단순한 지성주의와 조직적인 정치 체제 전체를 모두 경멸하는 듯한 전향 운동으로 일반화될 수도 있다.

이러한 차이점은 반드시 깨달아야 한다. 하지만 최근 평화와 생태 운동에서 가장 두드러진 사실은 이 운동이 전례 없는 실질적 발전 수준에 달한 과학적 정보와, 증언과 폭로 형태의 소집단 저항과 방대한 공적 시위라는 직접 행동을 결합하는 데 비교적 성공적이었다는 점이다. 이는 결코 쉽지도 안정적이지도 않은 결합이었지만 수많은 나라에서 실질적 성취도 측면에서는 이미 새로운 정치적 요인으로 자리 잡았다.

가장 최근의 페미니즘 단계에서도 비슷한 부류의 결합이 두드러졌다. 현재 페미니즘 성향의 뛰어난 학문과 주장이 눈에 띄게 성장하면서 많은 분야의 지적 시각을 바꿔 놓고 있다. 하지만 동시에 과거의 압제적이고 예속적 습관에 대한 날카로운 공적, 사적 도전이 전개되었을 뿐 아니라 이를 지지하는 집단과 행동 조치도 대대적으로 확대되었다. 이러한 움직임은 평화 운동과 생태 운동에서 가능한 것보다는 직접적인 정체성과 결속에 더 의존하기 때문에 결합의 정도는 상대적으로 안정적이다. 이와 동시에 지적 작업의 성격에서 분명히 드러났듯이 이른바 '여성 운동'이라 불리긴 하지만 더 흔하게는 토대나 의도가 제각각인 온갖 운동의 연합에 불과한 이 움직임의 구체적인 방향은 여전히 형성되는 중이고 다른 정치 조직 형태와 핵심적 상호 작용의 대상이 되어야 하나 이 중 다수는 아직 해결되지 않았다.

이 인간적이고 성장 중인 운동 — 평화, 생태, 페미니즘 — 으로부터 즉시 잠재력 있고 효과적인 정치적 다수파를 투사해 낼 수는 있을 것이다. 하지만 전반적 상황은 전혀 그렇지 못하다. 잠재력은 의심의 여지가 없다는 것이 합리적인 추론이다. 문제가 되는 부분은 즉시성이다. 현재 이러한 잠재력에 대한 인식은 이 운동들이 절대다수 인간의 가장 근원적인 관심사를 대변한다는 합리적 믿음에서 파생한다. 그런데 이러한 인식이 다른 모든 조직되고 제도화된 정치적, 사회적 형태에 대한 무관심이라는 선택으로 도약할지도 모른다는 커다란 위험이 존재한다. 이 관심과 가능성의 차원에서 대다수의 시간 동안 대다수 형태의 기계적 사고와 실행의 실천에 이르기까지 살펴보면 언제든 이 도약은 불가항력처럼 보인다. 하지만 이는 특히 이전의 종교 운동이나 객관적 시간의 도래를 맞이한 영웅적 소수와의 어떤 느슨한 비유에 의해 합리적으로 이룩할 수 있는 도약은 아직 아니다. 비록 그러한 선택을 그처럼 뚜렷하게 반대하는 지적 주장이 없었다손 치더라도 이러한 선택안은 1960년대의 경험에 비추어 이미 거부해야 마땅했다.

왜냐하면 변화가 시작된 곳은 평화, 생태, 페미니즘 운동에서만이 아니기 때문이다. 연극, 영화, 공동체 글쓰기와 출판, 문화 분석에서의 새로운 작업 등 대안 문화라고 불렸지만 늘 기껏해야 저항 문화에 불과했던 격렬한 운동에서도 그랬다. 그러나 이 모든 작업에서, 그리고 새로운 부류의 정치적, 이데올로기적 분석에서 아주 명확하게 배운 바는 소규모 행동 계획, 잠재력과 지배 체제 간의 관계가 문제점의 바로 핵심에 있다는 사실이다. 바로 여기서 우리는 새로운 작업이 어떻게 포섭되고 전문화되며 이름 붙여지는지 알게 되었다. 즉 사회의 언저리로 밀려나며, 그곳에서는 알려진다는 사실 자체만으로도 추방될 수 있다는 것을 깨닫게 됐다. 여기서도 소수로 버틸 수는 있다. 그러나 문화 체제 전반에서 중심적 제도는 잔여적이지 않으며(즉 부상하는 소수파의 시간이 도래할 때까지는 흔히 잔여적 내용 때문에 무시당하지 않으며) 지배적이고 적극적 존재로 서로 연결되어 무시할 도리가 없는 전체 과정을 지휘하고 통제한다는 사실이 곧 명확해진다. 문화 체제에서 이 점이 사실이라면 제도화된 형태가 통제하고 지휘하는 전반적인 사회, 정치 체제에서는 더욱더 강하게 적용된다.

이 문제점의 실질적 중심에는 기존의 정당이 있다. 모든 실효성 있는 수준에서 체제가 지금 우리를 이끌고 가는 방향은 바로 그러한 정당이라는 점이 분명하기 때문이다. 하지만 이 정당의 핵심적 기능은 이슈와 이해관계에 대한 기존의 정의를 재생산하는 일이라는 점 역시 마찬가지로 분명하다. 정당들은 새로운 이슈와 이해관계로 확장될 때는 대개 그 이슈를 분리해 내고 희석하고 결국 변질시키는 체제로 그 이슈를 다시 끌어들인다. 1945년 이후 시간 동안 교훈을 얻어야 했던 한 가지가 있다면 바로 이 점이다. 실제로 영국에서는 1960년대 초에 핵 감축이란 대중적 대의가 언뜻 이에 찬성하는 듯한 노동당에 위탁되었는데, 그 후 이 대의는 약 15년 동안 실효성 있는 대중적, 혹은 제도적 수준에서는 흔적도 없이 사라졌다. 이 교훈은 매우 뼈아팠으며 착각의 여지도 없었다. 더구나 이는 지금은 그러한 사건을 감싸는 체계적인 변명으로 뒤집을 수 있는 부류의 것도 아니다. 이 변명은 단지 지엽적이고 모호한 원인을 들면서 다음번에는 반드시 다를 것이라며 모든 사람을 안심시키려 한다. 그 변명의 현대적인 형태인 정당은 실질적으로 그런 식으로 되도록 구성되었다. 이들은 기존의 지배적인 권한의 지분을 재생산하고 극대화하는 좀 더 근본적인 과정에 새로운 이슈와 이해관계를 흡수하고 굴절시킨다.

현재 상황이 이런 식으로만 유지될 필요는 없다. 모든 관련된 사회에서 종류는 다르나 상당한 규모의 소수파, 그리고 어떤 사회에서는 이미 실질적인 다수인 집단이 정통 정치에 대한 동의를 꾸준히 철회하고 있다는 사실은 새로운 이슈와 운동의 성장에 필적할 만큼 중요하기 때문이다. 따라서 실현되기 어려운 이례적으로 안정된 여건을 제외하면 기존의 정치 형태와 제도에 대한 압력은 어쨌든 불가피할 것이다. 이러한 압력이 작용한 결과 이제는 친숙해진 형태를 넘어 새롭고 좀 더 개방적인 부류의 통제와 억압으로 가는 냉혹한 움직임이 발생할 수도 있기 때문에, 어떤 부류이든 제도에 대한 무관심으로 비약이 발생할 가능성은 없다. 이와 반대로 수많은 부정적이고 냉소적이며 냉담한 부류의 압력이 가해질 것이기 때문에, 새롭고 긍정적인 이슈와 관심사의 당사자는 제도를 나름대로 여전히 자율적인 방식으로 공략해야만 할 수도 있을 것이다.

이 요지는 특히 노동 운동 제도를 지칭한다. 이 제도가 애초에는 모든 혹은 대다수의 추진력에서 당시 지배적이던 정의의 틀을 넘어서 시작됐다는 사실은 분명하다. 이 제도는 적어도 현재 우리가 경험하기 시작한 변화만큼이나 근본적인 사회, 경제적 질서 변화에 대응해 여러 세대에 걸쳐 서서히 일어난 진정한 대중적 반응이었다. 하지만 변화의 정도에 대한 어떤 비교 측정이든 또한 두 가지 추가적인 척도에 따라 평가되어야 한다. 첫째는 현재 고용이 그 제도가 형성된 사회의 수준을 넘어 이전되는 상대적인 속도, 그리고 이 이전과 내부적으로 생성된 구조적 실업 사이에 일어나는 상호 작용이다. 둘째는 이 제도가 압도적으로 남성적이고 압도적으로 안정적이며 무엇보다 국가를 기반으로 하고 국가적으로 구상된 경제 과정을 대하는 기본적 성향이다.

이 두 가지 측면에서 모두 기존의 제도는 미흡할 뿐 아니라 어떤 핵심적 지점에서는 새로운 이슈의 직면을 아예 거부하기까지 한다. 평화와 페미니즘 이슈는 어떤 식으로든 포함되었다. 평화 운동은 핵 감축에 헌신하기는 했으나 '일방적'이며 국가 단위를 기반으로 삼는 것이 특징이다. 페미니즘은 노동조합주의자로서의 여성 노동자에게 제한된 책임을 지지만 대개 이론이나 특히 실천 면에서 더 광범위한 위계와 지배 비판에 대한 대응은 무시한다. 기존의 제도가 새로운 문화 운동에 대해 보이는 상대적 무관심은 악명이 높다. 이들이 새로운 부류의 사고와 거리를 둔다는 사실은 '지식인'과 '학자'에 대한 경멸로 입증되는데, 이러한 태도 면에서는 자신의 자본가 주인과 비슷하다. 이런 식으로 수용된 관념

무리에 대한 이들의 확신은 너무나 강해 결국 가장 광범위한 공적 수준에서 벌어진 결정적인 지적 논쟁에서 패배할 수밖에 없었다. 과거 식민지이던 세계와의 관계에서는 이전 시기의 정치적 연계 관계가 유지되었으나, 오늘날 자본주의 무역 형태가 국제 경제 질서를 지배하게 되면서 발생한 결과와 직면하기를 꺼리는 근본적인 태도는 여전했다. 이들 자신의 '노동주의' 경제 정책과 가정은 여전히 비교 우위의 관점에서 이루어지고 그러한 무역 형태 안에 기반을 두고 있다.

각 이슈에서 기존 제도의 전반적인 방향을 상당한 정도로 바꿔 놓을 수 있다는 믿음은 가능할 뿐 아니라 필요하기도 하다. 하지만 그 속성을 감안할 때 이는 제도와의 그 어떤 지적인 결탁 형태로는 결코 이룰 수 없다. 반대로 유일하게 의미 있는 접근 방식은 도전하는 것뿐이다. 이는 흔히 가장 시급하다고 하는 실질적 영역, 바로 선거에서 특히 중요하다. 사회 전반적으로는 정통적인 선거의 리듬이 작용한다. 그러나 급진적 사상에도 리듬이 존재하는데, 여기서 결정적인 장기적 이슈에 관한 치열한 활동 시기 중간중간에는 침묵, 타협, 회피, 무의미한 선의와 인위적 유대 표현 등이 드문드문 산재해 있다. 이러한 것들은 선거가 임박했기에 시의적절하다고 생각해서 나왔을 뿐이다. 이 중 상당수는 어쨌든 허상에 불과한 말로는 충분치 않다. 경쟁적 리더십의 전개가 지배하는 이처럼 대규모 과시성 사건에서 급진적 소수파가 무엇을 하든 하지 않든 실제로는 그다지 중요하지 않다. 그러나 훨씬 더 심각한 문제는 비판이 그 기만성을 입증했고 극복하려 하는 바로 그러한 버전의 정치에 진정한 이슈의 의제를 실질적으로 넘겨줘 버렸다는 사실이다.

정말로 결정적인 선거도 일부 있다. 특히 어떤 반동적이고 억압적 경향이 강화되는 결과가 너무나 자명하게 예상되어 결코 패배해서는 안 되는 선거도 일부 있다. 이러한 측면에서 선거에 적극 참여하기로 한 일부 결정은 아주 현명한 조치였다. 또한 선거가 어떤 일관된 진전의 가능성을 갖고 있기에 좀 더 긍정적인 결과를 위해 노력할 만한 선거가 되는 사례도 드물게 있다. 그러나 심지어 그러한 사례가 있다고 해도 이를 과정 자체의 적절성과 지적으로 연결 지을 수는 없으며, 일시적으로라도 마치 현실이 지금 상태와 다른 것처럼 변호하는 용도로 위장해서도 안 된다. 현재와 다른 이슈 기반의 성향에 근거한 대안적 제도와 캠페인이 이미 존재할 때만 기존 제도에 대한 도전의 움직임은 실효성을 발휘할 수 있기 때문에, 그러한 단절의 움직임은 결코 선거로, 심지어 정당 강령이나 선언으로도 환원할 수 없다. 늘 중점적으로 접근해야 할 대상은 그 내부의 실제 사람들이며, 그와 마찬가지로 주변부에 위치하는 사람들, 그 주변부를 떠나고 있거나 이미 떠난 상당수의 사람처럼 훨씬 더 광범위한 층을 접근 대상으로 삼아야 한다.

이 접근 방식은 정의에 따르면 선의에 의해야 하고 솔직하며 배움과 가르침에 개방적이어야 하는데, 말하자면 그 모든 실질적 의미에서 동지애적이어야 한다. 그러나 운동가와 지식인이 한편으로는 양심의 가책을 느끼거나 아마도 방대하게 축적된 지혜에 대한 존경심을 잃지 않았기에 탄원이나 간청하는 사람 행세하는 습관을 갖게 된 시대는 거의 끝났음이 틀림없다. 그런 식으로 기댈 만한 것은 이제 더는 없으며, 그중 진정하게 현명한 부분이 남아 있다고 해도 존경심이나 완곡한 아첨이 꼭 필요하지는 않을 것이다. 현재 그런 조짐이 보이긴 하지만 만약 실제로 기존의 제도가 정해진 틀 안에서 할 수 있는 일이라곤 기껏 패배할 수밖에 없는 방어전을 치르는 일뿐이라면, 실제 사람들의 생존과 복지 이슈에 남아 있는 더 근본적인 충성심까지도 의문의 대상이 된다.

3

완수해야 할 필요가 있는 모든 변화에서 가장 까다로운 요소는 경제에 있다. 경제를 제외한 거의 모든 삶의 영역에서 새로운 운동이 활발하면서도 실질적으로 전개되고 있다는 사실은 의미심장하다. 이는 마치 평화, 생태, 남녀관계, 창의적인 예술적, 지적 작업 같은 실제 이슈에서는 자본주의 질서의 경제적 지배와 전문화에 의해 배제된 모든 것을 파악하고 작업에 착수한 것이나 마찬가지다. 새로운 부류의 운동들이 새로운 주장과 행동으로 무장한 채 이 영역을 선도하고 있다. 그렇지만 저 뒤 켠 경제적 질서 자체의 아성에는 지배 제도와 그 그림자 격인 하수인들이 버티고 있다. 대다수 사람은 언제든 대부분 여기에 속한다.

따라서 군비 감축, 환경 보호, 여성의 권리 같은 이슈의 대중적 버전을 근거로 삼을 때는 상대적으로 많은 사람을 동원할 수 있었다. 그렇게 되니까 이렇게 이루어진 실제적 진전과 끈질기게 버티는 다른 부류의 다수, 즉 (특정 정당 이상이라는 점에서) 보수적이고 민족주의적이면서 소비자주의적인 존재 사이에 불균형이 드러났다. 일부는 모든 예외, 모든 지엽적인 단절, 모든 지엽적 저항을 활용해 사실은 그렇지 않음을 입증하려 안간힘을 쓴다. 그러나 물론 이 점은 존중해야 마땅하겠지만, 자본주의 사회 질서는 경제적 실패가 가장 두드러진 시대에서조차 자본주의에 대한 투철한 동의를 주입하는 주 과업에 실패한 것처럼 행세하는 것은 의미가 없다. 과거의 가정에 따르자면 영국에서 400만 명의 실업자가 발생하고, 공동의 서비스가 대부분 위기에 처하거나 붕괴하면서도 사회 질서 자체는 거의 도전을 받지 않고, 그 질서에 대한 정치적 지지를 꾸준히 동원할 수 있게 되는 일이란 불가능했을 것이다. 하지만 현재 그런 일이 일어나고 있다.

그렇다면 실망하거나 비난만 하고 있을 때가 아니다. 중요한 것은 어떻게 이런 일이 일어날 수 있는지 파악하는 것인데, 이는 사실 그다지 어렵지 않다. 자본주의 사회 질서의 모든 결정적 압력은 매우 협소한 범위에서 아주 단기간에 행사된다. 일자리는 지켜야 하고 부채는 상환해야 하며 가족은 지원해야 한다. 최선의 노력을 기울인다 해도 이처럼 당연시되는 의무 중 실패하는 부분은 많을 것이다. 그 의무를 게을리하는 이도 있을 것이다. 그러나 여전히 실효성 있는 절대다수는 다른 문제나 삶의 다른 영역에서는 어떤 생각을 하고 있든 이 구속력 있는 관계를 고수할 것이다. 다른 실질적인 대안을 갖고 있지 않기 때문이다. 새로운 운동과 캠페인의 지도부나 구성원 중에서 중간 계급이 압도적인 현상의 의미는 사전에 정해진 변화 주도 세력에 대한 일부 귀납적 분석으로 발견해 낼 수 없다. 그 의미는 우선 실행 가능성이 큰 저항 영역에서 흔히 나타나는 사회적 거리라는 사실에 있다. 둘째로는 새로운 운동과 캠페인의 가장 중요한 요소 중 다수는 독립된 정보 접근에 근본적으로 의존하기 마련인데, 이 정보는 전적으로 그런 것은 아니지만 통상 고등 교육을 통해서만 얻으며, 가장 결정적인 사실 중 일부는 직접 경험이 아니라 의식적인 분석을 통해서만 얻을 수 있다는 사실에도 있다.

그렇다면 이러한 운동을 '중간 계급 이슈'로 무시하거나 평가절하하는 것은 아주 어리석은 일이다. 이 이슈들이 이런 식으로 제약되고 굴절되는 것은 사회 질서 자체에서 나오는 결과다. 이러한 이슈를 노동 계급의 핵심적 이해관계와 무관하다고 무시해 버리는 것 역시 마찬가지로 어리석은 일이다. 모든 실질적 의미에서 이 이슈는 이들의 핵심적 관심사다. 위험한 산업 과정과 환경 피해에 가장 크게 노출된 층은 노동자다. 바로 노동 계급 여성이야말로 새로운 여성의 권리를 절실히 필요로 한다. 평화롭게 삶을 영위하고 가족을 양육할 필요성은 너무나 일반적인 이슈다. 그렇지만 상대적인 사회적 거리와 이동성, 독자적인 (흔히 공적 지원을 받는) 추가 교육 기회라는 특권이 부족한 상태에서 그 어떤 정의를 따르든 노동 계급보다는 상당히 더 광범위한 인구층인 피고용 인구의 절대다수는 여전히 주로 협소하고 단기적인 결정 요인과 관련지어 [현실을] 이해할 수밖에 없다.

심지어 반응이 더 활발해지고 있는 이슈조차도 이처럼 까다로운 사회적 핵심과 직면하게 되면 주변화된다. 더구나 그러한 핵심에서 거듭 경험되고 경험 대상이 된 것은 조심스러움, 실질적이고 제한적인 데 국한되는 관심사, 더 이상의 번거로움을 꺼리는 태도, 세밀한 설명에 대한 조심스러운 계산과 판단 등이다. 이처럼 국지적이고 결정적인 관계에서 어느 정도 거리를 둔 이슈에 관해서는 어떤 운동이 전개되든, 핵심적 의식이 생성되는 이 일상적 지점에서 진지하게 세부적인 대안이 마련되기 전에는 그 운동이 완전한 실효성을 보기란 불가능하다. 하지만 바로 이 지점들에서 모든 대안적 정책은 가장 큰 취약성을 보이는데, 여기엔 역사적으로 납득할 만한 이유가 있다.

4

까다로운 이슈들은 두 가지 문제에서 서로 결합하는데, 바로 생태학적 주장과 국제 경제 질서의 변화다. 때로는 이 결정적 이슈들에서 파생되는 듯한 모든 것이 과거의 산업 경제에서 고용된 절대다수에게는 일련의 자명하고 가시적인 불이익이거나 위상 상실처럼 보이기도 한다. 일부 운동가들은 여전히 보편적 필요성이나 정의라는 방어적 근거 위에서 앞장서기도 한다. 그러나 그렇게 되면 따르는 사람이 전혀 없다고 해도 그리 놀랄 일은 아니다. 이들의 제안이 심지어 더 비현실적으로 바뀌는 일도 종종 발생한다. 때로는 모든 혹은 거의 모든 산업 생산을 무차별적으로 거부하고 지역 장인 노동이나 자급자족형 농업의 선택을 주장하기도 한다. 이것들이 고려해 볼 가치가 없는 삶의 방식이라는 뜻은 아니다. 그보다는 도시산업 사회에 사는 기존의 인구에게 총체적인 삶의 방식으로는 불가능하다는 뜻이다. 그처럼 완전히 비현실적인 제안을 산업자본주의 사회에 대한 핵심 비판과 연관 짓는 것은 응석받이거나 배신행위다. 여기에다 추가로 임박한 도덕적 참회를 거론하는 것 역시 이 중 하나에 해당할 수도 있다.

과거 산업 사회의 생계 수단은 어쨌든 변화할 것이며, 실제로도 이미 변화하고 있다. 그렇지만 좀 더 뛰어나고 좀 더 합리적이며 좀 더 정확한 상황 판단에 근거한 설명이 필요하다. 하지만 여기서 발생하는 지적 문제점은, 어떤 원칙이야 정할 수 있겠지만 모든 실제 정책이 정의상 구체적일 수밖에 없는 자원에 대해 새롭고 까다로운 결산서에 의존해야만 한다는 점이다. 우선 원칙을 살펴볼 수는 있겠지만, 어느 장소로 할지, 어떤 조사를 참고할지 확인하고, 지속적이며 필연적으로 타협적일 수밖에 없는 과정을 거쳐야만 실제 방향을 완전히 확정할 수 있다.

중요한 원칙은 다음과 같다. 첫째, 가능하다면 시장 경제를 넘어서는 길고 어려운 운동을 시작해야 한다. 둘째, 재생 불가능한 자원 이용에서 지속성, 품질, 경제성이란 새로운 지배적 기준을 지향하도록 생산을 변화시켜야 한다. 셋째, 앞의 두 원칙에 대한 조건으로, 새로운 종류의 통화 제도를 지향하고 자본이 이 새로운 목적에 봉사하도록 만들어야 한다.

이 원칙들은 아주 일반적이지만 이 원칙에 비추어 보면 일부 구체적인 사례는 새롭게 보인다. 따라서 만일 시장 경제를 넘어서려는 움직임을 시작한다고 해도 현재 자본주의 질서가 위협하듯이 수많은 혹은 심지어 대다수의 산업 조립 과정이 구경제에서 퇴출당하는 변화가 결코 필연적이지는 않다. 변형 생산 과정도 마찬가지로 퇴출당할 것이라는 점 역시 필연적이지 않다. 이와 반대로 이 중 어떤 결정이든 전혀 다른 종류의 회계적 검토 대상이 될 것이다. 가장 분명한 새로운 준거점은 이 모든 과정이 토착적 자원과 맺는 관계가 될 것이다. 오직 타지 노동이 더 저렴하다고 보는 자본주의식 회계 방식에서 볼 때만 수많은 종류의 조립 공정을 수출해 버리게 된다. 반대로 주요 원자재 수입에 핵심적으로 의존하는 과정은 자신의 토착적 제조와 처리로 생계를 근본적으로 개선할 수 있게 될 가능성이 큰 그 경제 단위에 가장 먼저 이전할 대상에 속한다. 물론 이 기나긴 변화가 타협 과정을 거치게 됨에 따라 예외와 이례적 상황도 당연히 생길 수 있겠지만, 만일 시장 경제를 넘어선다는 원칙을 진지하게 수용한다면 그러한 변화는 꼭 달성해야 한다. 이러한 변화는 과거의 산업 경제에서라면 손실로 계산할 수도 있고, 실제로 이 중 다수는 필연적으로 손실이 될 것이다. 그러나 이에 상응하는 이득도 발생할 수 있다. 이는 실제 토착 자원과 관련해서 개발된 새로운 첨단 테크놀로지로의 일부 생산적인 이행이 가능할 뿐 아니라 원래대로라면 현재 지배적인 글로벌 시장의 작동에 의해 다른 곳으로 이전할 수밖에 없었던 수많은 부류의 조립과 제조업을 유지할 수 있다는 점에서도 그렇다. 일부 다른 사회에서는 자체 재원과 욕구를 기반으로 더 나은 대안적 부류의 발전 방향을 결정할 수 있는데도 앞서 언급한 방안들이 종종 우선시되는 잘못된 일이 발생하기도 한다. 그렇다면 시장이 자체적인 기준만 따라 작동하면서 급속하게 초래할 수도 있는 파괴적 개입의 대안으로서 이에 상응하는 부류의 상호 보호 조치를 타협을 통해 만들어내야 한다는 필연적인 결론이 나온다.

또한 지속성, 재생, 유지, 자원의 경제성을 새로 강조하게 되면서 일부 절충이 필요한 단기적인 손실도 발생할 것이다. 시장은 현재의 생산 중 상당 부분을 상대적으로 조기 폐기와 대체 대상으로 보는 경향이 있고, 수많은 일자리의 운명은 이 주기에 달려 있다. 하지만 현재 재생을 경제적으로 주변화하는 것은 시장 체제의 잘못된 계산 방식일 뿐이다. 수많은 과정에서 강조점만 바꾸어도 그 결과 넓게 보면 노동 영역은 여전히 비슷하면서도 기초적인 부분에서 실질적인 절감 효과가 다수 발생할 수도 있다. 이용자로서의 경험에 비추어 보면 잘 못 생산되고 수명도 짧은 주택, 가구, 장난감, 자동차와 광범위한 일상 용품의 예는 이미 분명하다. 식빵에서 철물에 이르기까지 진정한 단기재의 범위만 훑어봐도 그간 품질의 급격한 하락이 두드러졌다. 최소한의 적절성과 신속한 대체성에 근거한 저렴하고 표준화된 생산을 향한 시장 압력은 전체 경제에 대한 상식적 관념을 왜곡시켜 버렸다. 상대적으로 특권화된 어떤 시장 부분에서는 이러한 교훈을 이미 체득해 '대량' 시장의 상투적 판매 관행과 장치를 기피하고 고품질과 내구성을 지향하려는 움직임이 일어났다. 그러나 이를 일반화하려면 현재 시장의 틀 안에서 '고품질' 시장 확대로 예견되는 것 중 최선을 선택하는 데 머물기보다는 중심적인 생산 과정에 대한 통제력을 확보해야 한다. 극소수의 영역을 제외하면 이는 '장인' 방식으로의 회귀가 아니다. 반대로 이는 주로 동원할 수 있는 새로운 첨단 테크놀로지를 마케팅의 우선순위에 있는 영역보다는 생산의 우선순위 항목으로 돌리는 것을 말한다. 완전히 비합리적 비율의 기술적 발전 사항이 지금까지는 우리 눈앞의 물질적 여건에 핵심적으로 필요할 생산 개선(내구성, 품질, 경제성)보다는 현재 전체 체제의 최첨단 부문인 마케팅 개선에 투입되었다.

지금까지 화폐 제도는 물질 세계보다는 재정적 세계에 주력하고 압도적일 정도로 단기적 이윤만 추구하느라 시대착오적이라 간주해야 마땅한 경제 원리를 지탱하고 있다. 그러한 제도를 제대로 개혁하지 않는다면 앞서 언급한 부류의 변화는 도저히 달성할 수가 없다. 당대 자본의 상당 부분은 잉여 가치를 통한 직접적인 자본제적 생산을 대상으로 한 — 혹은 그와 무관하게 — 과세, 저축, 보험, 연기금 등을 통해 사회적으로 생성된다. 그렇다면 이 소득은 당연히 직접적인 사회 통제의 대상이 되고 전혀 다른 부류의 경제에 투자되어야 한다. 그러나 이 과업을 과거의 그 어떤 사회주의적 방법, 특히 국가 집중화의 절차를 통해 달성할 수 있을지는 대단히 의문스럽다. 가장 유망한 개선 방안은 자치성 정치 영역에서 이루어지는 새로운 자원 평가와, 이러한 부류의 가용한 통화 자원에 대한 관련 회계 감사 방식의 결합을 통해 추진하는 것이다. 국가적 혹은 기업적 수탈 같은 기존의 달갑지 않은 방안 대신에 민주적 토론과 결정을 거쳐 물리적 투자와 자금 할당과 실제로 연계해서 계획하는 과정이 필요하다. 생산과 서비스의 결정은 지역적으로 합의된 욕구에 따라 이루어져야 하고, 화폐 투자 역시 이와 비슷하게 지역 차원에서 자체적으로 조달된 자금의 역내 유지 방식으로 결정되어야 한다. 이처럼 급진적으로 대안적인 체제를 향한 장기적이고 복잡한 타협 과정에서는 상대적으로 유리한 지역과 불리한 지역 간의 이전을 위한 장치가 마련되어야 할 것이라는 데는 의심의 여지가 없다. 구조적으로는 아주 새로운 고용 여건에서 소득 이전의 복잡한 협상과 유사한 이 과정은 다가올 세대의 핵심적인 정치적 문제가 될 것이다. 그러나 새로운 절차의 필요성을 부각하고 찾아내려는 의지를 생성하려면, 이 문제는 기존의 자본이 초래하는 소외와 수탈이라는 예측할 수 있는 결과와 거기서 유래하는 사회 내부의, 또한 사회 간의 탈구와 불평등 확대라는 결과와 비교해 보기만 해도 된다.

이 모든 변화는 이미 논의한 노동 습관의 급진적 변화 내에서 이루어질 것이다. 시장은 그대로 방치해 두면 (사회 전체의 잉여를 포함해서) 대대적인 잉여를 계속해서 생산해 낼 것인데, 그 어떤 정통적인 정치적 수단을 동원하든 시장은 이 잉여를 통제하고 보상할 가능성이 전혀 없다. 동시에 현재의 지배 상태에서 시장은 시장 과정이, 그리고 시장 과정만이 '경제'에 속한다는 이데올로기적 주장으로 숙명론을 유도한다. 사실은 만약 노동 시간 단축과 새로운 교육과 재훈련 계획을 서로 연계해서 발전시키고 지역 차원에서 수행되는 노동의 종류를 계산하는 새로운 절차를 시행한다면, 아주 다양하고 때로는 비우호적인 환경에서도 모든 필요한 노동을 합리적으로 공유할 수 있는 안정적이고 평등한 경제를 달성할 가능성이 충분히 존재한다. 특정한 부류의 생산에서 달성된 진정한 노동 절감은 모든 돌봄 서비스에 필요한 확장과 연결시킬 수도 있는데, 이러한 서비스는 전형적으로 노동 집약적일 뿐 아니라 자원과 특히 수입 자원 측면에서도 상대적으로 경제적인 업종이다. 그러나 오직 생산과 지출을 새롭게 연계하고 자체의 소외된 우선순위에 따라 생산과 지출을 수탈하고 배분하는 제도를 철폐할 때만 비로소 이러한 일은 일어날 수 있다. 인간을 대규모로 폐기하지 않으면서 노동의 긴장을 완화할 수도 있을지도 모르는 절호의 기회는, 대기업 자본주의나 중앙 집중적 사회주의의 지시 경제보다는 직접적으로 결정된 사회 질서에 대한 헌신이 이처럼 대중적 기반 위에서 성장하기 시작할 때만 비로소 포착될 수 있을 것이다.

바로 여기서 전혀 다른 사회 질서 구현을 위한 정치적 자원의 평가가 가장 핵심이 되는 지점에 도달하게 된다. 이러한 대안적 부류의 사고와 계획이 효과적으로 개발될 수 있는 부문은 실질적으로 오직 하나만 존재하는데 바로 노동조합과 직업 단체다. 과학, 기술, 경제 등 수많은 부류의 전문가의 도움도 필요할 것이다. 그러나 현재 전형적으로 대기업 자본주의와 국가적 규모만 지향하는 노동조합 조직이 두 가지 새로운 방향으로 좀 더 유연해지지 않는다면 이 중 어느 것도 필요한 실질적 측면에서 달성될 수 없을 것이다. 이 두 가지는 첫째는 효과적인 소규모 정치 공동체와 직접적인 관계를 맺는 방향이고, 두 번째는 국제 노동 운동과 관계를 확장하는 것이다.

이미 그러한 발전의 일부 징후가 보인다. 그러나 기존의 국가 중심과 산업 중심 식의 조직과 우선순위에서 벗어나는 길은 멀고 험난할 수밖에 없다. 납득할 만한 일이지만 변화의 징후는 — 루카스 에어로스페이스Lucas Aerospace 작업장 대표들의 대안적 생산 계획•에서처럼 — 위기에 찌든 기업에서, 혹은 이미 두드러진 정치적 정체성을 갖고 있으며 현재의 불황으로 특히 타격을 입은 지역(스코틀랜드, 웨일스, 런던, 잉글랜드 동북부)에서 나타나고 있다. 정치적 문제는 이 초기의 방향 변화를 현재의 변화를 지배하는 비상 상황을 넘어서 확장하고 일반화해, 마침내 노동과 자원의 조직에 직접 책임을 지기로 작정할 뿐 아니라 새로운 부류의 공개적이고 뛰어난 연구, 계획을 통해 그러한 책임을 감당할 수 있는 새로운 부류의 노동운동이 자리 잡도록 하는 것이다.

사실 노동조합 운동을 가장 복잡한 테크놀로지, 경영, 재정 일부 영역의 노동자로 확장하는 일은 이런 식의 협력적 변혁의 실질적 가능성

• 루카스 에어로스페이스는 영국의 자동차, 항공기 부품 회사인데, 1976년 회사 측의 대량해고 계획에 맞서 노동자들이 주도해 루카스 계획을 내놓아 주목을 끌었다. 당시 노조는 마이크 쿨리의 지도하에 이 계획을 입안했는데, 주력 생산품을 무기에서 사회적으로 유용한 상품 생산으로 전환하고 일자리를 보전할 수 있는 방안을 마련했다. 보고서는 작성하는 데 1년이 걸렸고, 분량이 무려 1,200쪽에 달했다. 비록 계획은 실행되지 못했지만 영국 전역뿐만 아니라 유럽, 호주, 미국 등까지 큰 영향을 미쳐 비슷한 시도가 나오는 계기가 됐다. 당시 〈파이낸셜 타임스〉는 이 계획에 대해 "노동자가 회사를 위해 수립한 가장 급진적인 대안 계획"이라고 평가했다. — 옮긴이

을 제시해 준다. 모든 수준에서 이는 아직도 지배적인 재탕식에다 방어적인 전략과는 아주 다를 것이다. 광범위한 공적 고려 사항을 배제하거나 이 사항을 단순히 무능한 다목적 정당에 투사하는 데 그치는 과거의 이 전략들은 지금 마땅히 해야 할 실질적 작업으로부터 운동을 후퇴시키고 있다.

사회 질서의 미래는 이 핵심적 경제 영역에서 어떤 일이 일어날 것인지에 따라 결정될 것이다. 오직 대안적 운동과 캠페인만이 대안적 경제 질서가 봉사해야 할 사회의 종류를 전반적으로 이해할 수 있다. 따라서 일단 여기서 의미 있는 운동이 일어나면 그러한 운동은 근본적으로 다른 정치적 관계와 가능성의 범위 안으로 진입하게 될 것이다.

5

현재 적어도 통일된 대안적 사회 이론이 윤곽을 드러내기 시작하면서 이러한 변화를 뒷받침하고 있다. 여기에는 세 가지 사고의 변화가 포함된다.

첫째, 내가 산업 혁명 분석에서 주장했듯이 생산력과 생산관계 사이의 관계를 수정해야 한다. 기술결정론에서처럼 생산력을 추상화하는 것은 분명한 잘못이다. 그러나 생산 관계가 마치 독립된 변인인 것처럼 추상화하는 것 역시 마찬가지로 잘못이다. 대다수의 현대 사회주의 형태에서처럼 이 요인들을 독립적으로 변경하거나 변혁할 수 있다고 믿는 것은 더 이상 합리적이지 않다. 반대로 생산력과 생산 관계에서 모두 이슈가 되는 부분은 좀 더 근본적인 결정 수준에서 어떤 대안이 가능한가 하는 문제다. 여기서 지배적인 버전은 기본적으로 세계가 활용할 수 있는 원자재라는 식으로 대하는 성향을 보이고 있었다. 세계를 서로 정교하게 상호 의존적 관계를 맺는 삶의 형태와 토지 형태가 아니라 이윤을 위한 착취 기회의 범위로 파악하는 방식이 꾸준하게 학습되고 적용되었다. 그렇다면 이 시각이 자본주의 경제의 끊임없는 이윤과 자본 축적 추구 과정에서 치명적인 결과를 초래했다는 점은 사실이다. 그러나 그렇다고 해서 자본주의의 재산과 임금 형태를 반대하는 식으로 주장을 귀결시킬 수는 없다. 만일 그것이 사실이라면 '공산주의' 혹은 '실존하는 사회주의' 경제에서도 계속해서 세계를 원자재로 삼아 수탈하고 착취하는 현상을 설명할 방도가 전혀 없을 것이다.

새로운 입장은 이처럼 세계를 원자재로 여기는 성향이 필연적으로 사람을 원자재로 대하는 태도도 포함하게 된다는 것이다. 이처럼 실제로 다른 절대다수의 인간을 일반화된 '노동'의 투입 요소로 활용하고 유도하는 방식이야말로 일반화된 자본과 테크놀로지 과정을 가능하게 해준다. 따라서 지구를 원자재로 활용하려는 움직임에는 애초부터 다양한 군사적, 정치적, 경제적, 이데올로기적 수단에 의해 그러한 다수를 실질적으로 복속시키려는 시도를 포함하고 있었다. 자본주의적 재산과 임금 관계 체제는 단지 그러한 형태 중 한 가지에 불과하다. 이전에는 노예제와 농노제의 선례가 있었다. 노동 동원과 투입의 현대적 형태는 그러한 선례를 계승할 수도 있다. 이 중 어떤 사례에서든 가장 큰 이슈는 다른 인간과 물리적 세계에 대한 관계가 서로 연계되면서 변화하고 발전하는 과정에서 드러난 기본적인 성향 자체인데, 그러한 변화 과정에서 나타난 다양한 변종은 중요하긴 해도 절대적이지도 않고 현 상황에서는 결정적이지도 않다.

물질적 역사를 살펴볼 때 우리가 현재 기본적 성향으로 여기는 것은 여러 핵심 단계를 거치면서 개발됐고, 단계를 거칠 때마다 미치는 실질적 효과도 증가했음은 분명하다. 그 첫 단계는 신석기와 청동기 시대 혁명으로 압축되는 변화의 복합체로 파악할 수 있는데, 이때 농경, 목축, 금속 제련의 발전으로 구성된 자연에 대한 결정적인 개입이 성공적으로 이루어졌다. 하지만 실로 어떤 생명 형태와 토지 형태를 원자재로 삼아 수탈하고 변형시킨 이 단계는 여전히 매우 선별적인데 불과했으며 다른 사회적, 자연적 성향 형태와 공존했다. 우리가 현재 체험하는 이 성향의 마지막 단계들과 비교해 보면 이 점을 뚜렷하게 알 수 있다. 훨씬 더 강력한 테크놀로지가 발전하고 세계와의 모든 관계를 수탈 관계로 규정하는 계급이 테크놀로지를 장악하게 되면서 한때 선별적이고 자연 과정과의 의식적인 친화성을 따르던 실천은 전체주의적이고 정복주의적인 실천으로 대체되고 말았다. 그처럼 정복 지향적 실천이 성공하면 할수록 지구에서든, 다른 사람에게서든, 자아에서든 결국 재료만이 남게 된다.

엄격한 의미에서 구성된 자연에 대한 초창기의 개입은 새로운 생계 수단에 불과했다. 이 합리적 의도와 실천을 우리가 현재 처한 단계로 변혁시키는 데는 아주 오랜 시간이 걸렸다. 그러한 생계 수단은 놀랄 만한 규모로 증가했지만 (지금 우리 위치에서 관찰할 수 있는) **똑같은 과정의 일부로서** 죽음과 파괴의 형태 역시 엄청나게 증가했다. 이 과정의 각 부분은 구성된 자연의 틀을 벗어났다.

그렇다면 원칙상으로라도 이 의식적 개입 이전 단계로 되돌아가고자 하는 유혹이 발생한다. 그러나 이런 일은 가능하지도 않고 필요하지도 않다. 현재 우리는 우리의 개입을 감시하고 그에 따라 통제할 수 있는 위치에 있다. 삶을 지속적으로 지탱하고 고양시킬 수 있게 해 주는 수많은 개입 형태 중에서 선택할 수도 있고, 피해를 주거나 피해의 가능성이 다분하다고 밝혀진 수많은 다른 개입 형태라면 거부할 수도 있다. 이것이 생태학적 주장의 핵심이다. 그러나 우리가 정치와 경제의 익숙한 방식으로 여기던 것을 변화시키는 식으로 이 구상을 정치적, 경제적 주장과 결합시킬 경우에만 이 시도는 성공할 수 있다. 가장 급진적인 변화가 필요한 부분은 바로 이윤이나 권력을 목적으로 인간을 재료로만 간주하던 태도이기 때문이다. 이 변화 중 일부는 이미 민주주의와 사회주의의 가장 근본적인 의미와 운동에 각인되어 있다. 그러나 모두 그런 것은 아니며, 다른 변화의 배제 행위 자체가 우리 세계에서 가장 유망한 두 세력을 제약하고 심지어 파괴의 위험까지 초래하고 있다.

현재 지배적인 성향에서 가장 전체주의적인 부분은 노동 추출이란 기본 체제를 넘어 이 성향을 인간 퍼스낼리티 전체까지 실질적으로 침투시켰다는 데 있다. 인간을 재료로만 취급한다는 증거는 단지 임금과 [노동] 조건, 그리고 이에 못지않게 심각하고 흔히 위중한 실질적인 절대적 빈곤의 비용 산출에만 있지는 않다. 이 증거는 관습적으로 정치와 경제에서 모두 배제되던 영역에서도 존재한다. 예컨대 주로 페미니스트들이 정확히 지적했지만, 사람을 '성적 대상'으로 취급하는 성적 태도와 실천에서 아주 뚜렷이 나타난다. 현재 다른 사람에게서 사적 흥분의 재료를 발견하는 행위로 성적 관계를 보는 해석이 널리 퍼져 있다. 이러한 인식은 포르노그래피에서 이윤 추구형으로 제도화되었지만, 타인의 신체를 대하는 실제 태도에 훨씬 더 심각한 영향을 미치며 여기서 여성과 아동이 특히 취약한 위치에 있다.

관계란 바로 타인을 재료로 활용하는 방식의 대안이라는 점에서 앞서 언급한 식의 관계에서 드러난 실패는 충분히 예측할 수 있다. 그러나 이 실패에서 대단히 전체주의스러운 부분이 있다면, 이 실패가 타인에 대한 가혹한 처벌로 확장되어 더 이상 타인과의 관계를 통해 원하던 만족을 계속 얻을 수 없을 뿐 아니라 자아에 대한 가혹한 처벌, 즉 알코올 중독, 치명적인 마약 탐닉, 비만과 치명적인 금욕주의 등으로도 이어지게 된다는 것이다. 그럴 경우 바로 자아야말로 감각적 자극과 정체성 생산에서 유일한 재료이기 때문이다. 이 성향이 미치는 이 마지막 영역에서는 인간 자체가 탈중심화되고 만다.

따라서 현재 지배적인 사회 질서가 옹호하는 전체 생산 과정에서는 엄청난 상호 연계(즉 타자와 물리적 세계와의 관계라는 버전)가 작용한다. 이를 탈피하는 길은 그간 무시되고 종종 억압되었지만 여전히 남아 있는 대안에 있다. 이 대안은 구성된 자연에 대한 수많은 의식적 개입을 포함하지만 자연과의 연계가 필요하고 이 연계는 상호 작용적이고 역동적이어야 한다는 근본적인 인식에 의해 이 개입을 선별하고 관리할 수 있어야 한다. 타인 역시 똑같이 서로 연계되어 있다는 인식에 근거할 때만 이 대안은 실천에서 등장할 수 있다. 그러나 이는 또한 생태학적, 경제적 주장을 새로운 부류의 정치로 통합하는 데 따르는 지적 어려움이 가장 뚜렷해지는 곳이기도 하다. 여기서 우리는 두 번째로 사고 전환이 필요한 부분으로 넘어가게 된다.

'생산 양식' 개념은 우리가 체험하는 지배적 사회 질서를 설명하는 주된 요소였다. 이 개념을 통해 우리는 사회적, 물질적 역사의 많은 단계를 이해할 수 있게 되었고, 생산을 조직화하는 핵심적 양식은 우리가 서로 관계를 맺고 세상을 보는 법을 깨치는 방식에도 큰 영향을 미칠 뿐 아니라 그것을 변화시키기도 한다는 사실을 파악하게 됐다. 그러나 이 개념 자체가 어떤 중요한 시점에는 분석하고자 하는 사회 질서의 포로가 되기도 한다는 사실도 주목해야 한다. 이 개념은 자본주의 분석에서 아주 성공적이고 시사점이 컸는데, 그 자체적인 개념적 형태 때문에 자본주의의 결정적 요소 — 이는 사회 전체뿐 아니라 흔히 덜 강조되긴 하지만 물리적 세계까지 지배하게 되는 생산 양식이다 — 를 파악했다는 점에서 이는 우연이 아니다. 그렇다면 이 개념이 궁극적으로 부적절하게 된 것은 특정한 역사적, 물질적 성향을 선택해 마치 본질적이고 영구적인 요소인 양 간주했다는 데 있다. 이 개념은 이 성향의 다양한 변종을 조명할 수는 있어도 사실상 그 너머까지는 살펴볼 수가 없다. 이 개념을 가장 적극적으로 활용한 마르크스주의의 커다란 설명력이 어떤 성공적인 예측 능력까지 갖추지는 못했다는 점에서 이 사실은 가장 실질적으로 부각되었다. 실제적인 문제점은 엄정한 사회적, 물질적 틀, 생산 개념 자체에서 일어난 급진적인 변화인데도 불구하고 하나의 생산 양식에서 도출되는 것이라곤 또 다른 생산 양식뿐이기 때문이다.

따라서 마르크스는 자연을 기본적으로 재료로만 여기는 성향에서 출발해 자연의 변형에 대한 절대적 믿음을 공개적으로 선언했다는 점에서 자신의 적인 자본가들과 공통점이 있다는 사실은 놀랍지 않다. 그러고 나서는 재료로서의 인간과 관련된 잔혹한 이용 측면에서 근본적으로 의견을 달리하면서 이 여건을 극복하고 생산을 스스로 통제하기 위해 조직할 수 있는 방안을 모색했다. 이는 마르크스가 이후에도 엄청나게 기여했고 이후에도 지속되는 가치 있는 유산이다. 하지만 사상의 근거를 과거에서 계승한 생산 개념에 — 이는 결코 가장 엄정한 사적 유물론의 필연적 결과라 할 수 없는 개념이다 — 두는 바람에 마르크스는 어떤 완벽하게 대안적인 사회도 설계할 수 없었다. 이러한 결론을 확증해 주는 것은 아무리 희석되고 왜곡된다고 해도 그러한 사고의 이름으로 그러한 대안을 모색했고 결국 실패했다는 사실에 그치지 않는다. 문제점과 장애는 개념 자체에 있다.

생산의 추상화는 물리적 세계 내에서 인간의 사회적 관계 형태라는 진정한 문제가 특화되고 결국에는 이데올로기화해 버린 버전이기 때문이다. '인간이 자신을 형성한다'라는 개념은 이후 엄청난 영향을 미친 것이 너무나 당연한 발상이었는데, 여기서 마르크스는 자신이 당시 관찰하고 있던 발전된 과정과 연결되는 특수한 한 가지 계기를 포착했다. 이는 바로 새로운 생계 수단으로 변형시키기 위해, 즉 **생산**하기 위해 자연에 개입하는 행위다. 하지만 '인간' — 남녀를 불문하고 실제 인간 — 은 이 특화되고 의식적인 개입이 등장하기 오래전에도 '자신을 형성'하면서 사회적, 물질적 숙련도와 역량을 개발해 왔다. 수렵과 수집 사회에서 이들은 구성된 자연 속에서 살아가면서 이미 고도의 사회적, 기술적 숙련도를 개발해 냈다. 개입과 생산의 연쇄적인 단계들을 거치면서 이어진 이후의 긴 변화 과정은 자연과 인간을 변화시켰지만 그럼에도 불구하고 어떤 주요한 측면에서는 이전의 인간 단계와 연속성을 유지했다. 구성된 자연과의 연계라는 관념은 지속적인 상호 작용적 관찰에 적극적으로 의존하기 마련인 동식물의 선별적 배양에서는 여전히 가장 성공적인 혁신의 기반이 되었다. 금속 제련에서 현대적인 화학과 물리학에 이르기까지 우리가 지금 테크놀로지의 성격을 띤다고 분류하는 대대적인 개입에서 변혁적 개입이란 관념이 가장 강하게 나타나지만, 실제로는 가장 유용한 상태의 이 모든 것이 물리적, 사회적 세계 내에서 지속되는 상호 작용적 관찰에 비슷하게 의존한다. 그렇다면 이 과정이 '생산'으로 추상화, 일반화되고 이러한 의미에서의 생산이 다른 모든 인간적, 자연적 과정이나 여건보다 더 핵심적인 우선순위를 차지하는 지점에 이를 때만 (물질적이면서 동시에 사회적인) 개입 양식은 의문의 대상이 된다. 여기서 결정적인 질문은 개입 ('생산') 자체가 아니라 그 개입이 자연과 인간에게 미치는 다양하고 실질적인 효과에 관해 제기된다.

오로지 '생산 양식'에 근거한 사회 분석이 파악할 수도, 진지하게 다룰 수도 없는 부분은 바로 이것이다. 실제로는 자본제 생산이 자연 세계 속의 인간 사회에서 더 광범위하고 더 필수적인 원칙을 대체하려고 시도하는 것과 마찬가지로, 이 개념은 인간의 사회적, 물질적 활동의 더 광범위한 토대를 이론 측면에서 대체하려 시도한다. 흔히 그러한 특화된 개입주의 생산 이전의 인간 역사를 단순히 전사로, 즉 사실상 인간 이전의 역사로 파악하곤 했다. 전 지구와 그 너머로 급속하게 확산하고 있는 개입주의 생산의 이처럼 철저한 유리와 지배 단계에서 주목해야 하는 부분은 또 다른 전사 단계, 혹은 더 바람직하게는 그 이전 단계만큼 역동적이면서 동시에 한계가 있는 두 번째의 그러나 이제는 결말에 해당하는 역사 단계다.

우리 시대와 연결되는 역사 단계를 출범시킨 개입의 가능성에 대한 의식은 더 위험성이 커진 현재 시점에서 그 개입의 전면적인 효과에 대한 새로운 의식으로 계승되고 있기 때문이다. 이 효과는 개입의 실질적이고 지속 가능한 이점이면서 처음에는 인간과 땅에 대한 엄청난 무모함과 가해이기도 했다. 바로 이처럼 새로운 의식 속에서 인간은 전혀 다른 종류의 개입으로 자신을 형성하고 재형성할 기회를 다시 얻게 된다. 이는 더 이상 생산을 위해 특화된 개입이 아니다. 바로 최선이자 가장 지속 가능한 개입이 성공한 덕분에 특화되고 위압적인 추진력을 억제할 수 있게 되었다. 새로운 개입을 어디서 도출할 것인지는 어떻게 하면 인간 욕구에 대한 더 광범위한 지각과 물리적 세계에 대한 더 면밀한 지각이 가능한가 하는 문제다. 생산용 재료로만 보던 과거의 성향은 폐기되고 생계로 보는 새로운 성향이 그 자리를 차지했다. 사람들이 살아가는 세상에서 먼저 서로 돌보는 실용적이고 자기 관리적이며 자기 재생적인 사회를 추구하는 성향이 그 예다.

'생산으로서의 사회' 개념을 물리적 세계 내의 인간관계 형태라는 더 폭넓은 개념, 즉 완전한 의미에서 **삶**의 방식으로 대체할 때 세 번째 사고의 전환이 뒤따른다. 이 변화는 '정서'와 '지성'의 특화와 대비를 넘어서려는 현재의 움직임에서 특수한 방식으로 등장한다. 과거의 의식에 여전히 갇혀 있는 사람들이 실제로 오늘날의 새로운 운동(평화, 생태, 페미니즘)을 주로 '정서적'이라고 간주하는 것은 이해할 만한 일이다. 잃을 부분이 아주 많은 사람은 이를 '신경질적'으로까지 과장하지만, 심지어 '정서적'이란 표현조차도 요지를 확실히 전할 의도로 나온 것이다. 여기에 함축되거나 명시된 의미는 지배 체제의 합리적 지성과의 대비로 제시된다. 새로운 운동에 대한 반응에는 자신들의 캠페인 자체가 그에 못지않게 얼마나 합리적이고 이성적인지 과시하려는 거대한 사업적 동기가 흔히 작용한다. 더구나 이는 사실일 뿐 아니라 갈수록 더욱 그렇다. 하지만 그렇다면 여기에 깔린 핵심적 입장은 수긍할 만하다. 과거의 의식이 가장 뚜렷하게 파산 상태임을 드러낸 것은 바로 그 입장이 비판하는 '정서적' 성격(실제 사람들에 대한 직접적이고 비타협적인 관심)에 있기 때문이다. 정서가 상품을 생산하지 못하는 것은 사실이다. 정서가 개입한다고 해서 수치 계산이 달리 나오는 것도 아니다. 정서는 권력관계라는 냉혹한 현실을 바꾸지 못한다. 그러나 실제로 사람들이 사는 곳에서는 '정서적'이라고 특화되는 것도 절대적이고 일차적인 중요성을 지닌다.

바로 여기서 새로운 광범위한 개념이 큰 중요성을 띠게 된다. 만약 총체적 삶의 방식을 중심에 두고 주목한다면, 정서와 합리적 지성을 대비시키는 것은 설득력이 없다. 총체적 관계 형태에 관한 관심은 이처럼 특화되고 분리된 투사를 배제한다. 합리적 지성에도 좋은 형태와 나쁜 형태가 있듯이 정서에도 좋은 정서와 나쁜 정서가 있다. 그러나 다양한 부류의 선을 서로 분리해서 보는 습관은 합리적 지성이 종종 정서적으로 용납할 수 없거나 혐오스러운 행동도 정당화하려고 시도해야만 하는 곳인 기형적 사회 질서에서 전적으로 발생한 결과물이다.

기형적 질서 자체는 특별히 합리적이거나 지성적이지 않다. 특화되거나 서로 분리된 영역에서는 매우 명석할 수도 있지만, 총체적으로 보면 대개 어리석고 혼란스럽다. 이는 또한 일부 핵심적 추진력에서는 나쁜 정서를 적극적으로 생성하는 체제가 될 수도 있는데, 특히 공격성과 탐욕이 그렇다. 최악의 형태일 경우 이는 이 정서를 전쟁과 범죄라는 엄청난 규모로까지 확대하기도 했다. 이는 풍요로운 소비와 널리 확산한 정서적 고통 간에 지금까지 불가능한 결합을 성공시키기도 했다.

상황에 해박한 추론과 조사가 이러한 복잡한 형태를 탐구할 수는 있지만, 이 형태에 대한 가장 강력한 반응이 가장 일반적인 '정서적' 수준에서 등장했다는 사실은 놀랍지 않다. 어떤 이차적 추론이나 해박한 지성을 동원해 관련성을 파악하기도 전에, 처음에는 현재 가능한 모든 방안으로 단순한 재료로 취급당하며 이용되는 데 대항해 엄청난 정서적 위력을 갖춘 완전히 합리적인 반응이 나오기도 한다. 이 반응이 여러 다양한 방향으로 발전할 소지는 있지만, 어디서든 지금 꾸준히 형성되고 있는 새로운 개념과 수많은 부류의 관계에, 즉 현재 꾸준히 갱신되고 탐색되는 진정한 유대 형태에 뿌리 내릴 수 있다면, 이 반응은 이미 대안적 사회 질서의 동력과 실질적 수단을 생성하고 있는 셈이다.

그렇다면 이 대안이 이론적으로 명쾌하게 규명되고 있다는 사실은 큰 차이를 만들어 낼 수 있다. 여기서 핵심 요소는 '생산'에서 '생계'로의 이동이다. 즉 소외된 일반성에서 직접적이고 실질적인 삶의 방식으로의 이동인 셈이다. 이러한 방안은 협력 관계가 성장할 수 있는 실질적 토대가 되고, 다른 주요한 동력이나 이해관계와 모순되기보다는 완벽하게 양립할 수 있는 근원적 형태가 된다. 이 방안은 또한 이 역사적 단계에서는 바로 생산 수단의 발전, 즉 대다수 사람이 어쨌든 달성해야 하는 변화 속에 존재한다.

6

2000년을 향해 가는 시기 동안 수많은 위험을 발견하게 되는 것은 당연하지만 희망의 근거를 많이 발견하는 것 역시 당연하다. 우리가 공식적 문화 형태를 통해 파악할 수 있는 것보다는 더 진지하고 건설적인 작업과 더 적극적인 돌봄과 책임이 이미 존재한다. 이러한 희망의 근거에 아주 일차적이고 활발한 위험의 불길한 그림자가 드리우는 것도 사실이다. 시위대가 흩어지고 대화는 흐지부지되고 책을 놓게 됨에 따라 우리가 일시적으로 회피했거나 관념적으로는 극복했지만 여전히 존재하면서 정착되어 실제로 믿을 수밖에 없는 과거의 완고한 핵심(제약된 일상적 현실의 재생산)이 여전히 존재하지 않을까 하는 의심 때문에, 이러한 희망의 근거에 대한 불길한 예감이 들기도 한다. 이러한 의구심은 공식 문화가 부추기지만 독자적으로 나타나기도 한다.

그렇다면 두 가지 사항을 밝힐 필요가 있다. 첫째, 현재 아주 급속하게 전개되는 객관적 변화는 혼란스럽고 당혹스러울 뿐 아니라 엄청난 동요도 초래하고 있다. 현재 제시되는 대로 이 전례가 없는 위험과 점차 냉혹해지는 이 탈구 현상과 더불어 살아갈 수밖에 없게 된 현실 양상은 무수하게 단기적 성공을 거두면서 영향을 미치고 있지만 장기적으로는 추가적인 위험과 탈구 형태이기도 하다. 만약 우리가 방치한다면 이는 실질적이기도 하고 인위적으로 조성되기도 한 25년간의 기대 끝에 수많은 가혹한 저지 장치 시행만 줄줄이 대기하고 있는 시기가 될 것이기 때문이다. 그러한 저지 장치는 의도적으로 꾸민 여건과 기회 감축이 될 수도 있고, 철저하게 마련된 전쟁과 무질서의 비상 상태일 수도 있으며, 오직 재무장과 감시, 상호 적대적인 통제 같은 조잡한 강령 제시뿐일 수도 있다. 이런 식의 사태 전개 순서는 플랜 X와 공존이 가능하고 플랜 X가

고안된 목적일 수도 있겠으나 아무리 적극적이고 회복력이 빠른 사람들이라도 결코 오랫동안 감내하고 더불어 살아갈 수 없는 것이다.

둘째, 현재 우리를 아주 철저하게 통제하고 제약하는 것, 즉 그러한 세상이 불가피한 미래라는 인식에 저항해야 하는 아주 강력한 이유가 있다. 현재 우리를 차단하고 있는 것은 경제 법칙과 전쟁의 법칙으로 무장한 어떤 피할 수 없는 실제 세계가 아니다. 이는 식별 가능한 현실 정치와 불가항력적인 과정의 무리이자 실명 지목이 가능한 권력과 자본, 저급한 주의분산물과 날조된 허위 정보의 대리인이며, 이 모든 것은 그 속에 뿌리내린 단기적 압력이나 처세형 상식의 상호적 예속과 서로 얽혀 있다. 이 장애를 간파한다고 해서 이를 극복할 운동의 기회가 생겨나는 것은 아니다. 이 장애는 너무나 흔히 언급되는 바람에 대다수 사람에게는 뉴스도 아니다. 역동적 계기는 모든 곳에 있으며, **우리 자신의** 열정과 역량에 대해 확신을 얻도록 하는 어려운 과업 속에도 존재한다.

확신컨대 전혀 다른 부류의 미래를 만들어 낼 실질적인 기회를 추정해 보면 50 대 50이며, 문제점을 아주 자세히 재검토하고 난 후에도 확률은 여전히 대략 비슷한 수준이다. 실로 간혹 어떤 세밀한 검토에서는 성공의 가능성이 더 나빠지기도 한다. 오직 실질적 대안이 존재한다는 공유된 믿음과 주장 속에서만 세력과 기회의 균형은 바뀌기 시작한다. 일단 필연성을 거부하고 나면 우리는 희망의 여정을 위한 자원을 결집하기 시작한다. 만약 쉬운 해법이 전혀 없다고 해도 어려운 해답은 여전히 존재하고 찾아낼 수도 있으며, 이제 우리는 바로 이 해답을 만들어 공유하는 법을 배워갈 수 있다. 이는 애초부터 기나긴 혁명에 대한 감각과 충동이었다.

19

국가 문화와 그 너머

1984

문화 정책에 대한 레이먼드 윌리엄스의 열렬한 관심은 바로 여기 그가 런던의 현대예술연구소Institute of Contemporary Arts에서 행한 강연에서 잘 예시된다. 그는 두 가지 핵심적인 사항을 구분했는데, 하나는 전시로서의 문화 정책이라 부를 수 있으며 국가적인 확장 정책과 경제적 환원론으로 예시된다. 다른 하나는 제대로 된 문화 정책, 즉 예술의 공적인 후원, 미디어 규제와 타협된 문화 정체성 구성인데, 사실상 좀 더 최근에 와서 '문화적 권리'로 언급된 현상에 가깝다(추가 설명으로는 McGuigan, *Rethinking Cultural Policy*, 2004를 보라).

아마 이 주장과 관련해 국가의 의미를 다섯 가지로 구분할 수 있을 것이다. 우리는 우호적 국가를 둔 시장과 독점 국가라는 다소 단순한 양극단의 대비에 흔히 빠지기 때문에, 이 구분은 중요할 수도 있다. 현실에서는 상황이 좀 더 복잡하다. 문화와 관련해 거의 늘 망각하는 국가의 한 가지 측면이 있는데, 이는 우리가 이를 너무나 일찍부터 수용하는 바람에 문화 정책으로 전혀 인식하지 못하기 때문이다. 국가란 늘 이처럼 이중적 의미가 있다는 사실은 유념할 만하다. 즉 국가는 권력의 핵심 기관일 뿐 아니라 권력의 **전시**이기도 하다. 이는 실로 구체적으로는 종종 특정한 사회 질서의 공적인 화려한 과시가 되기도 한다. 어떤 특정한 사회에서든 그리 멀리 살펴보지 않더라도 딱히 문화 정책이나 예술 정책으로 인식되지 않으면서도 문화적으로 전시와 관련된 문화를 발견하기 어렵지 않다.

여기서는 흥미롭게도 베이지훗이 헌법의 연극적 요소라 부른 것과 일부 중복되는 부분이 있다. 의회의 공식 개회식을 시청해 보면 마치 공연 현장에 있는 듯한 느낌을 받게 된다. 어떤 점에서 연극과 아주 유사한 공연과, 국가 권력의 특정 측면에 대한 실제 전시가 중첩된다는 것은 사실이다. 그런데 영국 헌법은 이러한 측면에서 일부 특이성을 갖고 있다고 인식하게 될 수도 있지만, 사실 대다수 국가는 이러한 식의 공적인 겉치레, 예컨대 제각각의 보초 교대식을 하고 있다. 권력의 공적인 공연은 흔히 훨씬 이전 시기에서 유래하는 잔여적 형태로 대개 시행된다. 의상을 제작하고 나름대로 각색한 국가 유산을 제시하는 거창한 행사가 되는 셈이다. 아주 재빨리 예술의 요소가 실제 국가 의례 전반에 걸쳐, 그리고 그러한 의례와 무관하게 의식적으로 이 행사에 포함된다(이 점을 역사적으로 망각해서는 안 된다). 따라서 **국가 의례적인**stately 의미에서의 문화 정책이 존재한다. 실로 이는 때로는 좀 더 반복 재생되는 형태로 일종의 국가 유산의 안치가 되는데, 여기서 의도적으로 공중에게 제공되는 문화 버전은 말하자면 공식적인 축성을 받은 셈이다.

나는 문화 정책으로서 이 부분을 무시하는 것은 아주 잘못된 일이라고 생각하는데, 그렇게 하면 국가의 두 번째 의미로 옮아가게 될 수도 있기 때문이다. 그러한 의미에서 지금은 비록 훨씬 더 현대적이고 적극적이며 실질적 세계로 옮아가고 있긴 해도 공적 권력을 장식하는 존재로서의 예술이나, 선호되는 정통적인 국민 개념에 대한 태도는 진정한 예술적 실천 영역으로 확대된다. 예술에 대한 공적 지원 관련 주장을 보면 흔히 관광에 대한 언급이 다소 일찍부터 등장하는 데 놀라게 된다. 그런데 이는 무관한 고려 사항이 아니며, 예컨대 런던 극장의 생존에 대단히 중요하다. 그러나 이를 가장 먼저 소개한다는 사실이 아주 흥미롭다. 왜냐하면 이는 국민 국가의 모습을 하고 사업과 관광을 갖추고 상업적 이해관계도 갖고 있으며 다른 국민 국가나 그 대표자와 방문을 교환하는 데 국제적 이해관계를 갖는 현대의 공적 권력의 형상이라는 관점에서 우리가 사고한다는 뜻이기 때문이다. 그리고 특히 거대 광역도시권 기관 내에서 예술의 요소들은 그러한 부류의 국가 버전에 아주 재빨리 관여하게 된다. 실로 관광으로서의 예술로 확장될 뿐 아니라 아주 구체적으로는 사업성 오락으로서의 예술로 확장되는 데도 관여한다. 이는 거대 광역 도시 기관에서는 아주 의식적으로 시행하는 정책이다. 그리고 이는 거대 민간 기업이 자금을 대는 식의 일부 예술 후원 방식과도 상당히 중복된다. 실로 이러한 의미에서 어떤 부류의 예술 정책은 살펴보면 예술을 위한 정책이 아니라 특정한 사회 질서나 그 속에서 선호되는 어떤 특징을 장식하고 재현하고 좀 더 효과적으로 만들기 위한 정책임이 밝혀지기도 한다.

이러한 구분은 고수해야만 하는데, 이는 예술 정책이 아주 다른 목적의 부수물로서 가장 자명한 즐거움을 전달하는 수단으로 예술을 재현하기(이는 수많은 다양한 사회 질서를 통해서 발생한 일이다)보다는 주로 총체적이고 아주 다양한 삶과 관련된 **예술을 위한** 정책이어야(나는 이렇게 주장하고자 한다) 하기 때문이다. 특히 특정한 국민 문화를 다른 국민 문화에 보여주는 방식에 관한 주장에서는 이 점이 두드러진다. 분명히 문화 정책은 대외 정책의 한 측면이 될 수도 있고 그 정책에 의해 결정되기도 하기 때문이다. 이와 반대로 문화 교류 정책은 모든 사람이 필요로 하고 혜택을 입는 좀 더 평등한 문화적 경험의 공유가 될 수도 있다.

이제 내가 이 두 가지 국가 의미를 언급하는 이유는 전문적 부류의 실질적 주장이 미처 시작되기도 전에 이 두 가지가 종종 간과되기도 하기 때문이다. 내가 지금 실제로 취하고자 하는 주장은 후원자로서의 국가 버전과 적극적인 문화 정책 추진자로서의 국가 버전 사이에 있다.

후원자로서의 국가

후원자로서의 국가에 관해서는 할 이야기가 많다. 전쟁 시기 초기에 예술 장려 예산으로 3만 5,000파운드에 달하는 액수의 지원 가능성을 영국 국가에 처음 타진했을 때 당시 교육국Board of Education 국장으로부터 열광적인 반응이 돌아왔다. 이는 반드시 인용하고 싶은 부분이다. 그는 "전후 템스강에서 런던 시장이 엄청난 쇼를 개최하려는 베네치아식의 비전을 갖고 있었는데, 여기서 교육국은 휘황찬란한 유람선과 멋진 곤돌라로 화이트홀에서 그리니치까지 위풍당당한 수상 예술 행진을 벌이고, 배에는 오케스트라, 마드리갈 가수, 로열 빅토리아 극장Old Vic의 셰익스피어 연극, 세들러 웰스Sadler's Wells 극장의 발레, 로열 아카데미 미술관의 번쩍이는 유화, 마을 공유 녹지대의 민속춤 등 사실상 이상화된 잉글랜드상Merrie England•을 구현하는 식이었다." 그런데 이 첫 접촉은 결국 존 메이너드 케인스John Maynard Keynes가 말한 절반 정도의 사실상 국가 후원제로 이르고 말았다. 이 후원제는 거의 즉시 내가 말한 첫 번째 국가 개념으로 동화되었는데, 말하자면 시장 주최 쇼가 된 것이다. 그 유람선 위의 로열 발레단이나 곤돌라 위의 유화를 상상해 보기만 해도 곧 깨닫게 되는 사실은, 행사로 구상된 내용이 아무리 회고적이라 할지라도 결국 미래에 대한 비전이었다는 것이다.

케인스가 제안했듯이 후원제 버전은 이미 사람들이 실행하고 있는 것을 장려한다는 발상이었다. 말하자면 케인스는 이 문제를 처음 구상할 때 예술에 대한 적극적인 **장려**promotion 정책을 예견하지는 못했다. 사람들이 개인이나 단체 자격으로 예술 이벤트에 참여하고 그 후 국가는 한 발 뒤로 물러나 현명하게 이들을 격려하게 된다. 그러나 그 후 바로 여기서 예술 정책에서 국가의 네 번째 의미가 시작되는데, 이미 실행되고 있는 예술에 대해 공중의 접근권을 개선하려고 시도해야 한다는 것이다.

그러나 일단 이러한 후원제 방식을 구상한다면 부닥치게 되는 커다란 난점은 — 이 문제의 논의만 해도 상당한 시간이 소요될 수도 있다 — 예술을 정의해야 하는 중요한 문제점이 발생한다는 것이다. 실제로 예술위원회the Arts Council의 첫 기초 규정이 만들어질 때는 이 부분에서 매우 엄격해 '오직 고급 예술만'이라고 명기했다. 이는 음악과 시각 예술(회화와 조각 등 오래된 의미에서의 시각 예술)을 포함한다는 점에서 아주 까다

• 'Merry England'의 다른 표기인데, 중세와 산업 혁명 초기 사이의 근대 영국에서 싹튼 유토피아적인 영국 사회와 문화상을 지칭한다. 이제는 사라진 목가적인 전원적 삶의 방식에 대한 노스탤지어에 근거한 이상적인 영국상이지만, 역사적 관련성보다는 환상과 신화가 혼합된 보수주의자의 이데올로기적 구성물에 가깝다. — 옮긴이

로운 정의다. 연극이 포함된다는 점이 다소 흥미로운데, 연극은 늘 고급 예술이기도 하면서 동시에 그렇지 않기도 했다는 점에서 흥미롭다. 하지만 독특하게도 문학은 배제되는데, 부분적으로는 문학이 공공도서관의 관할이라는 근거에서 그렇게 되었다. 그러나 이 외에도 이미 반세기의 업적을 가진 새로운 예술도 있다. 바로 영화, 그리고 단순히 이전 형태의 전송이 아닌 작품을 포함해 새로운 방송 작품, 사진, 텔레비전 등이 그렇다. 20세기의 이 단계에 이르면 의심의 여지 없이 주요 예술인 이 부문들을 예술 정책이나 고급 예술 정책의 일부로 간주해야 하는지는 어떤 예술 기구에서든 여전히 치열한 논쟁거리다. 이처럼 배제식의 정의는 달리 접근할 경우 문화 시장으로도 볼 수 있고 그렇게 주장할 만한 특성에서 어떤 전통 예술을 즉시 제거해 버리게 된다. 현대 예술은 문화 시장에서 그럭저럭 살아남겠지만 전통 예술은 어떤 의미에서는 시장으로부터 보호되어야 한다고 가정한 것이다. 바로 그러한 의미에서만 국가는 후원자로 처신한다.

그런데 이 점에 대해서는 이론적 반대도 상당히 나오고 있는데, 내가 생각하기에 여기엔 실무적 차원의 아주 혹독한 반대 의견도 있다. 후원은 실제 예술적 실천을 이미 수용된 내용이나 전통적 성격의 내용을 따르도록 유도하는 방향으로 현장 예술가와 공공기관 사이의 관계를 설정할 수도 있다. 더구나 이는 곧바로 전통적 예술의 대도시 기관이야말로 탁월한 예술의 장이라는 관념과 얽히게 된다. 따라서 이 사고 형태 안에서는 국립극장의 공연이 북부 어딘가의 길거리 공연에서 무명의 단체가 선보이는 새 공연보다 더 중요하고 우수한 이벤트라고 미리 단정하게 될 수도 있다. 예컨대 나는 예술위원회에 참여하는 동안 사진에 관한 (말도 안 되는) 주장이 마치 설득력이 있는 듯이 제시되는 것을 들은 적이 있는데, 이 역시 이처럼 전통적인 예술 관념의 영향을 보여 준다. 한동안 특정 부류의 연극은 아무런 문제의식 없이 예술로 수용되고 있었는데, 종종 지금만큼 혹은 지금보다 더 창의적이고 중요한 현대 예술이 등장하면서 이 시각은 갑자기 철회되었다.

따라서 후원제 문제는 늘 후원 대상이 될 특정 영역을 지목하는 일이었고, 여기서 가장 중요한 요소는 그 영역을 문화 시장에서 어느 정도 보호하는가 하는 문제였다. 그러나 내가 보기에 케인스가 처음 제안한 것이 매력적인 형태라 할지라도 이 입장을 지탱하기 어렵게 만든 것은, 다른 무슨 일이 일어났든 20세기 후반에는 모든 부류의 예술 활동에서 가장 압도적으로 주된 보급 채널이 뉴 미디어였다는 사실이다. 그리고 이 뉴 미디어에서는 후원제와는 다른 부류의 공적 정책이 마련되어야 한다. 하지만 이 미디어 역시 시장과 관련을 맺는다는 점에서 문제점이 발생했다. 가장 중요한 측면으로는 바로 여기서 후원제나 제한된 개입과 차별화되는 적극적인 문화 정책으로의 이동이 이루어질 수 있다.

동유럽에서는 공식적인 국가 중심의 정책이 가장 두드러진다는 점에서 서유럽의 수많은 국가의 경험이 여기서 흥미를 끈다. 동유럽 정책에서는 아주 의식적이고 풍부한 자금 지원이 따르는 문화 정책이 존재하며, 이는 다양한 방식으로 접근권을 확장했다는 점에서 칭송할 만하다. 그러나 여기서는 어떤 종류와 스타일의 예술을 장려할 것인지에 관한 사전 정의가 흔히 예술 외부로부터 정책에 포함된다는 점에서 아주 분명하고 용납할 수 없는 부정적 특징도 있다. 흔히 우리는 이러한 국가의 의미를 공식적 버전으로만 파악한다. 특히 방송 출연 이후의 비공식적 버전에서는 어떤 문화 정책 설립이든 본격적으로 나설 경우 어떤 공적 기구를 포함하며 국가 틀 안에 중심 기구를 두는 것이 전형적 양상이다. 이 기구는 흔히 전문어투성이 주장의 배후에 은폐되어 있어 구체적으로 지목하긴 대단히 어렵지만 선택을 내린다. 바로 '기준'과 '탁월성' 같은 모호한 용어를 말하는데, 특히 과거 전통 예술과 새로운 종류의 예술 간의 구분에서 파생되던 여파를 고려할 때 이 용어는 종종 주장을 취하기보다는 비껴가는 방안으로 기능한다.

미래 정책을 향하여

나 자신의 견해를 밝히자면, 후원제와 시장 보호 개념을 넘어서야 하듯이 이 모든 국가 문화 정책 개념을 넘어서 더 나아가야 한다는 것이다. 이제 영국에서는 최소한의 [문화 정책에 대한] 정의를 보존하려면 발 벗고 나서 투쟁해야 하는 실정이다. 그러나 이를 보호하는 최선의 방안은, 공식적인 버전이든 비공식적 버전이든 국가 문화 정책과 그에 따르는 자명한 위험을 넘어설 수 있는 정책의 밑그림을 그리는 조치일 것이다. 그런데 이 문제를 지금 더 자세히 파고들 수는 없지만 여기서 두 가지 사항만 강조하고자 한다.

첫째, 이제 어떤 식으로든 국민 국가는 온갖 부류의 목적용으로 너무 크면서도 너무 작기도 하다는 사실이다. 국민 국가는 특히 현재 발전 중인 미디어 세계에서 진정한 국민 문화 정책을 지탱하기에는 너무 작다. 특정 보호 분야에서는 그리할 수 있을지 몰라도 대규모 공중이 참여하는 실효적인 수준에서 국민 국가란 아무리 계몽되었다 할지라도 이전에 행사하려 하던 지휘와 정책의 권력을 상실하기 시작했다. 동시에 심지어 영국처럼 상대적으로 동질적인 문화 내에서도 문화 정책의 다양성은 시행되어야 마땅하지만, 이를 촉진하기엔 국민 국가란 너무 크다.

내가 생각하기에는 현재 두 가지 희망적인 부류의 현상이 등장하고 있음을 볼 수 있다. 첫 번째는 의심의 여지 없이 유럽의 차원이다. 하나의 국민 국가 정책의 어떤 제한점을 넘어설 수 있게 해 줄 만한 유럽식 문화 차원의 가능성은 있다. 그러나 유럽사의 측면에서 그 어떤 국가 정책보다도 문화 정책에서 더 뛰어난 기록을 가진 **시민적** 전통도 존재한다. 그동안 문화 정책을 가장 성공적으로 촉진한 것은 사실 위대한 유럽 도시들이다. 이 정책은 또한 현재 도시에 필요한 권력을 보존하려는 투쟁이지만, 문화 정책을 상대적으로 추상적이고 중앙 집중적인 국가보다는 실제 공동체와 관련지을 가능성이 큰 장이기도 하다.

그렇다면 어떠한 강조점이 뒤따르게 되는가? 첫째, 예술적 시도의 관리는 어떤 점에서든 집단 예술의 성격을 띠기 마련인 예술가 단체의 자체 관리에 맡겨 두거나, 아니면 개별 예술가의 실천이 이루어지는 가운데 서로 협력하는 방식으로 유도하는 게 최선이라는 것이다. 이 제도와 시민 수준의 정책 간의 관계는 고안해 내기 훨씬 더 쉬워 보인다. 둘째, 시민 수준이든 국가 수준이든 공적 권력 부류가 해야 할 역할은 여전히 남아 있는데, 이 권력은 예술의 생산 수단을 공적으로 활용할 수 있게 유지하는 궁극적인 책임을 지지만 이 수단이 경매 대상이 되도록 허용하지 않으면서도 이를 자신의 조직용으로 전유하거나 스스로 내린 관심사의 정의에 결부시키려는 유혹에 빠지지 말아야 한다. 예술적 생산 수단을 공적 신탁에 맡긴다는 원칙을 규정하고 이를 다양하게 가능한 절차에 의해 자체 관리하는 온갖 부류의 예술가 집단에 임대해 줄 가능성은 있다고 믿는다. 이 예술가들이 공표된 정책과 관련해 이 생산 수단을 임대 조건에 따라 이용하고 차후 평가와 갱신 절차를 거치도록 할 수 있을 것이다. 바로 이러한 방향으로 — 시민적 부분과 유럽적 부분의 확대를 강조하는 방향으로 — 우리는 움직이기 시작해야 한다. 그렇게 되면 적어도 내가 가장 반대하는 두 가지 부류의 국가 정책에서 우리가 원하는 대로 최대한 멀리 벗어날 수 있게 될 것이다. 과거의 통제 기록에 비추어 우리는 공식적 버전의 국가 문화 정책만이 아니라 앞서 밝혔듯이 종종 주목받지 못했던 국가 정책도 반대해야 한다. 그러한 공적 권력으로서의 국가는 단지 예술로 자신을 고양하고자 하며, 정말 예술 자체의 발전이 아니라 예술과 문화를 장식과 표상으로 활용해 국가 자신의 재생산에 몰두한다.

20

문화연구의 미래

1989

생애 말기에 이르러 레이먼드 윌리엄스는 자신의 생애 동안 문화연구라는 새로운 학제적 분야가 밟아 온 궤도에 관해 성찰했다. 다른 비슷한 부류의 설명과 달리 윌리엄스는 학생 자신들이 제기한 질문에 대응해 성인 교육자들이 모색한 시도에서 싹튼 대중 교육 프로젝트 이야기를 전했다. 영국에서 대학교 성인 강의와 노동자교육협회 강좌는 고등 교육을 받지 못한 성인에게 기회를 채워 주려 했다. 하지만 문학 연구 자체와 비슷한 궤도를 따라 문화연구와 미디어 연구 같은 관련 분야의 신세대enfants terribles는 결국 주류 대학 교과 과정으로 포섭되고 말았다. 이렇게 해서 얻은 것도 있고, 잃은 부분도 있었다. 방송통신대학인 개방대학교Open University가 인문학과 사회과학에서 성인 교육 작업을 수행하는 과정에서는 학문적 성문화와 제도화 과정도 필연적으로 발생했다. 동시에 과거 윌리엄스를 비롯한 여러 학자가 제공하려 했던 광범위한 문화적 학습이 결여된 직업 교육도 다시 의제에 올랐다. 그리고 대학에서는 관념론적 이론들이 새로 정착된 문화연구 분야를 지금까지 대중 교육 프로젝트에서 거부했던 부류의 고고한 학술주의로 변질시키고 있었고, 이를 통해 [문화연구의] 성과를 점점 더 무의미한 것으로 바꿔 놓았다.

가장 중요하게는 윌리엄스의 사망 후 교육에서 조잡한 도구주의가 더욱더 목소리를 높이게 됐다. 인문학과 사회과학에서 비판적 지식의 진전은 특히 영국의 대학 교육과 연구에서 과도하게 단순화된 '효과' 의제로부터 공격당해 좌절되고 위험에 처하게 됐다. 레이먼드 윌리엄스가 옹호한 부류의 가치는 상품화되고 불평등한 고등 교육 체제에서 이제 사면초가 상태에 놓이게 되었다. 하지만 그 자체로 희망의 자원이라 할 수 있는 윌리엄스의 저작을 읽는 것은 비판적 프로젝트를 부활시키고 궁극적으로는 흐름을 '플랜 X'에서 좀 더 인간적인 목적을 향한 움직임으로 전환하는 데 기여할 수도 있을 것이다.

● 이 글은 원래 1986년 동런던폴리테크닉대학Polytechnic of East London에서 열린 문화연구학회Association of Cultural Studies 학술대회에서 발표한 것이다.

나는 여기서 문화연구의 **미래**라는 이슈를 제기하고자 한다. 물론 이는 이 연구가 현재 아주 실질적으로 이룩한 강점과 발전된 성과를 과소평가하고자 하는 것은 아니다. 이러한 발전은 이 용어가 처음 통용되기 시작하던 대략 30년 전만 해도 거의 예측조차 할 수 없던 일이었다고 생각한다. 실로 우리가 유념해야 할 이 예측 불가능성은 우리 자신이 내릴 수도 있는 그 어떤 투사에든 — 이 중 일부 투사는 거의 맹목적일 것은 확실하다 — 적용될 가능성이 큰 조건이다. 하지만 이 미래 문제에 대해서는 망설이기보다는 확고한 태도를 보일 필요가 있다. 왜냐하면 우리가 미래에 어떤 투자를 할 것인지, 미래가 지향해야 할 방향을 어떻게 지각할 것인지가 실제로 구현되는 미래의 상당한 부분을 구성할 것이기 때문이다. 더구나 바로 그러한 불확실성 때문에 우리의 사고를 명쾌하게 정리하는 일은 달성하기 어렵긴 해도 필요하다. 그러한 사고의 정리는 앞으로 방향을 결정하는 데 적용될 일부 고려 사항을 규정하는 결과로 이어질 수도 있기 때문이다.

내가 보기에 문화연구의 핵심을 차지하면서도 그곳에서 항상 기억되지는 못한 아주 핵심적인 이론적 요지로 시작하고자 한다. 그리고 원래 이 개념이 규정될 때 사용되던 다소 비공식적 틀 대신에 현대적 틀을 사용하자면 이는 어떤 지적, 예술적 프로젝트는 그 구성체를 함께 파악하지 못하고는 이해할 수 없다는 점, 그리고 프로젝트와 구성체의 관계는 항상 결정적이라는 점이다. 또한 문화연구가 강조하는 것은 바로 이 중 어느 한쪽에 특화되기보다는 **양자를 모두** 다룬다는 점이다. 실로 문화연구는 일부 프로젝트의 예를 통해 읽어 낼 수 있는 그러한 구성체를 다루지도 않고, 맥락이나 배경으로 파악되는 구성체와 관련지을 수 있는 프로젝트를 대상으로 삼지도 않는다. 이러한 의미에서 프로젝트와 구성체는 방식은 서로 다를지라도 사실상 동력과 방향의 **공통**

된 성향에 해당하는 것을 구체화하고, 이에 따라 기술하는 작업이다. 이것이야말로, 즉 프로젝트와 구성체, 혹은 오래된 용어로는 예술과 사회 중에서 한쪽에 우선순위를 부여하길 거부한 것이야말로 핵심적인 이론적 발명이라고 생각한다. 독창적인 부분은 다름 아니라 그렇지 않으면 분리될 수밖에 없는 두 영역 사이에 좀 더 기본적인 관계가 존재한다고 파악한 데 있다. 특정한 지적 혹은 예술적 작품군을 살펴본 후 이를 이른바 사회와 관련지은 그러한 부류의 연구에는 이미 수많은 선례가 존재했다. 이는 마치 예컨대 역사에서 모든 저작이 사회를 기술한 후 특징적인 사상과 예술 형태로부터 사회의 영향을 예시하는 방식을 취한 것과 마찬가지였다. 그렇다면 우리가 말하고자 한 바는 — 이는 여전히 어렵지만 핵심적 주장이라고 나는 믿는다 — 이 개념들이(이제 이를 '프로젝트'와 '구성체'로 정의하고자 한다) '예술'과 '사회'라는 두 가지 별개의 실체 사이의 관계가 아니라 창의적이거나 비판적 부류의 사회 구성체에서 이 이질적인 물질적 형태, 혹은 반대로 예술적, 지적 작품 형태를 취하는 과정을 다룬다는 것이다. 이 점은 대단히 중요하기 때문에 만일 우리가 진지하게 받아들인다면 문화연구를 포함해서 **우리 자신의** 프로젝트에 이를 적용해야 한다. 어떤 부류의 구성체에서 문화연구라는 프로젝트가 파생되어 나왔는지, 그 프로젝트에 대해 다양한 정의를 낳은 구성체 내의 변화는 무엇인지 살펴보아야 한다. 그러고 나면 기존의 구성체와 잠재적인 구성체 중에서 어떤 것이 스스로 미래를 지향하는 어떤 프로젝트를 규정하는 방안이 될 것인지 이해할 수 있게 될 것이다.

자 이렇게 해서 압축된 형태의 이론적 요지는 제시했다. 이제 나는 이 요지에 대한 예를 한두 가지 제시하고자 한다. 첫째는 문화연구가 아니라 문화연구에 기여한 분야 중 하나, 즉 영문학이나 문학 연구에 있다. 문학 연구에서 달성된 모든 혁신이 공식적인 교육 제도 바깥에서 일어났다는 사실은 정말 놀랄 만한 일이다. 사실상 어떤 조직적인 영문학 교육도 이루어지지 않던 19세기 말 이 사회에서 소외되고 어떤 의미에서는 억압된 두 문화 영역에서 요구가 제기되었다. 첫째는 성인 교육에서 나왔는데, 추가 교육 기회를 박탈당했지만 그럼에도 불구하고 독자층을 이루었고 자신이 읽고 있는 내용을 토론하고 싶어 하는 사람들이 존재했기 때문이다. 그리고 더 구체적으로는 여성층이 중요했는데, 이들은 고등 교육 과정에서 차단되었기에 대개 반복 독서를 통해 특히 구절의 의미 그대로 '상상적 문학'의 독서를 통해 스스로 깨우침을 얻으려 했다. 두 집단은 모두 자신이 읽은 내용을 토론해 보고 이 내용을 자신의 상황이나 경험과 연계된 맥락에서 토론해 보고 싶어 했다. 그러한 수요는 대학이 (일부는 비공식적으로 하고 있기는 했지만 만일 이들이 무엇인가 해 왔다면) 제공할 준비가 된 상태로는 충족할 수 없는 것임이 곧 분명해졌는데, 아마 준비된 것은 특정한 부류의 역사나 날짜 더미, 특정한 시기와 형태에 관한 기술 같은 내용이었을 것이다. 그렇다면 이러한 수요는 사람들이 기성 교육 체제 바깥의 성인 교육에서, 그리고 여성에게는 좌절된 추가 교육에서 강조하는 이 삶의 상황과 관련지어 문학을 토론해 보는 데 있었다. 그러므로 현대적인 영문학 강의의 방향에 관해 초기에 나온 가장 주목할 만한 정의 중 일부는, 옥스퍼드 성인 강좌를 담당해 가르치면서 이처럼 아주 새로운 수요와 관련지어 자신의 구상을 정리해 본 강사들에게서 나왔다. 그리고 전통적인 문헌학과 단순한 분류식 역사 외에 이처럼 새로운 부류의 문학 연구가 마침내 대학 교육에 포함되었을 때, 예컨대 케임브리지에서는 강의 내용이 19세기 말과 20세기 초의 초기 단계가 규정한 노선에 거의 그대로 맞추어 작성되었다. 케임브리지 영문학과 설립자 중 한 사람은 당시의 교과서가 사실상 자신들의 강의계획서에서 규정한 내용이었다고 말했다.

그러나 그 후 어떤 일이 발생했는지 보라. 일단 대학 교육에 진입하고 나자 영문학 연구는 20년 내에 아주 통상적인 학술 강좌로 변신해 원래의 프로젝트를 계속하던 구성원들을 주변화해 버리고 말았다. 모든 학술 기관이 그렇듯이 이 무렵 이 분야가 제도 내에서 하고 있던 일은 대개 자체적인 재생산이었다. 이 분야는 자신과 같은 사람들을 재생산하는 강사와 시험 담당관을 재생산하고 있었다. 기성 체제 외부의 집단에서 가해지는 압력과 요구가 없었던 덕분에 이 새 학문 분야는 상당 부분 자기 몰입 상태에 빠지고 말았다. 늘 그렇듯이 약간의 주목할 만한 이점을 살려 이는 전문 분야가 되어 버렸다. 그러고는 비판적 엄밀성과 학술적 기준 강화를 지향하게 됐다. 그러나 동시에 원래의 프로젝트를 이해한 사람들, 예컨대 리비스 같은 이는 주변화되었다. 흥미로운 사실은 그 후 이들이 대학을 벗어나 이처럼 좀 더 일반적인 프로젝트를 다시 추진하려 했다는 점이다. 통상적 관점에서 엄격히 따지자면 구성체에서 이들은 대개 소부르주아 가정 출신 집단으로서 스스로 문학적 소양을 갖추었다고 생각하는 기성의 예의 바른 중산 계급뿐 아니라 이들 자신이 보기에 문학에 무관심하고 적대적이며 심지어 위협적이기까지 한 절대다수를 모두 혐오했기 때문에, 이 집단은 아주 구체적으로 구상된 경로를 선택했다. 이들은 자신뿐 아니라 학생들까지 동원해 대학 진학 준비용 중등학교에 나가 예외적인 개인을 발굴한 후 대학에 돌아와 이 과정을 계속 진전시켰다. 자신들이 선택해 대학에 진입시킨 프로젝트는 더는 똑같은 프로젝트가 아니었기에 이들은 외부로 나갔다. 그러나 이들은 스스로 이러한 소수파 기관으로 자처하고 소수 정예를 교육하려 했기에 이 작업은 이제 첫 번째 정의에서 규정한 일반적 프로젝트가 아니라 전혀 다른 프로젝트였다. 그래서 대중문화, 대중 소설, 광고, 신문을 연구하고 그에 대한 풍부한 분석을 내놓는 연구 성향(예컨대 리처즈, 리비스, 〈스크루티니*Scrutiny*〉)으로서 현재 마땅히 '문화연구'라고 부를 만한 글을 처음 읽은 모든 사람은 조만간 신념 문제뿐 아니라 추구할 프로젝트를 정의하는데도 문제점을 느끼게 된다. 이 연구가 의도적으로 소수파 제도 내에서 특수한 소수파를 재생산하는 데에만 몰두했기 때문이다.

그 후 추가적인 변화 과정이 진행되고 전혀 다른 프로젝트가 규정되는 장소를 살펴보면, 이는 또다시 성인 교육임을 알게 된다. 우리가 지금 이해하는 의미의 문화연구란 케임브리지의 선구자에게 진 모든 빚에도 불구하고 성인 교육에서, 즉 노동자교육협회에서, 그리고 대시민용 성인 강좌에서 발생했음은 매우 힘주어 강조할 필요가 있다. 나는 문화연구의 발전 과정에 관한 설명을 더러 읽어 보았는데, 다양한 발전 시점을 **텍스트**로 규정하는 것이 특징이었다. 우리는 모두 《교양의 효용*The Uses of Literacy*》, 《영국 노동 계급의 형성*The Making of the English Working Class*》, 《문화와 사회》 등 각 시점을 대표하면서 이어질 설명에 관해서 알고 있다. 그러나 사실상 이미 1940년대 말 전시 군 교육의 주목할 만한 선례에서, 비록 주로 경제학과 외교 분야이긴 했지만 심지어 1930년대의 일부 선례에서 문화연구는 성인 교육에 대단히 적극적이었다. 이 활동이 이후에 나온 책 덕분에 인쇄되고 일종의 일반적인 지적 인정을 받았을 뿐이다. 당시 출판은 하지 않았지만 이 분야에서 적극적이었고 이 작업을 정착시키려고 누구 못지않게 열심히 노력한 수많은 사람에게 종종 연민을 느낀다. 1940년대 말에도 사람들은 시각 예술, 음악, 도시 계획과 공동체의 성격, 정주의 성격, 영화, 신문, 광고, 라디오 등의 강좌를 제공하고 있었다. 그다지 티가 나지 않는 교육 분야에서 개설되지 않았더라면 훨씬 일찍 인정받았을 만한 강좌였다. 이 교육이 전국적인 출판의 수준에 도달하거나 대학 내에서 약간의 거부 반응 후에 채택되고 나서야 비로소 이 문화에서 전형적으로 그렇듯이 이 작업은 존재 가치를 인정받았다. 우리 세대의 그 누구에게도 뒤지지 않을 만큼 큰 기여를 했다고 여러분에게 이야기해 줄 만한 사람들이 있었는데, 현재 문화연구를 가르치는 사람들은 이들의 이름을 알지 못하겠지만 이들은 바로 리비스 그룹의 대안으로 선택한 곳에서 그러한 작업을 하고 있었다. 그리고 그것이 **선택**이었다는 점을 강조해야만 하겠다. 즉 사람들이 성인 교육에 뛰어든 것은 분명히 직업이라기보다는 소명이었는데, 에드워드 톰슨, 호가트, 그리고 나를 비롯해 이름이 알려지지 않은 수많은 사람이 여기에 속했다. 이는 다수의 민주적 교육을 위한 시도의 부활이었는데, 이 교육은 프로젝트 내내 존재했지만 그 교육의 요소가 제도에 편입됨에 따라 계속해서 주변으로 밀려나고 결국 제도에 의해 변질되었다. 따라서 처음에는 리비스의 입장에서 시작된 어떤 분석적 절차가 계속 이어졌지만, 이는 결국 철저하게 바뀌었다. 왜냐하면 이 사람들은 바로 민주적 문화를 원했으며, 이 목표가 리비스류의 '소수파' 구성만으로 달성할 수 있다고 믿지 않았기 때문이다. 그럼에도 불구하고 이는 대단히 실제적이고 까다로운 부류의 작업이었기에, 이들은 현장에 나가 타협을 해야만 했을 때 대중 교육과 민주적 문화에 대한 부정적 입장이 갖는 지나친 단순성은 쉽사리 해소할 수 없다는 사실을 깨닫고 있었다.

내가 이 예를 드는 이유는, 문화연구에서는 각 단계의 역사를 흔히 **텍스트**를 통해 추적해 왔기 때문이다. 그러한 설명은 이런저런 개인이 이런저런 작업을 했다고 지적하며 이런저런 식의 이름표가 붙은 이 경향, 이 학교, 이 운동을 거론한다. 이 유형의 관념론적 역사 — 아주 학술화한 문학사나 지성사 — 가 늘 그렇듯이 이는 아주 깔끔하게 보인다. 하지만 이는 어떤 의미에서는 오직 실제 발전의 표면에 불과하고 더구나 잘못된 판단을 유도하기도 한다. 여기서 매번 발생하는 결과로는 사회와 특정한 일반적 관계 속의 구성체가 어떤 연속성 있는 프로젝트의 속성을 지니고 — 그렇게 추적할 수도 있다 — 프로젝트를 사실상 **변화**시키는데, 이는 반드시 더 나은 방향으로 그리되지는 않기 때문이다. 진전만큼이나 퇴보도 많았다. 그리고 이 퇴보 중 하나는 다음 단계에서 온다고 생각한다. 이 작업 중 일부가 토론과 정기간행물에서 그리고 어느 정도는 대학에서 지적으로 인정받기 시작함에 따라 이는 실제로 그랬던 것보다 훨씬 새롭다고들 생각했기 때문이다. 내 책 《커뮤니케이션즈》를 예로 들면 이는 전국교사노조National Union of Teachers가 '대중문화와 개인적 책임'에 관한 컨퍼런스용으로 의뢰한 글인데, 사실 1950년대의 호러 만화에 관한 우려에서 — 그 근거는 우려만큼이나 기이하다 — 시작되었다. 이 책은 실제로 내가 15년 동안 성인 강좌에서 사용한 자료를 기반으로 만들었으며, 집필에도 그리 오랜 시간이 걸리지 않았다. 따라서 텍스트 추적을 통해서 손쉽게 전달되는 참신성이란 감각은 사실 잘못된 것이다. 프로젝트의 실제 구성체는 이미 존재하고 있었기 때문이다. 그러나 이러한 일이 발생하기 시작했을 때 이는 비록 그 가장 핵심적인 제도와 가정을 바꿔 놓을 정도까지는 아닐지라도 대학에서는 어떤 중요한 지적 차이를 낳았다.

그러나 그 후 교육에서 확장의 시기가 도래해 바로 이러한 부류의 작업을 위한 새로운 장소가 마련되었다. 새로운 부류의 구성체도 생겨났는데 아마도 오늘날까지 이어지는 구성체일 것이다. 내 학생들이 첫 일자리를 구한 후 돌아와서 이렇게 말하던 기억이 아직도 난다. "저는 신임 인문 교양 연구 담당 조교수로 학장을 만나러 갔다가 인문 교양 연구가 무엇이냐고 학장에게 물었어요. 그랬더니 그는 '모르겠어요. 내가 아는 것이라고는 해야 한다는 사실뿐이죠'라고 말했어요." 그렇다면 첫 일자리를 시작하는 대다수 사람도 강의 계획서를 작성할 수 있는 전례 없는 상황에 부닥치게 되는데, 그렇게 하지 못하면 평생 힘겹게 정상을 향해 노력해도 아마 실패할 수도 있기 때문일 것이다. 이들은 자신의 어떤 구상을 구체적으로 표현하는 선택을 할 수도 있었다. 이 새로운 단계가 정착됨에 따라 이들 대다수가 새로운 대학이나 전문대학, 성인 교육용 대학, 일부 다른 학교에서 실행에 옮긴 내용에 대해 대학에서는 더러는 다소 조심스럽게 경계하기도 했지만 사실 중심부나 결정적 영역에서는 멀찌감치 따돌리고 있었다. 이들이 이렇게 할 수 있었던 이유는 인문교양 연구의 선택 범위가 너무나 모호했기 때문이다. 이 분야의 근거라고는 사람들이 삶에서 더 훌륭한 무엇인가를 발견해야 한다는 인식 그 이상은 아니었는데, 이러한 인식 자체도 아마 과학과 테크놀로지의 지나친 세속성에 대해 문화적 불신이 남아 있다는 데서 유래한 듯했다.

이러한 식으로, 그리고 근거로 삼을 만한 잘 확립된 저작도 마련되지 않은 상태에서 이 새로운 제도에서 새로운 구성체는 발전하기 시작했고 어느 정도 효과를 거두었다. 첫째, 제도에 진입함에 따라, 즉 강의계획서를 작성하고 운영하며 검토하는 신비로운 순간이 지남에 따라, 동료들이 합류하고 학과가 설립되며 학과 간의 관계를 협상해야 함에 따라, 여기에 시간과 자원을 안배해 투입함에 따라, 케임브리지에서 영문학을 무력화해 버린 바로 그 과정이 뒤따라 발생한다. 탐색적인 강의계획서가 검토 대상의 계획서로 바뀐 바로 그 순간 이 탐색은 매력을 잃게 되었다. 확장이라는 환영할 만한 요소를 갖추었음에도 (더구나 학과, 분야 명칭 등에 관한 어떤 학문적 선례에 따라 형성되었는데도) 여전히 소수파 제도에 불과한 이 분야에 이러한 새로운 작업이 집중된 바로 그 순간 프로젝트에서 어떤 핵심적 변화가 일어났다.

하지만 우선 나는 바로 이 시기에 일어난 또 한 가지 다른 부류의 제도를 언급하고자 하는데, 다름 아니라 1960년대에 탄생한 개방대학

교다.* 이에 대해서는 두 가지 핵심적 사항을, 말하자면 동시에 지적할 필요가 있다. 첫째, 이는 민주적인 오픈 액세스 문화식의 교육을 지향하는 운동 전통 내에서 이루어진 특별한 시도였다. 이는 대중 계몽을 위한 관료적인 중앙 집중식의 문화 프로그램이 아니라 진정하게 개방적이고 교육적인 부류의 프로그램 시행이었다. 하지만 동시에 이 시도는 자신이 소속된 사회의 전통과 여러모로 의도적으로 단절했는데, 성인 교육과 협동조합Co-operative Guild에서도 그랬고 노동 계급을 비롯한 여러 집단 주도의 — 실현할 수도 없는 바로 그 원칙에 근거한 — 모든 지역 차원의 자체 학습 조직에서도 그랬다. 즉 사람들의 삶의 상황과 삶의 경험과 접촉하면서 지식군을 형성하는 지적 분야를 구상한다면 지적 질문들은 떠오를 것이라는 [비현실적인] 기대가 있었다. 물론 과거 성인 교육이 정확히 이런 식으로 실행되었기 때문이다. 학자들은 소속 기관에서 대학 경제학, 대학 영문학, 혹은 대학 철학을 가져왔는데, 사람들은 이게 무엇인지 알고 싶어 했다. 이러한 주고받기가 이 지식은 모두 바보 같은 지적 질문에 불과하다는 식의 어떤 단순한 대중주의로 귀결되지는 않았다. 하지만 이 학생들은 이렇게 주장했다. 즉 (1) 이 지식이 자신의 상황이나 경험과 맺는 관계가 논의 대상이 되어야 하며, (2) 분야 자체가 불만족스러운 영역이 존재할 수도 있으므로 학생들에게 자체적인 교육 내용을 결정할 권리가 있음을 핵심 원칙으로 유지해야 한다는 것이다. 이처럼 학문 분야와 학생 간에 끊임없는 주고받기 과정은 어느 정도 제도

* 영국의 개방대학교는 1969년 해럴드 윌슨의 노동당 정부가 유럽 최초로 설립했다. 윌슨은 이 교육 기관을 영국 사회 현대화에 대한 노동당의 비전을 나타내는 징표로 구상했고, 이를 통해 영국 경제의 경쟁력 강화, 사회적 이동성과 기회 확대 등 원대한 포부를 구현할 수 있을 것이라고 믿었다. — 옮긴이

화되어 있었는데, 두 가지 측면에서 대단히 월슨다운 프로젝트인 개방대학교에 의해 **의도적으로** 중단되었다. 개방대학교는 한편으로는 이처럼 대중적인 접근 방식이었고, 다른 한편으로는 문화의 움직임보다 우선하고 그 움직임과 무관한 테크놀로지를 개입시키고 있었다. 이 프로젝트는 이후 엄청난 이점을 가져오게 되지만 지적 학문 분야를 제공하는 사람과 이용자 간의 교환과 만남이라는 핵심적 과정이 지금까지도 결여되어 있다. 이용자는 교육 내용을 제대로 따라오는지, 혹은 편리한 형태로 주조되고 있는지 파악하기 위한 시험의 대상이 될 권리를 훨씬 더 넘어 사실 이처럼 질문을 규정하는 좀 더 기본적인 권리를 갖는 존재다. 이 사람들은 결국 실질적으로 다음과 같이 요구할 수 있는 위치에 있다. "글쎄, 그 질문이 당신 분야를 벗어난다면 그 질문을 다룰 **만한** 분야의 사람을 데려오세요. 아니면 망할 놈의 분야를 탈피해 스스로 해답을 제시하든가." 나중에 문화연구가 된 분야들 사이에 이루어진 엄청나게 복잡하고 종종 혼란스러운 수렴은 바로 이처럼 완전히 반골적이고 무질서한 상황에서 싹텄다. 다름 아니라 사람들이 [분야 사이의] 경계를 수용하지 않으려 했기 때문이다. 하지만 소수파용 제도를 탈피하는 돌파구로서는 주요 사례인 개방대학교는 교육의 사회적 과정을 장악하고 또 그 과정과 무관한 테크놀로지의 요소를 그 속에 내장하고 있었다. 이 제도는 이처럼 독특한 이중적인 차원을 갖고 있었다.

논란의 여지는 있겠지만 이제 내 주장을 제시하겠다. 바로 이 계기에서 관료화되고 전문가 지식인의 본향이 되는 길로 나선 이 구성체의 상황을 합리화하는 이론 체계가 모습을 갖추었다. 말하자면 이때 등장한 이론, 가령 형식주의의 부활, 더 단순한 부류의 (마르크스주의 부류를 포함해서) 구조주의는 사회 내에서 사람들의 실제 만남이 사회의 전반적인 진보에 상대적으로 거의 효과를 미치지 못한다고 보는 경향이 있었다.

그 사회에 내재하는 주된 세력은 구조 깊숙이 존재하며, 가장 단순한 형태로 보면 이 사회를 작동시키는 사람들은 단순한 '대리자'에 불과했기 때문이다. 이 주장은 사람들에게 자신의 구성체를 살펴보지도 말고 자신이 처한 이처럼 새로우면서도 동시에 유망하고 논란의 여지도 많은 상황을 검토할 필요도 없다고 사실상 부추기는 셈이다. 또한 이런 식의 교육은 새로운 부류의 인간을 낳게 하지만 여전히 소수파 제도 내에서만 그렇게 되고, 제도는 교육 내용과 시험을 구속하는 관료적 압력을 행사한다는 사실도 간과하게 되어, 결국에는 이 다듬어지지 않은 질문을 다시 자신의 틀 안에서 관리하기 쉬운 것으로 계속 후퇴시켜 버렸다. 여전히 생산적인 긴장의 계기이기를 희망하는 바로 이 계기에서 어떤 면에서는 이 상황을 합리화하는 이론 무리가 한동안 아주 무비판적으로 수용되기도 했다. 그러한 이론들은 문화 질서란 원래 그런 식으로 작동하며, 이데올로기는 그 역할과 기능을 그런 식으로 배분한다고 말했다. 이렇게 해서 이 새로운 형태의 관념론적 이론에 의해 프로젝트 전체의 방향이 근본적으로 바뀌어 버렸다. 심지어 아주 이질적인 그람시와 벤야민의 저작까지도 그 안에 수렴되었다. 미하일 바흐친Mikhail Bakhtin, 볼로시노프, 파벨 메드베데프Pavel Medvedev가 일찍이 그러한 모더니즘적 관념론에 대해 가한 강력한 비판은 거의 혹은 전혀 소개되지 않았다. (그리 흔치 않은 일이지만) 구성체가 이론화**될** 때도 자신의 구성체와 **당대의** 다른 구성체에 관한 구성체적 분석의 주된 교훈보다는 좀 더 안전하게 거리를 둔 학술적 연구만 강조했다.

가장 일반적인 관련성 측면에서 이 작업은 실제 사회를 변화시키려는 일종의 지적 분석으로 유지되었지만, 국지적으로 제도 내부에서는 더 초기 단계에서 많은 변화를 초래한 압력이 항상 작용했다. 즉 자신의 분야를 규정하고 분야의 중요성을 정당화하며 엄밀성을 입증할 필요가 있다는 압력이 다른 분야나 경쟁 학과에서 가해졌다. 이 압력들은 원래 프로젝트에 가해지던 압력과는 정반대 내용이었다. 초기와 후기의 작업을 비교해 본 사람이라면 파악할 수 있겠지만, 실로 이 시기에는 성취한 것도 아주 많았다. 나는 이전에 《커뮤니케이션즈》를 집필할 때 부엌 바닥에 온통 자료를 늘어놓고 편지 봉투 뒷면에다 몸소 합산하면서 신문과 텔레비전 프로그램을 분석했다. 그러나 지금 미디어연구학과에서 일을 제대로 하기 위해 보유한 장비를 살펴보면 물론 현격한 진전이 이루어졌음을 깨닫는다. 이와 비슷하게 영화 연구에서도 나는 과연 주문한 필름이 도착할지, 그 영사기로 작동될지, 성인 교육 강의에서 사람들이 영화를 보고 난 후 망연자실해 토론을 권하면 한마디도 하지 않는 일이 발생하지나 않을지도 결코 확신하지 못했다. 현재 영화 강좌는 제대로 된 기관에서 개설되는데, 나는 이러한 현실의 이점을 의심해 본 적이 없다. 이는 마치 현재 케임브리지 영문학 교수진의 주류 인사 중 자신이 하는 일이 리비스의 작업보다 그다지 우월하지는 않다고 잠시라도 생각하는 사람은 아무도 없는 것이나 마찬가지다. 솔직히 어떤 새로운 방식으로든 문화연구는 항상 더 전문적이고 좀 더 체계적이며 자원의 뒷받침도 더 제대로 받고 있다. 반면에 실제 프로젝트를 망각해 버렸다는 문제는 여전히 남아 있다. 이 분야들을 세분화하는 과정에서 "글쎄, 이는 모호하고 헐렁한 문화연구라는 괴물이군. 그러나 이를 좀 더 세밀하게 미디어 연구, 공동체 사회학, 대중 소설이나 대중음악 연구로 정의할 수는 있어"라고 말한다면 방어가 가능한 학문 분야를 창설하게 된다. 그리고 다른 학과 사람들도 이 연구가 변호가 가능한 분야이며 여기에는 제대로 참고 문헌을 붙여 제시한 작업도 이루어진다는 사실을 **눈으로 확인할** 수 있다. 그러나 그럴 경우 프로젝트에는 어떤 결과가 발생하는가 하는 질문은 남는다. 어떤 점에서는 최근 몇 년 동안 발생한 위기는 프로젝트와 구성체 간의 관계가 계속되고 있음을 우리에게 환기해 주는 게 틀림없다. 즉 이를테면 우리가 어떤 내재하는 구조의 전개를 목격하고 있다는 가정은 최근 몇 년 동안의 아주 의식적인 반혁명에 의해 순식간에 차단되었다는 것이다. 문화연구의 역사에 관한 설명에서는 비록 늘 어려움이 따르긴 해도 남아 있던 오류를 사람들이 점진적으로 극복하고 한발씩 나아가는 모습을 그렸는데, 이 설명에서처럼 어떤 단순한 노선의 지속 상태로 통하던 가정이 무너졌다.

바로 여기서 나는 미래의 문제에 도달하게 된다. 왜냐하면 현재 우리가 처한 상황에서는 문화연구가 발전하는 기간을 거치면서 대중문화 제도가 엄청나게 바뀌었고, 예컨대 방송과 신문 사이의 관계처럼 1950년대라면 아무도 가능하다고 믿지 않았을 상대적 중요도의 역전도 일어났기 때문이다. 어떤 연구가 프로젝트와 정말 관련이 있을 것인지에 관한 문제처럼 우리가 시행하는 다양한 부류의 연구 내부에서의 문제뿐 아니라 지금처럼 아주 변화된 상황에서 우리 자신의 구성체를 검토하는 문제까지 우리는 여러 가지 새로운 문제를 안고 있다. 나는 우선 주체 자체의 내부 과정에서 두어 가지 예를 선택해 어떻게 이처럼 환영할 만한 발전이면서도 동시에 문화연구의 제도화라는 모순된 효과가 나오는지 예시할 것이다. 대중문화 혹은 대중 소설 문제를 들자면, 이는 1950년대의 상황에 비해 1980년대에 아주 크게 변화한 것은 분명하다. 우선 이는 전반적인 사회적, 구성체적 변화 때문에 사람들이 직접 대중문화와 관련을 맺을 자세가 더 갖추어졌고, 대중문화를 오직 리터러시에 대한 위협으로만 간주한 1920년대와 1930년대의 리처즈나 리비스와 스스로 거리를 두게 되었기 때문이다. 리처즈나 리비스의 요소는 이전만큼이나 늘 불확실하고 모호한 형태이긴 하지만 리처드 호가트의 책에서도 남아 있다. 그러나 동시에 두 가지 아주 이질적인 전통과 작업 종류 사이에 존재하던 이전의 긴장은 탐지되는 것만큼이나 손쉽게 해소될 수 있다. 연속극과 솝 오페라를 분석하는 것은 필요하면서 지적으로도 완전히 정당한 일이다. 하지만 강좌에서 적어도 교사가 — 그리고 학생도 마찬가지라고 말하고 싶다 — 자연주의와 리얼리즘 드라마나 사회 문제 드라마, 그리고 19세기의 어떤 연속극식 형태 등의 전 발전 과정이라는 문제와 스스로 대면해 본 적은 있는지 궁금하다. 그러한 것들은 바로 이 현대적인 형태를 형성하는 데 구성 요소이기 때문에, 그 형태의 사회사와 현대적 상황에서의 이 형태 사이에 일부 새롭고 일부는 오래된 내용이고 부분적으로는 새롭고 일부는 오래된 기법을 사용하면서 발생하는 긴장은 양측에 모두 비중을 두고 탐색해 볼 수 있다. 교사가 "그런 문제라면 드라마나 [문학, 소설] 쪽으로 가봐. …… 우리는 대중 소설을 다뤄"라고 말할 수도 있기 때문에, 더 단순한 부류의 교육 내용을 규정한다면 이러한 일은 일어나지 않을 가능성이 크다. 하지만 예컨대 19세기의 범죄 이야기로 거슬러 올라가 그 형태의 배경이 되는 바로 그 사회적, 문화적 환경을 파악해 현재 우리가 탐정 이야기 형태를 논의하는 내용에 분석 차원을 추가로 덧붙일 수 있도록 하지 않는다면, 지금 범죄 이야기에 관해 나오고 있는 식의 아주 중요한 작업을 어떻게 완수할 수 있겠는가? 혹은 문화연구의 사회학적 차원에서는 역사에 핵심적으로 필요한 아주 세밀한 당대의 작업과, 내가 보기에 단지 노동사나 대중사에 국한되지 않는 아주 정교한 역사 해석 간의 관계 문제 전체가 있다. 왜냐하면 그리하지 않는다면 어떤 면에서는 계급을 구성하는 바로 그 관계에서 계급을 고립시키게 되기 때문이다. 나는 주제를 더 명확하게 규정하고 학문 분야를 정착시키며 작업에 질서를 부여하려는 바로 그 시도에서 — 이 모든 것은 칭송할 만한 야망이다 — 어떻게 프로젝트 전체의 진짜 문제가 망각될 수도 있는지에 관한 예로 이 사례들을 제시한다. 이는 사람들의 질문에 대한 해답이 기존의 교육 과정 분포에서는 주어질 수 없다는 것이다. 실제로는 아주 자연스럽게 압력과 결정, 그리고 자격을 갖추고자 하는 합리적인 야망 때문에 대개 그러하지 못하지만, 선택의 자유가 주어진다면 사람들은 정해진 경로의 범위 안에서만 질문하길 거듭 거부한다. 그러니까 원래 주제를 규정하고 설계하는 과정은 가치 있는 일이지만, 프로젝트의 전체적인 요지에 해당하는 학문 분야 간의 상호관련성 맺기는 주제를 정의하고 설계하는 중요한 과정에서 이처럼 본질적인 문제점을 드러낸다.

그러나 현재 좀 더 핵심적인 질문은 이렇다. 즉 우리가 이미 거쳤고 제임스 캘러헌James Callaghan에서 마거릿 대처Margaret Thatcher와 키스 조지프Keith Joseph•로 이어지는 정치인들에 의해 중단과 복원을 거듭하는 확장 과정 후에도, 우리는 종류는 아주 다르지만, 이전 시기의 특수한 상황에서 프로젝트를 개발한 사람들이 직면했던 것만큼 도전적인 상황을 마주하고 있다. 현재 존재하지만 문화연구가 새로 제도권에 진입하던 무렵에는 없었던 것은 이러한 사태 진전 양상이 일부 나타나고 있던 바로 그 당시 엄청나게 반교육적 압력을 행사하던 10대류의 작품이 사실상 소멸했다는 점이다. 당시에는 그런 식의 학교와 그런 식의 교육을 계속하는 데 따른 문제점에 반대하면서 자금과 작업의 압력이 납득할 만한 이유로 가해지고 있었다. 현재 우리에겐 어떤 면에서는 교육의 범위가 미치지 못하는 곳에 의도적으로 배치된 훌륭한 강좌 제도가 존재한다. 16세에서 18세 사이의 연령대 절대다수에 대한 실효성 있는 교육은 과거 유해한 교육자로 낙인찍힌 사람들로부터 가능한 한 멀리 격리되었다. 아주 비슷

• 키스 조지프 경은 영국 보수당 정치인으로 대처의 보수당 정권에서 교육부 장관을 지냈다. 대처 정권에서 이른바 '대처리즘'이라는 보수주의 이념을 창안하는 데 핵심적 역할을 한 인물이다. — 옮긴이

한 교육이 처음 제안된 1860년대라면 아주 조잡하게 들렸을지도 모르는 산업 훈련이라는 정의도 지금은 만날 수 있다. 아마 당시 그 제안이 실제로 **구현되었다면** 우리도 좋아했을 것 같다. 그랬다면 적어도 한 가지 문제군은 해결했을 것이다. 사람들은 적응해야 할 대상이 되는 경제 형태 내에서 노동 경험을 얻어야 한다는 이야기가 또다시 나오고 있다. 그런 식의 교육 내용이 작성되는 한, 그리고 그런 식의 노동 경험 프로그램이 마련되는 한, 우리 같은 사람을 위해 구상된 자리는 전혀 없다. 개인적인 행동 계획이 시행되지 않을 것이라는 뜻이 아니다. 그보다는 고용의 가능성을 포함해 어떤 아주 강력한 물질적 유인책과 더불어 총체적인 대체 교육이 제공되고 있다는 뜻이다. 노동운동가는 그러한 노동 경험에 대해 그냥 '값싼 노동' 따위라고 말하겠지만, 나는 교육자들이 해야 마땅한 식으로 표현한다. 그리고 이는 사실상 내가 문화연구의 미래로 보는 곳이다. 여기 우리 프로젝트에서 거듭해서 구성 요소 중 하나였던 인간적, 사회적 지식과 비판적 가능성 차원을 갖추지 못하게 될 집단이 있다. 이 집단이 이른바 '노동 경험'만 얻게 된다면 이 경험은 사실상 이 새로운 산업 자본주의라는 예견된 구성체의 단순 반복 노동에 진입한다는 뜻일 뿐이다. 물론 이 역시 지켜 내야 하긴 하지만 나름대로 힘겨운 제도에 진입한 사람들에게 정치적 정책 문제상 아주 의식적으로 전문 교육자로부터 가능한 한 멀리 떨어진 이 영역을 목표로 삼으라고 권하는 것이 가망 없는 일로 보인다면 나는 이렇게 말하겠다. 즉 2년이든, 3년이든, 4년이든 결국 또 다른 부류의 정부가 들어설 전망이 남아 있다. 기존의 제도를 갱신하거나 적어도 그 자원과 인력 문제를 일부 완화할 가능성은 있다. 그러한 일이 발생하면, 우리는 단지 예산 위기가 끝나고 기성 체제의 위기가 다소 완화되었다면서 기뻐하게 될까? 만약 그렇게 한다면 우리의 환호는 조건부로 나오게 될 것이다. 만일 형성적인 인간 개발이라는 절대적으로 핵심적인 영역을 — 더구나 이 중에서도 문화연구가 기여해야 할 영역은 특히 중요하다 — 의도적으로 교육자로부터 격리시킨 채 존재하도록 방치한다면 우리는 아마 역사적 기회를 놓친 셈이 될 것이다. 이는 마치 이전의 단계에서 관련된 기회를 거의 놓치거나 일부만 실현한 것이거나 아니면 그 기회가 대부분 포섭되고 중립화되었던 것이나 마찬가지다. 다름 아니라 우리 자신의 성공에 도취하여 제도화되는 바람에 그러한 역사적 기회를 놓치게 되었을 것이다.

나는 의도적으로 지적인 분야 간의 수렴이라는 측면에서 문화연구의 전 발전 과정을 요약하지 않았는데, 이러한 관점은 이 역사를 작성하는 또 다른 방안에 해당한다. 즉 이 관점은 내부적이면서 시사점을 밝혀내는 방식이며, 그럼에도 불구하고 항상 이 수렴이 일어났고 **일어나야만 했던** 배경인 바로 그 구성체, 사회 제도와 이 역사를 관련짓지 않는다면 불충분한 관점이 되고 만다. 지성사 측면에서 그러한 접근 방식은 우리가 다가오는 시대에 진입함에 따라 나타난 새로운 문화연구 구성체의 역사적 기회에 해당하는 현상을 우리 자신에게 은폐할 수도 있기 때문이다. 이 새로운 행동 계획은 실로 수많은 기득권과 정치적 이해 집단의 저항에 부딪히게 될 것인데, 그러한 계획을 마련할 시점은 바로 **지금**이다. 설득력 있고 합리적이며 실용적인 제안이 우호적인 지역 당국이나 정부에 제시되고 그 당국이 우리에게 이를 교육하는 방법을 재정비하도록 할 때만 비로소 이 새로운 작업은 다른 식의 교육 내용에 대한 분노에 찬 거부 이상이 될 수 있을 것이다. 지금 이 문제를 숙고하고 이를 위해 투쟁한다면 비록 실패하더라도 미래에 대비해 우리 자신을 정당화할 무엇인가 얻게 될 것이다. 그러나 실패할 필요가 있다고는 전혀 생각지 않는다. 결과는 불균등하고 산발적이겠지만 지금 도전은 바로 여기에 있다고 생각한다. 지금까지 실제 문화연구란 이런 것이었다는 내 정의를 여러분이 수용해 지적 작업에서 우리가 할 수 있는 최고의 성과를 취하고 이를 통해 사람들을 대면하는 아주 개방적인 길을 추구한다고 가정하자. 이 사람들에겐 문화연구란 삶의 방식도 아니고 일자리일 가능성도 전혀 없지만, 자신의 지적 관심사 문제이자 자신들에게 가해지는 압력, 가장 사적인 압력에서부터 가장 폭넓은 정치적 압력에 이르기까지 온갖 부류의 압력에 대해 스스로 나름대로 이해할 수 있게 해 주는 방안이다. 만약 우리가 그러한 부류의 상호 교환을 허용해 주는 이 장소에서 그러한 부류의 작업을 수용하고 교육 내용과 학문 분야를 최선을 다해 수정할 태세를 갖춘다면 문화연구에는 실로 아주 놀랄 만한 미래가 열려 있다.

출처

레이먼드 윌리엄스의 저작을 재수록할 수 있게 허락해 준 다음 관계자에게 감사를 표한다.

1장 문화는 일상적이다 *Culture is Ordinary*
Originally published in McKenzie, N, ed., *Convictions*, MacGibbon & Kee, 1958. From Raymond Willams, *Resources of Hope*, Verso, 1989, pp.3~18. Reprinted with kind permission of Verso.

2장 대중(적), 대중과 매스 커뮤니케이션 *Mass, Masses and Mass Communication*
Originally published in 'Mass and Masses,' 'Mass Communication,' from Raymond Williams, *Culture and Society 1780~1950*, Chatto & Windus, 1958, Penguin, 1961, pp.287~294. Reprinted by permission of The Random House Group Limited and printed with permission from *Culture and Society 1780~1950* by Raymond Williams. Copyright © 1983 Columbia University Press.

3장 감정 구조와 선별적 전통 *Structure of Feeling and Selective Tradition*
Originally published in Raymond Williams, *The Long Revolution*, Chatto & Windus, 1961. Penguin, 1965, pp.64~88. Reprinted with kind permission by The Random House Group Limited and Parthian Books/the Library of Wales.

4장 마술 체제로서의 광고 *Advertising: The Magic System*
Originally published in *New Left Review/Listner*, 1960/1969. From Raymond Willams, *Problems in Materialism and Culture*, Verso, 1980, pp.170~195. Reprinted with kind permission of Verso.

5장 커뮤니케이션 체제 *Communication Systems*
Originally published in *Communications* (Third Edition), 1976, Penguin, pp.129~137. Copyright © 1976 Raymond Wiliams. Reproduced by permission of Penguin Books Ltd.

6장 공유 문화 개념 *The Idea of a Common Culture*
Originally published in T. Eagleton and B. Whicker, eds, *From Culture to Revolution — The*

Slant Symposium, 1967. From Raymond Williams, *Resources of Hope*, Verso, 1989, pp.32~38. Reprinted with kind permission of Verso.

7장 사회적 다윈주의 *Social Darwinism*

Expanded from a talk at the Institute of Contemporary Arts in 1972 and originally published in J. Benthal, ed., *The Limits of Human Nature*, Allen Lane, 1973. From Raymond Williams, *Problems in Materialism and Culture*, Verso, 1980, pp.86~102. Reprinted with kind permission of Verso and the Estate of Raymond Williams.

8장 마르크스 문화 이론에서 토대와 상부구조 *Base and Superstructure in Marxist Cultural Theory*

Originally published in *New Left Review* 82, 1973, From Raimond Williams, *Problems in Materialism and Culture*, Verso, 1980, pp.31~49. Reprinted with kind permission of Verso.

9장 테크놀로지와 사회 *The Technology and the Society*

From Raymond Williams, *Television — Technology and Cultural Form*, Fontana, 1974, pp.9~31. Reprinted with kind permission by the Estate of Raymond Williams and the Taylor & Francis Group.

10장 드라마화한 사회의 드라마 *Drama in a Dramatized Society*

From Raymond Williams, *Writing in Society*, Verso, 1984, pp.11~21. Reprinted with kind permission of Verso.

11장 문화과학으로서의 커뮤니케이션 *Communication as Cultural Science*

Originally published in the *Journal of Communication* 24.3. September 1974, pp.17~25. Copyright © 1974 Raymond Williams. Reprinted with kind permission of Blackwell Publishing Ltd.

12장 문화사회학의 전개 양상 *Developments in the Sociology of culture*

From *Sociology* 10, 1976, pp.497~504. Copyright SAGE Publications, reprinted by kind permission.

13장 리얼리즘과 비자연주의 *Realism and Non-Naturalism*

From Edinburgh International Television Festival 1977 Official Programme, Broadcast, 1977, pp.30~32. Reprinted with kind permission of the Edinburgh International Television Festival.

14장 리얼리즘에 관한 강연 *A Lecture on Realism*

From Raymond Wiliams, A Lecture on Realism (1977) *Screen* 18.1, pp.61~74. Copyright © 1977

Raymond Williams. Reprinted by permission of Oxford University Press.

15장 생산 수단으로서의 커뮤니케이션 수단 *Means of Communication as Means of Production*
Prilozi-Društvenost Komunika, Zagreb, 1978. Originally published in Raymond Williams's *Problems in Materialism and Culture*, Verso, 1980, pp.50～63. Reprinted with kind permission of Verso.

16장 '산업' 사회와 '탈산업' 사회 *Industrial' and 'Post-industrial' Society*
From Raymond Williams, *Towards 2000*, Chatto & Windus, 1983, Penguin, 1985, pp.83～101. Reprinted with kind permission by The Random House Group Limited.

17장 국민 문화 *The Culture of Nation*
From Raymond Wiliams, *Towards 2000* Chatto & Windus, 1983, Penguin, 1985, pp.177～199. Reprinted with kind permission by The Random House Group Limited.

18장 희망의 여정을 위한 자원 *Resources for a Journey of Hope*
From Raymond Williams, *Towards 2000*, Chatto & Windus, 1983, Penguin, 1985, pp.241～269. Reprinted with kind permission by The Random House Group Limited.

19장 국가 문화와 그 너머 *State Culture and beyond*
From Lisa Appignanesi, ed., *Culture and the State*, Institute of Contemporary Arts, 1984, pp.3～5. Reprinted with kind permission of the Institute of Contemporary Arts (ICA).

20장 문화연구의 미래 *The Future of Cultural Studies*
From Raymond Williams, *The Politics of Modernism*, Verso, 1989 pp.151～162. Reprinted with kind permission of Verso.

찾아보기